人民·联盟文库

中国古代北方民族通论

林 幹 著

内蒙古人民出版社

人民出版社

图书在版编目（CIP）数据

中国古代北方民族通论/林幹著. —北京：人民出版社，2010
（人民·联盟文库）
ISBN 978-7-01-008621-7

Ⅰ. 中⋯ Ⅱ. 林⋯ Ⅲ. 古代民族－民族历史－研究－中国 Ⅳ. K289

中国版本图书馆 CIP 数据核字（2010）第 002957 号

中国古代北方民族通论
ZHONGGUO GUDAI BEIFANG MINZU TONGLUN

林幹 著

责任编辑：杨兰平 安新文
封扉设计：曹 春
出版发行：人民出版社
　　　　　北京朝阳门内大街 166 号 邮编：100706
网　　址：http://www.peoplepress.net
邮购电话：(010) 65250042/65289539
经　　销：新华书店
印　　刷：三河市顺兴印刷厂
版　　次：2010 年 1 月第 1 版　　2010 年 1 月北京第 1 次印刷
开　　本：710 毫米×1000 毫米　1/16
印　　张：25.5
字　　数：340 千字
书　　号：ISBN 978-7-01-008621-7
定　　价：49.00 元

出版说明

人民出版社及全国各省市自治区人民出版社是我们党和国家创建的最重要的出版机构。几十年来，伴随着共和国的发展与脚步，他们在宣传马克思列宁主义、毛泽东思想、邓小平理论、"三个代表"重要思想，深入贯彻落实科学发展观，坚持走有中国特色社会主义道路方面，出版了大量的各种类型的优秀出版物，为丰富人民群众的学习、文化需求作出了不可磨灭的贡献，发挥了不可替代的作用。但由于环境、地域及发行渠道等诸多原因，许多精品图书并不为广大读者所知晓。为了有效地利用和二次开发全国人民出版社及其他成员社的优秀出版资源，向广大读者提供更多更好的精品佳作，也为了提升人民出版社市场联盟的整体形象，人民出版社市场联盟决定，在全国各成员社已出版的数十万个品种中，精心筛选出具有理论性、学术性、创新性、前沿性及可读性的优秀图书，辑编成《人民·联盟文库》，分批分次陆续出版，以飨读者。

《人民·联盟文库》的编选原则：1. 充分体现人民出版社的政治、学术水平和出版风格；2. 展示出各地人民出版社及其他成员社的特色；3. 图书主题应是民族的，而不是地区性的；4. 注重市场价值，要为读者所喜爱；5. 译著要具有经典性或重要影响；6. 内容不受时间变化之影响，可供读者长期阅读和收藏。基于上述原则，《人民·联盟文库》未收入以下图书：1. 套书、丛书类图书；2. 偏重于地方的政治类、经济类图书；3. 旅游、休闲、生活类图书；4. 个人的文集、年谱；5. 工具书、辞书。

《人民·联盟文库》分政治、哲学、历史、文化、人物、译著六大类。由于所选原书出版于不同的年代、不同的出版单位，在封面、开本、版式、材料、装帧设计等方面都不尽一致，我们此次编选，为便宜读者阅读，全部予以统一，并在封面上以颜色作不同类别的区分，以利读者的选购。

人民出版社市场联盟委托人民出版社具体操作《人民·联盟文库》的出版和发行工作，所选图书出版采用联合署名的方式，即人民出版社与原书所属出版社共同署名，版权仍归原出版单位。《人民·联盟文库》在编选过程中，得到了人民出版社市场联盟成员社的大力支持与帮助，部分专家学者及发行界行家们也提出了很多建设性的意见，在此一并表示诚挚的感谢！

《人民·联盟文库》编辑委员会

目　录

Contents

Contents

总　序

　　这套《中国古代北方民族史丛书》（全套五册，以下简称《丛书》）是在内蒙古人民出版社的策划和大力支持下，为纪念内蒙古自治区成立六十周年而出版的。

　　自1978年改革开放以来，我曾先后撰写和出版了若干部有关中国古代北方民族的史书，虽卑之无甚高论，却受到中央有关部门和学术界、新闻出版界的重视和褒奖。这大概是我在书中采取了"考古资料与文献资料并重、外文资料与汉文资料并重"方法的缘故。且因古代北方民族史是一门世界性的学问，国内从事这方面研究的人不多。俗话说："蜀中无大将，廖化当先锋。"拙作遂显得突出，成为国内外学术界关注的热点，故每部史书出版发行之后，受到学者、读者好评与欢迎，以至告罄。一些国内外学者读者不断地来人或来函求购，此次在旧作的基础上，重新修订出版，深感必要。

　　由于我过去出版史书数量较多，主要的计有十九部（书名详见本《丛书》各册"附录二"），因此与出版社商定，收入这套《丛书》的著作，限定在下列范围：一是学术专著，其他如史料汇编、论文选集和工具书之类，均不列入。二是全书俱由我个人执笔撰写，与他人合著者亦不列入。三是必须获得国家级奖或省（自治区）级一等奖。四是书中内容要有新意，即要有新资料、新见解或新方法。

故现时选入《丛书》的五部著作，即《匈奴史》、《东胡史》、《突厥与回纥史》、《中国古代北方民族史新论》和《中国古代北方民族通论》中所引用的资料，有的颇属稀见，有的则是国内第一次、甚至是唯一的一次用汉文发表的，例如古代漠北诺颜山等地的匈奴墓葬和城镇遗址等。《丛书》各书中有许多论点与过去国内外学者所主张的也不尽相同；有的则是国内外学术界长期争论未决或尚未完全解决的问题，甚至有的是国内外学者所从未接触的或无人问津的学术"荒原"。例如公元91年北匈奴西迁之后，至公元290年前后在顿河以东出现这二百年间的行踪和动向；公元前三世纪（公元前206年）被匈奴首领冒顿单于击破前的东胡族的早期情况；匈奴诸王的驻牧地（统治地区）的分布；西突厥内部的部族构成及其在西域、中亚的交通网络；匈奴、突厥、契丹、蒙古与西方的关系；匈奴、突厥、鲜卑等族在各自政权覆亡后的下落；著名突厥语专家耿世民教授直接从古突厥文碑铭原文译出的古突厥文碑铭的汉译文；对匈奴、东胡、突厥三大族系人种的探索；草原丝绸之路及古代漠北地区的交通等等。在写作方法（史体）方面，有的是用"叙事体"，以叙述史事为主，夹叙夹议；有的则用"史论体"，以论证为主，辨明是非，探微索隐，并注意把一些国内外学者特别关注的问题提到理论的高度去进行分析，使史学理论的作用得到充分的发挥，因此与"就事论事"的写作方法迥然有别，力求达到思想性、政策性、理论性、科学性和现实性的较高境界。

创新是学术研究生命力的源泉。这套《丛书》虽在旧作的基础上修订出版，但我主观上仍争取做到"与时俱进"，近二三十年来国内外的最新资料和最新研究成果，均在我的视野之中和修订范围之内，力求这套《丛书》用二十一世纪的眼光去审视国内外的研究动态和出现的新情况和新问题。南宋理学家朱熹曰："问渠那得清如许，为有源头活水来。"由此可见学术研究必须注入新思想、提出新观点和引用新资料，才能永葆学术青春，将研究成果不断向前推进。

—— • 总　序 • ——

　　承蒙内蒙古人民出版社对我的重视及多年合作，感谢内蒙古人民出版社社领导的求真务实和编辑严谨细致的工作作风，才使这套《丛书》将旧时繁杂的版本体例整合，以新面貌与读者见面。

林　幹

2006 年夏书于内蒙古大学

修订版前言

《中国古代北方民族通论》（以下简称《通论》）是《中国古代北方民族史丛书》之一。根据 1998 年出版的《通论》（以下简称"旧作"）重新修订而成。

自 1993 年用"史论"体裁撰写和出版了《中国古代北方民族史新论》（以下简称《新论》）之后，该书虽篇幅较少，所探讨的问题也不多，但因与时代潮流大体适应，在一定程度上也能把握住时代的主旋律，故受到党中央及有关部门的重视和奖励，被评为 1993 年全国"五个一工程"奖。这就增加了我用"史论"体裁去撰写古代北方民族史的信心和勇气，同时促使我考虑继续把当时国内外还有不少争论未决或未完全解决、甚或尚未有人接触的问题，特别是匈奴、东胡、突厥三大族系各族的民族面貌、社会面貌和文化面貌方面的重大问题进行探索和议论。在内蒙古人民出版社社长和编辑的大力支持下，1998 年我撰写了篇幅较大、涉及问题较多的《中国古代北方民族通论》一书。书中对匈奴、东胡、突厥三大族系各族的人种、语言、文字，部族构成和族内基本"细胞"，社会制度及氏族组织如何逐步解体，政治体制"是三分制、不是四分治理"，北方各族与中原中央王朝的关系及他们在西方的政治、军事活动及经济文化交流等重大问题，从"横"的方面加以综合、比较，进行探索和议论。这与《匈奴史》、《东胡史》和《突厥史》等著作从"纵"的方面用纪事体进行叙述史事有所不同。因内容涉及范围广泛，接触面从国内拓展至国外，所论贯通古今、上下左右，故名之曰《中国古代北方民族通论》。其实《通论》的史体（写作体裁）与《中国古代北方民族史新论》完全一致，实际上可视为《新论》的续篇。

"物以稀为贵。"多年来，学术界对于民族史的研究和出版的专著，用叙事体撰写的较多，用史论体（即把问题提到理论的高度去分析）撰写的较少，因而"旧作"出版后受到了史学界和老一辈专家学者们的关注。在中国老教授协会 2000 年 9 月一次带总结性的纪念大会上，把我那本"旧作"（连同其他拙作）视为不断研究的实践和具有创新内容的重要著作，并对我进行表彰，授予"老教授科学与技术工作优秀奖"。这是对我探索性研究的肯定，也给予我这个当时已是八旬老人的一种莫大的赞扬和鼓舞。

现在修订的这本《通论》，内容基本上一仍旧章，采用深入浅出的写作方法，使学术性、知识性、理论性和通俗性相结合。为符合全套《丛书》整体要求和体例，故将其中一部分内容，如匈奴、东胡、突厥三大族系的人种、草原丝绸之路和古代漠北地区的交通等篇章移入《新论》之中，有的内容作了一些新的补充。文中引用的古代文献、资料均注明出处；引文中的难懂字句亦加注读音和诠释；为了使时间和空间明确，历代帝王年号加注"公元"；古地名加注今地名（以中华人民共和国民政部编、中国地图出版社《中华人民共和国行政区划简册》2005年版为准）；古今地理位置附入由我绘制的历史地图；英文目录由内蒙古大学外国语学院林杨翻译。

本书与《新论》都是一本探索性的著作，在此以前，国内外尚无人把古代北方民族三大族系作为一个整体列入研究对象，综合论述各族的经济基础、上层建筑和意识形态及其相互之间的关系并对它进行比较研究，故无先例可循。本人作此尝试，不当之处，恐难避免，希望读者多予指正。

林　幹

2006 年夏书于内蒙古大学

前　言

　　80 年代前后，我曾撰写和出版了《匈奴史》（内蒙古人民出版社 1977 年）、《匈奴通史》（人民出版社 1986 年）、《突厥史》（内蒙古人民出版社 1988 年）和《东胡史》（内蒙古人民出版社 1989 年）四部著作（以下简称"旧作"）。但这四部旧作，从 90 年代初便已脱销，而近年来国内外仍有不少读者来信向我索要或请求代购，因此学术界和出版界的好友建议将四部旧作再版重印。但我觉得，再版重印有保存原书原貌的优点，而其缺点则是不能反映我近十余年来新的研究成果；如果把新成果补入，那末四部旧作的内容必须多处改动，修订之工也不会太少，不如"另起炉灶"，重新设计，撰写一部新作为宜。在新作中，对于旧作的某些部分，如有必要，也毋妨酌量吸收。这就是这部《中国古代北方民族通论》（以下简称《通论》）撰写的由来。

　　其次，由于那四部旧作立足于写"史"（历史），即从"纵"的方面撰写北方民族中的匈奴、突厥和东胡三大族系各族的历史，故写作体裁便以"叙事"（叙述史事）为主，虽间或有所议论，也多属夹叙夹议，不能充分发挥理论性的优异功能。90 年代初，我曾设想把匈奴等三大族系的若干带有政治倾向性的重大问题从"横"的方面加以综合、比较，进行研究和论议，因此写了一本名为《中国古代北方民族史新论》

的小册子作为尝试。这本小册子虽篇幅较少（仅十余万字），而且见解也卑之无甚高论，但却得到中宣部的鼓励，并荣获 1993 年全国"五个一工程"奖。这就大大地增强了我用"以论议为主"的"史论"体裁去撰写一部分量较大、内容包括匈奴等三大族系的新作的信心和勇气。在内蒙古人民出版社的热情举荐和大力支持下，从 1996 年冬开始，我着手撰写《中国古代北方民族通论》这部书。经过一年多的"笔耕"，现在终于脱稿付印。在这里谨向内蒙古人民出版社的领导和编辑表示谢意。

第三，这部书所以名为"通论"，因内容涉及范围广泛，接触面从国内拓展至国外，从总结过去延伸至展望未来，所论贯通中外古今、上下左右，故名之为"通论"。又，本书所以名为《北方民族通论》，而不名为《北方民族史通论》，因北方民族与北方民族史虽密不可分，但二者的内涵仍有不少差异，故本书略去"史"字，用以表明新作与旧作之间有所不同。

第四，本书写作的目的，为试图运用马克思主义、毛泽东思想和邓小平理论，从"横"的方面去探索北方民族三大族系共同的发展规律，以便与四部旧作从"纵"的方面去探索每一个族的发展规律相辅相成。那四部旧作都是从每一个族的特性出发去探索它的发展规律，而这部新作则是综合三大族系各族的共性去进行探索。共性是以特性为基础，同时又是超越特性的。故必须把问题提到理论的高度去观察、分析，才能进行综合研究和比较研究，才能在更深的层次和更广阔的视野中去探索和掌握北方民族共同的发展规律。这可以说是本书与四部旧作不同点之二。

第五，中国古代北方民族（或北方民族史）这个学术领域，一向是（现在仍然是）马列主义与非马列主义斗争的战场。在古代北方民族（或民族史）的许多重大问题上，特别是民族关系的问题上，往往看起来是，或者本来就是一个学术问题，但由于有些外国学者，因不了解中国历史和民族实情，把它误解、曲解甚或有意歪曲捏造，使它成为一个政治问题或带有政治倾向性的问题。如果不把这些问题，特别是北方民族与中原汉族之间的关系问题加以澄清和正确阐明，就很容易被居心叵测的人所利用，作为攻击我国或阴谋策划民族分裂活动的"历史根据"和"理论根据"。故研究古代北方民族（或北方民族史），一方面要认真从事学术上的发凡、索隐的工作，另一方面还要警惕和注视隐藏在学术问题后面或披着学术外衣出现的政治斗争，并要勇于执笔挥毫，参加维护祖国统一、维护民族团结和促进中国社会历史不断向前发展的战斗。故《通论》一书中多处辨明某些外国学者对北方民族中某些问题的误解及严辞驳斥那些荒唐的和反动的谬论。这类的论辩，在那四部旧作中虽然也间或提到，但在《通论》这部新作中却比较突出。这也是新作与旧作不同点之三，而与《新论》一书则颇相类似。

第六，由于北方民族（或北方民族史）是一门世界性的学问，且因这部《通论》完成于新、旧世纪之交，故书中将近百年来、特别是新中国成立以来国内外学者研究匈奴等三大族系的情况及他们对一些主要问题所提出的主要论点加以介绍和总结，并对未来新世纪研究北方民族和北方民族史作了展望，申述我个人的一得之见，使这部《通论》略带时代的气息。

第七，旧作从"纵"，新作从"横"，"纵"、"横"之间难免互相"交错"，而且作为一部内容广泛的《通论》，有些部分也不能不吸收旧作的内容。但为了避免过多的重复，新作把吸收旧作的数量限定在不超过新作全文的五分之一。新作力求做到考古资料与文献资料并重，外文资料与中文资料并重，及注意参考国内外最新发现的资料和研究成果。

第八，北方民族这个学术领域虽然比较专门，但这部《通论》采取深入浅出的写作方法，使学术性、知识性、理论性和通俗性相结合；引用资料均注明出处，古地名加注今地名，引文中的难懂字句亦加注读音和诠释；为了使时间和空间明确，历代帝王年号加注"公元"，古今地理位置附入由我绘制的历史地图。因此可使非从事民族史专业的读者亦易于阅览。

《中国古代北方民族通论》是新中国成立以来（也是近代以来）第一部以史论体裁综合论述北方民族三大族系各个主要问题的学术著作，没有先例可资借鉴。我个人学力有限，见闻不广，疏漏或错误之处恐难避免，希望读者多予指正。

林　幹

1998 年春书于内蒙古大学蒙古史研究所

第一章
序　论

一、中国古代北方民族族系的划分

中国自古以来是个多民族的国家。中华民族是由汉族及各个兄弟民族（少数民族）构成的。中国的历史文化是由中华民族的各族人民共同创造，汉族及各少数民族对中国历史文化的创造和发展，都曾作出过重要的贡献，起过重要的作用。

早在秦始皇统一中国以前，在中国边疆地区，就曾存在着所谓"东夷"、"南蛮"、"西戎"、"北狄"等众多的少数民族。西汉时的史学大家司马迁，在他的名著《史记·匈奴列传》中说，在战国末年匈奴族兴起之前，今山西、河北两省以北的塞外地区，分布着许多"戎"、"狄"："当是之时……晋北有林胡、楼烦之戎，燕北有东胡、山戎，各分散，居（于）谿谷，自有君长（各有首领），往往而聚者百有余戎（总计约有一百多种），然莫能相一（互不统属，不能统一）。"直至匈奴族兴起，才把这些"戎"、"狄"统一起来。

公元前475—前221年，在中国历史上称为"战国"时期。秦始皇统一中国之后，他所建立的秦王朝（都咸阳，今陕西咸阳市东，公元前

221—前207年）不久便被刘邦建立的西汉王朝（都长安，今陕西西安市，公元前206—公元8年）所取代。西汉之后，中经王莽的短期篡政（公元9—23年），接着就是由刘秀建立的东汉王朝（都洛阳，今河南洛阳市，公元25—220年）。秦汉两朝都是大一统的朝代。在战国秦汉时期，居住在中国境内的民族，除汉族外，在北方主要有匈奴、东胡、乌桓、鲜卑、林胡、楼烦、丁零、乌孙、月氏（音支）、西域各族和东北各族。他们的活动，连同汉族及南方、东南、西南各族一起，构成了这一时期祖国民族大家庭中绚丽多彩的历史局面。

公元220—589年是中国历史上的魏晋南北朝时期。这个时期是我国历史上一个民族大移动和大融合的时期。在这个时期，边疆各族，特别是边疆各族人民纷纷入居中原，其中有许多边疆少数民族在中原建立了政权，形成"五胡十六国"和南北朝对峙的局面。北朝是鲜卑拓跋部建立的"北魏"王朝（初都盛乐，今内蒙古和林格尔县北；后迁都平城，今山西大同市东；最后迁都洛阳，今河南洛阳市；386—534年）。在北魏存在期间，它的北部（大漠南北）还有柔然族和高车（敕勒）族。581年杨坚建立隋王朝（都长安），遂结束了自西晋末年以来的约三百年的分裂割据局面，重新建立起一个多民族的统一的中央集权的封建国家。619年隋王朝覆亡后，继之而起的是李渊建立的唐王朝（都长安，618—907年）。唐朝是我国古代封建文化高度繁荣的时期，也是我国统一的多民族国家发展史上一个极其重要的时期。

隋唐时期（581—907年）出现在我国北方历史舞台上的少数民族，有突厥、回纥（音核）、薛延陀、黠戛斯（黠音侠）、吐谷浑（音突浴魂）、靺鞨（音末合）、库莫奚等族，其中主要以丁零的后裔铁勒各族最为活跃。铁勒族系中的突厥、薛延陀、回纥，曾先后在大漠南北建立过突厥汗国、薛延陀汗国和回纥汗国，把我国北方草原地带的社会历史文化推进到一个新的发展阶段。

自公元907年唐朝覆亡后，中国历史转入"五代十国"时期。至

960 年赵匡胤（音印）建立北宋王朝（都开封，今河南开封市，960—1126 年），中国又重新统一。但北宋并没有能够控制祖国的全部疆土，在东北和华北，先则有由契丹族建立的辽王朝（都临潢府，今内蒙古赤峰市巴林右旗南，907—1125 年），继则有由女真族建立的金王朝（初都会宁，今黑龙江阿城南；后迁都中都，今北京市，1115—1234 年）；西北部还有由党项羌族建立的"西夏"政权（都兴庆，今宁夏银川市）。故在"五代十国"后的三百年间，是我国宋、辽、金、西夏等政权并立的时期，直至蒙古族兴起并于 1271 年建立元朝（都大都，今北京市）之后，中国又重新统一。元朝及继起的明（都建康，今江苏南京市，后迁都北京，1368—1644 年）、清（都燕京，今北京市，1616—1911 年），这三朝都是大一统的王朝。元、明、清是我国历史上，继秦汉、隋唐之后，第三次空前大统一的时期，这次统一，三朝合计，前后持续了六百多年（1271—1911 年）。

自战国秦汉以来，中国这个统一的多民族国家，参加的民族成员虽然在各个不同的历史时期有多有少，有先有后，但随着历史的前进和社会的发展，各个民族成员已经逐渐融合为一体，形成伟大的中华民族而屹立于世界民族之林。到了清代（1644—1911 年），生活在统一的祖国民族大家庭内的民族，除汉族外，在北方，主要有满族、蒙古族、维吾尔族、哈萨克族、达斡尔族、鄂伦春族、鄂温克族……此外还有在西南方的藏族及其他民族等五十多个民族。我国是世界上民族最多的国家之一。中华各族人民在长期的共同劳动和互相交往中，在长期的反对压迫的共同斗争中，无论在政治、经济、文化以至居住地区等方面，都建立了以汉族为主体的不可分割的联系，日益趋向于互相促进和共同发展。

中国古代北方民族，根据语言文化、族源族属、经济类型、风俗习惯和活动地区，大体上可以划分为五个或三个系统（族系）。

从广义说，古代北方民族可包括曾在东北、大漠南北和西北等地活动的各族，也就是包括下列五个系统：

1. 匈奴系统——匈奴、北匈奴、南匈奴、屠各、卢水胡、铁弗
2. 突厥系统——丁零、高车（敕勒）、铁勒、突厥、回纥（回鹘）、薛延陀、黠戛斯、畏兀儿
3. 东胡系统——东胡、乌桓、鲜卑、柔然、契丹、库莫奚、室韦、蒙古
4. 肃慎系统——肃慎、挹娄、勿吉、靺鞨、女真、满族
5. 西域各族——因各族在语言、文化、经济生活和族源族属等方面各有不同，并非属于同一族系，故仅称之为"西域各族"

若从狭义，古代北方民族则仅包括曾经活动在大漠南北（即地理学上称之为蒙古草原的地区）的匈奴、突厥和东胡（蒙古在内）三大系统的各族。本书所论，原则上为从狭义。

语言是区别民族的主要标志之一。以上除西域各族外，其余四个系统都是属于阿尔泰语系，但匈奴和突厥两个系统的各族属阿尔泰语系中的突厥语族，东胡系统的各族属阿尔泰语系中的蒙古语族，而肃慎系统的各族则属阿尔泰语系中的满·通古斯语族。此外还有一些少数民族虽活动在北方，但因不属于阿尔泰语系的范围（或属印欧语系或属汉藏语系），除个别例外，本书不予论述。

这里须要说明：由于古代北方民族是游牧民族，他们往来迁徙，他们的骑兵更是瞬息千里，故他们的活动范围虽以大漠南北为中心，但其政治势力和军事势力往往扩张至西域（如匈奴）、中亚（如突厥）、甚至远达东欧（如蒙古）。此外，还有一些民族，他们的起源地原来在东北，

后来才迁移到漠北去（如蒙古）。因此，研究古代北方民族，纵令限定在狭义的范围，但也往往不能不涉及东北和西北，其中尤以北方民族与西北民族更难截然划分。

二、中国古代北方民族的概况

匈奴是中国古代北方民族中，最早统一大漠南北的全部地区，并建立起国家政权——匈奴单于国的民族。他兴起于公元前三世纪（战国时期），衰落于一世纪（东汉时期），在大漠南北活跃了约三百年。东汉初年（公元 48 年）匈奴分裂为南北二部，南匈奴归附于汉，入居塞内，北匈奴不久（公元 91 年）因战败西迁中亚和欧洲。东汉末年，入居塞内的匈奴人开始分化，除南匈奴外，出现了屠各、卢水胡和铁弗等部，他们在"五胡十六国"期间均曾在中原建立过政权[1]。

在战国秦汉时期，与匈奴同时兴起的较为强大的北方民族中，还有一个东胡族。东胡因驻牧于匈奴（胡）之东，故曰东胡。东胡在西汉初因被匈奴击溃，部众分两支逃散，其中一支逃往乌桓山（在今内蒙古赤峰市阿鲁科尔沁旗西北）的后来称为乌桓族，另一支逃往鲜卑山（在今大兴安岭南麓、内蒙古通辽市科尔沁左翼中旗西）的后来称为鲜卑族，此后东胡之名遂湮没无闻[2]。

乌桓在魏晋以后称为乌丸。

鲜卑在东汉末分化出宇文、慕容、段（徒何）等部，以上各部均属东部鲜卑。此外，鲜卑还有一个拓跋部，其发祥地在大兴安岭北麓

---

① 参阅《史记》卷一一〇《匈奴列传》及《后汉书》卷八九《南匈奴传》。又，本书所引"二十四史"俱用中华书局标点本，以下不一一重注。

② 参阅《后汉书》卷九十《乌桓鲜卑传》。

的大鲜卑山（在今内蒙古呼伦贝尔市鄂伦春自治旗阿里河镇嘎仙洞附近），通常称为拓跋鲜卑。南北朝时期建立北魏王朝的就是这一部。拓跋鲜卑之外，还有通常被称为西部鲜卑的秃发部和乞伏部。此二部在"五胡十六国"期间亦曾在河西（今甘肃省黄河以西）一带建立过政权。

吐谷浑是鲜卑慕容部的一支，其先祖原居辽东。四世纪初西迁至青海，与羌人杂居。公元329年自号"吐谷浑"，建立政权，都伏俟城（在今青海湖西，俟音哀）。其首领至公元540年前后始称可汗。700年后，史书对吐谷浑可汗世系的记载不明①。

月氏在匈奴西边，《史记》卷一二三《大宛列传》说他居于敦煌、祁连之间，也就是今甘肃省河西走廊一带。汉初被匈奴击破，西走今伊犁河上游流域，最后又再西徙妫水（今中亚阿姆河）一带。

乌孙原先也是游牧于敦煌、祁连之间，《汉书》卷九六《西域传》下载他因被邻近的月氏进攻，首领被杀，牧地被占，部落四散，人民逃往匈奴，后来首领之子长大，在匈奴的支持下，乌孙出兵前往伊犁河上游复仇，击走月氏，并留居伊犁河上游，从此脱离匈奴而独立。

丁零或书作丁令、丁灵，游牧于北海（今贝加尔湖）一带。匈奴强盛时把他征服，其游牧地成为匈奴单于国的一个辖区。汉武帝时，匈奴且鞮侯单于之弟於靬王（且音沮，鞮音低，靬音鞬）就驻牧在这个辖区②。单于还封长水胡人卫律为丁零王，命他统领被征服的丁零人③。天汉元年（公元前100年），武帝派中郎将苏武出使匈奴，被单于扣留，流放在北海，丁零人曾盗窃苏武的牛羊④可见那时丁零仍游牧在北海一带。西汉末年，有一部分丁零人南移，并投到王莽的军中，屯驻于代郡

① 参阅《晋书》卷九七《吐谷浑传》及〔唐〕杜佑撰《通典》卷一八九《西戎·序略》，清光绪丙申（1896年）浙江书局刊本。
② 参阅林幹《匈奴诸王驻牧地考》，载《匈奴史论文选集》，中华书局1983年版。
③④ 参阅《汉书》卷五四《李陵传》及《苏武传》。

（在今河北蔚县一带）①。

丁零在南北朝时称为敕勒（亦称高车）。敕勒至隋唐时称为铁勒。其时铁勒已发展为一个庞大的部族群体，《隋书》卷八四《铁勒传》说他共有四十一部，"虽姓氏各别，总谓为铁勒"。

突厥兴起于公元六世纪中叶，曾在大漠南北和中亚建立起一个庞大的突厥汗国。公元583年分裂为东西二部，今阿尔泰山以东属东突厥汗国，以西属西突厥汗国。东突厥汗国因屡次南侵，于630年被唐太宗击灭。西突厥汗国后亦因叛唐并入侵唐境，于657年被唐高宗击灭。

东突厥汗国覆亡后，东突厥贵族大多归附唐朝并被任命为高级官吏。过了五十余年，有一部分突厥贵族叛唐，重建突厥汗国，史称"后突厥"汗国（682—745年）②。后突厥汗国后来被回纥攻灭。

回纥兴起于八世纪中叶，745年攻灭后突厥汗国后，在大漠南北建立起一个回纥汗国，与唐朝十分友好。788年改称回鹘（音胡）。回纥汗国存了约一百年（744—840年），后被居于回纥西北部的黠戛斯攻灭，部众逃散，其中逃往今甘肃河西走廊的称河西回鹘，逃往今新疆东部高昌一带的称高昌回鹘，逃往葱岭以西的称葱岭西回鹘。这三部分回鹘后来都在各自的所在地建立了政权③。

回鹘在蒙元以后称畏兀儿。高昌回鹘的后裔，后来发展，形成为今天的维吾尔族。

党项为羌族的一支，为"汉西羌之别种"。南北朝以后开始强盛，后来归附唐朝，因受吐蕃（音勃）压迫，乃从青海一带东迁今甘肃省东部、宁夏回族自治区及陕西省北部一带。其中以居于夏州的"平夏部"最强。平夏部首领拓拔思恭因助唐镇压黄巢农民大起义有功，被唐朝封为夏国公，赐姓李氏。从此党项族遂据有银、夏、绥、宥、静

---

① 参阅《后汉书》卷九十《乌桓鲜卑传》。
② 参阅《周书》卷五十《突厥传》及《新唐书》卷二一五《突厥传》。
③ 参阅《旧唐书》卷一九五《回纥传》。

等五州之地（今陕北、内蒙河套、宁夏东部一带）。契丹建立辽王朝之后，党项首领李继迁联合辽王朝与北宋对抗。1038 年首领李元昊（音浩）建立"大夏"政权，自称皇帝，都兴庆府（今宁夏银川市）。因位置在宋朝西北，故通常被称为"西夏"。西夏于 1227 年被蒙古成吉思汗所灭①。

柔然，《魏书》作"蠕蠕"（音软软）。据《魏书》卷一〇三《蠕蠕传》载，"蠕蠕，东胡之苗裔也。"柔然可汗阿那瓌（音规）也曾说他自己的先世源出于大魏（拓跋魏）②。可见柔然与鲜卑同源，故史书有时迳称柔然可汗社仑为鲜卑社仑③。

柔然兴起于四世纪末，402 年首领社仑自称可汗，建立柔然汗国，与北魏时战时和。北魏为了防止柔然的南侵，曾于北部边境设置六镇（六个军事据点）。北魏末年发生六镇各族人民大起义时，柔然可汗阿那瓌发兵协助镇压起义军，阿那瓌遂以"勋高"受到北魏王朝的"重赏"和"殊礼"的优待。北魏统治者与柔然统治者的关系因此进一步加强。阿那瓌频频遣使朝贡，从此"阴山息警，弱水无尘"④。而漠北与中原的经济文化交流也更加密切。

柔然汗国于公元 555 年被突厥汗国所灭。

契丹属东胡族系，为鲜卑的一支。916 年，迭剌部首领耶律阿保机统一了契丹各部，建立了政权，国号"契丹"，后改称"辽"。辽王朝于 1115 年被兴起于东北的女真族所灭⑤。

库莫奚，通常被称为奚。史书说他出自东胡，乃东部宇文之别种，与契丹"异种同类"，驻牧地在契丹之西。原先与契丹一起游牧于松漠

---

① 参阅《旧唐书》卷一九八《党项羌传》及《宋史》卷四八五《夏国传》上。
②④ 见《魏书·蠕蠕传》。
③ 见〔宋〕李昉等撰《太平御览》卷一二七《偏霸部》十一引崔鸿《十六国春秋·夏录》，1960 年中华书局影印本。
⑤ 参阅《魏书》卷一百《契丹传》及《新唐书》卷二一九《契丹传》。

之间（今内蒙古东部、辽宁西部及河北承德市北部一带，其地古代多松林，且北连大漠，故称"松漠"）。北魏登国三年（388 年）被道武帝（拓跋珪）击败，部众逃散，从此与契丹分离。唐朝初年，奚族内附。唐代中期突厥强盛之后，奚族曾臣服于突厥汗国，并依违于唐朝与突厥之间。唐末契丹兴起，建立辽王朝，奚族被辽王朝吞并，辽王朝所设的中京大定府（今内蒙古宁城县西南大明城）原先就是奚王的牙帐所在，亦即奚王的政治中心①。

蒙古也是属于东胡族系，它来源于唐代的蒙兀室韦，最初游牧于望建河（今额尔古纳河）流域周围②，九世纪时西迁至漠北的不儿罕山（今肯特山）一带③。1206 年，首领铁木真统一了蒙古草原各部，建立了蒙古汗国，被尊称为成吉思汗。成吉思汗及其子孙经过三次西征，先后占领了西域、中亚和东欧的广大地区，并建立了钦察、窝阔台、察合台、伊儿四大汗国。1271 年成吉思汗之孙忽必烈统一了中原，建立元朝。元朝于 1368 年被明朝所灭④。

肃慎为秦代以前的称谓，两汉时称挹娄，南北朝时称勿吉，唐代称靺鞨，宋、辽时称女真。1115 年女真完颜部首领阿骨打建立政权，国号曰"金"，于 1125 年灭辽。金朝于 1234 年被蒙古所灭。满族即女真族的后裔。

---

① 参阅《魏书》卷一百《库莫奚传》及《辽史》卷四《太宗纪》下、卷三三《营卫志》下。
② 参阅《旧唐书》卷一九九《室韦传》。
③ 参阅《蒙古秘史》卷一（作者不详，原著早佚。现存明代汉字音译本，改名《元朝秘史》。此书版本甚多，本书据 1937 年上海商务印书馆发行《四部丛刊》本。）
④ 参阅《元史》卷一《太祖本纪》及卷四以下《世祖本纪》。

三、中国古代北方民族的历史舞台
——大漠南北的地理环境和历史地理

　　中国古代北方少数民族长期活动的地区主要在大漠南北。这个地区疆土辽阔，北界西伯利亚，西接阿尔泰山，东连大兴安岭，南逾阴山，大体上包括清朝初年以来所称的内、外蒙古。在内、外蒙古之间，横亘着一片大沙漠（大戈壁），故史书上通常称这个地区为大漠南北，或分别称之为漠北、漠南。

　　漠北多山，从西向东，蜿蜒着阿尔泰山、唐奴山、萨彦岭、杭爱山和肯特山。各山钟灵毓秀，气势宏伟。各山之间，河流交错，湖泊纵横，水草肥美，宜于畜牧。西汉时投降匈奴、生活在漠北的李陵曾致书苏武，书中说："胡地玄冰，边土惨烈（指严寒、冰厚），但闻悲风萧条之声（朔风凛冽）。凉秋九月，塞外草衰。夜不能寐，侧耳远听，胡笳互动（匈奴人吹动"胡笳"乐器），牧马悲鸣。吟啸成群，边声四起（边声即风声、胡笳声、马鸣声）。"[①] 南部大戈壁（亦称瀚海）则沙浪滔天，刮风时黄尘蔽日。但瀚海并非旱海，那里也有不少地方散布着浅泉，泉水涓涓流出，积聚成大大小小的沼泽，沼泽周围也有青草。

　　漠北地区有很多大河、湖泊。色楞格河、鄂尔浑河、鄂嫩河，沿着杭爱山北麓向东流至肯特山北，汇成石勒喀河而注入黑龙江。发源于肯特山南的克鲁伦河则东流至呼伦湖，再向东北成为额尔古纳河，与石勒喀河交汇，俱注入黑龙江。此外，如北部的库苏古泊、西部的乌苏沙泊、乌留诺尔、奇尔吉兹泊、喀拉湖、慈母湖等，都是著名的大湖泊。

[①] 南朝〔梁〕《昭明文选》卷四一（清嘉庆年间胡克家重刻宋刊本）载《李陵答苏武书》。此书虽为北朝人赝作，但作者所描绘的情景切近塞外的实际，说明作者曾到过塞外。

河流大多水面宽阔，流速湍急，流域颇长（如色楞格河即长达五百多公里），沿岸附近绿草丰盛，野花烂漫；湖泊则平静如镜，气度雍容。因此漠北向人们呈现的景色是高山、大河、湖泊、沼泽、绿草、沙野，层次分明，历历如画。此间天地开阔，是一片片天然的大牧场，故历代北方各游牧民族都在这个地区生息繁衍。成吉思汗时期，长春真人邱处机曾途经漠北，他赋诗云："极目山川无尽头，风烟不断水长流，如何造物开天地，到此令人放马牛。"①

漠南地区，北接大戈壁，高原是这个地区的主体，微波起伏，由东北向西南斜伸。草原辽阔，是我国最大的牧场之一，著名的有呼伦贝尔草原、锡林郭勒草原、乌兰察布草原、鄂尔多斯草原等。在一望无垠的草原上，夏季阳光明媚，碧草如茵，牧马奔驰，牛羊遍野，呈现出一派独特而又美丽的塞外风光。

东部大兴安岭有大片的原始森林，枝繁干茂，蔽日穿天。西部阴山西北多沙漠、盐湖，阴山南有土地肥沃的黄河河套、土默川平原和鄂尔多斯高原。阴山横贯漠南中部，为东西走向的平衡山脉，西起狼山，中经乌拉山、大青山、灰腾梁山，东到大马群山，长约 800 公里，海拔1500—2000米。大青山南侧断层陷落为后套平原和呼和浩特平原，北坡则较为平缓。河套及阴山一带，在秦汉时期就是水草丰美和树木茂盛的地方。西汉时"习边事"的郎中（官号）侯应（人名）上元帝书中有云："臣闻北边塞至辽东，外有阴山，东西千余里，草木茂盛，多禽兽。"②

漠南地区的河流湖泊也是纵横交错，河流以百数，大小湖泊近千。南部最大的是黄河，它的河道流向呈马蹄形，围绕鄂尔多斯高原，是我国史前文化"河套人"的发源地。另有重要的河流额尔古纳河，其上游

---

① 元人李志常述《长春真人西游记》卷上，上海商务印书馆1937年版《丛书集成初编》本。
② 《汉书》卷九四《匈奴传》下。

为海拉尔河，发源于大兴安岭西侧，主流自东而西，至呼伦湖转向东北，直流至呼伦贝尔草原北部。还有一条较长的河流就是西辽河，它的上游老哈河从西南流向东北，与另一条上游西拉木伦河汇合，始称西辽河，河长 800 多公里，自西而东，贯穿科尔沁草原。湖泊星罗棋布，但大多为面积小而水浅的咸水湖，盛产盐、碱。其中较大的湖泊有居延海、乌梁素海、岱海、黄旗海、查干诺尔、达赉诺尔、呼伦湖、贝尔湖①等，盛产鱼虾。漠南西部也有不少沙漠，如巴丹吉林沙漠、腾格里沙漠、毛乌素沙地等，都是较大的沙漠。

高原、山地、丘陵、河流、湖泊、草原和沙漠，构成了复杂而多样的地貌，点缀着漠南的锦绣河山。

综观塞北——大漠南北的地理环境，约可概括地称它为：美丽的草原——花的原野；还有茂密的森林、巍峨的群山和浩瀚的沙海；不息的川流、肥沃的土地和丰富的矿藏。真是：美哉塞北！壮哉塞北！

在中国历史上出现过的许多北方游牧民族，因他们经常迁徙流动，居住分散，政权组织也比较简单和松散，故在统一了大漠南北、建立起国家政权之后，也不能像中原封建王朝那样，把统治地区划分为固定的行政区域进行管理；且因游牧民族的行政组织与氏族部落组织是互相结合的，故各个游牧地区虽大体上也有划分，但在各个被划分的游牧区内，仍是按照氏族部落的组织聚居和管理。因此，对于大漠南北的历史地理（地理沿革），除了入主中原的游牧民族或受中原中央王朝管辖者外，它的行政区划不能按照中原中央王朝行政区划的标准去理解和要求。

匈奴是我国历史上第一个统一了大漠南北的游牧民族。西汉初年冒顿单于（音墨毒蝉余）统领部众时（前209—前174年），曾建立起一个庞大的奴隶制国家政权，控地东尽辽河，西至葱岭，北抵贝加尔湖，南

---

① 按：贝尔湖现今为中、蒙两国共有。

达长城。政权的机构分三部分：一是单于庭（首脑部），它直辖的地区在匈奴中部；二是左贤王庭（东部），它管辖的地区在匈奴东部；三是右贤王庭（西部），它管辖的地区在匈奴西部。单于为匈奴族的最高首领，同时也是匈奴政权的政治首脑，他总揽军政及内外一切大权。左、右贤王是地方的最高长官①。这种三分制（首脑部、东部、西部）的组织形式，同时也可说是匈奴国家政权的"行政区划"。其后继匈奴而起的鲜卑部落军事大联盟（二世纪中叶）及突厥汗国（六至八世纪），他们的政权组织形式和"行政区划"，大体上也是如此②。

　　早在战国时期，燕、赵、秦三国的势力已开始达到漠南的部分地区。秦始皇统一六国之后，修筑万里长城，横贯漠南。及至汉朝，有许多北边郡县都在长城以北，如朔方、五原、定襄、云中四郡，其辖境即深入漠南；上郡、西河、北地、代郡、上谷五郡的辖境也有一部分在漠南境内。

　　漠北地区与中原地区的统一及归中原中央政权的领导，开始于西汉宣帝甘露三年（前51年），其年匈奴最高首领呼韩邪单于（邪音耶）归附汉朝，入汉都长安（今陕西西安市）觐见汉帝，汉朝颁给他黄金质的"匈奴单于玺"印绶，在政治上和法律上确立了君臣的名分及匈奴政权隶属于汉朝中央政权的藩属地位③。而漠北地区的正式列入中国版图则在唐初（七世纪）平定了东突厥汗国之后，唐朝先后在大漠南北设置单于大都护府和安北大都护府，大都护府下还有不少都督府。这些大都护府和都督府都是唐朝的地方军事行政机构，秉承中央朝廷的意旨，在大漠南北有效地行使行政权力，其长官（大都护、都督）的人事任免权全归中央政府掌握④。

---

① 参阅《史记》卷一一〇《匈奴列传》。
② 参阅《后汉书》卷九十《鲜卑传》及《旧唐书》卷一九四《突厥传》上。
③ 参阅《汉书》卷八《宣帝纪》及卷九四《匈奴传》下。
④ 参阅《旧唐书》卷三九《地理志》二及《新唐书》卷四三《地理志》七下。

北宋时,漠北地区归辽朝管辖,辽朝在那里设"西北路招讨司"。南宋时,金朝虽占有今山西及东北三省的大片土地,但额尔古纳河以西则是新兴的蒙古各部控制;今黄河河套及贺兰山以西则为"西夏"领土。1271 年元朝建立,统一全中国之后,漠北地区成为元朝中央政府的一个行省——岭北行省;漠南地区,河套以东属中书省,以西属甘肃行省①。1368 年元朝覆亡之后,蒙古统治者的残余势力退回漠北。后来蒙古族分裂为许多部分,居于东边的为兀良哈各部,居于西边的为瓦剌各部,其散居于兀良哈和瓦剌之间则为鞑靼(音达达)各部,住地在今鄂嫩河、克鲁伦河流域以及贝加尔湖以南的广大地区,这一大片地区,即元亡之后退回漠北草原的元朝蒙古贵族的主要根据地。

明初与北退的蒙古势力不时发生战争,在战争中,明军攻占了不少地方。辽东、漠南蒙古、甘肃和哈密等地均处于明朝的统治之下。明朝随即在这些地区设官置所(卫所),先后设置了福余、泰宁、朵颜(以上合称兀良哈三卫)、察罕诺尔、东胜、赤斤、哈密等蒙古卫所二十多处,以防止蒙古势力的南下②。

明代蒙古各部封建主之间,因争夺权势,长期发生内战,汗权旁落。直至 1480 年(明成化十六年)达延汗即位之后,才统一了蒙古,恢复了汗权。但他的力量实际上只能控制漠南蒙古,他重新划分他的统治地区为六个"万户"(大封建领地),左翼三万户和右翼三万户几乎全在漠南,仅左翼三万户中的兀良哈万户在漠北。他自己的牙帐(汗庭,政治统领中心)也设在漠南的察哈尔万户境内。而兀良哈万户后来(十六世纪四十年代)亦被右翼三万户的封建主所吞并,从此消亡③。达延汗死后(死于 1517 年),蒙古各部又再陷入分裂。

十七世纪清朝建立后,漠北地区的喀尔喀蒙古分为三部:车臣汗部

---

① 参阅《元史》卷五八《地理志》一及卷六十《地理志》三。
② 参阅《明史》卷二二七《鞑靼传》。
③ 参阅〔明〕萨冈彻辰撰《蒙古源流》汉译本卷五,1962 年中华书局重印本。

（在东）；土谢图汗部（在中）；扎萨克图汗部（在西）。康熙三十五年（1696 年）清朝击败由沙俄扶植的厄鲁特准噶尔部部长噶尔丹入侵外蒙古的叛乱之后，在土谢图汗与扎萨克图汗二部之间增设一个赛音诺颜部，从此漠北喀尔喀蒙古共分四部。四部在军事上俱受清朝驻乌里雅苏台的定边左副将军节制[1]。

自清朝初年开始，漠南地区称为内蒙古，漠北地区称为外蒙古。内外蒙古的一切事务总归中央"理藩院"管理。理藩院的职权，在《理藩院则例》中有详细规定。内外蒙古均实行盟旗制度。内蒙古共设六盟、套西二旗、察哈尔八旗及归化城土默特旗。六盟（从东到西）即：哲里木盟、昭乌达盟、卓索图盟、锡林郭勒盟、乌兰察布盟、伊克昭盟（各盟之下均设置若干个旗）。套西（河套以西）二旗即阿拉善厄鲁特旗和额济纳土尔扈特旗。"旗"是中央政府领导下的基本行政单位，由扎萨克（旗长）管理旗务。扎萨克由蒙古封建主中对清朝有功者担任。由若干个"旗"组成一个"盟"，这就是盟旗制度。每盟设正、副盟长各一人，由理藩院遴选，报由皇帝任命[2]。外蒙古因在原有各部的基础上建盟，故各部的汗就是盟长，四个盟之下都分别有"旗"。内蒙古六盟和外蒙古喀尔喀四盟（四部），均每三年会盟一次，"清理刑名，编审丁籍"[3]。

外蒙古于 1921 年 7 月 11 日宣布独立，1924 年 11 月 26 日成立蒙古人民共和国（今称蒙古国），但当时中国政府并没有承认。直至 1945 年 2 月苏、美、英三国首脑在雅尔塔协定中规定了蒙古的现状须予维持，随后国民党政府与苏联签订了《中苏友好条约》，才于 1946 年 1 月 5 日正式承认外蒙古的独立地位。1949 年新中国成立后，我中华人民共和国政府承认

---

[1]　参阅〔清〕祁韵士撰《皇朝藩部要略》卷五，〔清〕光绪十年即公元 1884 年浙江书局校刻本；及《大清会典》，1990 年中华书局影印本。

[2]　参阅《大清会典》卷四九至五一。

[3]　《大清会典事例》（与《大清会典》并非一书）卷九九二。〔清〕嘉庆二十三年即公元 1818 年序刻本，因是年同时有几个刻本，其中以有"序言"的那个版本最佳，故称"序刻本"。

了这个事实，并于同年 10 月 16 日与蒙古人民共和国建立了外交关系①。故现时在区分国内外的历史文化和处理国内外的民族关系时，外蒙古地区应以 1921 年 7 月外蒙古宣布独立为界限：1921 年 7 月独立以前，外蒙古地区属于中国领土；1921 年 7 月独立以后则属外国领土。

四、西域各族

《汉书》卷九六《西域传》序载：

> 西域，以孝武时始通，本三十六国，其后稍分至五十余，皆在匈奴之西、乌孙（驻牧于今伊犁河上游）之南……东则接汉，阨以玉门、阳关，西则限以葱岭。其南山（今祁连山）东出金城，与汉南山属（联接）焉。

西域，作为一个地理概念，其范围有广狭二义：狭义指汉代玉门、阳关以西至葱岭以东一带（玉门关故址在今甘肃敦煌市西北小方盘城，阳关故址在今敦煌市西南古董滩附近）；广义则包括葱岭以西的中亚地区。

西域这个地区，在汉初以前，中原人对它知之甚少，直至汉武帝派张骞（音千）出使西域回来之后，才对西域的情况有较多的了解。《汉书》的《西域传》就是根据张骞出使西域的详细报告写成的。

西域的地形，大体上可以天山为界，划分为山南和山北两个部分。天山以南是四周被高山环绕的一个大盆地，北有天山，南有昆仑山，西

---

① 参阅人民出版社 1972 年出版的《各国概况》蒙古部分。

有帕米尔高原，东有南山（即祁连山），只有东北方留下了一个缺口，因此这个缺口便成为蒙古高原和河西走廊进出西域的唯一通道。

天山以南的大盆地，据二十世纪初一个英国籍的匈牙利人马·阿·斯坦因（A. Stein）的实地考察，东西长 900 英里，南北宽 330 英里。在远古的时代，这里曾是一个大内海，但在秦汉以前就早已干涸了。故到了汉代，这里的地貌已经布满了一望无垠的流沙，不过仍有很多河流从昆仑山和帕米尔高原出发，灌注于大沙漠之中，特别是于阗河（今和田河，阗音田），北会葱岭河（今叶尔羌河），汇成一条由西而东横贯沙漠的塔里木河。这条河，流到大盆地的东端，汇为百里波涛的蒲昌海（今罗布泊）。正因为有塔里木河的灌溉，所以当时这里周围出现了不少"绿洲"（沙漠田），其中尤以今天的吐鲁番盆地更为肥美富饶。因此，在汉代，这里虽在大内海干涸之后，但仍然是来自不同地域、不同种族的当地先民及其后裔生息繁衍的"乐园"。

西汉初年，居住在这个盆地的各个种族已分化为许多部落，分布于大沙漠的南北。其在大沙漠之南，自楼兰（故址在今新疆若羌县罗布泊西岸）沿着昆仑山北麓而西，直至莎车（今新疆莎车县），凡十国，是谓"南道诸国"。由莎车向西南，分布于帕米尔高原山谷之间的，凡八国，是谓"葱岭诸国"。其在大沙漠以北，自疏勒（今喀什市）沿天山南麓而东，直至狐胡（今吐鲁番市西），凡十二国，是谓"北道诸国"。

生活在天山以南这个盆地之内的各个部落，据《汉书·西域传》载，他们都是"土著"，即附着于土地、定居而不迁徙，有城郭庐舍，从事田耕和牧畜，与匈奴、乌孙等游牧民族的习俗不同，故统称"城郭诸国"。

至于天山以北，直至西伯利亚南部边缘，都是大山大谷，但在山谷中间也有不少湖泊和小河。天山东北部与蒙古高原接壤，属蒙古高原西北的山岳地带，有阿尔泰山由西北向东南横贯。在天山与阿尔泰山之间有一块很大的平原，这就是今天的准噶尔盆地及其周围地区。这里气候湿润，水草丰盛，宜于畜牧，所以自古以来就是各个不同种族的游牧人进入和生息的地方，因此民族成分复杂。在西汉初分布于这一带的各个种族也已分化为许多部落，并分别建立了政权，史书称他们为"行国"。其中以由河西走廊迁徙来的乌孙（游牧于今伊犁河上游一带）最为强大。

此外，葱岭外的大宛、捐毒、休循、桃槐四国，当时亦列入西域诸国之内，其中以大宛最大。

《汉书·西域传》说西域最初有三十六国，至汉末分化为五十余国。《后汉书·西域传》说汉末分化为五十五国。但《汉书》所列西域各国共有四十九，而《后汉书》所列西域各国则仅得二十二，均不合"三十六国"和"五十五国"之数。据清代舆地学家徐松在《汉书西域传补注》（清道光年间刻本）中考订，西汉时的三十六国为：

1. 婼羌	2. 楼兰
3. 且末	4. 小宛
5. 精绝	6. 戎卢
7. 扜弥	8. 渠勒
9. 于阗	10. 皮山
11. 乌秅	12. 西皮
13. 子合	14. 蒲犁
15. 依耐	16. 无雷
17. 难兜	18. 大宛
19. 桃槐	20. 休循
21. 捐毒	22. 莎车
23. 疏勒	24. 尉头
25. 姑墨	26. 温宿

27. 龟兹	28. 尉犁
29. 危须	30. 焉耆
31. 姑师	32. 墨山
33. 劫国	34. 狐胡
35. 渠犁	36. 乌垒

至于东汉时的五十五国，据《资治通鉴》卷二十胡三省注，则为：

1. 婼羌	2. 鄯善
3. 且末	4. 小宛
5. 精绝	6. 戎卢
7. 扜弥	8. 渠勒
9. 皮山	10. 乌秅
11. 西夜	12. 蒲犁
13. 子合	14. 依耐
15. 无雷	16. 难兜
17. 罽宾	18. 乌弋山离
19. 犁鞬	20. 条支
21. 安息	22. 大月氏
23. 大夏	24. 康居
25. 奄蔡	26. 大宛
27. 桃槐	28. 休循
29. 捐笃	30. 莎车
31. 疏勒	32. 尉头
33. 乌孙	34. 姑墨
35. 温宿	36. 龟兹
37. 乌垒	38. 渠犁

39. 尉犁 　　　　　　　40. 危须

41. 焉耆 　　　　　　　42. 乌贪訾离

43. 卑陆 　　　　　　　44. 卑陆后国

45. 郁立师 　　　　　　46. 单桓

47. 蒲类 　　　　　　　48. 蒲类后国

49. 西且弥 　　　　　　50. 东且弥

51. 劫国 　　　　　　　52. 山国

53. 狐胡 　　　　　　　54. 车师前王

55. 车师后王

所谓"国"，实即或大或小的政权。这些政权，有的有城郭（城郭诸国），有的没有城郭（行国），有的规模较大，有的规模很小。在城郭诸国中，其人口多者数万，最多者如龟兹（音丘慈，今库车县）为八万一千，较少者数千，最少者如依耐（在今库车县西南）仅六百七十人。葱岭诸国中，人口以乌孙最多，计六十三万，军队十八万八千。葱岭外则以大宛人口最多，计三十万，军队六万。

西域各国，人种复杂，因而各国的语言、文化也多不相同。例如在北道诸国中的焉耆、龟兹和吐鲁番一带，古代曾流行属于欧印语系的吐火罗语、亦称焉耆——龟兹语；焉耆语又称"甲种吐火罗语"，龟兹语称"乙种吐火罗语"。可见吐火罗族（大夏种族）人曾经生息于这些地方。又据二十世纪三十年代曾在今新疆进行考古和考察的著名西北史地专家黄文弼教授考证，北道诸国如疏勒、温宿、姑墨、龟兹、焉耆等，其国名大多能用阿尔泰语系的突厥语解释。可见这些地方后来又有突厥种人进入。

至于南道诸国，例如婼羌（今若羌县），其国既以"婼羌"命名，"婼"为部落名，"羌"为种族名，显与羌族有关。据黄文弼教授考证，自南山（今祁连山）以西，沿婼羌、于阗，直至葱岭，在古代皆有羌族分布，故塔里木盆地南部诸国颇多杂有羌种。

据《汉书·西域传》载，自大宛以西至安息，虽各国语言不同，但彼此都能通晓，其人深目、多须。按：深目、多须是突厥人的容貌特征，故葱岭以西诸国，特别是大宛国，为属于突厥种可知。

天山以北准噶尔平原，东部以车师为中心。但《汉书·西域传》对于车师的种族没有记载。车师在晋朝以后称为高昌。据《隋书·西域传》载，高昌国在汉朝时为车师前王庭，汉武帝遣兵西讨，师旅疲惫，很多士兵留在高昌居住，故后来有"高昌垒"（高昌壁）之称。可见汉人在汉武帝时已进入高昌。魏晋以后，东西交通大开，佛教西来，而安息、大月氏的僧侣及康居（音渠）、罗马的商人亦有前来高昌贸易者，故高昌除汉人外，后来还杂有中亚胡人。至于汉武帝以前，车师的古代土著居民是何种族？据黄文弼考证，似为属于铁勒种族。

准噶尔西部，在今伊犁河上游一带，居住着由河西走廊迁徙来的乌孙人。乌孙的种族，史书也没有记载。《汉书·西域传》只是说他迁至伊犁河上游之后，因当地原为塞种人所居，后来又与月氏接触，故混入了塞种和月氏种。

黄文弼教授在二十世纪四十年代曾写过一篇题为《汉西域诸国之种族问题》[1]，其结论云："总之，西域为各民族交汇之地，古代即有汉人、羌藏人、突厥人、蒙古人、阿利安人、印度人迭居其地。大略言之，羌藏人居于昆仑山脉一带，故塔里木盆地南部诸国即杂有羌藏人；突厥人居于天山西北吉里吉思原野，故塔里木盆地北部诸国杂有突厥种；蒙古人居于天山东北阿尔泰山一带，故天山东部山谷诸族杂有蒙古种；葱岭山谷邻于印度，故杂有印欧种；吐鲁番盆地则汉人较多。以上只是汉代西域种族的一个大概，只能作为探讨民族来源的一些线索。"

---

① 黄氏之文，后收入《西北史地论丛》，上海人民出版社1981年版。

第二章
匈奴、突厥、东胡三大族系的民族面貌

一、三大族系各族的形成及其内部的民族结构

根据文献记载，早在夏、商、周时期（公元前二十二—前十二世纪），就有荤粥（音勋育）、鬼方和猃狁等少数民族在我国北方活动。商、周时并曾与鬼方和猃狁发生战争。其中尤以西周（约公元前十二世纪至前771年）时猃狁给予西周王朝的威胁较大，以至当时的诗人发出"靡室靡家（无室无家），猃狁之故"，"不遑启处（不暇起居），猃狁之故"①的哀叹！公元前八世纪，周宣王多次出兵抵御猃狁的进攻，并在"朔方"建筑城堡。诗人曾描写当时筑城抵御猃狁的情况说："天子命我，城彼朔方；赫赫南仲（显赫的南仲，南仲是人名），猃狁于襄（摈除了猃狁）②。"

春秋战国之际，荤粥、鬼方、猃狁各族的名称消失了，继之在史书上出现的是"戎"、"狄"。这些"戎"、"狄"有大有小，总计不下一百

---

① 《诗经·采薇篇》和《出车篇》。
② 《诗经·出车篇》。

有余之数①。而这么多的"戎"、"狄"自然不会凭空降生，其间必是猃狁等族（还有其他名称不见于史传的各族）的逐渐融合，因而以一个新的族名取代旧的族名。这种族名的变化，反映了各族互相间关系的变化，包含着众多的氏族或部落的分、合、聚、散的历史内容。这时，这些"戎"、"狄"有的分布于黄河流域，有的分布于大漠南北。分布于黄河流域的"戎"、"狄"，有的聚居于华夏各族之北，有的聚居于华夏各族之间。他们与华夏各族接触频繁，有时和平交往，也不时发生战争。而他们自己各族之间也时战时和。因而在这种互相交往和互相交战中，不断趋于融合。在长期的互相融合过程中，有的"戎"、"狄"因为社会发展较快，力量较强，扮演了一个主要的角色（吸收了他族），而其他的"戎"、"狄"则处于配角的地位（被他族吸收）。到了战国时期（公元前476—前221年），散布于黄河流域的"戎"、"狄"，除了在今河北省境内剩下一个建立"中山国"的鲜虞族（白狄的一支）以外，其余大部分都被华夏各族及其建立的各强大诸侯国兼并；有的则迁至大漠南北，与原来居住在那里的"戎"、"狄"结合在一起。到了战国后期，随着社会历史的发展，原先活动在我国北方的许多互不统属的氏族和部落，逐渐局部的聚集起来，在一定地域的范围内形成为部族共同体，比较先进的则迈入了文明的门槛，建立起本族的国家政权（如匈奴族），后进的或组成部落联盟（如东胡族），或仍停留在氏族或部落的历史阶段。

匈奴族就是通过这种融合的过程，于公元前四世纪渐露"头角"，至前三世纪终于登上历史舞台的。其族源应包括荤粥、鬼方、猃狁、"戎"、"狄"在内的所有原先活动于大漠南北的各族。很难说匈奴的族源来自单一的氏族或部落。不过在匈奴族形成的过程中，被称为"匈奴"的那一部分由于社会生产力较之其他部分先进，力量较强，故在部

---

① 参阅《史记》卷一一〇《匈奴列传》。

族形成的过程中居于主导的地位，起着支配的作用。随着部族的形成和发展，"匈奴"那一部分遂以他本部的名称总括和代表整个部族。事实上，匈奴自己族内的民族成分也不是单一的，如休屠（屠各）、宇文、独孤、贺赖、羌渠等部，都是匈奴族内的构成部分；而各部之下还有众多的氏族，如挛鞮氏（虚连题氏）、呼衍氏（呼延氏）、兰氏、须卜氏、丘林氏、乔氏、当于氏、韩氏、郎氏、栗籍氏、沮渠氏（同姓或异姓）。此外还有所谓"别种"、"别部"都尚未计①。这样复杂的民族构成，正是匈奴族由众多的氏族和部落聚集、结合和形成的有力证明。与匈奴并起的东胡族及其后相继在大漠南北兴起的乌桓、鲜卑、柔然、铁勒、突厥、回纥、契丹、蒙古等族，其族内的民族成分无不如此复杂，更进一步证实上述论点之可信。

在两汉时先后出现的乌桓与鲜卑（东部鲜卑），原先本来都是东胡部落联盟的两个组成部分，故后来在汉初被匈奴击破时，部落联盟瓦解，这两部分人众各自逃散，分别逃往乌桓山（在今内蒙古赤峰市阿鲁科尔沁旗西北）和鲜卑山（在今大兴安岭南麓、内蒙古通辽市科尔沁左翼中旗西），因而形成乌桓族和鲜卑族，而东胡之名遂告消失②。东胡族名的消失及乌桓、鲜卑二族族名的出现，反映了东胡部族原先的内部民族构成发生了变化，反映了东胡部族内部各氏族部落的分散与重新聚合。

发祥于大兴安岭北麓大鲜卑山③的鲜卑拓跋部（拓跋鲜卑），他内部的民族成分也是十分复杂的。《魏书》卷一《序纪》说：在远祖成帝毛之时，因"聪明武略，远近所推，统国三十六，大姓九十九，威震北方，莫不率服"。可见拓跋鲜卑当时也是一个包括数十个氏族部落的部

① 以上参阅《汉书》卷九四《匈奴传》、《后汉书》卷八九《南匈奴传》及《晋书》卷九七《北狄匈奴传》。

② 参阅《后汉书》卷九十《乌桓鲜卑传》。

③ 此大鲜卑山与大兴安岭南麓东部鲜卑所居的鲜卑山不是一个山。

落联盟，而远祖毛则是该部落联盟的大酋长。

属于突厥族系的敕勒（高车）也是一个庞大的部族，他所包含的氏族部落很多。《北史》卷九八《高车传》说他有六氏十二姓。六氏即袁纥氏等六氏；十二姓即泣伏利氏等十二姓。此外还有副伏罗部、斛律部等，共约有二十三种之多。在先还未组成部落联盟，故"无都统大帅"总领各部，只是每部各有自己的"君长"（酋长）。而副伏罗部则被柔然统治者所役属。直至五世纪后期，副伏罗部的首领阿伏至罗与其从弟穷奇率领部众十余万落（落即户）叛离柔然时，始自立为王，"国人"称他为"候娄訇勒"（意即大天子），称穷奇为"候培"（意即储主），才开始有了政权组织。

敕勒在隋唐时称为铁勒，铁勒内部包含四十一个部，上文已经提及。至于突厥，《周书》卷二七《宇文测传》及卷五十《突厥传》载，突厥兴起于六世纪中叶，最初的起源地在准噶尔盆地之北，原是一个以狼为图腾①的部落。部落中包括十个氏族，当时还处于母系社会的历史阶段。《突厥传》说：

> 突厥者……姓阿史那氏。……（其祖先）与狼合，遂有孕焉。……生十男，十男长大，外托妻孕，其后各为一姓，阿史那即其一也。

同《传》又说：

> 讷都六有十妻，所生子皆以母族为姓，阿史那是其小妻之子也。

---

① 原始社会的人群，假借一种自然物（动物或植物）为符号，作为一个氏族血统的标志，尊为神圣而崇拜之，谓之图腾。

西突厥内部也分十箭（即十部）。十箭之下又分左厢与右厢两大部分，每一厢分统五小部，即左厢五咄陆与右厢五弩失毕，共十部①。十部的具体名称如下。

属于左厢五咄陆部落的五部是：

1. 处木昆律部（在今新疆塔尔巴哈台一带）
2. 胡禄屋厥部（在今新疆乌鲁木齐市西北玛纳斯河西）
3. 摄舍提暾部（在今新疆博乐市西博乐塔拉河流域）
4. 突骑施贺逻施部（在今伊犁河中下游北岸）
5. 鼠尼施处半部（在今新疆焉耆县西北裕勒都斯河流域）

属于右厢五弩失毕部落的五部是：

6. 阿悉结阙部
7. 哥舒阙部
8. 拔塞干暾沙钵部
9. 阿悉结尼熟部
10. 哥舒处半部

属于东胡族系的柔然族，内部也是由许多部落组成。除核心部落郁久闾氏之部及柔然始祖曾经依附过的纥突邻部外，还有黜弗部、素古延部及可汗豆仑之妻所从出的俟吕邻氏之部；居于漠北涿邪山一带的尔绵氏之部，居于阴山北意辛山的纥奚部和肺渥氏之部②。以上为柔然族内

---

① 《新唐书·突厥传》和《旧唐书·突厥传》记载西突厥十部时多有错误，仅宋人王溥撰《唐会要》卷九四（1955 年中华书局排印本）的记载是确切的。我在拙著《突厥史》第六章"西突厥"中业已辨明（见该书第 125—126 页，内蒙古人民出版社 1988 年版）。
② 参阅《魏书》卷一〇三《蠕蠕传》及卷二《太祖纪》等。

的主要部落。此外还有属于柔然的别部，如无卢真部、马朱贺颓部、库士颓（库缛官）部，及被柔然征服的敕勒副伏罗部和匈奴拔也稽部。史书还载可汗大檀（429 年前后在位）时，其弟管领"东落"（既有"东落"，似应还有"西落"）；北魏正光二年（521 年），可汗婆罗门曾率领十个部落归附于魏①。

契丹，史书记载，他在先仅是一个包括"白马"和"青牛"两个氏族的小部落。后来子孙繁衍，部众兴盛，逐渐发展为八个氏族，再由八个氏族发展为八个部落。六七世纪之交（隋朝时期），据说契丹曾一度发展为十个部，每部有兵，多者三千，少者千余；别部还有四千余家。及至七世纪（唐朝）时，"胜兵"（脱离生产、专门担任作战的常备兵）竟达四万三千人，已是一个包括很多部的大部落了②。

室韦之名最早见于《魏书》。后来在《北史》和《隋书》的《室韦传》中已将他分为南室韦、北室韦、钵室韦、深末怛室韦、大室韦五大部分。及至唐代，《新唐书》卷二一九《室韦传》载室韦已发展为二十余部了。其中居于望建河（今额尔古纳河）南岸的蒙兀室韦就是蒙古族的主体部分（即成吉思汗所从出的蒙古部）的族源。

十三世纪蒙古族的形成，乃由成吉思汗统一蒙古草原各部的结果，史书记载尤为明确。十四世纪伊儿汗国史学家拉施特，在他的名著《史集》卷一中说，蒙兀室韦自九世纪西迁至漠北的不儿罕山（今肯特山）之后，属于他的各部名称甚多，其中"迭儿列勒蒙古"和"尼伦蒙古"这两大集团就是从额尔古纳河迁来的。而这两大集团，各自也有不少分支和部落③。成吉思汗的家族属于尼伦蒙古，而其所从属的部落则为乞颜部，所从属的

---

① 参阅《魏书》卷一〇三《蠕蠕传》及卷二《太祖纪》等。
② 参阅《辽史》卷三七《地理志》一、《北史》卷九四《契丹传》、《隋书》卷八四《契丹传》及《旧唐书》卷一九九下《契丹传》。
③ 参阅拉氏《史集》余大钧、周建奇译本，第一卷第一分册第 249—250 页，商务印书馆 1983 年版。

氏族则为孛儿只斤氏族①。迭儿列勒蒙古和尼伦蒙古这两大集团合起来称为"合木黑蒙古",即一切蒙古之意。

蒙兀室韦在西迁之前业已组成一个松散的部落联盟。及至西迁之后,大约在十世纪,蒙兀室韦的部落联盟始正式建立。其时约当成吉思汗六世祖海都(土敦篾年之子)的时期。根据《元史》卷一《太祖纪》的记载,这个蒙兀室韦部落联盟是以孛儿只斤氏族成吉思汗家庭为首组成的,其中尼伦蒙古当然占居主要地位;其余迭儿列勒蒙古及其他室韦各部,甚至没有西迁不儿罕山一带而原来居住地靠西的室韦部落(即所谓"四傍部族")也都可能参加。由于蒙古部与中原汉族及漠北周围各族的接触和交往,大大加速了他自身经济文化的发展。十世纪时(辽代)蒙古部已逐渐成长,分衍出许多或大或小的部落,如乞颜部、扎答兰部、泰赤乌部等都在今鄂嫩河、克鲁伦河、土拉河的上源和肯特山以东一带游牧。当时在蒙古草原上游牧的,除蒙古部外,还有其他的部落,其中较大的有:塔塔儿部(在今内蒙古呼伦贝尔市南部至锡林郭勒盟北部);翁吉剌部(在今呼伦池东南、贝尔湖至哈拉哈河一带);汪古部(靠近金朝长城);蔑儿乞部(在今色楞格河下游);斡亦剌惕部(在今叶尼塞河上游);克烈部(在蒙古部西南、处于杭爱山与肯特山之间);乃蛮部(在今阿尔泰山东北部)等。

十一世纪时,居住在大漠南北的塔塔儿、蒙古、蔑儿乞、翁吉剌、克烈、汪古等部结成以塔塔儿为首的联盟,共同反抗辽朝的统治,因此,"塔塔儿"或"鞑靼"曾一度成为蒙古草原上各部的通称。十二世纪时,蒙兀室韦部落联盟已日趋涣散,成吉思汗一族亦家道中衰,其时草原各地也先后出现了不少非蒙古部组成的其他部落联盟,因此成吉思汗一族所从出的部落,遂以"蒙古部"(《辽史》称之为"萌古部")之名见于史册。后来(十二世纪末、十三世纪初)成吉思汗统一了蒙古草

---

①　参阅拉氏《史集》余大钧、周建奇译本,第一卷第一分册第251—254页。

原各部，遂以"蒙古"之名总括和代表草原上的各部，而各部原有的名称遂消失了。这一点拉施特在《史集》卷一中说得很清楚。他说：

> 由于塔塔儿人非常"伟大"和受人尊敬，其他非塔塔儿人各氏族也以塔塔儿人的名字为世所知，尽管种族的名称不同，现今都被称为塔塔儿人。这些非塔塔儿人，由于把自己列入塔塔儿人之中，并以塔塔儿人的名字见称于世，因而自己也觉得居于"伟大"和可敬的地位。正像现今的塔塔儿人、扎剌亦儿人、斡亦剌人、客列亦人、汪古人、唐古特人等各种非蒙古部的部落，均仰赖成吉思汗及其氏族的"洪福"才成了蒙古人。这些人原来都各自具有一定的名字和称谓，但如今为了自己夸耀起见，也都自称为蒙古人，尽管他们原先并不承认"蒙古"这个名字。这样，他们现今的后裔便以为他们自古以来就是属于"蒙古人"的名下并以"蒙古"之名见称。其实并非如此，因为古时的蒙古人只不过是许多草原部落中的一个部落而已。[①]

拉施特的这段话，对于了解蒙古族及其他中国古代北方游牧民族的形成、族源之并非单一及族内民族成分的复杂等方面，都有一定的参考价值。

依照中国古代北方游牧民族的通例，一个氏族部落被他族或他部征服、吞并或融合之后，往往自动或被迫舍弃自己原来的族名或部名而改用征服者、吞并者或融合者的族名或部名。这种现象，除蒙古族外，在匈奴与鲜卑中也可找到类似的事例。史载公元 91 年北匈奴因

---

① 拉氏这段话，此处采用意译；余大钧、周建奇译文见《史集》译本第一卷第一分册第166 页。

战败，主力西迁中亚，原先居于鲜卑山的鲜卑（东部鲜卑）此时正日益强大起来，遂乘机向西移徙，占领了漠北地区的"匈奴故地"。当时漠北地区尚有十余万落（户）的匈奴人没有随同主力西迁，残留在漠北，无所归属，遂加入了鲜卑，并自称"鲜卑"，从此这部分匈奴人便舍弃自己的族名而改用鲜卑的族名，逐渐融合到鲜卑的部族中去，因此漠北"匈奴"之名便消失了。《后汉书》卷九十《鲜卑传》记其事曰：

> 和帝永元中，大将军窦宪遣右校尉耿夔击破匈奴，北单于逃走，鲜卑因此转徙据其地。匈奴余种留者尚有十余万落，皆自号鲜卑，鲜卑由此渐盛。

《三国志·魏志》卷三十《鲜卑传》裴注引《魏书》亦曰：

> 匈奴及北单于逃遁后，余种十余万落，诣（至）辽东杂处，皆自号"鲜卑兵"。

二、三大族系各族氏族部落的基本"细胞"
——"落"与"邑落"

中国古代北方游牧民族都是由以血缘为基础的氏族作为部落的基层单位，但氏族内部的"细胞"如何组成？从各种史书的零星记载中得知，在原始社会时期，私有制尚未产生，氏族成员的生产资料和生活资料都是集体所有，生产劳动也是集体进行，劳动成果（生产品）也是集体分配，因此在氏族内部只有氏族成员，没有什么个体家庭的"细胞"。

后来社会生产力发展，私有制产生，生产劳动由集体进行转变为个体进行，分配产品的原则也有了变化，于是个体家庭逐渐出现和形成，并成为一种对抗氏族组织的力量，起着瓦解氏族组织的作用。

例如在契丹的八个部落中，以迭剌部最强，而迭剌部中又以耶律氏族最为显赫。从八世纪中期（唐玄宗开元末）开始，耶律氏族中的个别显贵家族及后来的耶律阿保机家族充当了迭剌部的夷离堇（掌管兵马大权的军事首长）职位，事实上就是掌握了契丹八部联盟的军事大权，拥有全部落联盟的极大权力。又如蒙古乞颜部孛儿只斤氏族，也是因成吉思汗家族的力量最大，故成吉思汗家族原先在该氏族中也起着主导的作用。

氏族"细胞"中的个体家庭，一般都是以"户"为最基本的单位。但在各游牧民族中，对"户"的称谓不一，对"户"与氏族之间的层次也不一致。例如匈奴的"户"称"落"，故一户就是一落，一落就是一户。上文提到《后汉书·鲜卑传》载，北匈奴主力西迁后，残留在漠北没有西迁的匈奴人尚有十余万落的"落"就是户的意思，十余万落就是十余万户，姑以十二万落、每落（每户）五口计之，当时约有六十万人加入了鲜卑。又，《三国志·魏志》卷三十《乌丸鲜卑东夷传》裴注引《魏略》一书载，东汉建武时（约在公元 48 年），有数万落赀虏（匈奴名奴婢为"赀"，音资，即资财之意），利用匈奴分裂为南北二部、衰弱之际，乘机逃亡到今甘肃河西走廊一带，仍然过着"畜牧逐水草"的生活。在这些逃亡的奴婢中，种族不一，其中有西域人、丁令人，还有羌人，合计有数万落（户）之多，姑以五万落、每落五口计之，也有二十五万人。

匈奴的一个"落"究竟有多少人口？我的良师益友、已故的马长寿先生，他在《论匈奴部落国家的奴隶制》一文①中假定"每落五家，每

---

① 马长寿先生之文载《历史研究》1954 年第 5 期。

家五口", 数万落设以五万落计了, 就有一百二十五万人。我认为这个假定未免过多, 对于"落"的理解, 尤有未妥。上文提到匈奴衰落时, 北匈奴主力西迁, "余种留者尚有十余万落, 皆自号鲜卑。如果依照"每落五家, 每家五口"计算, 这部分加入鲜卑的匈奴人口最少当在二百五十万至三百万。匈奴最盛时的人口, 据马先生自己估计, 仅有一百五十万, 然则及其衰落时的残留人口反而比最盛时多出二分之一甚至一倍! 当然不会是这样。因此我以为"落"者, 户也; 以每"落"五口计之近是。后来马先生接受我的见解和建议, 在《北狄与匈奴》一书①中, 对于上述逃亡的匈奴赀虏, 便按每落五口计算 (即一落就是一户, 每户五口)。

救勒 (高车) 的氏族"细胞"也称落。根据《北史·高车传》的记载, 救勒副伏罗部首领阿伏至罗与其从弟穷奇在反抗柔然统治者的奴役时所率领的部众计有十余万落。

突厥也是以落作为氏族的"细胞"。《新唐书》卷八十《常山王承乾传》载, 承乾为太子时, "好突厥言及所服 (好讲突厥语及穿突厥服), 选貌类胡者, 被以羊裘, 辫发, 五人建一落 (五人组成一户), 张毡舍 (置毡制帐幕而居), 造五狼头纛 (突厥人以狼为图腾, 可汗庭前竖立带有狼头图案的旗帜, 承乾仿效之), 分戟为阵……"。这虽是承乾的愚妄行为, 但却反映出当时突厥人的氏族部落组织是以"落"为最基本的单位, 每落五人, 同住一毡舍的事实。

回纥为高车 (救勒) 后裔。《新唐书》卷二一七《回鹘传》上载: "回纥……元魏时亦号高车部, 或曰救勒。"回纥与突厥习俗大多相同, 故《旧唐书》卷一九五《回纥传》说回纥"署官号皆如突厥故事"。因此组成回纥氏族部落的"细胞"也是落。但是由于每家每户 (每落) 的人口都是住在毡制帐幕之内, 故回纥与突厥常常把"落"称为"帐"。

---

① 马长寿:《北狄与匈奴》, 生活·读书·新知三联书店 1962 年出版, 第 39 页。

例如《旧唐书·回纥传》载："有沙陀部落（按：沙陀部属西突厥）六千余帐，与北庭相依，亦属于回纥。"同《传》又载：唐开成五年（公元 840 年）回纥汗国被黠戛斯攻灭后，特勤（官号）那颉（人名）与赤心（人名）战，"战胜，全占赤心下七千帐"（即尽收赤心之众七千户）。

属于东胡族系的乌桓族，他的氏族"细胞"虽然也是户，但乌桓的户不称"落"，史书上有时虽也出现"落"这个字，但其含义并非指户，而是指"邑落"，即在户之上还有邑落这一层组织。邑落则隶属于"部"（部落）。《后汉书·乌桓传》载："邑落自有小帅，数百千落自为一部。"按之实例，如同上《传》载：

上谷乌桓大人难楼之部有九千余落（邑落）
辽西乌桓大人丘力居之部有五千余落（邑落）
辽东乌桓大人苏仆延之部有一千余落（邑落）
右北平乌桓大人乌延之部有八百余落（邑落）

部的首领称"大人"，邑落的头目称"小帅"。

乌桓的邑落不是户（即不止一家一户），而是由若干户或很多户组成并聚居在一起而形成的一个公社，因此须要设立一个"小帅"去管理公社的事务。这和匈奴、突厥的"落"（户）和突厥、回纥的"帐"（户）仅有一家一户不同，故匈奴和突厥、回纥的"落"、"帐"都没有设立"小帅"之类的头目之必要。乌桓的每个邑落有多少户人家，史无明文。但既为"部"的下属组织，且立小帅，而每部又统辖成千上万的邑落，似乎邑落的户数不会太少，数十户或数百户都有可能。邑落公社是游牧的畜牧业性质的公社[1]，即由若干牧户或很多牧

---

[1] 马长寿先生在《乌桓与鲜卑》一书（上海人民出版社 1962 年版）中认为乌桓的邑落公社是"和农村公社性质相近"（第 118 页）。这个论点须要商榷，我在拙著《东胡史》一书（内蒙古人民出版社 1989 年版）中（第 21—22 页）已有所辨明。

户聚居在一定地域，因而形成一个或大或小的游牧群体，由这些游牧群体组成一个公社。邑落公社的成员彼此都是有血缘关系的。游牧民族的氏族部落组织，原是由若干个互相通婚的氏族联合组成为部落，故部落之下的组织应该是氏族。乌桓的邑落既为"部"（部落）下的组织，那么他应该是氏族的一部分，因而乌桓的民族构成（同时也是社会组织形态），其层次应为：部落（部）——氏族——邑落——户。而邑落的出现，则是由于私有制的确立，各家各户"各自畜牧营产"（《乌桓传》语），逐渐从氏族的共同体中分离出来后形成的。因此邑落公社仍是一个以游牧的畜牧业为主的以血缘为基础的氏族组织和社会组织，公社共同占有一定的游牧地区，而各家各户则各自单独经营自己的畜牧业，夏季和冬季转移牧地时，便在小帅的率领下，以一个邑落为单位，共同迁徙。

"部"就是部落，即构成乌桓部族共同体的各个部分。乌桓原先仅是一个部落，是东胡部落联盟中的一个成员。后来东胡被匈奴击溃，部落联盟瓦解，乌桓退居乌桓山。由于掌握了冶铁技术，生产力提高，社会经济发展，人口也逐渐繁衍起来，因此在各个地区，有些氏族组成新的部落（部），有的大部落（部）分化出小部落（部），于是乌桓便由原先的一个部落逐渐演变为多部落（部）并最后发展而为部族[①]。东汉初，乌桓各部（大小部落）已遍布于辽东、辽西、右北平、渔阳、广阳、上谷、代、雁门、太原、朔方缘边十郡。到东汉末，仅辽东、辽西、右北平三郡的各部，其所辖的邑落，有的已多至九千有余，少者亦不止八百。

鲜卑与乌桓原来同属东胡部落联盟中的一个组成部分。《后汉书·

---

① 在北方各游牧民族中，民族和部落的合并、扩大和分化的情况，当以蒙古族留下的史料最为详细可考。请参阅拉施特《史集》（余大钧、周建奇译本）及苏联学者弗拉基米尔佐夫著《蒙古社会制度史》（刘荣焌译，中国社会科学出版社1980年版）二书的有关章节。

鲜卑传》载:"鲜卑者,亦东胡之支也。……其言语习俗与乌桓同。"故乌桓有邑落,鲜卑亦应有邑落,而且二族的邑落亦应同其性质。

蒙古与乌桓虽同属东胡族系,但蒙古部兴起时(十二世纪末、十三世纪初),与乌桓活跃时(公元前二世纪)已相距一千多年,且乌桓在东汉末被曹操征服后已逐渐在历史舞台上消失,何况从乌桓至蒙古,中经鲜卑、柔然、契丹、室韦各族社会历史的变化,氏族部落组织也会随同变化,故在蒙古部留下的文献中,并未发现"邑落"组织的记载,仅从成吉思汗统一蒙古草原各部、建立蒙古汗国时的"领户分封"制①中,可以推想蒙古部早期的氏族组织内部也是以"户"为最基本的"细胞"的。

领户分封是把各部的牧户编为十户、百户、千户和万户,并设十户长、百户长、千户长和万户长。万户长和千户长,按其等级高低,领有一定范围的大小不同的疆域作为封地,并领有封地内数量不等的封户,成为或大或小的封建领主。虽然蒙古汗国建立时,蒙古部已经由早期的氏族部落社会发展为封建社会,以血缘为基础的氏族部落组织也演变为以地域为基础的国家政权,但正因在汗国建立之前,蒙古部及被统一的草原各部,他的社会内部都是以"户"作为最基本的"细胞",所以汗国建立时实行领户分封制就容易了。

综上所论,可见不论是匈奴、突厥的"落",突厥、回纥的"帐",乌桓鲜卑邑落下的牧户,及蒙古汗国领户分封制所反映出来的封户,都不外乎是以一家一户的个体家庭作为氏族部落最基本的"细胞"。因此可以推断,在历代各游牧民族的民族构成中,是以"部族——部落——氏族——(邑落)——户"的层次组成的。

----

① 参阅《蒙古秘史》(作者和版本已见第一章)第 202 及 205 节。

三、三大族系中入主中原与没有入主中原的 各族氏族、 部落的两种解体形式

在上述三大族系的各族中，有许多部族，当他们兴起时，有的业已进入阶级社会，有的则尚未进入或正处于进入的过渡阶段。因此，他们的氏族组织延续得很久；就是业已进入阶级社会并已建立起国家政权的部族，他们的氏族组织仍继续存在，虽然有些已经变了质，甚至名存实亡。

以匈奴氏族组织解体为例：

大约在公元前三世纪前后，由于铁器文化的创造，大大提高了匈奴社会生产力的水平，因而生产有了剩余，这便促使匈奴人的游牧经济有了从集体化转变为个体化，从而使公有制转变为私有制的可能。因此匈奴人的氏族公社内部便出现了私有牲畜这种独立小经济的个体家庭——落。这种独立的小经济一经出现，便以一种与氏族相对抗的力量，开始起着瓦解氏族组织的作用。从漠北已发掘的属于公元前三世纪—前二世纪的匈奴墓葬中，在陪葬品甚为丰盛的富有的大墓旁边，又有许多陪葬品极其缺乏的贫困的小墓可以明显地看出，这时氏族组织已开始解体，贫富悬殊的事实也充分地暴露出来了①。在这个时候，牧场和游牧地仍是属于氏族公社所有。因此，牧场和游牧地公有制与牲畜的私有制的结合，是这个时期匈奴人氏族公社的特征之一。

匈奴人的氏族公社虽于公元前三世纪前后已因个体家庭的私有经济的出现而开始解体，但这时各个家庭，各个氏族成员，仍然通过对于牧

① 参阅蒙古考古学家策·道尔吉苏荣《北匈奴的坟墓》一文对匈奴墓葬的介绍。该文载 1956 年乌兰巴托科学委员会出版的《科学院学术研究的成就》第 1 期。原文为新蒙文。

37

场和游牧地这种生产和生活的重要条件的共同占有而互相紧密地结合着。这种结合之所以能够维系，主要原因在于为了保卫本氏族的安全，保卫畜群和游牧地不致遭受外族部落的侵扰和袭击。同时，在原有氏族公社制度瓦解至阶级形成的过程中，掠夺性的战争成为匈奴人的经常职业。《史记·匈奴列传》说"匈奴明以战攻为事"。因此他们不仅要紧密地结合在一起，而且还要按军事的方式组织起来，以便随时出征和投入战斗。

匈奴人的氏族组织原先是一种血缘组织，随后因为氏族公社的解体、阶级的形成及因频繁战争所造成的氏族成分的复杂性和不稳定性，而使氏族的血缘关系无法存在下去或被大大地冲淡。首先是在氏族组织中，除了本族的成员外，流入了大量的外族人口，如东胡人、西嗕人（嗕音辱）、月氏人、楼烦人、白羊人、浑庾人、屈射人、丁令人、鬲昆人（鬲音隔）薪犁人、乌孙人、西域人、羌人和汉人。这些人口大都是掠夺而来，故均散处于各个氏族、各个家庭之中，绝大多数充当奴隶[1]，个别可能被吸收为氏族成员。其次，每一次战争，特别是战争的失败，往往造成了氏族人口的大量伤亡离散和组织的严重破坏。例如公元前124年，右贤王部被汉将卫青夜袭，右贤王只身逃走，精骑散亡，担任裨小王的氏族长十余人及男女一万五千口被俘，整个氏族部落的组织被打散。又如公元前119年，伊稚斜单于与卫青作战失败，率壮骑突围遁走，所余部众往往与汉兵混杂在一起；左贤王部亦被霍去病斩首及俘虏共七万余人，部将尽都逃走，氏族部落亦全被打乱。更为严重的是公元前71年，汉与乌孙联兵二十万反攻匈奴，匈奴闻汉兵大出，老弱奔走，尽驱畜群往远处逃避。在这种兵荒马乱之中，氏族组织当然会陷于混乱。而右谷蠡王部（谷蠡音鹿黎）的亲属及大将以下被俘者多至三

---

[1] 《史记·匈奴列传》载，匈奴人作战，谁掠得的人口就归谁所有，被掠者就成为匈奴人的奴隶。

万九千余，各种牲畜被获者七十余万只。匈奴人民死伤、流离及牲畜死亡散失的，多至无法计算，氏族组织完全土崩瓦解①。这样，原有的氏族人口和机构便不得不被拆散、被搅乱和被混合了。尽管后来氏族组织的外壳一直保存到三世纪的魏晋时期，但他的血缘关系，随着氏族内部经济性质的转变也逐渐转变。这种转变后的氏族公社，实质上已不再是建筑于血缘的基础上的亲族单位，而是建筑于地域的基础上的军事行政单位了。这是匈奴氏族公社的又一个特征。

匈奴氏族解体的过程，可作为没有进入中原的游牧民族的氏族解体的一种事例（形式）。此外还有一种是进入了中原的游牧民族的氏族部落解体的事例，即拓跋鲜卑的事例（形式）。

拓跋鲜卑自从由大鲜卑山南下进入河套及大青山一带之后，在首领拓跋力微统领期间（神元三十九年，258 年），曾以盛乐（今内蒙古和林格尔县北）为中心，组织过一个以拓跋部为首的部落联盟。这个联盟虽不十分庞大，但民族成分复杂，除属于联盟的领导核心，被称为"宗室八姓"的拓跋部八个氏族所代表的八个部落外，还有七十五个异姓或非拓跋鲜卑的部落，其中包括有匈奴、丁零（高车）、柔然、乌桓、东部鲜卑等族共三十一姓，统称为"内入诸姓"；在内入诸姓的外围，还有与拓跋部保持"岁时朝贡"关系的"四方诸姓"共三十五部②。

《魏书》卷一一一《刑罚志》说：力微之前，拓跋鲜卑礼俗纯朴，以语言为约束，刻契记事，如有氏族成员违反习俗或禁忌，则由"四部大人"（亦即各氏族首长）商议处理，没有监狱和刑罚；直至力微之时还是如此。可见这时拓跋部还没有完全迈出原始氏族社会的历史阶段。

---

① 以上俱见《史记·匈奴列传》及《汉书》卷九四《匈奴传》上。
② 参阅《魏书》卷一一三《官氏志》。

力微死后，子、弟相传。传至拓跋猗卢之时，拓跋部畜牧业繁盛，财富充盈，控弦之士（骑射部队）四十余万。又因出兵协助晋朝并州刺史刘琨作战有功，被晋封为大单于、代公，并获得了句注山陉岭（在今山西代县北，句音勾，陉音刑）以北之地。猗卢从此疆域扩大，实力雄厚，乃于晋建兴三年（315 年），以盛乐为北都，平城（今山西大同市东北）为南都，建立了"代"政权。说明拓跋部这时已向着阶级社会迈进。

公元 376 年，代政权被"前秦"攻灭，以拓跋部为首的部落联盟亦同时瓦解。过了十年，前秦覆亡，代政权末主拓跋什翼犍之孙拓跋珪收集旧部，乘机东山再起，在牛川（今内蒙古呼和浩特市东南）大会诸部，即代王位，建元"登国"，不久迁都盛乐，改称魏王（史称北魏）；以拓跋部为首的部落联盟亦重新建立。

拓跋鲜卑原先虽是个游牧部落，但在入塞之后，随着逐渐接近和深入中原地区，就愈来愈多地受到汉族经济文化的影响，因而农业在拓跋部内，首先是在拓跋部的统治地区发展起来。远在四世纪初期，拓跋猗卢就在陉岭以北（今晋北一带）移民耕种。公元 386 年拓跋珪又在都城盛乐附近"息众课农"。随着农业地区的不断扩大，农业经济在社会经济中的比重迅速增加。公元 398 年迁都平城之后，继续移徙山东（太行山以东）六州吏民及"杂夷"三十六万、百工十余万口，至平城京畿周围地区"计口授田"，而京畿之外所谓"四方四维"的地方仍然是辽阔的农垦区域[①]。

当时平城畿内原先就居住着鲜卑、乌桓和汉人数十万户，现在加上山东六州移入的三十六万口各族农民，这样农业人口就增至百万以上，而畿外的农业人口尚未计入。农业地区如此辽阔，农业人口如此众多，自然不得不增加农业在北魏社会经济中的比重，逐渐成为北魏统治的重要社会经济基础。

---

① 参阅《魏书》卷二《太祖纪》、卷三《太宗纪》及卷一一〇《食货志》。

　　这时，由于农业地区日益扩大，农业和畜牧业繁盛，部落联盟的组织已不能适应日益发展的社会经济和政治形势的需要；又由于拓跋部的经济、政治力量强大，对于联盟各部以前出现过的那种拥众自雄、时附时叛（如铁弗、高车等）、难于控制的情况不能容忍，这是拓跋部与其他各族各部统治者之间的一种矛盾。而各族各部统治者之所以能够拥众自雄，除了其他因素之外，其中最重要的因素则是各族各部的部众与其统治者之间的关系是建立在血缘关系的基础之上的，通过血缘关系，各部部众与其统治者联系紧密，对自己的部落形成一种向心力和凝聚力，反之，对于拓跋部则产生一种离心力和脱离倾向，因此容易成为一种进行分裂活动的潜在因素。所以北魏建国之初，特别是在占领了愈来愈多的中原农业地区和人口之后，于登国元年至天兴元年（386—398 年），在实行"计口授田"的同时，还实行"离散诸部，分土定居，不听迁徙，其君长大人皆同编户"①　的政策，即解散原来参加联盟的"四方诸部"（包括"内入诸姓"）各个部落的组织，强迫各部落大人与他们的部民（牧民）脱离关系，使各部牧民不再成为各部大人的私属，而变为北魏国家的编民，由北魏政府把各部牧民转移到一定的地区（在平城京畿周围）定居下来，分给他们土地，使他们从事农耕或进行定居放牧，不准他们随便迁徙。而在各部大人中，反抗的被杀死，抵制的被驱逐，拥护的给予官职，保留统治者的身份和地位，态度消极的则与部民同被列为编民，参加生产劳动。这样，不仅消除了分裂的潜在因素，巩固了北魏的政权，加强了中央集权和对各族各部部民的统治，还从各部大人手中夺取了大量的劳力，用以开辟财源和兵源。本来部落是一个以血缘为纽带的组织，是由若干个互相通婚的氏族组成的，对于以地域为基础的国家政权来说，是不相容的。在"离散诸部、分土定居"之后，拓跋鲜卑及其所建立的北魏王朝，从此完全做到经济农业化，组织地域化，行

---

①　参阅《魏书》一一三《官氏志》及卷八三上《贺讷传》。

政统一，部落解散，氏族消灭。在这个政策的实施中，拓跋部本身的部落组织也随同解散，这时除拓跋部的主要统治者已上升为北魏政权的统治阶级，他们的宗室已变成皇族，居于最高统治集团的优越地位之外，其余一般的氏族成员也分土定居，从事农业或定居放牧。从此，这些分土定居的牧民被迫摆脱了游牧生活，转向定居。拓跋鲜卑的氏族部落遂湮没于历史洪流之中。

四、三大族系各族原始氏族的遗迹与遗风

匈奴、东胡、突厥三大族系的各族，当他们兴起的时候，大都处于奴隶制或从原始氏族社会向奴隶制社会迈进的过渡期中，因去古未远，故在他们的社会中，仍有许多原始氏族社会的遗迹与遗风，其中以收继婚和报嫂婚制最为流行，如匈奴、突厥、回纥、乌桓、柔然、蒙古以及西域的乌孙等族都曾有过这种婚姻习俗和制度，只是他们的表现形态因社会发展程度不同而略有差异而已。

《史记》卷一一〇《匈奴列传》载："其俗，父死，妻其后母（不是生母）；兄弟死，皆取其妻妻之。"这就是匈奴人的婚俗。这种婚俗之所以出现，是由于公元前三世纪匈奴登上历史舞台的时候，他的社会正由原始氏族制迈进到奴隶制，氏族外婚制仍很流行。氏族外婚制的最初出现则是在对偶婚家庭的历史时期。氏族外婚制规定，同一氏族的男女不准互相通婚，只有在本氏族之外才能找到自己的配偶。这种婚姻关系并不是个人对个人，而是氏族对氏族，即出嫁的男子（当时不是女子出嫁）是作为氏族的一个成员与妻方的氏族发生关系的。

匈奴登上历史舞台的时候，在家庭婚姻史上，与奴隶制相适应，已经发展到父系家长制家族的阶段，而父系家长制家族则是由对偶婚家族

过渡到一夫一妻制家族的中间形态，所以对偶婚家族时期所实行的氏族外婚制的习俗和观念仍在匈奴人中遗留。这时在匈奴人的观念中，嫁入本氏族的女子，仍是以氏族对氏族，而不是以个人对个人；女子嫁到夫家，她不仅是属于夫家、成为夫家中的一个家庭成员，同时也是属于夫家的氏族、成为夫家氏族中的一个氏族成员；如果夫死之后，妻若改嫁，其势不仅脱离夫家，而且也脱离夫家的氏族。为了把她们约束在本氏族之中，因此，除生母外，都由儿子或兄弟继承她们的婚姻关系，使她们不能脱离夫家的氏族共同体而单独采取个人行动。汉文帝（公元前179—前157年在位）时陪伴公主嫁往单于庭的宦官中行说（音中航悦）说："匈奴之俗，父子兄弟死，（皆）娶其妻妻之，恶（怕）种姓之失也；故匈奴虽乱，必立宗种①。"这正说明这种婚姻的社会背景和历史内容。

其次，由于父系家长制家族脱胎于对偶婚家族，而对偶婚又是从原始群婚发展而来的。故父死妻其后母及兄弟死尽妻其嫂的婚姻习俗，也正是原始群婚的一种遗风。

此外，从公元前三世纪开始，由于匈奴社会生产力的发展，氏族公社内部出现了私有牲畜的个体家庭的独立的小经济，氏族公社逐步趋向解体。随着贫富家庭的分化愈来愈剧烈，个体家庭在社会中所起的经济作用愈来愈超过了氏族的作用。这时约束寡母寡嫂的原来目的，也由原先出于古代遗风的观念而转变为带有保留一家一族的个体家庭的劳动人手和增强家庭或家族中的生产力量的经济意义。《汉书》卷九四《匈奴传》下载：汉平帝（公元1—5年在位）时，匈奴按照旧例遣使者至乌桓勒收税物，匈奴人民妇女欲贾贩者，皆随同前往。可见匈奴妇女在父系家长制家族的婚姻形态下，虽在家庭中具有自由的家族成员的身份，但在父权家长的支配下，需要参加生产或其他劳动。因此上述婚姻方面

———————————

① 《史记·匈奴列传》。

的遗风习俗所赖以凭借的历史条件（群婚、氏族）虽或已消失或日趋动摇，但新的条件（家庭或家族）又起来代替并支持这种习俗。这就是匈奴人这种婚姻习俗之所以长期保留的原因。

在文献记载中，我们可以举出匈奴人妻后母及妻寡嫂的实例。例如公元前 31 年（汉成帝建始二年），呼韩邪单于（邪音耶）死，其子继位为复株累单于，复妻其后母王昭君。又如公元前 68 年（汉宣帝地节二年），壶衍胸鞮单于死，其弟虚闾权渠单于立，以右大将之女为大阏氏（音烟支，匈奴语妻、妾之义），而废黜前单于之妻颛渠阏氏（颛音专）。因为他另娶新欢，遗弃寡嫂，违反了妻兄弟之妻的习俗，故招致了颛渠阏氏之父左大且渠（且音沮）的怨恨①。

公元四世纪末兴起的柔然族，也是实行氏族外婚制，这可从伏名敦可汗豆仑之妻为俟吕邻氏加以证明。柔然可汗本来都出自郁久闾氏族②，但因实行氏族外婚制，可汗不能在本氏族内娶妻（其他一切男子都不能在本氏族内娶妻），故只有到其他异姓氏族中才能找到配偶。豆仑之妻之所以为俟吕邻氏（即来自俟吕邻氏族），原因在此。这和匈奴单于都出自挛鞮氏族（挛音孪，鞮音低），他们的女儿也不能在本氏族内婚配，因此复株累单于与王昭君所生的两个女儿，一个出嫁至须卜氏族，故称须卜居次（居次，匈奴语公主之义），另一个出嫁至当于氏族，故称当于居次，情况正是相同③。

柔然人也有收继婚和报嫂婚的习俗。据《北史》卷十三《后妃传》上载，神武（东魏帝高欢）娶柔然可汗阿那瓌（音规）之女蠕蠕公主，及神武死，"文襄（欢之子高澄）从蠕蠕国法烝公主（子妻其母谓之"烝"），产一女"。文襄之妻蠕蠕公主既是依照蠕蠕（柔然）的"国法"（妻后母的习惯法）行事，可见妻后母的习俗是在柔然社会流行。又据

———————————

① 以上二例俱见《汉书·匈奴传》。
② 参阅《魏书》卷一○三《蠕蠕传》。
③ 参阅《汉书·匈奴传》下。

《魏书·蠕蠕传》载：初，豆仑死，那盖为主，伏图（豆仑从兄弟）收纳豆仑之妻俟吕邻氏，生丑奴、阿那瓖等六人。可见兄弟、甚至从兄弟妻其嫂的习俗，在柔然社会也是存在的。

公元六至八世纪兴起的突厥族及八至十世纪继突厥而起的回纥族，当他们登上历史舞台的时候，他们的社会发展阶段和社会性质（奴隶制）与匈奴兴起时大致相同，故他们的婚姻习俗——收继婚与报嫂婚与匈奴也大同小异。《北史》卷九九《突厥传》载："父、兄、伯、叔死，（其）子、弟及侄等（均各）妻其后母（不是生母），（妻其）世叔母（即妻其伯母、叔母、及妻其嫂）；唯尊者不得下淫（不得妻其下辈）。"按之实例，隋义成公主曾先后为突厥启民可汗、启民子始毕可汗、始毕弟处罗可汗及处罗弟颉利可汗之妻①。这个婚例说明，突厥人的收继婚是长辈收继婚与平辈收继婚并存的。从"尊者不得下淫"一语看来，突厥人的婚制，在一定范围内具有强制的性质，因而这种收继婚，不仅是突厥人的一种婚姻习惯，而且也是一种婚姻制度。《北史》卷九七《西域传》载：高昌王麹坚死，"子伯雅立，其大母（非伯雅生母）本突厥可汗女，其父死，突厥令依其俗（妻其大母），伯雅不从者久之，突厥逼之，不得已而从"。可见收继婚是具有强制的性质，是一种制度。这种收继婚的习俗，直至七世纪初，在西突厥社会中仍在流行。唐僧慧立撰的《大唐大慈恩寺三藏法师传》卷二载：统叶护可汗长子呾度设死后，"前儿特勤篡立为设②，仍妻后母"。又如《隋书》卷八四《西突厥传》载："泥利可汗卒，子达漫立，号泥厥处罗可汗。其母向氏本中国人（中原人），生达漫而泥利卒，向氏又嫁其弟婆实特勤。"这是突厥有报嫂婚（即兄弟死、妻其嫂）的习俗的事例之一。

---

① 参阅《通典》（作者及版本均已见第一章）卷一九七《突厥》上。

② 按：可汗之子弟称"特勤"，掌管兵马的大官称"设"（Sad）。

回纥亦有收继婚（妻后母）制的存在。《旧唐书》卷一九五《回纥传》载："及宁国（公主）来归，荣王女为可敦（突厥语妻之义），回纥号（她）为小宁国公主，历配英武、英义二可汗。"即小宁国公主最初嫁给葛勒可汗（唐朝封他为英武威远毗伽可汗），葛勒死后，再嫁给葛勒子登里可汗（唐封为英义建功毗伽可汗）。又如咸安公主遵从回纥婚俗，相继嫁给天亲、忠贞、奉诚、怀信四位可汗。《唐会要》[①] 卷九八《回纥传》载："（咸安）公主，德宗第八女也，降（下嫁）天亲可汗，卒，子忠贞可汗立；忠贞可汗卒，子奉诚可汗立；奉诚可汗卒，国人立其相，是为怀信可汗。皆从胡法，继尚公主（娶公主谓之"尚"）。（公主）在番（回纥）二十一年卒。"

乌桓没有经过奴隶制，因为其在原始社会末期转向阶级社会的过程中，还来不及形成奴隶制，便在东汉末被曹操征服了。故乌桓社会的收继婚和报嫂婚较之匈奴和突厥都要落后。《三国志·魏志》卷三十《乌丸传》裴注引王沈《魏书》载："父兄死，妻后母、报嫂，若无报嫂者，则己子以亲之，次妻伯叔焉，死则归其故夫。"这就是说：兄死，弟可以妻其寡嫂（即小叔妻其寡嫂），若寡嫂之小叔死，小叔之子可以妻其伯母（即妻其父之寡嫂）；小叔若无子，则依次由其他伯叔妻此小叔原来的寡嫂。这种婚姻形态，不仅嫂叔可婚，伯叔母与侄子可婚，甚至伯叔父与侄媳之间亦可婚。

属于西域各族之一的乌孙，当他在公元前三世纪至前二世纪登上历史舞台时，还处于原始氏族社会末期至阶级关系形成的过渡阶段，故婚姻习俗尚有原始群婚的遗风，即：

1. 不仅子可以妻其后母（不是生母），而且孙子也可以妻其后祖母。

———————

① 作者和版本均已见前。

2. 祖父虽未死，孙子亦得妻其后祖母。

3. 叔父死，侄子得妻其叔母。

4. 兄弟死得妻其嫂，从兄弟亦同。

下述汉朝细君公主和解忧公主与乌孙王的婚姻关系，表明了这些遗风的存在。

据《汉书》卷九六《西域传》下"乌孙国"条载：西汉时期，汉朝为了联络驻牧于今伊犁河上游一带的乌孙族共同抗击匈奴奴隶主侵扰势力的入侵，武帝于元鼎二年（公元前115年）以江都王刘建之女细君公主远嫁乌孙王昆莫（乌孙的最高统治者称昆莫），昆莫封细君为右夫人。后来昆莫因自己年老，遂命细君改嫁他的孙子岑陬（官号，岑陬名军须靡，陬音周）。细君在先不愿听从，武帝诏令她"从其国俗，欲与乌孙共击胡"。细君不得已，乃改嫁给岑陬，生一女。细君死后，汉朝复以楚王刘戊之孙女解忧公主嫁岑陬。岑陬死，胡妇子泥靡年少，他的叔父大禄之子翁归靡立，号肥王。肥王依照乌孙的习俗，复妻解忧，生三男二女。

北方游牧民族的收继婚和报嫂婚的古老遗风也曾吹拂到十二世纪末、十三世纪初兴起的蒙古部。《蒙古秘史》第47节载：成吉思汗的六世祖海都的大儿子伯升豁儿多黑申死后，遗孀由其亲弟察剌孩领忽"收嫂为妻"。《元史》卷一八七《乌古孙良桢传》也载："国俗，父死则妻其从母（即后母），兄弟死则收其妻（妻其嫂）。"直到明代，在个别情况下，特别是在贵族阶层中，这种遗风仍有保留，如俺答汗死后，他的宠妾三娘子先后被他的长子黄台吉及长孙扯力克收继为妻①。其实，在成吉思汗统一蒙古草原各部、建立了封建的蒙古汗国之后，这种遗风、

---

① 参阅《俺答汗传》（蒙文），民族出版社1984年影印本；〔明〕瞿九思撰《万历武功录》卷八《俺答传》下，1962年中华书局印本。

残迹已愈来愈淡薄，到了元代，法律明文规定同宗都不准通婚。如《元史》卷一〇四《刑法志》三载："诸与兄弟之女奸，皆处死；与从兄弟之女奸，减一等；与族兄弟之女奸，减二等。"故妻后母、报寡嫂的习俗，在元代以后应该是名存实亡了。

第三章
匈奴是中国民族；
稽胡（山胡）并非匈奴后裔

一、匈奴族诞生地在今内蒙古河套及大青山一带

国外有许多学者都把匈奴视为非中国民族，或者把入塞后的南匈奴才算作中国民族，而留居漠北的北匈奴则不算。因内有些学者也曾对此问题认识不清，一度发生误解①，因此需要澄清和辨明。

根据史书的记载，匈奴族诞生的"摇篮"在今内蒙古河套及大青山一带。《汉书》卷二八《地理志》下所载五原郡稒阳县（在今内蒙古包头市境内）西北的"头曼城"就是当年匈奴的第一位单于（匈取最高首领之义）——头曼单于的驻牧中心及以他为首的匈奴部落联盟的政治统领中心的所在地。西汉元帝时，"习边事"（熟悉边防事务）的郎中（官号）侯应（人名）也说："阴山东西千余里，草木茂盛，多禽兽，本冒顿单于（头曼之子，冒顿音墨毒）依阻（即屯聚）其中，治作弓矢（制

---

① 1986—1989 年，国内有人用维吾尔文撰写和出版了《匈奴简史》、《维吾尔人》和《维吾尔古代文学》三本书，书中就认为匈奴并非中国民族。

造弓箭），来出为寇，是其苑囿。"① 也就是说，今日内蒙古阴山（俗称大青山）一带是匈奴人生息繁衍的发祥地，同时也是军事手工业（制作弓矢）的基地及向外扩张的根据地。所以《史记·匈奴列传》叙述匈奴与各诸侯国的地域分界时说："当是之时，冠带战国七，而三国（燕、赵、秦）边于匈奴。"正因为当时匈奴的发祥地在今河套及大青山一带，所以才能与中原的燕国（都蓟，今天津市北部）、赵国（初都晋阳，今山西太原市；后都邯郸，今河北邯郸市）和秦国（都咸阳，今陕西咸阳市）接壤。

秦始皇统一中国之后，曾派大将蒙恬将兵十万北击匈奴，占领了"河南地"（今内蒙古河套鄂尔多斯市一带），又渡过黄河，据守阳山（今大青山西支的狼山）、北假（今河套以北、大青山以南夹山带河地区）之地，同时建筑万里长城以阻止匈奴骑兵的南下。头曼敌不过秦国，只得"北徙"（向北迁移）。及至秦末农民大起义，随后中原又发生汉楚战争，北边戍卒相继逃亡，匈奴又乘机南下。至冒顿单于（公元前209—前174年在位）时，遂把当年蒙恬占领的河套南北地区全部夺回。汉文帝三年（公元前177年）匈奴右贤王进驻"河南地"。至汉武帝元朔二年（公元前127年），因大将卫青打败和驱逐了匈奴之楼烦王和白羊王，匈奴只得再次将"河南地"放弃。汉朝于是在"河南"一带设置朔方郡，筑城固守，不久又把大批的关东人口迁移至"河南"实边。从此匈奴再也无法夺回这块地方。但匈奴统治者（右贤王）对此并不甘心，"怨汉夺之河南地而筑朔方，数为寇盗〔于〕边"，企图报复；随即进攻"河南"，侵入朔方，大杀吏民甚众。

从上述可以看出，匈奴之所以那样重视"河南"及今大青山一带地方，除了在地理位置上因与汉朝边界接近，对于南下中原具有战略上的重大意义外，更主要的是因为这一带是他的民族发祥地，是他诞生的民

① 《汉书》卷九四《匈奴传》下。

族"摇篮"，故必须竭尽全力保住它，非万不得已，不能轻易放弃。

直至汉武帝元朔五年（公元前 124 年）春，卫青率领大军十余万人，从朔方高阙（今内蒙古巴彦淖尔市临河区西北石兰计山口）北出塞外六七百里，直捣右贤王的驻牧地，夜围右贤王。右贤王没有料到汉兵能远征至此，故一时措手不及，且因酒醉，只得脱身而逃，因此损失惨重。第二年（元朔六年，公元前 123 年）夏，卫青再次出击，又俘获甚众。这时匈奴统治者才感到漠南靠近中原边塞，所受军事压力太大，难于立足。故采纳了翕侯赵信（原为匈奴小王）的献策："益北绝幕（渡过大沙漠，尽量向北），以诱罢汉兵，徼极而取之（诱使汉兵疲劳，然后智取），无近塞（不要南下靠近边塞）。"从此匈奴的政治中心向北转移，故后来的几次汉匈大战都在漠北地区进行。例如汉武帝元狩四年（公元前 119 年）春一战，卫青与霍去病"咸约绝幕（共同约定渡过大沙漠）击匈奴。匈奴单于闻之，远其辎重（把军需和物资转移至远处），以精兵待于幕北（即漠北）"。结果单于仍是战败，独身与数百壮骑突围向西北遁逃。卫青一直追至寘颜山赵信城（约在今蒙古国杭爱山南面支脉附近，寘音颠）才回师。同时霍去病亦"绝幕"与左贤王接战。左贤王败走，去病也追到狼居胥山和姑衍山（二山俱在今蒙古国首都乌兰巴托东）。"是后匈奴远遁，而幕南无王庭。"[1] 从此匈奴的政治中心永远撤离它的发祥地，迁移至漠北[2]。

---

[1] 以上史实及引句俱见《史记·匈奴列传》和《卫将军骠骑列传》。

[2] 漠北地区，原先主要为浑庾、屈射、丁零、鬲昆（鬲音隔）、薪犁等族活动的地区。后来冒顿单于征服了上述各族，把统治地区由漠南扩大到漠北，从此漠南的匈奴人愈来愈多地转到漠北去游牧。及后政治中心北移，漠北遂成为匈奴人，特别是构成匈奴族主体部分的匈奴人的生活重心。至公元前一世纪中叶呼韩邪单于稽侯珊附汉后，有许多匈奴人又重新返回漠南，故王莽时，今内蒙古托克托县一带便成为左犁汗王咸的驻牧地；东汉初，今锡林郭勒盟一带则成为左伊秩訾王的驻牧地；而造成匈奴分裂为南北二部的右奥鞬日逐王比，原先也是驻牧于今内蒙古旧长城以北，西自河套，东至河北省北部南洋河以西一带的。（参阅拙著《匈奴诸王驻牧地考》，见中华书局 1983 年版《匈奴史论文选集》）。

至于漠北地区早在公元前一世纪中叶匈奴呼韩邪单于归附西汉王朝中央政府时便与中原统一，及至唐朝在漠北地区设置安北大都护府时则正式列入中国版图，这在上文已经说过了。

由此可见，漠北匈奴的政治中心是由漠南移去的。《史记·匈奴列传》又说，匈奴单于庭原先对着汉朝的代郡（郡治在今河北蔚县）和云中郡（郡治在今内蒙古托克托县）之北，左贤王庭对着上谷郡（郡治在今河北怀来县）之北，右贤王庭对着上郡（郡治在今陕西榆林市）之北。后来因屡被汉武帝击败，在漠北也难于立足，故自元封六年（公元前 105 年）之后，单于庭乃益向西北徙，左方兵（左贤王庭所辖）移至云中郡之北，右方兵（右贤王庭所辖）移至酒泉、敦煌二郡（郡治在今甘肃酒泉市和敦煌市）之北。

由此可见，匈奴是一个土生土长的民族，匈奴人是道道地地的中国人。不过他们在大漠南北的趋向，其重心是漠南——漠北——漠北偏西。而其最初的发祥地则在今内蒙古河套及大青山一带，史书记载，十分明确。因此说匈奴并非中国民族，就与历史事实大相径庭。

二、河套及大青山一带在公元前三世纪
匈奴族兴起前已归中原诸侯国管辖

今内蒙古河套及大青山一带，在春秋战国时期（公元前八世纪至前三世纪），原是林胡、楼烦二族生息的地区。《史记·匈奴列传》说，秦穆公（公元前 659—前 621 年）时，"晋北有林胡、楼烦之戎"。其后此二族几经迁徙，至战国时聚居于赵国的北边。赵肃侯（公元前 349—前 325 年）时，曾"败林人"（即林胡人）于荏（荏是一个地名，约在赵

国北边）①。及至赵武灵王（公元前 325—前 298 年）时，"北破林胡、楼烦"②。赵武灵王二十年（公元前 306 年）继续"西略胡地"（林胡之地）至榆中（今河套东北岸）③，迫使林胡王献马。随后武灵王更进一步命"代相赵固主胡（经略林胡），致其兵（招降他的队伍）"④。赵孝成王（公元前 265—前 244 年）时，赵将李牧在大败匈奴的同时，也降服了林胡⑤，从此林胡之名不见于史册。

楼烦在林胡之西南。赵惠文王三年（公元前 296 年），"西遇楼烦王于西河（今内蒙古鄂尔多斯市东胜区一带）而致其兵"⑥。楼烦开始臣服于赵。及至战国后期，匈奴族在河套及大青山一带兴起，楼烦便脱离赵国，附属于匈奴，作为匈奴政权统治下的一个部落继续在河套（"河南地"）驻牧。所以《史记·匈奴列传》说，汉武帝元朔二年（公元前 127 年），"卫青出云中至陇西，击胡（匈奴）之楼烦［王］、白羊王于河南……遂取河南地，筑朔方"。

综上所述，可见匈奴发祥地的河套及大青山一带，自公元前八世纪以来即与中原发生关系。至前四世纪中叶，中原诸侯国——赵国的政治、军事力量已达到那些地方。及至前四世纪末至三世纪中，林胡与楼烦二族都先后臣服于赵，今河套及大青山一带已完全受赵国的政治权力的支配。因而匈奴族诞生的"摇篮"地，也原是属于当时中原政权管辖之下和在中国领土范围之内的。

---

① 《史记》卷四三《赵世家》。
② 《史记·匈奴列传》。
③ 《史记·赵世家》。又，《秦始皇本纪》载："西北斥逐匈奴，自榆中，并河（即傍河）以东，属之阴山，以为四十四县，城河上为塞。"即此榆中。
④ 《史记·赵世家》。
⑤ 参阅《史记》卷八一附《李牧列传》。
⑥ 《史记·赵世家》。又，《资治通鉴》（卷四）胡三省注，谓此"西河即汉西河郡之地"。考汉西河郡治平定县，在今内蒙古鄂尔多斯市东胜区境。

三、西迁中亚、 欧洲的北匈奴人仅占
匈奴全部人口的十三分之一

公元91年北匈奴被汉兵击败，北单于遁走乌孙（驻牧于今伊犁河上游）、康居（在中亚）之后，漠北出现了一个大混乱的局面，北匈奴因失去了政治统领的中心，许多人无所隶属，因此各自离散，分裂为四个部分。我们不妨考察一下这四个部分的最后归宿，看看他们是归到国内民族里去，还是归到国外民族里去。

第一是北单于弟於除鞬率领的部分。这部分匈奴人的人数约有数千①。本来汉朝有意辅助於除鞬返回北庭，支持他继承北单于的统治地位，可是还没有等到计划和实行，他便叛汉，擅自逃回漠北，结果被汉兵追获斩首，部众也被歼灭。因此这部分匈奴人不必多说他。

第二是北单于率领残部远走乌孙、康居（音康渠）的部分。这部分也就是后来西迁欧洲的匈奴人。北单于西走时所领残部的人数究有多少，史书缺乏记载，无法探悉，但因处于屡败之余，估计不会太多。这部分匈奴人因为离开了中国国土，西迁国外，后来又与外国民族结合以至融合，形成为另一个民族共同体，因此这部分匈奴人，可以认为他在离开中国国境之后，逐渐演变为外国民族②。

第三是加入鲜卑的部分。公元91年前后，鲜卑族强大起来，乘着北单于战败西走、漠北混乱的时机，逐步向西迁移，占据了原先属于北匈奴的地区。当时有一部分余留在漠北（没有随同北单于西迁）的北匈

---

① 此处据《后汉书·南匈奴传》；同书卷九一《耿夔传》则作"八部二万余人"。
② 法国学者德基涅（J. Deguignes）最早提出在公元91年逃往乌孙康居的这一部分北匈奴人便是后来四世纪出现在欧洲的匈人（Huns）的祖先，见德氏《匈奴、突厥、蒙古与西方鞑靼的通史》一书（1756—1758年巴黎出版，法文）。但德氏因受时代的局限和资料的局限，当时他还不能把北匈奴西迁的过程考订出来。

奴人加入了鲜卑，成为鲜卑族的成员，最后与鲜卑族融合，完全消失在鲜卑族中。这部分匈奴人的人数不少，计有十余万落（落即户），姑以每落（户）五口计之，当亦有五六十万人[1]。鲜卑是国内民族，与后起的柔然、契丹、室韦、蒙古都是属于东胡族系，学者间很少异论。这部分北匈奴人的最后归宿既然仍融合到国内民族（鲜卑族）之中，那么他们自始至终是国内民族，也十分明白。

第四部分则是始终留在漠北西北角的匈奴人。这部分人究有多少，不得而知，但他们一直在那里生活到四世纪末、五世纪初，才被柔然族吞并[2]。《魏书·蠕蠕传》（蠕蠕即柔然）明确记载柔然为"东胡之苗裔"，故柔然也是国内民族。因而这部分被吞并的匈奴人自始至终为国内民族，也是确凿无疑的。

总之，从北匈奴在公元 91 年以后所分裂出的四个部分的最后归宿进行考察，除了西迁的部分外，其余都没有离开中国国境，更没有与国外民族结合，那么硬把原在中国土生土长的匈奴看作是外国民族，不仅于史实无据，在理论上也欠通。

再从匈奴的人口考察，看看当时究竟有多少匈奴人西迁，因而大约推算一下，西迁的人口与留在国内的人口，各在匈奴全部人口中所占的比重如何，以便确定西迁后逐渐演变为外国民族的匈奴人口居多？还是留在国内的匈奴人居多？

考匈奴人口，史载未详，但从片断的记录中，也未尝不可作出一个估计。

《史记·匈奴列传》说，冒顿时控弦之士（骑射部队）三十余万，公元前 200 年在平城（今山西大同市东北）围攻刘邦时有精兵四十万。匈奴"士力能弯弓，尽为甲骑"。照汉初大臣贾谊的说法，匈奴"五口

---

① 参阅《后汉书·鲜卑传》及《三国志·魏志·鲜卑传》。
② 参阅《魏书》卷一〇三《蠕蠕传》。

而出介卒一人"①，那么当时匈奴大约有二百万人口。后来在汉武帝期间，因连续遭受汉朝数十年的军事上的沉重打击，兵员和人民都死亡很大（自然的增殖不足与死亡人数相抵），加以有许多人南下附汉②，人口可能较冒顿时略减。

据《汉书·匈奴传》上载，公元前71年（汉宣帝本始三年），匈奴受到汉与乌孙的联合进攻，被虏三万九千余人；同年冬，单于在远征乌孙的回师途中，因遇大雪，冻死数万人，旋被丁令、乌桓、乌孙乘虚攻杀数万人；又因天灾，人民饿死十分之三；公元前68年（汉宣帝地节二年）发生饥荒，人民死者又十分之六七。故到了公元前58—前57年（宣帝神爵四年—五凤元年）五单于争立时，匈奴人口已大为减少，只剩下一百七十五万左右。这是指五单于争立时的人口数字而言，经过五单于混战之后，兵员和人民大量被杀和死亡，人口就更少了。故呼韩邪单于（邪音耶）在混战中获胜后回到单于庭时，他辖区的人口只有数万人，而郅支单于所部的五万人，因在西迁康居（在中亚）途中冻死的很多，当抵达康居时，仅剩三千人③。故混战后的人口，最多只能剩下一百五十万。

公元48年（东汉光武帝建武二十四年），匈奴分裂为南北二部。据《后汉书》载，南部的人口，最盛时（公元90年，和帝永元二年）"领户三万四千，口二十三万七千三百，胜兵五万一百七十"（《南匈奴传》）。北匈奴的人口，公元83年（章帝建初八年）由三木楼訾大人稽留斯（訾音资）等率领附汉的有三万八千人；公元87年（章和元年）由屈兰储卑胡都须等率领附汉的有二十万人，胜兵八千人（《南匈奴传》）；公元89年（和帝永元元年），由温犊须、日逐、温吾夫渠王柳鞮

---

① 贾谊《新书》卷四《匈奴》篇，1937年商务印书馆发行《四部丛刊》本。
② 例如浑邪王部和休屠王部，在一次战役中，就被汉杀虏数万人；后浑邪王杀死休屠王附汉，又带走四万余人，见《史记·匈奴列传》及《骠骑列传》。
③ 参阅《汉书·匈奴传》。

等率领的有二十余万人（《窦宪传》）。除了公元91年（永元三年）北单于因兵败西迁时带走的一部分人马不知多少、无法统计外（被柔然吞并的北匈奴人也不知多少，亦无法统计；公元91年於除鞬率领的二万余人，后全部被歼，故亦不计），当时留在漠北的尚有五六十万人加入了鲜卑。如与上述四十多万人合计，当时北匈奴的人口约有一百万左右。若合南匈奴的二十三万七千余口计之，在公元90—91年前后，匈奴全部人口最多不会超过一百三十万人。

综上所述，汉初匈奴盛时，人口约有二百万；汉宣帝时五单于争立，人口减为一百七十五万，五单于混战后人口更少，约为一百五十万；及其衰落，分裂为南北，人口仅存约一百三十万（西迁人口在外）。在这一百三十万人口中，南匈奴计二十四万（约占百分之二十强），加入鲜卑的计五六十万（约占百分之四十强）。从这里可以推算出北单于率领西迁的人数，如以五单于混战时的人口（一百五十万）为准（应从中扣除於除鞬的二万及后被柔然吞并的十万）①，最多在十万人左右，仅占匈奴西迁时匈奴全部人口的一百三十万的十三分之一。这样小的比重从匈奴族中迁离出去，对于整个匈奴族之属于国内民族的性质毫无影响（即使迁离更多，比重更大，也与留在国内部分各不相涉，例如1921年外蒙古的蒙古族从中国分离出去之后，内蒙古的蒙古族仍为中国民族，其理正同）。

总之，从匈奴族的诞生及其后的发展来看，他原本就是个土生土长的民族，后来发生分裂和分化，有的入塞与汉人杂居，逐渐与汉人融合；有的加入了鲜卑，成为鲜卑族的成员，随后也鲜卑化；有的则被并入柔然族中，跟着也柔然化了。故不论匈奴族内各个部分的演变如何，

———————————

① 《魏书·蠕蠕传》载："其西北有匈奴余种，国尤富强，部帅曰拔也稽，举兵击社仑（柔然可汗），社仑逆战于颇根河，大破之，后尽为社仑所并。"这部分匈奴人既"尤富强"，那么人数最少也应有十万左右。

除了极少数西迁的以外，都始终没有脱离国内民族的范围和性质，因而不论从哪方面进行考察，匈奴族之为中国民族，都是有充分的历史根据的。

国外学者之所以有人误解匈奴并非中国民族，这与他们把中国看作是一个单一民族（只有汉族）的国家而不是一个多民族（中华民族）的国家有关。因此——依照他们的误解——凡属汉族以外的地区，一律被视为非中国的领土；汉族以外的各族，一律被视为非中国的民族。而别有用心的帝国主义者则利用了善良人们的这种误解，捏造出"长城以北非中国论"的谬论，作为他们侵略、颠覆和分裂我国的"历史根据"和"理论根据"。因此澄清这个问题，有利于消除民族分裂主义的种种借口，有利于巩固祖国的统一，有利于加强国内各民族的团结。

四、稽胡的异名及其分布

稽胡是魏晋南北朝时期逐渐形成的一个部族，出现于北魏前期，《周书》有传。其名最早见于《魏书》。《魏书》卷二八《庾业延传》载：业延破山胡高车门等①，时在道武帝登国九年（394 年）。《魏书》通常称他为山胡，《周书》则称他为稽胡。

稽胡的异名颇多，如：

　　汾　　胡（因居汾州界，故亦称汾州胡，汾州初治蒲子城，

---

① 《晋书》卷一〇四《石勒载记》上载并州刺史刘琨的司马（官号）温峤西讨山胡。但此条史料仅一见，它书无考。但《晋书》为唐朝所修，成书在《魏书》（北朝魏收撰）之后，故山胡（稽胡）之名当以见于《魏书》为最早。

今山西隰县，孝昌——公元 525—527 年——时移
治西河，今汾阳市）①

西河胡（因居西河郡界，郡治在今山西汾阳市）②

离石胡（因居离石县界，今山西吕梁市离石区）③

秀容胡（因居秀容郡界，郡治在今忻州市西北）④

吐京胡（因居吐京郡界，郡治吐京县，今山西石楼县）⑤

石楼胡（因居石楼山，山在吐京郡，故石楼胡亦即吐京胡）⑥

河东胡（泛指黄河以东）⑦

河西胡（因居河西郡界，郡治在今山西临汾市境；河西有
时也指黄河以西）

并州胡（因居并州界，州治在晋阳，今山西太原市西南）⑧

生　胡（指稽胡之不内属于北周者）⑨

步落稽胡⑩

　　稽胡的聚居区，据《周书·稽胡传》载，"自离石（今山西离石县）以西，安定（今陕西子长县，旧安定县）以东，方七八百里，居山谷间，种落繁炽"。但实际上稽胡的分布范围远不止此。《魏书·庾业延传》载，登国九年（394 年）业延在北秀容（今山西朔州市朔城区西北）击破山胡高车门等；卷一〇五《天象志》二载，天兴五年

---

① 《魏书》卷六二《李彪传》及卷九三《恩倖王睿附子椿传》。

② 《魏书》卷二《太祖纪》及卷三《太宗纪》

③ 《魏书·太祖纪》及卷二八《庾业延传》。

④ 《魏书》卷一〇五《天象志》二。

⑤ 《魏书》卷十九《景穆十二王·章武王彬传》下。

⑥ 《资治通鉴》卷一二九《宋纪》孝武帝大明六年条。又，本书所引《资治通鉴》俱用中华书局标点本。

⑦ 《魏书·太宗纪》。

⑧ 《魏书》卷二四《崔玄伯传》。

⑨ 《周书》卷四九《稽胡传》及卷三一《韦孝宽传》。

⑩ 《北齐书》卷一《神武帝纪》上及《周书·稽胡传》。

（402 年）秀容胡帅刘曜聚众为"盗"。可见离石东北，远至今之朔州，也有稽胡。《周书·稽胡传》亦载，魏孝昌（525—527 年）中，稽胡刘蠡升居云阳谷（在今山西左云县），自称天子。是则朔县之北，远至今之左云，亦有稽胡。《稽胡传》还提到上郡（汉末已废，故治在今陕西榆林市东南）、延州（故治在今陕西延安市东北）、丹州（故治在今陕西宜川县东北）、绥州（故治在今陕西绥德县）、银州（故治在今陕西榆林市南、无定河北岸）均有稽胡。《周书》卷二《文帝纪》下及《元和郡县志》① 卷五《绥州》亦载上郡有稽胡，《隋书》卷五十《郭荣传》亦载上郡（隋朝复置上郡，治所在今陕西黄陵县南）、延州有稽胡；《周书》卷二七《辛威传》及《元和郡县志》卷四《丹州》亦载丹州有稽胡；《辛威传》还载绥州、银州有稽胡。此外，《周书》卷二九《杨绍传》还载鄜城郡（故治在今陕西黄陵县西南）也有稽胡。是则安定以北和以南亦有稽胡。可见稽胡分布的范围甚为辽阔，不限于"离石以西，安定以东"。

五、从稽胡的民族特征证明稽胡
不是匈奴后裔或西域胡种

关于稽胡的族源，据《周书·稽胡传》说："盖匈奴别种，刘元海五部之苗裔也；或云山戎、赤狄之后。"前人对此曾有论述。

周一良先生认为："山戎、赤狄之后自不可信，'匈奴别种'比'刘元海五部之苗裔'较为近于事实，从山胡酋帅姓曹（昭武九姓之一）、

---

① 〔唐〕李吉甫撰，清武英殿聚珍版丛书本。

姓白（龟兹国姓）特多①，我疑心山胡或稽胡原是服属于匈奴的西域胡人，山胡酋帅之姓刘，跟刘渊（元海）之冒姓刘氏理由相同，所以山胡为刘渊五部之说实难相信。"②

　　唐长孺先生认为：《周书·稽胡传》以稽胡为赤狄之后不可信，"但是我想如周（一良）先生之说将稽胡完全当作西域胡也似欠妥。第一，汾水西岸的稽胡，就地域分布来说，确是魏晋期间匈奴五部分布所在，这个地理分布上的相同，在一定程度上也表示种族间的关系。我们当然不能把山胡当作纯粹的匈奴，因为五部所统本已不是纯粹的匈奴而是杂胡，但必然包含一部分匈奴在内……至于黄河西岸的陕西诸族更为复杂，稽胡既为各族之混合，必然也包含西域胡以外的其他各族。所以稽胡的种族成分应不限于西域胡人。其次，从姓氏上来看，刘氏、乔氏、呼延氏为匈奴贵姓，稽胡中既有此姓氏，我们似亦不能一概认为假冒。〔总之〕，稽胡是最后出现的各种杂胡的混合，而所谓杂胡，都是与古代匈奴有统属上或血缘上关系的各种'别部'③。"

　　马长寿先生则认为："稽胡的祖源……主要是匈奴的苗裔。第一，从分布地区来说，西河郡的稽胡分布之区也正是魏晋时匈奴五部中的左部和南部分布所在④。第二，从姓氏来说，稽胡的姓氏有刘氏、乔氏、呼延氏、郝氏，这些姓氏在从前都是匈奴的大姓。第三，从语言风俗来说，《周书·稽胡传》谓稽胡的'语言类夷狄'……大体上可以说是北

---

① "昭武九姓"为隋唐时对今中亚阿姆、锡尔两河流域九姓政权的总称。到唐代，由九姓组成的王国有康、安、曹、石、米、何、火寻、戊地、史。其中康姓旧居祁连山北昭武城（今甘肃临泽县境），支庶分王各地，世称"九姓"，均以"昭武"为氏，故名"昭武九姓"。

② 周一良著《魏晋南北朝史论集》，中华书局1963年版，第151—155页。

③ 唐长孺著《魏晋南北朝史论丛》，三联书店1955年版，第442—444页。

④ 林幹按：据《晋书》卷九七《北狄匈奴传》及卷一〇一《刘元海载记》，东汉建安二十一年（216年），魏王曹操以南匈奴势力日盛，恐为后患，乃分其众为五部（左、右、前、后、中五部），每部立其贵族为帅，使汉人为司马（官号）以监督之，其部落随所居郡县使牧之，与编户大同，而不输贡献。

狄阿尔泰语，而不是西域胡语。又言'兄弟死皆纳其妻'，这种风俗与匈奴亦同。因此，我推论稽胡的祖源主要是匈奴。"但是，马先生又认为以上说法"只能解释西河郡的稽胡之来源，黄河以西雍州北部的稽胡……与其称之曰'五部'的苗裔，不如称之为'上郡胡'或赫连勃勃所部之苗裔①比较可靠。但北魏以来的稽胡，可能是由几种胡人融合而成的，但就其大多数来说，应该是匈奴之裔为主，不能说都是杂胡"。"当然稽胡之内也有许多姓氏如白、穆等可能是西域胡的姓氏"。"从此可知稽胡的祖源是多元的，无论匈奴或龟兹等，后来都融合为稽胡②。

以上三说虽各具理由，但我认为从稽胡的主要民族特征来看，他既非匈奴后裔，也非西域胡种，虽其中有匈奴姓氏和西域胡姓氏，但他族内的主体部分却是一个土生土长的独自形成的部族，不过后来羼入了少数的匈奴和西域胡的民族成分，故亦不妨称他为"杂胡"。区分两个部族之间的同一性或差异性，主要应从语言、社会经济类型及风俗习惯等方面求之，地域因素固不能忽略，但先后同在一个地区活动的各族，并不一定具有同一的族源族属关系；而姓氏也是可以改变的。

稽胡的主要民族特征是什么？根据《周书·稽胡传》的记载：

第一，"其俗土著"，说明他不是外来的民族，这就排除了"来自西域胡"的一说。至于是否山戎、赤狄之后，文献无征，殊难确断。

第二，"语类夷狄，因译乃通"，说明他的语言与汉语异，不通过翻译，不能了解。所谓"语类夷狄"究属何种族类的语言，《传》未明载。马长寿先生说"大体上可以说是北狄阿尔泰语"，仅仅是一种推测，于史无据。

唐人李吉甫撰《元和郡县志》卷四《丹州》载：

---

① 《晋书》卷一三〇《赫连勃勃载记》载："赫连勃勃字屈孑，匈奴右贤王去卑之后，刘元海之族也。"
② 马长寿：《北狄与匈奴》，生活·读书·新知三联书店1962年版，第132—133页及158—160页。

库利川在县（云岩县）郭南。昔有奴贼居此川内，稽胡呼
奴为"库利"，因名之。

可是匈奴呼奴婢为"赀"（音资），不称"库利"。《三国志·魏志》
卷三十《乌丸鲜卑东夷传》裴注引《魏略·西戎传》曰："赀虏，本匈
奴也。匈奴名奴婢为赀。"可见两者的语言是不同的。

又据宋人乐史撰《太平寰宇记》[①] 卷三六《延州》载：

库利川在县（临真县）北一十五里。耆老云：土田沃壤，
五谷丰饶，胡称贮旧谷为"库利。"

又同上《寰宇记》卷三五《丹州》载：

库硙川，在县（宜川县）西北二十里……按《图经》云：
川南是汉，川北是胡。胡、汉之人于川内共结香火，故唤香火
为"库硙"，因此为名。

又同上《丹州》载：

渭牙川在县（云岩县）北二十五里……川内有水木，稽胡
唤水木为"渭牙"，因以为名。

又同上《丹州》载：

---

① 清乾隆五十八年（1793 年）刊本。

　　废可野寺在县（云岩县）北一十五里，故老相传刘萨河^①
坐禅处。稽胡呼堡（寺）为"可野"。四面悬绝，惟北面一路
通人焉。

　　以上所举的稽胡语言，很难说它是阿尔泰语，尤其与匈奴语或西域
胡语毫无共同之处。但因其人与汉人杂居错处，逐渐受到汉族文化的影
响，故《稽胡传》说"又与华民错居，其渠帅颇悉文字"（汉字）。此
外，有的地方、有的稽胡人也懂得汉语，这就是《元和郡县志》卷四
《丹州》引《隋图经》谓义川县的稽胡人是"胡头汉舌，其状是胡，其
言习中夏"。

　　稽胡是农业部族，《稽胡传》说"其俗土著，亦知种田，地少桑蚕，
多麻布"。这与匈奴原先是游牧部族不同。虽然匈奴人入塞之后也逐渐
转向农耕或半农半牧，但纺织手工业极不发达，史书从未提及匈奴有麻
布。故从上述"土著、种田、多麻布"的社会经济情况及下文将提到的
风俗习惯来看，很难说他们是匈奴人的后裔。

　　第四，稽胡人的风俗习惯是"其丈夫衣服及死亡殡葬与中夏略同
（非与匈奴或西域胡同），妇人则多贯蜃贝以为耳（饰）及颈饰（此点尤
与匈奴或西域胡异）"。"俗好淫秽，处女尤甚。将嫁之夕，方与淫者叙
离，夫氏闻之，以多为贵"。这更是匈奴和西域胡的习俗所无。虽稽胡
的"兄弟死皆纳其妻"的报嫂婚与匈奴相同，但这种婚姻习俗在古代北
方民族中颇为流行，乌孙、乌桓、柔然、突厥、回纥、蒙古均有，不独
匈奴一族如此。

　　第五，与民族相关联，稽胡人还有一个特点就是山居。故《周书·
稽胡传》说他们"居山谷间"。这也许就是稽胡被称为"山胡"的缘故。

----

　① 刘萨河为稽胡人，见《梁书》卷五四《海南扶南国传》（但"河"字书作"何"）及南
　　朝梁人慧皎撰《高僧传》卷十三《晋高僧竺慧达传》（1935年上海影印宋碛沙藏经本）。

原先匈奴五部的居地虽有一部分与稽胡同其范围，但从未闻匈奴人山居。《晋书》卷一〇一《刘元海载记》说："刘氏虽分居五部，然皆居于晋阳汾涧之滨"。可见五部匈奴人是沿着汾水流域的平原地带居住的。可是稽胡人却大多居于深山穷谷。543 年（西魏文帝大统九年），韩果从大军进攻起义的稽胡人于北山时，就认为"胡地险阻，人迹罕至"①。550 年（东魏武定八年）孝静帝册命齐王高洋的诏书中，也有"胡人（稽胡人）别种，延蔓山谷，酋渠万旅，广袤千里，凭险不恭，咨其桀黠"之语②。《稽胡传》还载 577 年（北周建德六年），高祖宇文邕将讨伐稽胡，议欲穷其巢穴。而齐王宪认为"种类既多，又山谷阻绝，王师一举，未可尽除"。同《传》又载：（其人）"蹲踞无礼，贪而忍害……虽分统郡县，列于编户，然轻其徭赋，有异齐民。山谷阻深者又未尽役属，而凶悍恃险，数为寇乱。"从这些生活情况推断，大抵稽胡在当时已发展到由原始社会末期向阶级社会过渡的阶段，虽不能确定他是否已经形成奴隶制，但俘掠汉人为奴隶的事却时有发生。《周书》卷三一《韦孝宽传》载：

> 汾州之北，离石以南，悉是生胡，抄掠居人，阻断河路，孝宽深患之。

《隋书》卷五五《侯莫陈颖传》载：

> 先是稽胡叛乱，辄略边人为奴婢，至是（北周建德六年）诏胡敢有压匿良人者诛，籍没其妻子。有人言为胡村所隐匿者，勋（柱国豆卢勋）将诛之，（颖劝止）。

---

① 《周书》卷二七《韩果传》。
② 《北齐书》卷四《文宣帝纪》。

可见稽胡的社会发展和文化程度都很落后，这和原先匈奴五部的社会之日趋封建化及其上层人物大多精通《孙吴兵法》，"史、汉、诸子无不综览"，"工草隶，善属文"①，相距甚远。果真稽胡为匈奴五部的后裔，为何稽胡的社会、文化反较匈奴五部落后？

六、从稽胡人口证明不是匈奴后裔或西域胡种

除上述民族特征外，从人口数字也可看出稽胡并非匈奴五部后裔。

西汉以来西域胡人进入山陕地区究有多少，史文无征。惟匈奴人之入居汾、晋一带，却有数字可寻。据《后汉书》卷八九《南匈奴传》载，公元90年（东汉和帝永元二年）前后，南匈奴的人口为二十三万七千三百人。及至汉末（建安二十一年，216年）曹操把并州（今山西省境）的匈奴部众分为五部时，计左部一万余落（户），右部六千余落，南部三千余落，北部四千余落，中部六千余落，共约三万落。姑以每落（户）五口计之，当时约有十五万人。刘渊（元海）建立"汉"政权（304年）之后，其子刘聪在位期间（310—318年），境内所统"六夷"（即胡、羯、氐、羌、乌丸）共二十万落，约一百万人②。其中胡（匈奴）人姑占六分之一（六夷之一），也就是十六万人左右，与原先匈奴五部之众相差无几。后来由于战争频仍，社会生产残破，加以朝政腐败，剥削严重，人民饥荒不时发生，都城平阳（今山西临汾市西南）的人口，流叛、死亡十有五六。司隶（"汉"政权中央直辖区）部民（汉人）逃奔"后赵"（羯胡石勒所建政权）辖区的前后有二十余万户之多。其中右司隶部内的匈奴人，也有三万余骑，驱牧马，负妻子，逃奔东晋

---

① 参阅《晋书》刘元海、刘聪、刘曜等《载记》。
② 参阅《晋书》卷一○二《刘聪载记》。按：乌丸为乌桓在魏晋时期的改称。

辖区①。这三万余匈奴骑兵，连同妻子合计，当不下十万、八万人（以每人一妻一子计）。318 年刘聪死后，匈奴贵族靳准发动政变，大杀刘氏男女，随后刘聪族弟刘曜在长安（今陕西西安市）起兵靖难，建立"前赵"政权，又大杀靳氏。公元 328 年，刘曜在洛阳（今河南洛阳市）与石勒决战，大败、被擒，兵员死亡及散失甚众。翌年（329 年）石勒灭前赵，杀前赵太子刘熙并将、相以下三千余人，又坑杀其五部屠各（屠各为匈奴的一支，刘渊等即为屠各人）五千余人。此外还把其余的文武官员（其中包括许多匈奴屠各人在内）大批地迁往后赵的都城襄国（今河北邢台市）②。经过这二三十年的变乱——死亡和被杀，逃亡和被迁——匈奴原有在汾、晋的十五六万人口，估计所剩不足一半。

但是，北魏前期出现的稽胡，却是"种落繁炽"，"延蔓山谷"，人口众多。

《魏书》卷三《太宗记》载：

> 永兴五年（413 年）"秋七月……河西胡曹龙、张大头等各领部拥众二万人来入蒲子，逼胁张外于研子垒。"

同上《纪》又载：

> 神瑞元年（414 年），"河西胡酋刘遮、刘退孤率部落等五万家（以每家五口计，即有五六万人）渡河内属。"

又载：

---

① 参阅《晋书》卷一〇二《刘聪载记》。
② 参阅《晋书》卷一〇三《刘曜载记》。

神瑞二年（415 年）"二月……河西胡刘云等率数万户（约三五万人）内附。"

《魏书》卷二四《崔玄伯传》载：

神瑞初……并州胡数万家（约三五万人）南掠河内。

《魏书》卷二九《叔孙建传》载：

（神瑞二年）"饥胡（饥饿的山胡）刘虎①等聚党反叛，公孙表为虎所败，太宗假建（任命叔孙建为）前号安平公，督表等以讨虎，斩首万余级，余众奔走，投沁（水）而死，水为不流。虏其众十余万口。"

《魏书·太宗纪》载：

泰常三年（418 年）"春正月……河东胡、蜀五千余家（约三万人）相率内属。"

《魏书》卷四《世祖纪》下载：

太平真君八年（447 年），"（武昌王）提等合兵共攻（山胡曹）仆浑，斩之，其众赴险死者以万数。

《魏书》卷六九《裴延儁附传》载：

---

① 据《魏书》卷三十《丘堆传》，刘虎为山胡。

正光末（526 年）汾洲吐京群胡薛悉公、马牒腾并自立为王，聚党作逆，众至数万。

《魏书》卷十二《孝静帝纪》载：

东魏天平二年（535 年）三月，"齐献武王（高欢）讨平山胡刘蠡升，斩之，其子南海王复僭帝号，献武王进击，破擒之，及其弟西海王、皇后、夫人已下四百人，并逋逃之人二万余户（约十多万人）。"（如依《北齐书》卷二《神武帝纪》下作"五万户"计，则为二十五万人）

《魏书·孝静帝纪》载：

东魏武定二年（544 年）十一月，"齐文襄王（高澄）从献武王（高欢）讨山胡，破之，俘获一万余户（约五万余人），分配诸州。"

《北齐书》卷四《文宣帝纪》载：

天保五年（554 年）春正月，"帝讨山胡，从离石道……大破之，斩首数万，获杂畜十余万，遂平石楼。"

《周书》卷十三《腾闻王逌传》载：

建德"六年（557 年）为行军总管，与齐王献征稽胡，逌破其渠帅穆友等，斩首八千级。"（《稽胡传》作斩首万余级；又穆友作穆支）

《隋书》卷四十《虞庆则传》载：

北周大象元年（579年），"（庆则）拜石州（治离石，今山西吕梁市离石区）总管，甚有威惠，境内清肃，稽胡慕义而归者八千余户（约四五万人）。"

以上稽胡人口有数字可考者，截至公元 418 年约为三十万，截至 579 年约为六十九至八十二万。这些数字，仅为内附、死亡和被掳被杀之数，仅占稽胡人口中很少的一部分，其余绝大部分未见于载籍者尚未计。果真稽胡为匈奴后裔，则匈奴人口，仅就这一部分已见于载籍的数字来说，从 329 年前赵被灭至 418 年这不到一百年间，已骤增四五倍，至 679 年的二百余年间则竟增十倍至十二倍。在正常的情况下，在和平的环境里，这样的增殖率或有可能，但在"五胡十六国"和北魏时期这种兵荒马乱、人民无时不在大量死亡的日子里，能否有这样高的增殖率，自不能令人无疑。

七、从稽胡的姓氏和部落证明
不是匈奴后裔或西域胡种

稽胡中颇有匈奴姓和西域胡姓，如刘（刘蠡升、刘平伏）[1]、乔（乔是罗、乔三勿同）[2]、呼延（呼延铁）[3]，均为匈奴姓；高（高车门）

---

[1] 《周书·稽胡传》及卷十九《豆卢宁传》。
[2] 《周书·稽胡传》。
[3] 《魏书·太祖纪》及卷二八《庾业延传》。

为匈奴姓，同时也是鲜卑姓①；张（张崇、张贤）、郝（郝阿保、郝狼皮）为匈奴姓，同时也是乌丸姓②。曹（曹龙、曹成）③、白（白亚栗斯、白郁久同）④、穆（穆支）⑤，均为西域胡姓。因此有的学者遂据此以论证稽胡与匈奴、西域胡的族源关系。

但稽胡中还有不少非匈奴姓和非西域胡姓，如：

  護——《魏书·太祖纪》："西河胡帅護诺于"。

  贺——《资治通鉴》卷一二九《宋纪》孝武帝大明六年："魏石楼胡贺略孙反。"

  王——《北齐书》卷二《神武帝纪》下："汾州胡王迢触。"

  胡——《北齐书》卷二十《薛循义传》：循义在晋州（治所在今山西临汾市）"招降（山）胡茜胡垂黎等部落数千口，表置五城郡（治所在今山西蒲县东南）以处之。"

  薛——《魏书》卷六九《裴延儁附传》："时汾州吐京胡薛羽等作逆。"又："正光末（524 年）汾州吐京群胡薛悉公、马牒腾并自立为王，聚党作逆，众至数万。"

  马——同上《附传》。

① 《魏书·庾业延传》及近人姚薇元《北朝胡姓考》，中华书局 1962 年版，第 134—137 页、279—281 页。
② 《魏书·太祖纪》、《周书·稽胡传》及《北朝胡姓考》第 254、251—252 页。
③ 《魏书·太宗纪》。按：曹为西域胡姓，如属于昭武九姓之一的中亚曹国；同时亦为匈奴姓，如《晋书》卷一一三《苻坚载记》上载的匈奴右贤王曹毂及其子曹玺、曹寅之所谓"东、西曹"。
④ 《魏书·太宗纪》及《周书·稽胡传》。
⑤ 《周书·稽胡传》。

郭—— 同上《附传》："（吐京胡'贼王'）郭康儿（溃
死）……复鸠杂，北连（刘）蠡升。"

范—— 同上《附传》："（吐京胡'贼帅'）范多、范安族
等率众来拒。"

冯—— 同上《附传》："时有五城郡山胡冯宜都、贺悦回
成等以妖妄惑众，假称帝号，服素衣，持白伞白
幡，率诸逆众于云台郊抗拒王师。"（时在孝昌二
年，526年）

贺悦——同上《附传》。

从稽胡出现的姓氏考察，匈奴姓仅三姓（刘、乔、呼延）或六姓
（加高、张、郝），西域胡姓亦仅三姓（曹、白、穆），非匈奴姓和非西
域胡姓则有十姓（护、贺、王、胡、薛、马、郭、范、冯、贺悦）。而
且在非匈奴姓中，如薛、马、冯、贺悦等，群众基础均相当广泛，实力
也很雄厚，如薛悉公、马牒腾聚众至数万，冯宜都和贺悦回成竟能利用
宗教作为组织群众起义反抗北魏王朝的手段等等。

还有，在稽胡的匈奴姓中，有的本来就非匈奴姓，而是中原王朝
"赐"的，如《元和郡县志》卷六《十姥》载：

晋州稽胡，晋初赐姓呼延，居西州。后魏正始年，呼延勒
为定州刺史于定阳，赐姓仵城，因住南汾州仵城县，音讹转又
为贺悦。

可见根据稽胡中的匈奴姓或西域胡姓以论证稽胡为匈奴后裔或西域胡
种，论据似嫌薄弱。

稽胡中之有匈奴姓和西域胡姓，其原因约可有四：

1. 由于稽胡的主要聚居区——离石以西及以南，原来属于"汉——前赵"政权的统治范围，故前赵覆亡后，原来匈奴五部之众除被杀被迁者外，尚有遗留于原地与稽胡人杂居错处的。杂居既久，自然有人逐渐融合到稽胡之中，但因人数远较稽胡本族人数为少，不足以改变稽胡原来的民族成分和民族特征，故稽胡的主体部分不是由匈奴人的后裔形成，而仅仅是稽胡中羼入了少数匈奴人后裔的成分。

2. 并不排除稽胡中有人冒称匈奴姓。

3. 稽胡中的匈奴姓亦有并非匈奴独有的姓氏（如高、张、郝）。

4. 稽胡中的匈奴姓亦有由中原王朝赐予的，如上文提到的呼延就是。

稽胡的另一个聚居区——陕北，原来就是一个民族杂居的地带。"前秦"冯翊护军郑能进重修的《邓艾祠牌》① 载，当时冯翊护军所统陕中、陕北一带的各少数民族，就有屠各、卢水胡（以上属匈奴），白房（鲜卑），黑羌、白羌、西羌（以上属羌族），支胡、栗胡（以上属西域胡）等"杂户七千、夷类十二种"。因此稽胡中出现西域胡姓，也可能与出现匈奴姓的原因相同。

稽胡的社会结构不详，只知他为部落组织。史书提到他有部落和种落，如《魏书》卷二八《庾业延传》载，登国九年（394 年）业延于北秀容（今山西朔州市朔城区西北）攻"破山胡高车门等，徙其部落"；《北齐书》卷二十《薛循义传》载，东魏元象元年（538 年），循义在晋州（治今山西临汾市）招降山胡胡垂黎等部落；《周书》卷二七《韩果传》载，东魏武定元年（543 年），果于北山大破稽胡，"散其种落"。

---

① 清人陆耀遹纂《金石续编》卷一，清同治十三年（1874 年）双白燕堂刊本。

稽胡族内究有多少部落，也不甚详悉。史书仅提到他有黑水部①，有白额稽胡②。但"白额"似非部落名称，可能是起义队伍所用的一种徽号或标志（如汉末农民起义军头裹黄巾，因号黄巾军之类）。稽胡人起义时好用白色示意，如北魏孝昌二年（526年）五城郡（治今山西蒲县东南）稽胡冯宜都、贺悦回成等起义反魏时，就是"服素衣（白衣），持白伞白幡"③。

此外，史书还经常提到"别帅"、"别部"和"诸部"，如《周书·稽胡传》载：

> （建德）五年（576年）黑水部众先叛；七年别帅夏州刺
> 史刘平伏又据上郡反。自是北山诸部连岁寇暴。

同传记载：

> 武成初（559年），延州（治今陕西延安市东北）稽胡郝
> 阿保、郝狼皮率其种人附于齐氏（北齐）。阿保自署丞相，狼
> 皮自署柱国，并与其别部刘桑德共为影响。

这些别帅、别部和诸部，是指军事组织中的别帅、别部和诸部？抑或是部族内的别帅、别部和诸部？尚不十分明确。

稽胡各部之间，联系并不紧密，而各地之间更是各自为政。故往往同一时期、同一地区的稽胡，有的附魏，有的反魏。如神瑞二年（415年），河西（郡治在今山西临汾市境）的稽胡有一部分由刘云率领附魏，

---

① 参阅《周书·稽胡传》及卷十九《杨忠传》。
② 参阅《周书》卷二七《宇文测附弟深传》。
③ 参阅《魏书》卷六九《裴延儁附传》。

另一部分稽胡则由白亚栗斯及刘虎率领反魏①。又如永兴五年（413年），西河（郡治在今山西汾阳市）稽胡张外与河西（郡治见前）稽胡曹龙、张大头等各自率众在本地起兵反魏，在先互不通气，及后曹龙等率众至西河蒲子（今山西隰县）胁逼张外采取联合行动，张外始推举曹龙为大单于②。又如正光末（524年）吐京（今山西石楼县）稽胡薛悉公等业已起义，而翌年（孝昌元年，525年）云阳谷（在今山西左云县）的稽胡刘蠡升起义时，却与薛悉公并无联络，及至薛悉公起义队伍中的郭康儿部溃败后，郭康儿始派人向刘蠡升求援③。这种部族内部的松弛关系，说明稽胡的部落组织已经开始瓦解，而居地过于分散，且被山谷阻隔，也是造成各部、各地缺乏紧密联系的原因之一，同时也是每次起义之所以最终失败的重要原因。

　　以上这种情况，与匈奴五部和西域胡种的社会组织也没有共通之处。

---

①② 参阅《魏书》卷三《太宗纪》。
③　参阅《魏书·裴延儁附传》。

第四章
匈奴、突厥、东胡三大族系的社会面貌

一、三大族系各族的游牧经济及其特点

（一）畜牧业占主要地位

在中国历史上活跃于大漠南北的各个少数民族，一般的都是游牧民族。他们经营畜牧业，以牧养牲畜为生，"逐水草迁徙"，无固定的城郭、居室。畜牧业生产在社会经济中占主要地位。畜群是他们的主要财富，既是生活资料，也是生产资料。他们食畜肉，饮乳汁，衣皮革，被毡裘，住毡制帐幕。畜群以马、牛、羊为最多，骆驼及其他杂畜也不少。

《史记·匈奴列传》记载，公元前200年，冒顿单于以四十万骑兵围汉高祖刘邦于平城（今山西大同市东）之白登山，曾以马的颜色编队，西方尽白马，东方尽青龙马，北方尽乌骊（黑色）马，南方尽骍（音辛，赤黄色）马。《隋书》和《唐书》的《突厥传》也载：沙钵略可汗有骑兵四十万，始毕可汗亦有骑兵数十万；西突厥的统叶护有骑兵数十万，沙钵罗可汗（阿史那贺鲁）亦有骑兵数十万；唐初颉利可汗一次出动的骑兵亦达十余万；后来后突厥的默啜可汗也有骑兵

十万。姑以一兵一骑计之，战马之数已越百万，其非战马之数尚未计入。如此庞大的骑兵队伍，他们日常所需的食用，非有大量的牛羊等牲畜，不足以资供应。故匈奴丁灵王卫律说他有"马畜弥山（即满山）[1]"；隋文帝时启民可汗亦言，突厥人的羊马"遍满山谷"。而在匈奴与汉朝的战争及突厥与隋、唐的战争中，也动辄被汉兵和隋唐兵夺获牛羊及杂畜之数，一次就多达数十万甚至百万头。难怪熟悉突厥情况的唐朝使臣郑元璹说："突厥兴亡，唯以羊马为准[2]。"《新唐书·回鹘传》上载，回鹘人"善骑射"，其畜"多大足羊"。盛产马，故后来回鹘与唐朝互市中，每岁动辄以马数万匹易绢帛。可见畜牧业，特别是养马业之发达。

契丹的畜牧业也很发达。正如《辽史》卷五九《食货志》上说：契丹旧俗，其富以马，其强以兵，马逐水草，人食潼酪，挽弓射猎，以给日用，粮饷刍秣，尽赖于此矣。《食货志》下又说："自太祖至兴宗，垂二百年，群牧之盛如一日。"蒙古的畜牧业更为繁盛。十四世纪波斯的著名史学家拉施特，在他的名著《史集》中说，早在公元十世纪时，成吉思汗的七世祖土敦蔑年之妻莫拏伦，就拥有马匹及牲畜不计其数，每当这些马匹和牲畜站立起来的时候，从山顶直到山脚大河边，大片草地全部被脚蹄覆盖[3]。元朝统治中原，虽以农业为本，但大漠南北的牧业始终受到重视。元朝政府在全国设立了十四个官马道，其中半数都在塞北蒙古草原。元朝专管牧马生产的中央机构——太仆寺的马匹，多到"殆不可以数计"。《元史》卷一百《兵志》三载："太仆寺……牧地……周回万里，无非牧地。"

至于骆驼及其他"奇畜"或杂畜，因中原生产较少，故大多通过以

---

① 《汉书》卷五四《苏武传》。

② 《旧唐书》卷六二《郑元璹传》。

③ 拉氏《史集》余大钧、周建奇译本第一卷第二分册第13页，商务印书馆1983年版。

物易物的方式从塞北输入，汉人桓宽撰《盐铁论》① 卷一《力耕》篇载"大夫"之言曰：

> 夫中国一端之缦（用中原一段帛布），得匈奴累金之物（换得匈奴贵重之物），而损敌国之用，是以骡驴、驼驼（骆驼）衔尾入塞（一匹跟一匹地输入塞内）、驒騱（音颠奚，匈奴地区所产稀有牲畜）、騵马（白腹马）尽为我畜。

唐初，突厥和吐谷浑（音突浴魂，鲜卑的一支，驻牧于今青海周围）曾售给唐朝大批的牛马和杂畜，解决了当时中原地区耕牛不足的困难②。

（二）游牧经济的特点之一——流动性

游牧经济的第一个特点就是放牧畜群必须经常流动。这就是史书上常说的"逐水草迁徙"和"居无恒所"。因为畜群的饲料唯赖青草，而在古代，青草只能依靠自然生长，牧民还没有懂得使用人工栽培的技术。因此游牧民族"追逐水草"的过程，在一定程度上只是利用自然而不是改造自然的过程。故当一个牧场的青草被吃尽之后，就不得不转移到别的草场上去，一是为了保留草根，以待明年再长；二是为了缓和地力，使牧场易于复苏（有如农田之轮番休耕）；三是因季节不同，南北气候各异，故必须有"冬营地"和"夏营地"，才能保证饲料的终年供应。由于经常流动，故史书上有时称游牧民族为"行国"③。

但是，游牧民族的流动，只是相对的、在一定范围内移动，而不

---

① 郭沫若校定本，科学出版社 1957 年版。
② 参阅宋人王溥撰《唐会要》卷九四，1955 年中华书局排印本。
③ 《史记》卷一二三《大宛列传》。

是毫无预定目的的绝对流浪。而且在游牧民族中，各个地区的牧场，大体上都有所划分，不会互相错杂。《史记·匈奴列传》载：单于以下，置左、右贤王等，凡二十四长；诸左方王将居东方，直（对着）上谷郡以东，右方王将居西方，直上郡以西，单于之庭则直代郡和云中郡；"各有分地（分音份），逐水草移徙。"这就是说，匈奴的单于庭及左右贤王所管辖的地区是有一定的界限，而左右贤王以下的诸王将，也是相对固定在一定的地方游牧的。例如：浑邪王和休屠王的驻牧地在今甘肃河西走廊一带①日逐王先贤掸的驻牧地在匈奴西边，与今新疆连界②；右奥鞬日逐王比（名"比"）的驻牧地在今内蒙古旧长城以北、黄河河套一带③；於靬王（靬音鞬）的驻牧地在今贝加尔湖一带④等。

契丹的游牧区大体上也有所划分。他在早期原是"草居野处，无有定所"，即在较大范围内移动游牧。后来畜牧业经济发展，遂转向"始制部族，各有分地"（分音份），亦即《辽史》卷三三《营卫志》下所谓"分营为部"或"分营置部"的在较小范围内移动游牧。分营为部或分营置部，就是把原来适于在较大范围移动的"营"改组为适于在较小范围移动的"部"。而各"部"又都划分了一定的土地（牧场）作为自己的疆界（"各有分地"）。

（三）游牧经济的特点之二——分散性

游牧经济的第二个特点便是分散性。因为牧民要根据马、牛、羊的不同种类分群放牧，而且要选择适于每种牲畜饮食习性的草场。马、牛、羊所吃的草，草质各异，牧马、牧牛与牧羊的方法也不尽相同，这

---

① 参阅《史记》卷一一一《骠骑列传》。
② 参阅《汉书·匈奴传》上及卷九六《西域传》序。
③ 参阅《后汉书·南匈奴传》。
④ 参阅《汉书》卷五四《苏武传》。

就决定了牧民的住居不能不相对分散，不能过分集中。《蒙古秘史》（作者和版本见第一章）第118节载：

> 咱每（们）如今挨着山下，放马的（可）得帐房住。挨着涧下（靠有水处住下），放羊的、放羔儿的喉咙里得喫的（可得水饮）。

可见蒙古人很早就懂得选择适于各种不同牲畜的牧场放牧。草原本来就是"海阔天空"，一望无垠，而放牧也需要占有开阔的地面，故鳞次栉比、密邻而居的农民居住方式，显然与牧民的生产和生活不相适应。

（四）游牧经济的特点之三——不稳定性

游牧经济的第三个特点便是不稳定性。因为游牧经济的生产力不够强劲，经不起自然灾害的袭击，一遇旱、风、雨、雪，便无力抗拒，牲畜将会大量死亡，生产迅速下降，牧民也会陷于饥困，严重时部族的生存也会受到威胁。例如：汉武帝末年，匈奴地区"连雨雪数月，畜产死，人民疫病。"[1] 宣帝时，壶衍鞮"单于自将万骑击乌孙……会天大雨雪，一日深丈余，人民畜产冻死，还者不能什一。"[2] 东汉初，"匈奴中连年旱、蝗，赤地数千里，草木尽枯，人畜饥疫，死耗太半。"[3] 又如《隋书·突厥传》载沙钵略可汗时：

> 种类资给，惟藉水草，去岁四时，竟无雨雪（天气干旱），

---

[1]　《史记·匈奴列传》。
[2]　《汉书·匈奴传》上。
[3]　《后汉书·南匈奴传》。

> 川枯蝗暴（出现蝗灾），卉木烧尽，饥疫死亡，人畜相半，旧
> 居之所（漠北），赤地无依，迁徙漠南，偷存晷刻（苟存性命
> 于一时）。

《旧唐书》卷六二《郑元璹传》也载，唐初颉利可汗时，"频年大雪，六
畜多死，国中大馁。"

《元史》卷二《定宗纪》载：

> 贵由三年（1248 年），"是岁大旱，河水尽涸，野草自焚，
> 牛马十死八九，人不聊生。"

卷一三六《拜住传》又载：

> 延祐间（1314—1320 年），朔漠大风雪，羊马驼畜尽死，
> 人民流散。

西方人威廉·鲁不鲁乞，在十三世纪中叶从欧洲到达漠北，他在所著的
《东行纪》中说：

> 这一带地方冷得厉害，从一结冰起，直到五月都不开
> 冻。……复活节（在四月）的风带来的寒冷，冻死了无数的
> 动物。……四月末，那里下了大雪，铺满了哈剌和林的所有
> 街道。①

---

① 何高济译，中华书局 1985 年版，第 262 页。

（五）游牧经济的特点之四——文化发展较慢， 程度时高时低

游牧经济的第四个特点便是文化发展较慢，程度时高时低。由于经常流动、迁徙，加以有许多民族没有自己的文字，故文化不易积累，生产技术和经验不易承传和总结，这不仅有碍于技术和经验的迅速提高和发展，而且有时继起的民族所拥有的社会生产力水平和文化程度，反而不及先前在同一地区活动的民族。例如东汉时的鲜卑，原是继匈奴而起，所占领的地区就是"匈奴故地"，但鲜卑的社会生产力和文化、技术程度就远不及匈奴。匈奴在公元前三世纪业已进入铁器文化时代，畜牧业繁盛，手工业发达，工艺水平也较高。按理，鲜卑原应在匈奴社会生产力和物质文化的基础上继续前进一步。但因匈奴西迁之后，留下的仅仅是一片莽莽的草原，故鲜卑虽在它的原地生活，但一切都需要从头做起。故史书记载二世纪中期檀石槐组成鲜卑部落军事大联盟时，社会生产力却甚低下，畜牧业不发达，农业更差，甚至不能维持日益增长的人口的食用，竟要仰赖捕鱼作为生活资料的补充。《后汉书·鲜卑传》载：鲜卑"种众日多，田、畜、射猎不足给食"，檀石槐便把从"倭人国"俘虏来的"倭人"千余家徙至乌侯秦水上，"令捕鱼以助粮食。"

（六）游牧经济的特点之五——政权组织松懈， 忽强忽弱，骤兴骤衰

游牧经济的第五个特点便是政权组织松懈，忽强忽弱，骤兴骤衰。因为经济基础决定上层建筑，经济上的分散性和不稳定性，反映在上层建筑上必然是政权组织松懈，机构简单。故当畜牧业繁盛，社会生产力高涨，而又有杰出的首领能够驾驭全局时，国力便趋于强大，南征北战，开疆辟土，其马蹄所至，竟远达千万里。一旦发生天灾，人、畜大

量死亡，生产力萎缩，而最高统治者又无力控制局势时，政权便会陷于分裂，国力同时也趋于衰落，加上其他因素，甚至政权可能瓦解。例如西汉初，匈奴在冒顿单于（公元前209—前174年在位）统领部众时，国力空前强大，所向无敌。可是在壶衍鞮单于（公元前85—前68年在位）统领部众时，因遭受自然灾害的袭击，人口和牲畜都损耗严重，于是力量骤衰，平时被役属的部落趁势起来反抗，丁令族（在今贝加尔湖一带）攻其北，乌桓族入其东，乌孙族击其西，壶衍鞮单于无力挽救，被役属的部落全部摆脱匈奴奴隶主的统治，匈奴国力从此大为衰弱①。

　　游牧民族的主要生产力，一是牲畜，二是人口。故因天灾而造成人口大量死亡时，部族便陷于衰落，但当人口繁衍或从外族吸收大量的人口时，部族也会骤然兴旺。例如公元91年北匈奴主力西迁之后，鲜卑随即进据其地（大漠南北），当时匈奴尚有十余万落（落即户）约数十万人没有西迁，加入到鲜卑族中去，被鲜卑族吸收，这便使本来不甚强大的鲜卑骤然强盛起来。《后汉书·鲜卑传》记其事曰：

　　　　北单于逃走，鲜卑因此转徙据其地。匈奴余种留者尚有十余万落，皆自号鲜卑，鲜卑由此渐盛。

　　人口在任何一个民族来说，都是社会生产力的最重要因素。而在游牧民族来说，除一般原因外，还有一个特别的原因，那就是游牧民族的社会制度是生产组织与军事组织相结合，即兵民不分。例如匈奴，"士力能弯弓，尽为甲骑"，即及龄壮丁皆被编为骑兵。"其俗，宽（平时）则随畜，因射猎禽兽为生业，急（战时）则人习战攻以侵伐"②。突厥人也是"射猎为业，人皆习武"③。契丹人，"凡民（男子）十五以上、

---

① 参阅《汉书·匈奴传》上及卷八《宣帝纪》。
② 《史记·匈奴列传》。
③ 《资治通鉴》卷二一一唐开元四年冬十月条。

五十以下，（皆）隶兵籍，有事则以攻战为务，间暇则畋渔为生"①。蒙古人，"其法，家有男子，十五以上、七十以下，无众寡，尽佥为兵，十人为一牌，设牌头，上马则备战斗，下马则屯聚牧养"②。这种生产组织与军事组织相结合的体制，使得人口在社会中能同时起到两种作用：一是可以不断扩大再生产（人口繁衍）；二是可以不断增强战斗力量。故游牧民族除了注意繁殖牲畜（扩大生活资料和生产资料的再生产）之外，还注意增加人口（扩大生产力要素的再生产）。难怪匈奴统治者每年都稽查和登记人口的增减和牲畜繁殖的情况③。

二、狩猎业、农业和手工业在各族社会经济中的地位

（一）狩猎业成为练兵习战的手段

狩猎业原先在游牧民族中占有很重要的地位，后来因为畜牧业的发展，才降到次要的位置上，有时且变为士兵休息和练习骑射的手段。在另外一些场合，出猎与出征是结合进行的，在狩猎进行中，随时可以把它转变为对敌战斗。从漠北的匈奴墓葬中曾发现大量牲畜（马、牛、羊）的骨骼，证明匈奴人的确是食畜肉的，所食不仅是家畜，而且从墓内还有鹿、野驴、鸟类等骨骼分析④，同时也食野生动物。这正是匈奴人不仅从事畜牧，而且也从事狩猎的实物证明。文献也记载匈奴人"儿

---

① 《辽史》卷三四《兵卫志》上及卷三一《营卫志》上。

② 《元史》卷九八《兵志》一。

③ 《史记·匈奴列传》载："岁正月，诸长小会单于庭，祠。……秋，马肥，大会蹛林，课校人畜计。"又载：汉人中行说（音中航悦）教单于左右疏记（登记方法），以计课（稽查和计算）其人众、畜物。"

④ 参阅蒙古考古学者策·道尔吉苏荣著《北匈奴的坟墓》一文，载 1956 年乌兰巴托科学委员会出版的《科学院学术研究成就》第 1 期（原文为新蒙文）。

能骑羊，引弓射鸟、鼠，少长则射狐、兔，用为食"①。按之实际，头曼单于、冒顿单于都常常率领他们的部众出外打猎。公元前43年原已入居塞内的呼韩邪单于（邪音耶）打算北归漠北，其原因之一便是"塞下禽兽尽，射猎无所得"②。史书还载乌维单于因慑于汉武帝的兵威，不敢入侵汉边，"休养息士马，习射猎"③。

突厥人在唐代虽以畜牧业为主要生活资料的来源，但在某种情况下，也依靠狩猎度日。例如公元682年阿史那骨咄禄背叛唐朝，纠合七百人，占领了黑沙城（今内蒙古呼和浩特市北），进行"后突厥"政权的复辟运动时，就是全靠打猎维持生活。突厥文《暾欲谷碑》载：

> 吾人住于总材谷（即阴山山谷）及黑沙城。吾等居于彼处，以大兽及野兔为食，民众之口亦无所缺……（当时）吾人之境况若此④。

蒙古人也很重视狩猎，并把出猎与出征结合进行，同时狩猎也是训练士兵作战的一种重要手段。多桑著《蒙古史》载：

> 成吉思汗在其教令中嘱诸子练习围猎，以为猎足以习战；蒙古人不与人战时，应与动物战。故冬初为大猎之时，蒙古人之围猎，有类出兵⑤。

其实，在游牧民族看来，"与人战"和"与动物战"没有多大区别，

---

① 参阅《史记·匈奴列传》。
② 《汉书·匈奴传》下。
③ 《史记·匈奴列传》。
④ 汉译文见林幹编《突厥与回纥历史论文选集》，中华书局1987年版，上册第499页。
⑤ 西方学者多桑著《蒙古史》，冯承钧译，中华书局1962年版，上册第156页。

因而围城与围猎也差不多。宋人彭大雅撰、徐霆疏《黑鞑事略》① 载：

> 其俗射猎。凡其主打围必大会众，挑土以为坑，插木以为表，维以毳索，系以毡羽……绵亘一二百里，风飚羽飞，则兽皆惊骇而不能奔逸，然后蹙围攫击焉。

法国学者布鲁丁和俄国学者伊万宁在《大统帅成吉思汗兵略》一书中也曾描述过蒙古人围猎的情况。书中说：

> 参谋军官们视察森林，决定进行狩猎地区的境界线，确定各自的狩猎场。军团展开以后，战士们展开成第一二线的散兵线，去包围指定的森林。打鼓敲锣，大声喊叫，从各方面向狩猎场前进。从这个时候起，所有的野兽根本不可能逃出这片土地……军官骑马走在列兵的后边，监视猎师们的任何步伐和所有行动……猎师们跳过狭隘的窄路，攀登陡峭的绝壁，爬过高山，滑下山坡，泅渡河川。到了夜晚，把指定地区用火堆围起来。这个包围圈，每日以四到五的速度日益缩小……这样，野兽类的情况一天比一天恶化，因为生存圈在急紧的缩小。大汗（成吉思汗）自身经常到最困难的地方去，细微地观察他的军队战术训练。这样到了最后阶段，广大地区的全部动物都集中到了一个狭小的包围圈内。包围动物的死亡圈是不可逾越的。突然间，包围圈上敞开一条路，乐队奏起雄壮的狩猎的曲子，乐曲声发出如同地震般的声音，野兽这时则呈现惊恐万状。这时大汗带领诸首长和随从人员，进入包围圈的中心。大汗亲手用刀或弓箭先杀一只虎或者大熊、野猪，就是

---

① 见 1937 年商务印书馆出版《丛书集成初编》。

这场狩猎战斗开幕了……大范围狩猎持续了四个月，在这四个月中，十万蒙古人奔驰在……（山丘和森林），他们所想的唯一的事情便是如何才能不跑掉一只动物①。

这种大围猎的方法，在蒙古人的作战中也常常运用。例如波斯人志费尼在《世界征服者史》中描述成吉思汗西征中亚花剌子谟时说：

> 整个军队接着把城市包围，像圆周之包围圆心，而且凶神恶煞般围城扎营……最后战斗准备完成……这时蒙古军立刻向城池四方发动冲锋和进攻，一声雷霆闪电般的呐喊，他们把投掷器和箭矢，像雹子一样倾泄出去②。

（二）农业不如手工业重要

北方各游牧民族的社会经济，因以畜牧业为主，以狩猎业为辅，牧民日常食畜肉，衣皮革，故农业所占地位不甚重要。有的民族（如东突厥和西突厥）在文献中根本就没有提到他们是否有农业。直至后突厥汗国时期，才有关于默啜可汗于公元697年（神功元年）向唐朝请求赠送谷种十万斛（音胡，十斗为一斛）及农器的记载。当时武则天帝遂把谷种十万斛、农器五千件、铁数万斤给予了突厥③。这大概是突厥社会原先没有农业，及至东突厥政权覆亡（630年），大批的突厥人南迁至漠南之后，经过了五十余年与汉人邻居或错居杂处，受到汉人农业生产的影响和推动，故在后突厥政权建立（682年）后才开始出现农业。从突厥长期没有农业也并不影响他的兴起和强盛来看，可见农业在游牧民族

---

① 内蒙古人民出版社，1989年汉文译本，第176—177页。
② 内蒙古人民出版社，1980年汉文译本，上册，第146页。
③ 参阅《新唐书》卷二一五《突厥传》上。

中的地位不大重要。正如上文所引唐朝使臣郑元璹所说："突厥兴亡，唯以羊、马为准。"

手工业在北方各游牧民族中却十分重要。因为手工业不仅关系到各族牧民的生活、生产和战斗，而且统治阶级也需要打制一些金银饰物以满足他们的奢侈生活。例如匈奴人对于铁器的制造和使用，从公元前三世纪开始，就已经广泛地深入到生产（如匈奴墓葬出土了铁镰、铁铧）、生活（出土铁马嚼）和军事（如出土铁镞、铁刀、铁剑）活动的各个领域了①。

游牧民族都是"引弓之国"和"俗善骑射"，故弓矢是匈奴及其他游牧民族的主要武器之一。且匈奴及其他游牧民族对外战乱频仍，弓矢的消耗量特别大，这从匈奴墓葬出土箭镞之多可以证明。故在匈奴及其他游牧民族的手工业中，制造弓矢的部门特别重要。匈奴在阴山（今内蒙古阴山）和汉朝张掖郡（郡治在今甘肃张掖市北）以北都设有专门制造弓矢和车辆的手工业工场。《汉书·匈奴传》下载郎中（官号）侯应（人名）上元帝书曰："北边塞至辽东，外有阴山，东西千余里，草木茂盛，多禽兽，本冒顿单于依阻（盘踞）其中，治作弓矢（制造弓箭），来出为寇，是其苑囿也。"同《传》又载，匈奴辖区有一块插入汉界的地方，对着张掖郡，生产奇特的木材和鹫羽，能造箭杆。汉朝尚书王根派使者向单于索求此地，单于回答说：匈奴西边诸王制造穹庐（毡制帐幕，穹音穷）及车辆所需的物资都由该地供给；且为先父遗留之地，不敢丧失。

匈奴人还制造车辆作为军事运输和日常交通的工具。汉人桓宽撰的《盐铁论》卷六《散不足》篇说："胡车（匈奴车）相随而鸣。"《汉书》卷八七《扬雄传》下载《长杨赋》说："砰辌辒（音奔温），破穹庐。"

---

① 参阅拙著《匈奴社会制度初探》一文第一节《匈奴的铁器文化》。该文载于中华书局1983年版《匈奴史论文选集》第278页以下。

辕辋就是匈奴车。上述匈奴插入张掖郡的地区，就是专门制造车辆的工场之一。109 年，汉兵在常山、中山（今冀北一带）击败南单于，获其穹庐及车千余辆①。134 年，汉兵在西域车师附近的阊吾陆谷掩击北匈奴，也获其车千余辆②。可见南匈奴和北匈奴俱能造车并把车辆用于军事后勤，而且一次作战被获的车辆动以千计，则其造车工业的规模和在军事、生产、生活中的重要地位，亦可想见了。

突厥人也能造车。突厥原为铁勒（敕勒）的一支，而敕勒就是因为善于制造车轮高大的车辆而被南北朝时人称为"高车"的（《魏书》对敕勒史事的记载即用《高车传》作篇名），故造车应为突厥人的传统手工业。此外，突厥人还能造毡车。这种毡车的工艺技术一直影响到十世纪时兴起的契丹、室韦。《隋书》卷八四《契丹室韦传》载："南室韦（人）……乘牛车，赍箷为屋，如突厥毡车之状。"车辆的构造是一种金属制造和木器制造的综合性手工业，故与车辆制造相关的各种手工业，在突厥社会经济中都应占有一定的地位。

突厥人的冶铁业是一个很重要的手工业部门。突厥人在建立突厥汗国之前，原是柔然的种族奴隶，被称为"锻奴"，以锻铁为柔然统治者服役。建国以后，这种锻铁技术和冶铁工业自然更加发展。《隋书》卷八四《突厥传》载突厥骑兵常用的武器有：角弓、鸣镝（即响箭，镝音笛）、甲（铠甲）、稍（音朔，即长矛）、刀、剑等。虽这些武器史书并未明言是用铁制或用铜制，但是制造兵器必须以制造金属手工业为前提。《新唐书》卷二一七《回鹘传》下附《黠戛斯传》载，黠戛斯境内出产一种名为"迦沙"的铁，"（能）为兵（器）绝犀利"，突厥统治者勒令他按时输送，以供军用。可见突厥的兵器（最少是主要的兵器）是建立在冶铁手工业之上的。故冶铁业在突厥社会中，其地位较之造车工

---

① 参阅《后汉书》卷十九《耿弇传》。
② 参阅《后汉书》卷八八《西域传》。

业更为重要①。

乌桓人的手工业以铸铜和冶铁最为重要。后来还兴起了金银制造、陶器制造和纺织等手工业。西岔沟出土了造型复杂精美的金银丝穿珠扭环饰品和九百多件陶器②。史书还载，乌桓"妇人至嫁时乃养发，分为髻，著句决，饰以金碧，犹中国（中原）有'箇步摇'（雋即帼，妇人首饰）。"③又载，乌桓"妇人能刺韦作文绣，织𦋺毼（音楼曷，毡罽之类）。"④

契丹的手工业很发达，部门也很多。从阿保机时起，契丹统治者便把具有手工业技术的汉人俘虏，安置在上京临潢府（今内蒙古巴林左旗南波罗城）城内和述律皇后所领的头下州城中。及至公元936年占领燕、云十六州（俱在今河北、山西两省北部）之后，并、汾、幽、冀等州的汉人被安置在临潢府的更多。因而在临潢府城内，布帛绫锦等工业作坊都出现了⑤。中京大定府（今内蒙古宁城县西南大明城）的府城，是圣宗时从燕、蓟选拔"良工"去修建的。中京道所属各州县，地生桑麻，故有许多善于织纴的俘户人口被安置在那里。此外，中京道的泽州（在今长城喜峰口外）有银冶，柳河（今辽宁辉发河）西北有铁冶。山区林木茂盛的地方，近山居民亦多以烧炭为业⑥。除了上述的纺织和金属冶炼等以外，契丹的手工业部门还有弓箭、马具、渔具、造车、制革、陶瓷和印刷等，其中以马鞍的制造最为出色。由于手工业关系到国计民生，故契丹统治者对它特别重视。

早期蒙古的手工业，史料较少。但在成吉思汗与扎答兰部首领扎木

---

① 据西方史料记载，在西突厥始祖室点密可汗（562—576年在位）时期，东罗马的使臣蔡马库斯（Zemarehus）出使西突厥，当行抵索格底亚境时，即有突厥人携铁前来求售。见张星烺编注《中西交通史料汇编》，中华书局1978年版，第四册第285页引。
② 参阅孙守道《"匈奴·西岔沟文化"古墓群的发现》一文，载《文物》1960年第8、9合期。按此文虽以"匈奴文化"命名，但出土的全属东胡（乌桓）遗物，学者多有论证，《考古》1961年第6期载曾庸《辽宁西丰西岔沟古墓群为乌桓文化遗迹论》即其中之一。
③④ 《后汉书》卷九十《乌桓传》。
⑤ 参阅宋人胡峤《陷虏记》，明代刻《说郭》宛委山堂本。
⑥ 参阅宋人王曾《奉使行程录》。

合的一次战斗中，双方就各动员了骑兵三万人①。姑以一个骑兵执一件武器和佩带十支弓箭计之，各种兵器就需要六万件，弓箭就需要六十万支，箭镞也是六十万个。如果没有发达的手工业，如何能够进行这样大规模的战争？事实上，蒙古草原各部早有制造皮革、毡毯、弓弦，箭镞之类的手工业。据《蒙古秘史》记载，当时专业手工匠（如木匠、铁匠）已从一般牧民中分工出来，他们担任制造幌车、大车、帐幕木架、家具和枪矛、刀剑、甲胄等武器②。原先金朝对蒙古实行禁铁输出的政策，后来铁禁废弛，华北地区的铁钱流入蒙古地区，被蒙古人改制为生产工具和武器，这对于社会生产和武力的强盛都产生了一定的作用，同时也说明各种工匠和各种手工业在社会经济和对外军事扩张中的重要性。

陶器是各族人民日常生活的必需用品，故在各族的手工业中，陶器出现很早，陶器制造业也较普遍和发达。以匈奴为例，从诺颜山等地的匈奴墓葬出土的遗物中，就有大批的体积不等，形状、色泽和用途不一的各种各样的陶器。其他各族的陶器手工业，大体如此。这说明陶器业在各族的社会经济中都居于比较重要的地位，此处不拟详述。

三、三大族系各族是否经过奴隶制及没有
　　入主中原的各族是否曾发展到封建制

根据文献和考古资料的记载，三大族系各族的社会，除个别例外，一般的都经过了奴隶制。而例外的各族，也并不是如国内外有些学者所说的游牧民族根本不可能形成奴隶制，而是有的因社会发展滞

---

① 参阅《蒙古秘史》第129节。
② 参阅《蒙古秘史》第6、56、97、100、124、177、195、199各节。

后，当他登上历史舞台时仍没有形成奴隶制，其后始终停留在原始氏族制的阶段（如早期东胡和乌孙）；有的则因尚未形成奴隶制时就受到外力的压抑，以致虽出现了奴隶，但奴隶制却没有最后形成（如乌桓）。

（一）匈奴的奴隶制

大约在公元前三世纪，匈奴社会由于畜牧业的发达和私有制的出现，氏族公社制度开始瓦解，阶级关系逐渐形成，因此贫富悬殊的现象也十分明显。从漠北诺颜山（在今蒙古国首都乌兰巴托北 70 英里处，当时属匈奴单于庭辖境）已发掘的属于公元前三世纪至前二世纪的匈奴墓葬中，在陪葬品甚为丰盛的富有的大墓旁边，又有许多陪葬品极其缺乏的贫困的小墓①。就在这时，即原始氏族公社制度瓦解至阶级关系形成的过程中，掠夺性的战争成为匈奴人的经常职业。正如《史记·匈奴列传》说"匈奴明以战攻为事"。由于牲畜的迅速和大量增加，照料畜群需要有更多的人手，关心自己私有经济的牲畜所有主，便把从战争中捕获得来的俘虏加以利用，于是奴隶阶级出现了。

《史记·匈奴列传》说：匈奴人作战，斩敌首级的赐一卮酒（卮音支，一种圆形的酒器），而以所得的虏获物赏赐给他（私有财产的存在），掳掠得来的人口收为奴婢；把战死者的尸体抬回来，尽得死者的家财；盗窃财物者，没收其家口和家产。这正是匈奴社会存在私有财产和以战俘为奴隶的说明。由于匈奴人在战争中把掳掠得来的人口收为奴婢，故每个战士都尽量掳掠人口，把战俘变为自己的奴隶。因此，匈奴平民拥有奴隶的现象是很普遍的。当然，匈奴贵族拥有奴隶较之平民更多。《史记·匈奴列传》说：匈奴贵族死，他的"近幸臣妾"（奴婢）从死者多至数十百人。从诺颜山出土的匈奴贵族墓葬中有一个墓室竟发现

---

① 参阅策·道尔吉苏荣《北匈奴的坟墓》一文。

了十七条辫发①。这正是匈奴贵族拥有大批奴隶和以大批奴隶殉葬的物证。由于大量战俘成为奴隶，因而大大促进了奴隶制的形成。

匈奴的奴隶共有四个来源，而主要的来源是战俘。战俘中，有汉人，也有其他族人。

根据史书的记载，匈奴在汉朝沿边掳去了不少汉人，如文帝十四年（公元前 166 年），匈奴骑兵十四万大入朝那、萧关、北地，掳掠人民甚多。此后每岁入边杀、掠人民甚众，云中、辽东二郡最甚，至每郡每年被掳达万余人。文帝后六年（公元前 158 年），匈奴大入上郡、云中，各三万骑，杀、掠人民甚多。武帝在位期间（公元前 140—前 87 年），匈奴骑兵几乎每年都入边掳掠人口，被掠人数每次多者数千，少者亦不下五六百。故截至昭帝（公元前 86 年即位）时为止的七八十年间，被掠之数最少当在十万口以上②。

除了汉人之外，匈奴还从别的部族或族落掳掠了很多人口。例如冒顿单于在破灭东胡时，俘掳其人民而归③；在征服了西嗕（音辱）部落以后，把西嗕的全部人口数千人强制地迁移至左地（东部地区）驻牧④。至于冒顿在西击走月氏（音支），南并楼烦、白羊河南王，北服浑庾、丁令、鬲昆（鬲音隔）、薪犁，及西北平定楼兰、乌孙、乌揭及其旁各族时，掳掠了多少人口虽不得而知，但从下面一段史料看来，掳去的人口一定不少。

《三国志·魏志》卷三十《乌丸鲜卑东夷传》裴注引《魏略》一

---

① 参阅苏联考古学家 П.К.科兹洛夫《外蒙古调查报告》（即诺颜山匈奴墓葬发掘报告），1925 年列宁格勒出版（俄文）；日本学者梅原末治《蒙古诺颜山发现的遗物》，1960 年东京出版（日文），图版第 83 幅。

② 以上分别参阅《史记·匈奴列传》、《汉书·匈奴传》上及《武帝纪》、《昭帝纪》。又，林幹《匈奴通史》（人民出版社 1986 年版）对西汉前期匈奴掠去汉人的数字有详细统计，见该书第 13—14 页。

③ 参阅《史记·匈奴列传》。

④ 参阅《汉书·匈奴传》上。

书载：东汉建武时（约在公元 48 年），有数万落"赀虏"（匈奴名奴婢为"赀"，音资，即资财之意），利用匈奴分裂为南北二部、衰弱之际，乘机逃亡到今甘肃河西走廊一带，仍然过着"畜牧逐水草"的游牧生活；在这些逃亡的奴婢中，种族不一，其中有西域人、丁令人，还有羌人。从这段记载里得知，在被掳入匈奴的外族奴隶中，除了汉族、东胡和西嚜外，还有西域各族、丁令和羌族。这些逃亡的各族奴隶，合计有数万落（落即户）之多，姑以每落（户）五口计之，也有数十万人。

以上是匈奴奴隶的第一个来源。

第二个来源是由邻族贩卖而得。例如东汉时，西方的羌族把掠夺得来的大批汉人奴隶转卖给南匈奴。后来南单于因叛汉失败，乃把这一批奴隶连同他以前所掳掠的汉人合计一万多人，一同释放归汉[①]。

第三个来源是因隶属部族或部落付不出贡税，被没收为债奴。例如《后汉书》卷九十《乌桓传》载：乌桓自从被冒顿单于攻破，部族开始衰弱，隶属于匈奴，每岁输送牛、马、羊皮给匈奴统治者，如过时不纳，常常被没收妻子为奴。

第四个来源是匈奴族人因犯罪而被没收为罪奴。如匈奴法律规定：盗窃财物者，没收其家口和家产。这样，随着以外族俘虏为奴隶，以本族成员为奴隶的现象也出现了。

综合匈奴所有的奴隶，其总数虽不能确指，但估计当不下数十万人。这个数字在匈奴全部人口中约占多大的比重呢？考匈奴人口，史未详载，但根据上文第二章第二节的考证，汉初匈奴盛时，人口约有二百万；及其衰落，分裂为南北，人口仅有一百三十万。假定匈奴奴隶人口为三十万，则约占匈奴人口的七分之一或五分之一。

这样庞大的奴隶人口，他们被迫从事生产劳动是没有疑问的：来

---

① 参阅《后汉书·南匈奴传》。

自游牧部落的人口则驱使他们为牧奴；来自农业地区的汉人则驱使他们为耕奴；其中长于工艺的则为工奴。这可从下列方面加以论证：第一，上文提到那些逃亡的"赀虏"，在逃亡后仍旧过着"畜牧逐水草"的游牧生活，那么他们原在匈奴为牧奴可知；第二，匈奴凿井灌溉、筑城、建楼存谷都是利用汉人①；漠北匈奴墓葬出土有汉人惯用的铁镰、铁铧②，这都与汉人参与农业、充当耕奴有关；第三，诺颜山墓葬出土的匈奴铜铁器，模仿汉式铸造的很多，这无疑是出自汉族工奴之手。此外，也可能有一部分善于经商的西域人被主人利用为贩运商品的贾奴。奴隶中被役使于家内劳动也是有的；其中年轻貌美的女奴则被主人收为姬妾，如东汉末被"胡骑"掳去，后来落入左贤王之手的蔡文姬③，便是一例。

（二）突厥与回纥的奴隶制

突厥人原先是柔然族的种族奴隶——"锻奴"。但他们在反抗柔然统治者奴役的斗争获得胜利之后，一因受到柔然奴隶制的影响，二因族内尚未产生封建性的经济因素，没有出现代表封建生产关系的新兴阶级，因而在大漠南北，在柔然汗国崩溃之后兴起的突厥汗国，只能因袭柔然的奴隶制，用一种奴隶制代替另一种奴隶制，汗国的统治民族虽然变换了（由柔然变为突厥），但社会性质和政权性质却不能发生质的变革，因而突厥的氏族贵族集团只能成为奴隶主阶级，而他们所建立的政权——突厥汗国也只能是一个奴隶制的政权。

突厥的奴隶，其主要来源是从汉族及其他各族掳掠而得。突厥统治者在建立政权之前，尤其在建立政权之后，曾率领所属骑兵到处侵扰，在中

---

① 参阅《汉书·匈奴传》上。

② 参阅纳·业喜扎木苏《匈奴的起源及其社会制度》一文所引的匈奴考古资料。该文载乌兰巴托科学委员会出版的《科学院学术研究的成就》第1期（新蒙文）。

③ 参阅《后汉书》卷八四《董祀妻传》。

原北部及其他地区掳掠了不少人口作为奴隶。例如唐武德三年（620年），处罗可汗侵扰并州（今山西汾水中游一带），掠去很多的妇女。同年，莫贺咄设（莫贺咄是人名，设是官号，咄音多）侵扰凉州（今甘肃武威市一带），掠去男女数千人①。武德五年，颉利可汗侵扰定、并、汾、潞四州（今河北定州市、山西汾水中游和汾阳市、长治市一带），也掠去男女五千人以上②。此后突厥统治者在侵扰中原北部地区中，继续不断地掳掠人口。故贞观四年（630年）唐太宗击灭东突厥汗国之后，一次就从突厥统治者手中赎回自隋末以来被俘而沦为奴隶的汉人达八万人③。直至武则天帝时，默啜可汗（啜音辍）侵扰赵、定等州（时在圣历元年，即698年；赵州，今河北宁晋县一带），仍掠去男女八九万口④。可见突厥统治者前后掳掠汉人为奴隶，其数量相当巨大。

除汉人外，突厥统治者还掳掠其他各族人口为奴隶。例如武则天帝万岁通天元年（696年），默啜可汗进攻契丹，尽俘其家口而还⑤。所以后来（玄宗开元十三年，725年）毗伽可汗对唐朝使臣袁振说："奚及契丹，旧是突厥之奴⑥。"据此可知，除契丹外，奚族人亦曾沦为突厥统治者的奴隶。又如毗伽可汗往征党项族时，尽取其"童孺及家室、马匹及财产"而回⑦。毗伽可汗的重臣暾欲谷掩击北庭的拔悉密时，拔悉密之众尽为所擒，并虏其男女而还⑧。

以上是突厥奴隶的第一个来源。

第二个来源是：突厥本族人民，因触犯统治者的特权或不能尽力维护统治阶级建立的政权和最高统治者个人的根本利益，就被黜降为奴隶，作为惩罚。例如突厥文《阙特勤碑》和《毗伽可汗碑》俱载：

---

① 参阅《旧唐书·突厥传》上及《资治通鉴》卷一八八唐武德三年秋九月条。

② 参阅《新唐书·突厥传》上。

③ 参阅两《唐书·太宗纪》贞观五年夏四月及五月。

④ 参阅《旧唐书·突厥传》上。

⑤⑥⑧ 参阅《通典》卷一九八《突厥》中。

⑦ 参阅突厥文《毗伽可汗碑》，译文见林幹《突厥史》（内蒙古人民出版社1988年版）附录。

有七百名突厥人民，皆因"亡国家、失可汗"而被黜降为奴隶。碑文说：

> 依吾祖宗之法度（即突厥统治者自六世纪建立政权以来的法度），曾亡国家、失可汗者，当为婢为奴，当为违反突厥法度之人民①。

突厥统治者为了诱使一般平民随同他们去进行掠夺战争，采取了类似匈奴的"所得虏获（掠得财物），因以予之，得人以为奴婢（掠得人口就成为自己的奴隶）"的鼓舞士气的办法。史载突厥"抄掠资财（奴隶人口是资财之一种），皆入将士"，"虏掠所得（人口），皆入国人②。"故突厥在对他族的战争中所俘掠得来的人口，除可汗、贵族及各级军事首长瓜分了绝大部分之外，一般战士也能分到一些。

在突厥社会，分配战俘的办法不仅是统治者用来鼓舞士气和笼络部下的手段，且因行之既久，已成为一种具有不成文法（习惯法）的效力，如果有谁敢于违反它，就将会遭到大众的反对。例如 642 年（唐贞观十四年），西突厥乙毗咄陆可汗西击康居时，道过米国（在今中亚阿姆河北）而破之，虏获"赀口"（资财与人口，亦可作奴隶解）甚多，因不分予部下，引起了他的部将泥熟啜的不平，以强力夺取他的虏获物。乙毗咄陆大怒，斩泥熟啜，由是众皆愤怨，进一步激起泥熟啜部将胡禄屋率众袭击乙毗咄陆。乙毗咄陆自知不为大众所附，最后被迫西奔

---

① 阙、毗二碑译文俱见林幹《突厥史》附录。又，在与突厥同一时期活动于漠北的薛延陀，还有一种因战败而被没收其家口、分与其他战士为奴隶的办法，可供探究突厥奴隶制度的参考。《新唐书》卷二一七《回鹘传》下附《薛延陀传》载："先是延陀击沙钵罗及阿史那社尔，皆以徒役胜，至是却骑不用，率五人为伍，一执马，四前斗，令曰：胜则骑而逐，负者死，没其家以偿战士。"
② 《旧唐书》卷六二《郑元璹传》及《唐会要》卷九四。

至吐火罗①。

由于这种分配战利品办法的实行，因此，在突厥社会中，一般平民占有奴隶的现象是比较普遍的。

突厥的奴隶，不论是隶属于统治阶级的或一般平民的家庭，终究是主人的财产，可以作为"物品"（"会说话的工具"）赠送他人。六世纪中，木杆可汗曾以奴婢一百口赠给北周的大将军史宁②。

突厥的奴隶，在被规定了奴隶的身份之后，不能任意脱离；如果想要脱离，须要经过以金帛赎身，才能恢复自由，取得平民身份。《旧唐书·突厥传》下载，唐贞观五年（631 年）夏四月，太宗下诏曰："以金帛购（赎）中国人（中原人）因隋乱没入突厥为奴者男女八万人，尽还其家属③。"结果有八万口沦为突厥奴隶的汉人被赎回中原④。

突厥统治者对于奴隶如何役使和剥削，文献没有记载，考古资料也仅能提供一些模糊的线索（从六至八世纪阿尔泰突厥墓葬推测），隐隐约约地看出奴隶参加畜牧和射猎的影子。但奴隶主不会把奴隶投闲置散、不强迫他们参加劳动、放弃剥削的。从匈奴的奴隶全部参加畜牧业、农业和手工业生产劳动的事例推断（事例已见上文），与"匈奴同俗"的突厥，他的奴隶主对待奴隶的役使和剥削方式，也应该相同（史载与突厥同族的回纥曾役使契丹和鞑靼为他放牧牛羊，见下文）。

突厥的一般平民虽然也占有奴隶，但他们和奴隶主贵族不一样，他

① 参阅新、旧《唐书·突厥传》下。
② 参阅《周书》卷二八《史宁传》。
③ 本条又见两《唐书·太宗纪》贞观五年夏四月及五月。
④ 这种以金帛赎出奴隶身份的办法和事例，在中国古代北方民族中是习见的。远的不说，近的如贞观二十一年（647 年）六月，太宗诏以"隋末丧乱，边民多为戎狄所掠，今铁勒归化，宜遣使诣（至）燕然等州，与都督相知，访求没落之人，赎以货财，给粮递还本贯（送回原籍）；其室韦、乌罗护、靺鞨（音末合）三部人为薛延陀所掠者，亦令赎还。"（见《新唐书·太宗纪》、《册府元龟》卷四三及《资治通鉴》卷一九八唐贞观二十二年六月条）。又如唐永徽四年（653 年），高宗遣使至黠戛斯，以金帛赎回沦为奴隶的汉人（见《太平寰宇记》卷一九九《黠戛斯传》）。

们自己却是参加生产劳动的。因为突厥的社会组织一如匈奴那样，是生产组织与军事组织相结合的，即牧民平时是生产的劳动者，战时则是战斗的骑兵。虽然突厥史料没有像匈奴史料那样，留下了"十（及龄壮丁）力能弯弓，尽为甲骑（尽被编为骑兵），宽（平时）则随畜因射猎禽兽为生业，急（战时）则人习战攻以侵伐"① 这样明确的记载，但从后突厥大臣暾欲谷对毗伽可汗的一次谏辞中仍可看出突厥社会组织的这个特点，其辞曰：

> ……突厥人徒稀少，不及唐家百分之一，所以能与（之）为敌者，正以逐水草，居处无常，射猎为业，人皆习武，强则进兵抄掠，弱则窜伏山林，唐兵虽多，无所施用。若筑城而居，变更旧俗，一朝失利，必为所灭②。

所谓"人皆习武"，也就是如匈奴人的"士力能弯弓，尽为甲骑"的意思。再从后来十世纪兴起的契丹及十二世纪末兴起的蒙古等中国古代北方游牧民族的通例来看，突厥也不会例外。《辽史》卷三一《营卫志》上载，契丹人"有事则以攻战为务，闲暇则以畋渔为生"。《元史》卷九八《兵志》一载，蒙古人"上马则备战斗，下马则屯聚牧养"。从游牧民族社会所具有的这种共通的特点来看，突厥社会的组织也应该是生产组织与军事组织相结合的。《新唐书》卷二二一《西域传》下康国条载，八世纪中期，碎叶川（今中亚巴尔喀什湖南之楚河）有数万突厥兵，"耕者皆擐甲"。这个事例，可作为突厥人既是劳动者，同时又是战斗兵的旁证。

回纥社会的性质也是奴隶制。史载回纥"人性凶残……贪婪尤甚，

---

① 《史记·匈奴列传》。
② 《通典》卷一九八《突厥》中及《资治通鉴》卷二一一唐玄宗开元四年冬十月条。

以寇抄为生"①。虽没有明言这就是奴隶制，但回纥社会是奴隶制，回纥统治者需要大量的奴隶，却为唐朝所熟知。故"安史之乱"时，唐朝为了借助回纥的兵马收复两京（西京长安和东京洛阳），肃宗曾与回纥统治者相约："克城之日，土地……归唐……子女归回鹘。"② 就是了解到土地并非回纥的主要生产资料（两京土地也不能割弃），不足作为促使他出兵的代价，而子女则可作为回纥的奴隶，为回纥奴隶主贵族的生产劳动所必需，因而投其所好。这一方面说明唐朝统治者为了本阶级的利益，为了挽救垂危的统治，不惜以广大人民的命运为牺牲，另一方面也反映出当时的回纥社会的确是奴隶制，所以才有必要俘掠和容纳大批的汉人奴隶。事实证明，后来收复东京（洛阳）时，回纥统治者入城，纵兵大掠人口三日③。代宗大历七年（772 年）春正月，回纥又出外掠人子女④。这些被掠的人口中，有一部分女子被回纥贵族突董装在袋中运往回纥地区⑤。这当然是奴隶身份才会当做物品（"会说话的工具"）装在袋中运送。此外，回纥奴隶主贵族发兵南侵时，无不纵兵大掠人口。例如大历三年（768 年）春正月入侵太原⑥时便是如此。德宗建中元年（780 年）夏六月，亦拟乘唐朝大丧（代宗卒），南下大掠⑦。直至回纥政权覆亡（840 年）后，在逃亡中的那颉啜，仍在横水（在今内蒙古呼和浩特市南黑河附近）俘掠唐朝的兵民。这说明回纥的奴隶主贵族一时也不能没有奴隶，因此一时也不能停止俘掠人口。对于汉族以外的各族人口也同样俘掠，如武宗会昌二年（842 年）秋八月，乌介可汗不仅侵掠云、朔等州，而且还抄掠羌、浑诸部⑧。又如宋人王明清《挥塵前录》⑨ 卷四载："契丹旧为回纥牧羊，鞑靼旧为回纥牧牛。"这是因为

---

① 《旧唐书》卷一九五《回纥传》。
② 《新唐书》卷二一七《回鹘传》上及《资治通鉴》卷二二〇唐肃宗至德二年秋九月条。
③④⑤⑥ 参阅《新唐书·回鹘传》上。
⑦ 参阅《旧唐书·回纥传》。
⑧ 参阅《资治通鉴》卷二四六唐会昌二年秋八月条。
⑨ 《挥塵前录》，1936 年中国台湾商务印书馆影印文渊阁《四库全书》本。

契丹和鞑靼（音达达）都曾沦为回纥的奴隶之故。

突厥文（回纥可汗）《磨延啜碑》也多次提到奴婢（奴隶）及抢掠人口。如第十四行说："上天及大地（神）保佑了我的奴婢（和）人民。"第三十三行说："那时天地保佑了我的奴婢（及）人民。"第十五行又说："在 Burghu（地方）……我抢来了他们的马群、财物、姑娘、妇女。"①

历史证明，古代北方游牧民族奴隶制的基础是役使异族战俘从事生产劳动，故必须俘掠大量的异族人口作为奴隶，才能保证奴隶制的延续和发展，因此俘掠人口，特别是俘掠大量的人口，便成为回纥奴隶制存在的条件和前提之一，同时也是奴隶制形成或正在形成的一种反映。

（三）蒙古的奴隶制

成吉思汗所从出的蒙古部，他的社会何时迈出原始氏族制，进入奴隶制，及是否经过奴隶制？这个问题，现时中外学者看法尚不一致。但据《蒙古秘史》和拉施特《史集》②的记载，当成吉思汗的始祖孛儿帖赤那带领蒙古部从额尔古纳河西迁的时候，他们所采用的已是个体的游牧方式。孛儿帖赤那是当时很有权威的首领，也可以说是父权家长，他除了有一个正妻豁埃马兰勒之外，还有许多姬妾。这些事实表明，在九世纪西迁以前，蒙古部已经跨出了原始社会的门槛。

蒙古部进入水草丰盛的斡难河（今鄂嫩河）流域之后，畜牧业获得了迅速的发展。十世纪时，成吉思汗的七世祖土敦蔑年之妻莫挐伦，就拥有马匹和牲畜不计其数（已详上文）。经济的发展，私有制的确立，以及在突厥、回纥、黠戛斯等奴隶主政权的直接统治和影响下③，蒙古

---

① 《磨延啜碑》汉译文见林幹《突厥史》附录。

② 《蒙古秘史》第 1—3 节及《史集》余、周译本第一卷第一分册第 249—255 页、第二分册第 6—9 页。

③ 按：六至八世纪时，蒙古部曾先后受突厥政权和回纥政权的统治；九世纪中叶黠戛斯击灭回纥政权之后，蒙古部又转归黠戛斯控制。

部内的奴隶制是比较容易发展起来的。这时奴隶劳动已很普遍。孛儿帖赤那的十一代孙脱罗豁真伯颜就曾使用奴隶为他从事生产劳动。与此同时，还有一个豁里剌儿台蔑儿干，是豁里秃马惕部的那颜，他也拥有很多奴隶。这个时期的伯颜和那颜（富人和官人），不仅占有奴隶，而且还控制着牧地，当时有一个叫晒赤伯颜的人，便是不儿罕山（今肯特山）的"额毡"（主人）。

奴隶买卖也见于记载。《蒙古秘史》第14—16节载，朵奔蔑儿干曾经用一条鹿腿换来一个小孩作奴隶。宋人宇文懋昭撰的《大金国志》卷六《太宗文烈皇帝》四也载，天会八年（1130年）金左副元帅粘罕下令检括良民为奴隶，把其中一部分卖给萌骨子、迪烈子、室韦等部。这里说的萌骨子，就是蒙古部。

蒙古部奴隶制的基本形态是部落奴隶制。奴隶的主要来源是通过战争的征服和掠夺。在战争中，一个部被另一个部征服后，被征服的部的人就沦为奴隶。此外还有因被掳掠或通过其他方式而沦为贵族或一般平民的奴隶的。在部落社会中，每一个部落（部）都是由若干个氏族组成的，而势力较强的氏族则往往在部落中居于统治和支配的地位，其中位居显要的则形成氏族贵族阶层，因此部落奴隶实际上便成为统治氏族和氏族贵族的奴隶。但在统治氏族中，贵族究竟是少数，大多数的仍是一般氏族成员。这些一般氏族成员，《蒙古秘史》称他们为"都里因古温"（白身人）。白身人的身份和地位虽不能与贵族等同，但他们拥有自己的奴隶，他们也是奴隶主，不过他们自己也要从事劳动生产，而且经常被贵族利用作为战争的工具，如巴阿邻族的豁儿赤，是同扎木合汗同祖所出的白身人，但他却受扎木合汗的统治，他是自由民，同时也是军士①。

奴隶从事畜牧业生产。奴隶为奴隶主放牧牲畜，劳动果实全归奴隶主占有。蒙古部的生产奴隶，《蒙古秘史》称之为"合兰"或"孛斡勒"

———————————

① 参阅《蒙古秘史》第224节。

（家人、被使唤者、奴婢）。泰赤乌氏族的脱朵格的"合兰"锁儿罕失刺，就是专为奴隶主放牧马群并挤马奶和加工马奶的。还有家内奴隶，《蒙古秘史》中称之为"扎剌儿"（后生）、"引者"（从嫁），多从事家内服役工作。同时，奴隶还被强迫随从奴隶主围猎、打仗，猎获物和战利品全归奴隶主独吞。

在蒙古部的部落奴隶制中有一个特点，就是部落奴隶是世袭的。世袭的部落奴隶主借助氏族血缘的关系，统治着世世代代被奴役的部落奴隶。因此，氏族血缘纽带特别牢固，还保留着氏族组织，不论奴隶主、奴隶或自由民，每个人都清楚地知道自己出身的家系。在游牧经济的条件下，奴隶主不可能将大批的奴隶集中起来进行管理，只能让奴隶一家一户地跟着畜群走，在这种情况下，氏族组织对奴隶主阶级是非常必要和有利的。因此，氏族的血缘纽带在蒙古社会中保留了很长的时期。

蒙古部社会的奴隶制，还表现在奴隶主对奴隶的专政工具——政权的建立。《蒙古秘史》记载了十一世纪后半期成吉思汗曾祖合不勒汗的奴隶主政权。合不勒汗政权的权力中心和指挥中心是"汗"，政权的主要支柱是军队，而"古列延"[①] 则是军队的组织形式。奴隶主阶级凭借自己手中的政权和军队，对外不断发动掠夺战争，对内残酷镇压奴隶阶级的反抗，如果奴隶敢于反抗，奴隶主阶级便把他的"脚筋挑了，心肝割了"，"将他的性命断了"[②]。

综上所述，可见从经济基础到上层建筑，都充分说明蒙古部社会的奴隶制性质[③]。

---

① 拉施特《史集》说："许多帐幕在原野上围成一个圈子驻扎下来，他们就被称为一个古列延。当时就这样环列的一千［个］帐幕算做一个古列延。"（余译本第一卷第二分册第 18 页）。《蒙古秘史》则称之为"圈子"（见第 129 节）。
② 《蒙古秘史》第 137 节。
③ 关于蒙古的奴隶制，中国社科院民族研究所高文德研究员著有《蒙古奴隶制研究》一书（内蒙古人民出版社 1980 年版）可参考。

（四）对"飞跃论"的商榷

苏联有很多学者认为：匈奴、突厥、蒙古等游牧民族都没有经过奴隶制，他们是从原始社会末期越过奴隶社会而径直进到封建社会的。这就是所谓"飞跃论"。《苏联关于游牧民族宗法封建关系问题的讨论》[①]一书所收的论文，А. Н. 伯恩施坦的《匈奴史概要》[②] 和《六至八世纪鄂尔浑、叶尼塞流域突厥人的社会经济结构》[③]，Б. Я. 符拉基米尔佐夫的《蒙古社会制度史》[④] 及苏、蒙两国科学院合编的《蒙古人民共和国通史》[⑤] 等书，都是这样主张的。我国学者中也有人赞同这种主张，如余元安先生的《内蒙古历史概要》[⑥] 及陶克陶先生的《内蒙古发展概要》[⑦] 二书，还有其他若干篇探讨匈奴、突厥和蒙古社会性质的论文[⑧]，都是如此。

他们主张匈奴、突厥、蒙古等游牧民族的社会制度，或为家长奴役制，或为宗法封建制，但总之都没有经过奴隶制（或如苏联学者所称没有经过"奴隶占有制"）。他们的理由，归纳起来不外下列几点：

1. 奴隶的出现必须是内因

由于游牧民族的土地（牧场和游牧地）都是属于公有，由氏族全体成员共同集体利用，不易出现私有土地的现象，故不易从氏族内部分化出奴隶；同时，氏族社会内部的宗法关系（即同宗同族的血缘关系）也

---

① 中译本，科学出版社 1957 年版。

② 1951 年列宁格勒出版（俄文）。

③ 1946 年苏联科学院东方学研究所出版（俄文）。

④ 中译本，中国社会科学出版社 1980 年版。

⑤ 中译本，科学出版社 1958 年版。

⑥ 上海人民出版社 1958 年版。

⑦ 内蒙古人民出版社 1957 年版。

⑧ 分别见《华东师大学报》1958 年第 4 期，《兰州大学学报》1959 年第 1 期，《历史研究》1965 年第 5 期，《内蒙古大学学报》1962 年第 1 期，《纪念成吉思汗诞辰八百周年集刊》（内蒙古 1962 年印行）。

很强固，也不易分化出奴隶。故不能因为从外族掠来大批的奴隶（外因），便认为是奴隶制。

2. 奴隶制必须是奴隶成为生产劳动的主要担当者

也就是说必须是生产奴隶；而游牧民族的奴隶通常都是家内奴隶，不是社会生产劳动的主要担当者。此外，游牧民族的奴隶人口也太少（不像古希腊、罗马那样，平均一个自由民可有好几个奴隶），不足以养活自由的牧民。

3. 游牧民族生产的流动性和分散性

不易约束奴隶和防止奴隶逃亡，同时也没有大规模的集体生产（如古希腊、罗马那种开矿山、造船和大农场、种植园之类）须要使用大批的奴隶劳动力。

他们的结论是：游牧民族的奴隶不是社会生产的基础——社会生产劳动的主要担当者，所以不是奴隶占有制；似乎在世界历史中，只有古希腊、罗马才经过奴隶占有制，而游牧民族的社会制度都是由氏族社会末期飞跃到封建制的。

以上"飞跃论"的论点，我以为很难成立。因为：

1. 所谓内因

应是指一个社会，当其经济已经发展到一定的水平，私有制已经确立和续有发展，畜牧业（或农业）也很发达，生产上感到人手不足，社会内部具备了吸收和容纳奴隶作为劳动人手并把他们投入生产过程的条件而言。只要具备了这样的可能和条件，私有主便会把异族战俘留而不杀，或有意识地去掠夺异族战俘作为劳动力使用，不一定要先从本族内部分化出奴隶，才能算做内因。何况在特定情况下，外因也能起决定性的作用。

其次，游牧民族的生产资料是牲畜而不是土地。马克思说："在游牧的畜牧部落中……被占有的和再生产的，事实上只是畜群而不是土地。"① 故土地是否私有，与奴隶制的形成没有多大关系。如果这一点弄不清楚，就无法划分游牧民族与农业民族的区别。正因为有些人把"农业社会的主要生产资料是土地"不恰当地搬到游牧民族上来，所以才误引出游牧民族不可能经过奴隶社会的结论。

事实表明，被公认为奴隶制典型的古希腊、罗马，他们的奴隶主要也不是先从本族分化出来的希腊人和罗马人，而是从海盗行为和战争中掠来的战俘或通过奴隶市场贩来的异族人口。农业民族中，例如我国殷商的奴隶，也并非先从殷（商）民分化而出，主要还是从异族战俘中得来；而那些殷（商）族的氏族成员，在由氏族社会向奴隶社会转化的过程中，都成了自由民（不是成了奴隶）。近代资本主义的美国，在南北战争（1861—1865 年）以前，南方也存在过奴隶制，可是他的奴隶也不是美国人，而是从非洲贩来的黑人。可见古今中外的历史中，有许多民族、许多国家，他们的奴隶制都不是先从本族人员中分化出奴隶而后才形成的。我们总不能因此把古希腊、罗马、殷商和美国南方的奴隶制排除出奴隶制范畴之外吧！

主要以异族战俘为奴隶作为奴隶制的基础，这是我国古代北方游牧民族的奴隶制的特点之一。这在匈奴、鲜卑、柔然、突厥、回纥、契丹、蒙古都是如此，无一例外。探讨游牧民族的奴隶制，不应忽视这个特点。

2. 我国古代北方游牧民族的奴隶都是生产奴隶

由于有些人没有充分注意游牧民族在生产上的特点，故往往把奴隶所从事的生产劳动误以为家内劳动（因之把他们称作家内奴隶）。

其实并非如此，因为对于游牧民族来说，牲畜既是生活资料，也是生产资料，故饲养牲畜、饮牲畜、圈牲畜、打更、接羔保育、剪羊毛、

---

① 《资本主义生产以前各形态》，人民出版社 1956 年版，中译本第 27 页。

挤奶子和搞家庭手工业等等，既是家内劳动，也是生产劳动。这些劳动，与执鞭放牧、随畜追逐水草，只是畜牧业的工种不同，但都是属于生产过程中的一个工序，而且是一个很重要的工序。因此从事这种家内劳动的奴隶，也就是生产奴隶。因而根据对这种情况的误解而被称为家庭奴役制或家长奴役制的，其实也就是奴隶制。所谓"奴隶占有制"这一名词更是易滋误解，须要重新斟酌，难道不是"奴隶占有制"的奴隶主或家长奴役制的家长，对于奴隶就不占有？

游牧民族的奴隶人口没有古希腊、罗马的奴隶人口那样多，这是事实。但在我国古代北方游牧民族中，生产组织与军事组织相结合这个特点，导致了统治民族中的一般平民（贵族例外）都是参加生产劳动的。他们既是骑兵，也是牧民，"上马则备战斗，下马则屯聚牧养"。故尽管奴隶人口较少，也无碍于奴隶制的确立。而这种并不完全依靠奴隶来担当全社会的供养的现象，正是游牧民族的社会生产水平较为低下的反映，而建筑在这种较低生产水平的基础上的奴隶制，自然不能和古希腊、罗马那种生产水平甚高、工商业十分发达的奴隶制相比，所以游牧民族的奴隶制，通常都不如古希腊、罗马的奴隶制那样成熟和获得充分发展的机会和条件。但是不成熟、不发达的奴隶制也是奴隶制。而这种不成熟、不发达的奴隶制，在奴隶担当了最主要、最繁重的生产劳动的同时，辅之以自由牧民也参加部分的生产劳动，这也是游牧民族的奴隶制与古希腊、罗马的奴隶制微有不同的特点之一。

3. 游牧民族生产上的流动性和分散性

决定了他们的生产不能过分集中和规模过大。加以"得人以为奴婢"及"虏掠所得（人口）皆入国人"，每个战士虏获战俘都归自己所有，因此也就使得他们的奴隶只能在少数的场合集中生产，大多数场合分隶各户，甚至有绝少数奴隶以"养子"或"姬妾"的身份而与主人同居。这就往往容易使人产生"没有集中的和大规模的生产就不能容纳大批的奴隶"的错觉。正是由于多数奴隶分隶各户，主人对于奴隶反而容易监督，纵令四季随畜移徙，主人对奴隶也不难约束，间有逃亡，也不能据此怀疑和否定奴隶制存在的可能性。因为如古希腊、罗马那样典型的奴隶制，奴隶逃亡甚至起义也都经常发生，无法避免（也不能避免），何况游牧民族的奴隶！事实表明，匈奴和突厥都曾拥有数十万奴隶（蒙古虽没有确数，但也不会很少），而他们的奴隶制也存在了好几百年（匈奴约三百年，东西突厥一百多年，后突厥六十多年；蒙古姑从十一世纪后半期合不勒汗建立奴隶主政权起算，至十三世纪初成吉思汗成立封建蒙古汗国为止，也有一百五十多年）。因此以奴隶不易约束作为理由去论证游牧民族的奴隶制不可能存在，这个理由与历史事实大有出入。

总之，探讨游牧民族的奴隶制，必须充分注意游牧民族本身所具有的特点及由这些特点所反映出来的具体形态，不宜把欧洲的历史随意搬到中国来，否则就很难探究出游牧民族历史的真面目[1]。

（五）蒙古族在入主中原之前已进入封建制，西突厥没有进入封建制，乌桓未曾经过奴隶制

蒙古草原各部在进入十二世纪之后，社会情况发生了巨大的变化，不仅畜牧业和手工业相当发达，而且和内地进行互市。蒙古人用牲畜、马匹、毛皮换取内地的绢帛、铁器，西方还与畏吾儿、西夏发生贸易往来，有些畏吾儿商人甚至深入草原腹地进行商业活动[2]。同时，还有一部分人从事农业生产，如汪古人和翁吉剌人掌握了"种秫穄"（高粱、小米）的农业技术[3]，蔑儿乞人也有"塔里牙惕"（田禾）

---

[1]　关于中国古代北方游牧民族的社会性质问题，题目很大，涉及的范围很广。上举主张"飞跃论"的国内外学者都是名家，国内学者中有很多还是我的良师益友。他们学识渊博，他们的高见对我也有很多启发。我以上所论，仅属个人一得之见。学术问题愈辩愈明，这个问题今后还可继续讨论。

[2]　参阅《蒙古秘史》第 182 节。

[3]　见宋人李心传撰《建炎以来朝野杂记》乙集卷十九，商务印书馆 1937 年版《丛书集成初编》本。

并使用农作物加工的"舂碓"（音中对）①，此外蒙古人还有挖土用的农具铁锹②。

生产力的大大提高，各部之间经济文化日益紧密的联系和交流，逐渐暴露出各部之间的分裂状况和旧有的奴隶制生产关系成为生产力继续发展的桎梏、社会向前发展的障碍。但是腐朽的奴隶主阶级更加反动，他们以战争为职业，彼此之间频年互相攻战，杀伐不止，使蒙古草原地区完全陷入了"天下扰乱，互相攻劫，人不安生"的状态③。这给社会生产带来了很大的破坏，对广大奴隶和自由民，甚至对力量薄弱的奴隶主，也带来了极大的灾难。因此，广大奴隶和自由民都强烈反对各部奴隶主之间的掠夺战争，要求和平统一，这种要求和他们原来争取解放的斗争汇合在一起，形成为一个巨大的历史潮流。这一潮流的主力军是奴隶阶级，他们的斗争动摇了奴隶制的根基，震撼了奴隶主阶级的统治。

然而，十二世纪蒙古社会的阶级斗争，除了奴隶与奴隶主的斗争之外，还有自由民与奴隶主的斗争、各部首领之间革新派与守旧派的斗争，这些斗争又同奴隶主之间的掠夺战争交织在一起，因而形成了一个非常错综复杂的局面。在这一错综复杂的斗争中，力量薄弱而又主张革新的部首领，为了加强自己的实力和培养对敌斗争的骨干，往往以保护者的姿态出现，收容成批的逃亡或暴动的奴隶。于是这部分奴隶和部首领之间的关系，就变为保护与被保护的关系了。部首领承认被保护者的私有经济，被保护者则向保护者提供赋税，变成部首领的"合刺除"（也就是属民）。部首领又吸收那些冲破氏族纽带而脱离原氏族的自由

---

① 田禾，蒙古语作"塔里牙惕"。此词见于《蒙古秘史》第 177 节旁译。总译是节译，未将这部分译出，故"田禾"二字未见。舂碓见《蒙古秘史》第 152 节总译。
② 参阅《蒙古秘史》第 199 节。
③ 《蒙古秘史》第 254 节。

民，和他们结成那可儿集团。那可儿（伴当）① 对部首领有服侍、保卫和随从围猎、征战的义务，并"各分土地，共享富贵"②，同部首领一起奴役和剥削广大的属民。这种以那可儿和合剌除构成的社会关系，是一种处于萌芽状态的封建关系。这种封建关系一经出现，便以巨大的力量冲击奴隶制。

蒙古社会由奴隶制过渡到封建制的斗争，在成吉思汗之前就已经开始了，但是到了成吉思汗担任蒙古部首领（1189 年）之后，才加速了这一斗争的进程。

成吉思汗名铁木真（1162—1227 年），原先也是个奴隶主，因他的父亲也速该被塔塔儿人毒死，奴隶逃散，家道衰落，家庭的财产、妻子甚至他本人都曾被其他奴隶主掠夺而去。个人的这种遭遇，使他有机会接近社会下层及受到下层的影响。但他毕竟是奴隶主家庭出身，一时难于去掉打在他身上的奴隶主阶级的烙印，故在先他还是联络一部分奴隶主（如克烈部首领王罕和扎答兰部首领扎木合）去对付另一部分奴隶主（蔑儿乞部的奴隶主）。直到 1189 年，他仍作为奴隶主的代表人物，被奴隶主阶级推举为蒙古部的首领。但斗争的实践使他认识到奴隶主的虚伪和奸诈，全都靠不住，最后连被他称为"罕父"的王罕和"比兄弟还亲"的扎木合都在反对他、暗算他和攻打他，只有奴隶和自由民才坚定地站在他一边，那可儿和合剌除才是他的可靠的支持者。经过一系列的经验教训，他才最终地找到了赢得斗争胜利的真正力量。1206 年（南宋宁宗开禧二年）铁木真统一了蒙古草原各部。同年在斡难河（今鄂嫩河）畔被各部推举为全蒙古的大汗（尊称成吉思汗），建立了封建的蒙古汗国，并实行"领户分封"的封建制③。

成吉思汗之所以能够战胜蒙古草原各部的首领，主要原因就是他利

---

① 那可儿后来演变成为封建领主阶级，合剌除演变成为牧奴阶级。

② 元朝官修《元典章》卷九《投下·改正投下达鲁花赤》，中国书店 1990 年影印本。

③ 参阅《蒙古秘史》第 202 节。

用了奴隶阶级和自由民的力量；同时也正因为是奴隶阶级和自由民在这场反对奴隶主的斗争中起了主要作用，才决定了成吉思汗不得不走封建主义的道路。因此可以说，成吉思汗与其他各部首领之间的斗争，实质上是新兴的封建势力与旧有的奴隶制势力的斗争。社会发展的规律决定了新兴的封建制最终必然会战胜奴隶制。这是北方游牧民族中没有入主中原以前的部族，通过他社会内部的生产力发展，冲破旧有的生产关系，以阶级斗争形式把奴隶制推进到封建制的事例。

领户分封是把各部的牧民（牧户）编为十户、百户、千户和万户，并设十户长、百户长、千户长和万户长。万户长和千户长由大汗直接封任。万户长和千户长，按其等级高低，领有一定范围的大小不同的疆域作为封地，并领有封地内数量不等的封户，成为或大或小的封建领主。领户内的劳动人民，不论原先的社会身份是奴隶、自由民或是属民，都一律用封建法制把他们强制地固定在一定的封区之内，接受该封区领主的"合法"的剥削和奴役。这些牧民在领主指定的牧地，平时要定期向领主服役、纳贡，战时要自备鞍马、兵器和粮食随从领主出征，履行兵役义务。所有及龄壮丁都被编入户籍，平时从事畜牧业的劳动生产，战时则跃马弯弓，投入战斗。他们既是生产的牧民，又是战斗的骑兵。《元史》卷九八《兵志》一载："其法，家有男子，十五以上、七十以下，无众寡，尽金为兵，十人为一牌，设牌头，上马则备战斗，下马则屯聚牧养。"指的就是这种封建法制。可见领户分封制本身便是封建生产关系的体现，是一种生产组织与军事、行政组织相结合的制度，是一种具有草原特点的封建制度。在这种制度下的牧民，已不是原先处于奴隶制下的奴隶或自由牧民，而是介乎奴隶与自由民之间的封建牧奴。同时蒙古社会还保留着浓厚的奴隶制残余。

西突厥有没有进入封建制？这是下面将要讨论的问题。

　　已故的马长寿先生在《突厥人和突厥汗国》一书①及《突厥人和突厥汗国的社会变革》一文②中认为，西突厥虽然也俘掠奴隶，虽然也存在奴隶制的残余形态，但西突厥社会在六世纪后叶并不曾经过奴隶制阶段，便从原始公社直接飞跃到封建主义社会去了。马先生说，因为西突厥所统治的西域城郭国家，他们的经济文化水平超过了西突厥的水平，并且早已进入了封建社会，故西突厥原先（在六世纪后叶）所采取的，例如对待龟兹国（龟兹音丘慈）那样的，用野蛮屠杀，使其国"少长俱戮，略无噍类"的办法，已经行不通。及至619年（隋末皇泰二年）统叶护可汗即位后，乃采取另一种办法对待西域各国，即"西域诸国王悉授颉利发，并遗吐屯一人监统之，督其征赋"。马先生接着说，这种不改变城郭国家原来的组织，只革去各国独立的王号，改称"颉利发"，臣属于西突厥可汗之下，同时由西突厥派遣一武官"吐屯"前往监督和征收他们的赋税的办法，就是封建主义的办法。

　　但是我认为这种办法不是西突厥首创的，也不是只有封建主义社会才能采用的办法。早在公元前92年（汉武帝征和元年），匈奴西边的日逐王，就曾置僮仆都尉，管领西域，常川驻节焉耆、危须、尉犁之间，监督和征收诸城郭国家的赋税③。当时匈奴对待西域的这种办法，和西突厥派吐屯去监督的办法，性质是一样的。马先生在他所著《论匈奴部落国家的奴隶制》一文④中，曾认定匈奴是一个奴隶制的国家，所采取的统治西域的办法也是奴隶制的办法，为何西突厥派遣吐屯督征西域赋税却成了封建主义的办法了呢？还有，既然西突厥从七世纪初期（统叶护可汗619年即位后）即已进入封建社会，那么应该陆续放免奴隶，最低限度也该停止俘

---

① 上海人民出版社1957年版。
② 《历史研究》1958年第3—4期连载。
③ 参阅《汉书》卷九六《西域传》序。
④ 载《历史研究》1954年第5期。

掠奴隶，为何七世纪三十年代至四十年代乙毗咄陆可汗仍在俘掠大批的奴隶①，甚至直到八世纪中期（即距619年已一百三十多年），西突厥在中亚还在大量俘掠奴隶②？至于马先生在仅仅举出了上述一个事例之后所得出的"就在保留西域和中亚各国原有封建主义的基础上，引导西突厥也走上了封建主义的道路"的结论，文中并没有进一步说明西突厥如何走上封建主义的道路及西突厥社会的封建主义有哪些具体的表现形态。

此外，马先生说因找不到西突厥对西域各国的征税手续和征税税率的史料，故举下列二事作为证明。一是《新唐书》卷二二一《西域传》上高昌国条载："初，文泰（高昌王麹文泰）以金厚饷西突厥欲谷设，约有急，为表里。"马先生认为这可以理解为高昌王对西突厥所纳的封建性的货币税赋。二是《大唐大慈恩寺三藏法师传》载高昌王麹文泰派人护送唐僧玄奘至西突厥统叶护可汗汗庭，并致书请可汗帮助玄奘西行求法，因赠可汗绫绢五百匹、果味二车。马先生认为这可作为附属国对于西突厥汗国的关系是封建关系的例证。我以为这两个例证不甚恰当。因为第一，通阅《新唐书·西域传》高昌国条全文及参以《旧唐书》卷六九《侯君集传》，当时高昌王麹文泰因叛唐与西突厥勾结，唐朝派侯君集领大军征讨，文泰惧，遂以大批金银厚赠西突厥的欲谷设（"设"——Šad是西突厥领兵之官）以期在紧急关头（所谓"约有急"），请他在军事上予以支助，以便里应外合（所谓"为表里"），抵抗唐军。似不能理解为高昌国向西突厥汗国定期缴纳封建性的货币税赋。《侯君集传》记载得很明确，《传》曰："初，文泰与西突厥欲谷设约，有兵至，共为表里。及闻君集至，欲谷设惧而西走千余里。"第二，至

---

① 参阅新、旧《唐书·突厥传》下，史实在上文已引述。
② 唐天宝十年（751年）远征中亚的杜环，他在《经行纪》一书中提到当时怛逻斯流域（在今中亚哈萨克斯坦）西突厥与异族互相俘掠为奴隶的情景，说："川中有异姓部落，有异姓突厥，各有兵马数万，城堡间杂，日寻干戈，凡是农人，皆擐甲胄，专相房掠，以为奴隶。"

于麴文泰送给统叶护可汗的绫绢、果味，更纯属私人赠礼的性质，只需把《大唐大慈恩寺三藏法师传》卷一卷二有关部分略读一遍，即可了然。因为统叶护可汗之子咀度设为高昌王麴文泰的妹婿，彼此原为亲戚，高昌王对可汗既有所求，故馈赠之以礼物，更不能把这种关系理解为附属国对汗国的封建关系。

综上所述，可见西突厥是个封建社会的说法，难于成立。史实表明，西突厥与东突厥一样，自始至终是个奴隶制的社会，并没有进入封建制①。

乌桓社会没有经过奴隶制。这不是如国内外主张"飞跃论"的学者所说北方游牧民族不可能经过奴隶制，而是乌桓的社会比较落后，他在由原始社会末期转向阶级社会的过程中，还来不及形成奴隶制，便在东汉末被曹操征服，精壮的骑兵也被收编，调往中原各地打仗去了。但乌桓社会没有经过奴隶制，并不等于没有奴隶。在先，邑落之内是没有奴隶的，这从《后汉书·乌桓传》"大人以下，各自畜牧营产，不相徭役"的记载可以证实。所谓"大人以下不相徭役"，既可说明邑落成员之间和邑落小帅对邑落成员并不存在役使和剥削，也可说明小帅和邑落成员（自由牧民）没有役使奴隶的事实。大人（首领）有没有奴隶？在先也是没有的，直至东汉初，史书才记载乌桓大人有奴隶。如同上《乌桓传》载：光武帝建武二十五年（公元49年），"辽西乌桓大人郝旦等九百二十二人率众向北，诣阙（至都城洛阳）朝贡，献奴婢、牛马及弓、虎豹貂皮。"

---

① 林幹按：已故的马长寿先生，是新中国成立后较早运用马克思主义从事研究中国古代北方民族史的先进学者，也是我所敬仰的良师益友。在他生前，我经常向他请教，获益甚多；而有时我的一得之见，也受到他的重视。此节和其他有些章节之所以详述他的看法及我与他不同的论点，为的是把我在他生前和他多次讨论过的问题记录于此，作为我对他的怀念。

　　乌桓的奴隶从何而来？最早在何时出现？根据史书的记载，大约在西汉时，乌桓人已认识到奴隶的意义和价值。这是从他们自身的遭遇和体验中认识的。因为"乌桓自为冒顿（单于）所破，众遂孤弱，常臣服〔于〕匈奴，岁输牛马羊皮，过时不具，辄没其妻子"①。乌桓人先被匈奴攻破，并沦为匈奴奴隶制国家的种族奴隶，后因不能按时缴纳贡税，妻子又常被没收为匈奴奴隶主的家族奴隶。及至始建国二年（公元10年），由于王莽的倒行逆施，迫令乌桓骑兵屯驻代郡（今河北蔚县一带），欲击匈奴，且扣留他们的妻子作人质。乌桓骑兵不服水土，遂纷纷逃亡，"还为抄盗"（即抄掠人口和盗劫财物）②。王莽杀死他们的人质，他们遂怨恨王莽。匈奴乘机拉拢乌桓人，"因诱其豪帅以为吏，余者皆羁縻属之"③。不久中原农民大起义，其中赤眉军尤来部，于更始三年（公元25年）夏四月，在今河北省北部战败，退入辽西、辽东时，被乌桓和貊人截击，全部人马均被抄掠而去④。可见这时乌桓人已开始俘掠人口了。

　　东汉初，"乌桓与匈奴连兵为寇，代郡以东尤被其害。居止近塞，朝发穹庐，暮至城郭，五郡民庶，家受其辜，至于郡县损坏，百姓流亡"⑤。建武十二年（公元36年），地方割据势力卢芳（控地在今内蒙古河套一带）又"与匈奴、乌桓连兵，寇盗尤数，缘边愁苦"⑥。建武十七年，"匈奴、鲜卑及赤山（今内蒙古赤峰市）乌桓连和强盛，数入塞杀略吏人（略即虏略、俘掠）。朝廷以为忧"⑦。在这一连串的入侵中，特别是与惯于俘掠人口为奴隶的匈奴奴隶主的入侵中，乌桓的豪帅及其所率领的骑兵，自然更是到处大量俘掠人口，并把掠得的人口变为奴隶，所以才会造成"百姓流亡"、"缘边愁苦"的惨状。故不久（建武

①②③⑤　《后汉书·乌桓传》。
④　参阅《后汉书》卷十九《耿弇传》。
⑥　《后汉书》卷二十《王霸传》。
⑦　《后汉书》卷二十《祭肜传》。肜，别本或作肜，音融。

二十五年）乌桓大人向光武帝朝贡时的贡物中有奴婢，就不足为奇了。从1956年辽宁西丰县西岔沟东胡墓葬①出土的属于汉代的数以万计的乌桓文物中，有两块铜饰牌特别值得注意。这两块铜饰牌上面都铸有"一个战士骑马执剑，一手抓住披发的俘虏，同时一犬扑在俘虏身上猛咬"的场面。这正是战士对待被俘的奴隶的写照。因而这两块铜饰牌可以作为乌桓人在汉代已拥有奴隶并把俘虏变为奴隶的物证。

---

① 参阅孙守道《"匈奴·西岔沟文化"古墓群的发现》，载《文物》1960年第8—9合期。按：此文虽以"匈奴文化"命名，但出土的全属东胡（乌桓）遗物，论证已详上文。

第五章
三大族系各族的上层建筑
——政治体制是三分制，不是"四分治理"

由于游牧民族的政权都是建筑在流动、分散的游牧经济的基础之上，故他们的上层建筑——政治体制比较简单和松懈，而其组织结构一般是三分制的形式，即除了最高统治者的统领中心外，划分左右二部以管辖各个地区。

一、匈奴政权的组织机构及其特点

匈奴在兴起之后，在冒顿单于统领时期（公元前 209—前 174 年）最为强盛，先后征服了许多邻族，控地东尽今辽河，西至葱岭，北抵贝加尔湖，南达长城。随着征服地区的扩展，大批的奴隶和贡纳源源流入，私人的财富也迅速地增殖起来。为了保护这些财源、镇压奴隶及被征服部族或部落的起义和反抗，于是在我国北方，先以漠南、后以漠北为中心，建立起一个庞大的奴隶制国家——单于国。

匈奴国家政权的机构分三部分：

一是单于庭（首脑部），他直辖的地区在匈奴中部，其南对着汉地的代郡（今河北蔚县一带）和云中郡（今内蒙古托克托县一带）。

　　二是左贤王庭（东部），他管辖的地区在匈奴东部，其南对着汉地的上谷郡（今河北省怀来县一带），东面接连涉貊（音会莫）。

　　三是右贤王庭（西部），他管辖的地区在匈奴西部，其南对着汉地的上郡（今陕西榆林市一带），西面接连月氏（音支）和氐、羌[①]。单于（音蝉余）是匈奴族的最高首领，也是政府的最高首脑，匈奴人称他为"撑犁孤涂单于"（撑音称）。匈奴人称"天"为撑犁，称"子"为孤涂，故"撑犁孤涂单于"一词，即"像天子那样广大的首领"[②] 之义。这种称号反映了单于已由一般的首领的意义变为具有至高无上的意义。单于总揽军政及对外一切大权，由左右骨都侯辅政，骨都侯由氏族贵族呼衍氏、兰氏和须卜氏担任。呼衍氏居左位，兰氏、须卜氏居右位，主断狱讼，用口头报告单于，没有文簿、记录之类[③]。

　　左右贤王是地方的最高长官。匈奴人尚左，单于以下即以左贤王为最尊贵，因而权力和地位也较右贤王为高。左贤王是单于的"储副"（即单于的候补人选），故常以太子为左贤王。左右贤王以下则是左右谷蠡王（谷蠡音鹿黎）。左右谷蠡王亦各自建庭于其驻牧之地。在匈奴政府的官职中，以左右贤王、左右谷蠡王为最大，再下则是左右大将、左右大都尉、左右大当户等高官。

　　由于"战争以及进行战争的组织已成为民族生活的正常职能"[④]，所以匈奴贵族的奴隶主政权，在实质上是一个游牧的军事政权。这个政权本来在很大成分上是在掠夺和压迫邻族人民的过程中建立起来的，而建立的目的之一，也是为了进一步扩大对邻族人民的掠夺和压迫。因此，其特点是军政不分（军事与政治不分），文武不分（文官与武官不

---

① 参阅《史记·匈奴列传》。
② 参阅《汉书·匈奴传》上。
③ 参阅《后汉书·南匈奴传》。
④ 恩格斯《家庭、私有制和国家的起源》，见《马克思恩格斯选集》中译本第四卷，人民出版社 1972 年版，第 160 页。

分),兵民不分(即战时为兵,平时为民)。即一方面,所有及龄壮丁都被编为骑兵①,另一方面,则所有各级官吏都是大大小小的军事首长。除了单于自己统领军队、亲临战阵之外,自左右贤王以下,直至大当户,也都分别统军、指挥作战②,大者统领万骑,小者统领数千。这些统领万骑的军事首长共有二十四个,他们被称为"万骑"(万骑长)。那二十四个万骑长亦各自置千长(千骑长)、百长(百骑长)、什长(十骑长)等中下级带兵官,他们各以部众多少为区别权力大小的标准③。

单于庭和左右贤王庭"各有分地"(即各有被划定的游牧地区,分音份),各自在自己的辖区内组织军队,实行统治。所有及龄壮丁既已编为骑兵,氏族首长则被任命为什长、百长或千长,显贵氏族或家族则垄断和世袭了万骑长或王、侯等高官要职,通过这样的组织关系(统治关系),迫使那些"甲骑"(骑兵)随同他们去进行无休止的掠夺战争。

二、 突厥政权的组织和官制

在突厥政权的组织中,可汗是统治阶级的首脑,同时也是突厥部族的最高首领。《周书》卷五十《突厥传》说:"可汗,犹古(匈奴)之单于也。"可汗常常分封其子弟或近亲为小可汗④,故可汗亦称大可汗。例如《旧唐书·突厥传》下载:

> 莫贺咄侯屈利侯毗可汗先分统突厥种类,为小可汗,及此
>
> 自称大可汗,国人不附……国人乃奉肆叶护为大可汗。

---

① 《史记·匈奴列传》说:"士力能弯弓,尽为甲骑。"
② 匈奴的上述特点,在北方各游牧民族中都大同小异。
③ 参阅《史记·匈奴列传》及《后汉书·南匈奴传》。
④ 小可汗之号,除见于汉文突厥传记外,亦见于突厥文《暾欲谷碑》。

同上《传》又载：

> 阿悉吉阙俟斤与统吐屯等召国人，将立欲谷设为大可汗，
> 以咥利失为小可汗。

此外，如《隋书》卷八四《突厥传》所载，摄图立为伊利可汗（即沙钵略），建汗庭于于都斤山，其兄弟"庵罗降居独洛水，称第二可汗"。第二可汗也就是小可汗。

可汗的子弟称"特勤"，而别部领兵的将领称"设"。后突厥汗国的创建者阿史那骨咄禄，其子阙（名阙）即为特勤（《阙特勤碑》即为其兄毗伽可汗于他死后为纪念他而立）。《北史》卷九九《突厥传》载伊利可汗（沙钵略）之从弟名地勤察，"地勤"即特勤之异译。又《阙特勤碑》和《毗伽可汗碑》俱载该二碑碑文的作者为可汗之外甥（或译作侄）也里（yolÿy）特勤。是则可汗之外甥（或侄子）亦得称特勤。此外，唐僧慧立撰的《大唐大慈恩寺三藏法师传》[①] 卷二载：

> 至活国，即〔统〕叶护可汗长子呾度设所居之地……设既死，高昌公主男〔年龄幼小〕，遂被前〔妻之〕儿特勤篡立为设。"

设之儿子亦得称特勤，是又特勤不仅为可汗的子弟的称号，而可汗之孙亦得称此号了。

突厥政权和匈奴政权一样，由于建筑在流动和分散的游牧经济基础之上，故组织也是比较简单和松懈的。因辖境辽阔，故将统治地区划分为三个部分，除可汗汗庭是政权的首脑部，是政治中心外，还将其他地

---

① 1932 年日本影印高丽国大藏都监刻本。

区划分为东西二部，每部置一"设"（Sad，典兵武官）领兵驻扎，以进行统治。东部"设"的牙帐①在幽州（今北京市）之北，西部"设"的牙帐在五原（今内蒙古五原县）之北②。东西二部之间，今鄂尔浑河一带，即可汗的汗庭所在（通常设在于都斤山）。可汗有自己直属的部众，并亲临战阵，"设"所领的部众归可汗管辖。例如颉利未立为可汗之前，"始为莫贺咄设，牙〔帐〕直（对着）五原北"，及立为可汗，"用其次弟……步利设主霫部（在东方）③。但可汗也常常委派小可汗以分管东西二部，如佗钵可汗时以科罗之子摄图为尔伏可汗（小可汗）统其东面，另以其弟褥但可汗之子为步离可汗（小可汗）居西方④。又史载：

> 突利可汗什钵苾者，始毕（可汗）之嫡子、颉利（可汗）之侄也……突利年数岁，始毕遣领其东牙之兵，号为泥步设……颉利嗣位，以为突利可汗，牙直幽州之北，管奚、霫等数十部，征税无度，诸部多怨之⑤。

可见管辖东部之可汗通常均冠以"突利"之号（如突利可汗），但也有冠以别的称号（如尔伏可汗）者。而管辖东部之"设"也不一定称突利设（有称步利设或泥步设的）。而突利可汗和突利设也不一定管辖东部，如染干为突利可汗时则管北方⑥，后突厥的默啜为突利设时则驻守南牙⑥。故

---

① 按：古者行军有牙旗，置营则立旗以为军门。南朝《昭明文选》张衡《东京赋》注："古者天子出，建大牙旗，竿上以象牙饰之，故云牙旗。"唐人封演《封氏闻见录》卷五载："军门大旗谓之牙旗，军中听号令，必至牙旗之下。"故可汗汗庭称牙帐，建立汗庭通称"建牙"。由此引申，"设"的统治中心亦称"牙帐"。
② 参阅《旧唐书·突厥传》。
③ 《新唐书·突厥传》上。
④⑥ 参阅《隋书·突厥传》。
⑤ 《通典》卷一九七《突厥》上。
⑥ 参阅《新唐书·突厥传》上。

有些论著如《蒙古之突厥碑文导言》① 说："杀（设）有二，一居帝国东部曰 Tolis（突利），一居西部曰达头。"又有些论著如《突厥人和突厥汗国》② 及《中国古代北方各族简史》③ 说："突厥汗国分为东西二区，东面称为突利区，西面称为达头区，各置一设以统之，故突厥史中时有突利设与达头设之名"。除"突利设"和"达头设"之名常见是事实外，其他说法均不甚确切。

管辖西部之官通常称为叶护。如西突厥始祖室点密之父原为大叶护④，而室点密本人"在本蕃（亦）为莫贺咄叶护"⑤。其后西突厥的可汗也常带有"叶护"之号，如射匮可汗之子原为统叶护，射匮死后，统叶护继位，是为统叶护可汗。统叶护被杀死，其子继任为肆叶护可汗。此外还有沙钵罗叶护可汗（咥利失弟子薄布特勤）。阿史那贺鲁曾被任为叶护，阿史那步真亦曾自立为咄陆叶护。但也并非绝对如此，东部也有称叶护的，例如突厥分裂为东西二部（583 年）之后，587 年东突厥沙钵略可汗死，其弟处罗侯继位为可汗即称叶护可汗，而以沙钵略之子雍虞闾为叶护。不久叶护可汗中流矢死去，雍虞闾叶护则继位为可汗（都蓝可汗）⑥。可见突厥的官号，在东西二部并没有固定的专称，不过从上举数例中可以看出，东部官号常用"突利"，西部官号常用"叶护"，这也许是一种习惯（不是制度）。同时也可以看出叶护的地位通常

① 丹麦学者 V. 汤姆森著，韩儒林译。译文原载 1937 年《禹贡》第七卷第 1、2、3 合期，后收入林幹编《突厥与回纥历史论文选集》，中华书局 1987 年版，上册第 465 页以下。

② 马长寿：《突厥人和突厥汗国》，上海人民出版社 1957 年版，第 23 页。

③ 内蒙古语文历史研究所、内蒙古大学蒙古史研究室合编：《中国古代北方各族简史》，内蒙古人民出版社 1979 年版，第 126 页。

④ 参阅《新唐书·突厥传》下。

⑤ 《旧唐书·突厥传》下仅云"室点密在本蕃为莫贺咄"。但据法人沙畹考订，莫贺咄即为叶护，见《西突厥史料》冯承钧译本（1958 年中华书局出版）第 43 及 193 页。沙氏云："室点密……在本蕃为莫贺咄叶护。……准是观之，当土门、室点密之时，突厥已分为二支，即长支与幼支是已。幼支保有叶护之号，是为次于可汗之官号。其下有十部落，所以西突厥或名十姓突厥，或名叶护突厥。"

⑥ 参阅《隋书·突厥传》。

有继承可汗位置的权利，大致类似匈奴的左贤王居于单于的"储副"（即单于的候补人选）的地位相当。

据汉文资料记载，达头为室点密之子，名玷厥，室点密死后继位为西突厥可汗，号达头可汗①。故"达头"乃可汗之号，且史书仅一见，他失败后再没有出现第二个可汗称为"达头"的。至于"达头设"，在突厥文《暾欲谷碑》出现过，但为指后突厥汗国的创建者骨咄禄因得到谍报，说突骑施及"十箭之众（指西突厥）倾巢来犯"，乃命"Inäl 可汗及达头设总领军队前往"抵御，并没有说此达头设即为管辖西部之设。反之，《阙特勤碑》及《毗伽可汗碑》载毗伽可汗宣谕各方时却说：

朕诸亲族及民众，右厢之诸失毕匐（失毕为部名，匐即伯克，也就是牧主贵族），左厢之诸达干及梅禄匐……

根本没有说"左厢（东面）突利设"或"右厢（西面）达头设"。可见突厥东面并没有一个"突利区"，西面也没有一个"达头区"，而达头设也不是西部官号的专称（上文提到颉利可汗任西部设时就不是号达头设而是号莫贺咄设）。《毗伽可汗碑》虽提到其父骨咄禄"既集得七百人后……彼于是整顿突利失人及达头人，为之立一叶护及一设"，又提到"朕十四岁时，授为管理达头民众之设"。这是因为其时西突厥政权早已覆亡（亡于 657 年），而骨咄禄（682—691 年在位）正在进行复辟后突厥政权的活动，故需要"整顿已失其国及其可汗之民众"，因此对于达头可汗(576—603 年在位)曾经统治过的西突厥的人民（还有东突厥的人民），要为他们立一叶护及一设，以便进行整顿和管理。及骨咄禄死，弟默啜可汗（毗伽可汗之叔）"继掌国政，即位之后……因重新组织突厥民众，令其自立"②，故

① 参阅新、旧《唐书·突厥传》下。
② 以上引句俱见《毗伽可汗碑》。

当毗伽十四岁时，即授以"管理达头民众之设"的官位。这丝毫没有表明西部名为"达头区"或把这个"设"作为"达头设"专称的意思。

"设"（Šad）或译作"察"，或译作"杀"。"设"是地方长官，权力颇大，可以专制一方，而且从什钵苾先为泥步设，后为突利可汗时"征税无度"观之，"设"还有权在他的辖区内任意征税（小可汗有权征税自不待说）。故"设"通常建有牙帐，例如《新唐书·突厥传》上载，骨咄禄建汗庭于于都斤山，派遣其弟默啜为突利设，驻守其南牙黑沙城。骨咄禄之子默矩（即默棘连），族人称他为"小杀"。同《传》又载，默啜即位为可汗之后，因扩地日广，乃依照旧例，除可汗汗庭居中之外，仍把统治地区划分为左厢（东部）与右厢（西部）两部分，各派一人为左厢察和右厢察，使各领兵二万，分别镇守本厢，进行统治。此外，默啜又立其子匐俱为小可汗，地位在两察之上。可见察（设）的权力虽大，但地位仍在小可汗之下。

从上述两厢的划分，又再次可以看出，左、右厢必各立一察（设），但所谓左厢察与右厢察，乃左厢之察与右厢之察的意思，并非其官号曰"左厢察"和"右厢察"。而左厢之察又非必称突利察（设），右厢之察非必称达头察（设）。这和匈奴的官制规定左贤王与右贤王均为专称，而左贤王固定必管左部（东部），右贤王必管右部（西部）略有不同[1]。

关于突厥把统治地区划分为东西二部之制，薛延陀亦有之。《新唐书·回纥传》下附《薛延陀传》及《资治通鉴》卷一九八唐贞观十九年秋九月条载：

> 初，（薛延陀）真珠（可汗）请以其庶长子曳莽为突利失可汗，居东方；嫡子拔灼为肆叶护可汗，居西方，统薛延陀。诏许之，皆以礼册命。

---

[1] 参阅《史记·匈奴列传》。

薛延陀属铁勒族，而突厥亦为铁勒族的一支。故薛延陀东部并没有置"突利设"（而是置突利失可汗），西部没有置"达头设"（而是置肆叶护可汗），这可以作为探讨突厥东、西"设"问题的参考。

突厥分裂为东西二部之后，西突厥所包含的十个部落，也是划分为两大部分的，一部分称五咄陆，一部分称五弩失毕，总号"十姓部落"。统领五咄陆的官号称"啜"（音黜），统领五弩失毕的官号称"俟斤"。

突厥政权组织中的大官，除上面提到的特勤、叶护、设、啜、俟斤外，还有吐屯、阿波、颉利发（俟利发）、达干、阎洪达等，凡十等，其后发展为二十八等，官位皆世袭，没有固定的员额。①

上述各官之中，吐屯一职，大抵专主驻节被征服的外族或外国，以监领该族或该国者。如史载：

契丹，"突厥沙钵略可汗遣吐屯潘咥统之"②。

室韦，"突厥常以三吐屯总领之"③。

西突厥统叶护"霸有西域"之后，对"其西域诸国王悉授颉利发，并遗吐屯一人监统之，督其征赋"④。

三、檀石槐鲜卑部落军事大联盟及蒙古汗国的三分制

东汉后期（桓帝时，二世纪中叶），鲜卑出现了一个著名的首领名檀石槐（156—181 年在位）。史载他十四五岁时便"勇健而有智略"，被"部落畏服"。后来长大，在部落中实施法禁，平理曲直，因执法严峻，断

---

① 参阅《新唐书·突厥传》上。
②③ 《隋书》卷八四《契丹室韦传》。
④ 《旧唐书·突厥传》下。

事公平，部众无敢犯禁，遂被推为大人（部落首领）。在他担任大人期间，他在高柳（今山西阳高县）北三百余里的弹汗山（在今河北张家口地区尚义县南）建立庭帐（统治中心），兵马甚盛，东西各部都归服于他。他"南抄缘边，北拒丁零，东却夫扶，西击乌孙，尽据"匈奴故地"（即大漠南北）。于是以他为首，建立起一个鲜卑部落军事大联盟。这个联盟控地辽阔，"东西万四千余里，南北七千余里"。檀石槐把他控制的地区划分为三部：自右北平（郡治在今土垠，今河北唐山市丰润区东面）以东至辽东（郡治在襄平，今辽宁辽阳市），接夫扶、沙貊（音会莫）二族为东部；自右北平以西至上谷（郡治在沮阳，今河北怀来县东南）为中部；自上谷以西至敦煌（郡治在敦煌，今甘肃敦煌市西），接乌孙（游牧于今伊犁河上游）为西部。每部各置大人统领，而总属于檀石槐①。

以后檀石槐不断入侵边郡，杀略吏民，劫夺财产，其中以延熹六年（163年）入侵缘边九郡②，情况最为严重。但檀石槐总领时期的鲜卑，虽在军事方面稍占优势，可是社会生产力却不高，畜牧业、狩猎业和稀少的农业均不甚发达，因而往往不能维持日益增长的本族人口的日常生活，这时就只得依靠捕鱼作为补充。史载鲜卑"种众日多，田、畜、射猎不足给食"，檀石槐便把从"倭人国"俘虏来的"倭人"千余家徙至乌侯秦水上，"令捕鱼以助粮食"③。经济基础既如此薄弱，且因游牧经济的分散性造成的联盟各部之间缺乏经济上的紧密联系和反映在政治上的组织松懈，联盟自然难于维持长久，故檀石槐一死（死于灵帝光和四年，181年），联盟不久就瓦解了。

蒙古，早在成吉思汗统一草原各部之前，就曾把他所统帅的全部军队划分为"左手万户"、"右手万户"和"中军万户"三个部分。这种三分制

---

① 参阅《后汉书·鲜卑传》及《三国志·魏志·鲜卑传》裴注引王沈《魏书》。
② 参阅《后汉书》卷六五《张奂传》。
③ 参阅《后汉书·鲜卑传》。

在初虽是一种军事编制，但在蒙古汗国建立之后，即演变为统治地区的行政区划。因为"万户"及其属下的"千户"都是管理民政、统治人民的，故"万户"实际上就是政治统治范围的划分。《蒙古秘史》第 202 节载："成吉思（汗于）虎儿年（1206 年），（在）斡难河（今鄂嫩河）源头，建九脚白旄纛做皇帝，封功臣木华黎为国王……复授同开国有功者九十五人为千户。"在九十五个"千户"之上，还有三个"万户"。除以蒙古汗庭为中心，由成吉思汗直接统领外，下分东、西、中三个"万户"。《蒙古秘史》第 206 节载，成吉思汗对木华黎说："如今教你做国王，座次在众人之上。东边至合剌温山（今大兴安岭），你就做左手万户，直至你子孙相传管者。"第 205 节又载，成吉思汗对孛斡儿出说："……如今你的座次，坐在众人之上……这西边直至金山（今阿尔泰山），你做万户管者。"第 220 节又载，成吉思汗对纳牙说："如今孛斡儿出做了右手万户，木华黎国王做了左手万户，你做中军万户者。"这些"万户"都是专制一方的地方最高行政长官；"万户"属下的"千户"更是直接治理（统治）人民，自不用说。例如成吉思汗在征服了"林木中百姓"之后，对豁儿赤说："……再将三千巴阿里种，又添塔该、阿失黑二人管的阿答儿乞种等百姓，凑成一万，你做万户管者。顺（着）额儿的失河（今额儿的石河）水林木内百姓地面，从你自在下营，就镇守者。凡那里百姓事务，皆禀命于你，违了的就处治者。"第 208 节又载，成吉思汗对主儿扯歹说："有四千兀鲁兀种的百姓，你管者。"

至于十五世纪中叶（1480 年，明成化十六年）达延汗即位后，控制了蒙古各部，分封诸子去统领各部，并在整顿各个小领地的基础之上，重新划分了六个"万户"①。以左翼三万户为察哈尔万户（在今内

---

① "万户"是蒙古语"土绵"一词的汉译。土绵原指提供一万名军士的兵民合一的组织。到了明代，土绵所拥有的军士已不限于一万之数，有的土绵拥有数万军士，有的土绵则只有军士几千名。因此，土绵成了与其拥有军士人数无关的大领地的名称，常与"兀鲁思"（封建领地）互相代用。

蒙古锡盟北部)、兀良哈万户(在今蒙古国境内)、喀尔喀万户(在今内蒙古呼伦贝尔市贝尔湖东南哈拉哈流域);以右翼三万户为鄂尔多斯万户(在今鄂尔多斯市一带)、土默特万户(在今呼和浩特市以西一带)、永谢布万户(在今内蒙古锡盟南部及河北张家口市以北地区)。达延汗的汗庭设在察哈尔万户境内,统治左翼三万户,派他的第三子巴尔斯博罗特济农(副汗)驻在鄂尔多斯境内,统治右翼三万户①。这从表面上看,好像是采取"二分制",其实这种"二分制"实际上(或实质上)也是三分制。因为达延汗本人及其后代的大汗不仅亲自统领一大部分军队,掌握了极大的权力,自成一个统治中心(而且是最高的统治中心),加上左、右两翼,也就是三分制。只是因为当时蒙古各地局势混乱,有许多领主不听从他的指挥,据地自雄,故他把自己的汗庭(统治中心)暂时设在左翼察哈尔万户境内(而不是取消汗庭这个统治中心),目的是为了便于控制和应付当时的局势,巩固和加强自己的权力,并非改三分制为二分制。

综上所述,可见匈奴、突厥、东胡三大族系各族的政权组织,由于都是建筑在分散、流动的游牧经济基础之上,故一般都是采用三分制。因为没有紧密联系的经济作基础,故不可能出现巩固的上层建筑,更不可能形成类似中原封建王朝那样的中央集权制。因而不论是国家形式的政权或是部落军事大联盟形式的政权,都是比较脆弱和松懈的。当最高首领力足以控制全局时,政权便较为稳定;一旦最高首领死亡或力不足以控制全局时,政权便容易趋于瓦解。这可说是游牧民族社会发展上的特点和规律之一。

---

① 参阅《俺答汗传》(蒙文),民族出版社1984年影印本;《蒙古源流》卷六,中华书局1982年重印签证本。

四、对捏造匈奴"四分治理"论的批判

这里有必要辨正一个问题，那就是北方游牧民族所建立的政权组织，一般的都是采取三分制以管辖他统治的地区。这是有史实依据和有史料可考的。可是有人为了政治上的需要，竟不顾历史事实，硬把匈奴政权组织的三分制胡说成四分制，即除了单于庭和左、右贤王庭外，还有另一个部分——西边日逐王庭以治理西域。1986—1989 年用维吾尔文出版的《匈奴简史》的作者说：

> 巴图尔单于（指冒顿单于）对匈奴天朝的领土实行四分治理①。即冒顿单于把匈奴统治地区划分为四个部分进行统治，除单于自己统治中央部分及左右贤王分别统治东西两部分外，还有一个日逐王被冒顿单于任命为统治最西部地区的最高长官。这个最西部地区，东自塔里木盆地的中南部起，西至里海。他的王帐位于今库尔勒附近。②

考日逐王这个官号，据《汉书·匈奴传》和《西域传》记载，是公元前 92 年（汉武帝征和元年）才出现的。冒顿单于（前 209—前 174 年在位）时还没有这个官号。且西边日逐王并没有驻在西域（塔里木盆地），仅仅是设置了一个僮仆都尉驻在今新疆焉耆县和尉犁县一带，以征收（勒索）西域各族人民的赋税。所以《匈奴简史》作者说日逐王的王帐设在今新疆库尔勒也是错的，说日逐王统辖的地区直至里海更是大错特错。史料证明，把统治地区划分为三个部分是北方游牧民族的通

---

① 《匈奴简史》新疆内部汉译本第 185 页。
② 《匈奴简史》新疆内部汉译本第 186 页。

例，而"三分治理"这种制度正是由冒顿单于始创的。此后鲜卑、突厥、回纥、蒙古都是如此，这在上文已经详述。史书中从未出现过什么"四分治理"的制度和记载。

此外，《匈奴简史》第184—185页还说：

除"天子"之外，巴图尔单于还建立了二十四种分级的官制，任命了治理国家的汗、伯克等。例如：

1. 左毗伽汗　　　　　　2. 右毗伽汗

3. 叶护（总宰相）　　　4. 左库提胡

5. 右库提胡　　　　　　6. 左谷蠡王

7. 右谷蠡王　　　　　　8. 左大将军

9. 右大将军　　　　　　10. 左大吐吐克伯克

11. 右大吐吐克伯克　　　12. 左大司库伯克

13. 右大司库伯克　　　　14. 巴提斯汗

15. 万户长　　　　　　　16. 千户长

17. 百户长　　　　　　　18. 十户长……

把上述这段文字与《史记·匈奴列传》、《汉书·匈奴传》和《后汉书·南匈奴传》关于匈奴（特别是冒顿单于）建立的政权组织及其官号、职能两相对比，除谷蠡王和万户、千户、百户、十户长外，其余全属作者捏造。这样撰写历史，除了造成混乱，还能给读者提供什么呢？

《匈奴简史》的作者之所以捏造和篡改历史，从他所写的"三本书"（即《匈奴简史》、《维吾尔人》、《维吾尔古代文学》，简称"三本书"）的全部内容来看，他是认为匈奴人是维吾尔人的祖先，认为今天维吾尔人居住的塔里木盆地及其周围（指新疆地区），早在公元前1764年就是

维吾尔人的祖先——匈奴人的领土，而匈奴则是一向独立于中国之外
的。继匈奴而起的突厥也是匈奴的后裔①，突厥人所建立的突厥汗国也
是独立的，而塔里木盆地更是西突厥的天下。故今天维吾尔人居住的塔
里木盆地及其周围也应该继续保持独立的地位。这是"长城以北非中国
论"的变种"新疆地区一贯独立论"的反动理论。而作者正是为了鼓吹
"新疆地区一贯独立论"才撰写和出版这"三本书"的。因此他的民族
分裂主义言论受到包括维吾尔在内的新疆各族人民的反对和批判，是理
所当然的②。

《匈奴简史》作者为了诱惑维吾尔人相信匈奴人是他们的祖先，故
把两汉时期匈奴奴隶主贵族占领和统治西域时期所施行的暴政尽量美
化，妄图把匈奴奴隶主贵族打扮成为西域各族的"保护人"。《简史》第
71—72 页说：

> 这条国际道路枢纽是塔里木盆地，它是古时连接欧亚的金
> 桥……匈奴人就是这条国际交通道路的主人。他们在这条路的
> 沿途上建立了许多客店、旅社，供过往旅人居住，沿途保护他
> 们，为之跋山涉水提供保证。匈奴人也因此而获利很多（控制
> 了税收和职权）。

查阅前、后《汉书》有关传记，由于两汉时期匈奴与汉朝双方都在
争夺西域，故常在西域（塔里木盆地及其周围一带）反复进行战争，在
匈奴占领西域期间，可以说匈奴统治者的确是塔里木盆地的主人。但史
书却没有记载他们占领期间在那里开设什么客店、旅社及保护过往行

---

① 该作者认为匈奴人是维吾尔人和突厥人的祖先，见《匈奴简史》新疆内部汉译本第 4
  页、8 页及《维吾尔人》新疆内部汉译本第 58 页。
② 《新疆日报》1991 年 2 月 3 日第一版对新疆各族人民批判《匈奴简史》等三本书有详细
  报道。

人。反之，却有把塔里木盆地各族人民沦为奴隶而加以奴役和剥削的记载。

《汉书》卷九六《西域传》载：

> 西域各国，"故（时）皆役属（于）匈奴。匈奴西边日逐王置僮仆都尉使领西域，常居焉耆、危须、尉犁间（今新疆焉耆县及尉犁县一带），赋税诸国，取富给焉。"

僮仆即奴隶之义，僮仆都尉即管理奴隶的总管。可见匈奴统治者征服西域（塔里木盆地）之后，即以各族人民为奴隶，设置奴隶总管（僮仆都尉）去监督和奴役他们，并征收（勒索）他们的赋税以养肥自己，因此自己也就成为剥削西域各族人民的大奴隶主。所以《资治通鉴》（卷二八汉宣帝神爵二年条）胡三省注："匈奴盖以僮仆（奴隶）视西域也。"

后来汉朝夺得西域，把匈奴奴隶主的势力驱逐出去，遂在西域设置官吏（初号"使者校尉"，后改称"都护"），行使行政权力，日逐王也归附汉朝，僮仆都尉从此罢去，"匈奴益弱，不敢近西域"。西域各族人民才得以摆脱匈奴奴隶主的残酷压迫、剥削，才得以摆脱充当奴隶的悲惨命运。

汉朝占领西域与匈奴占领西域有何不同？主要不同在于汉朝对西域各族人民从来不征收赋税，更没有勒索和压迫。因为汉朝认为："西域诸国……与汉隔绝，道里又远，得之不为益，弃之不为损，盛德在我，无取于彼①（对西域各族人民无取无求）。"只要西域各"国"一心拥戴汉朝中央政府，汉朝对各"国"国君就一律加封官爵，大量馈赠和全力支持。如果听从匈奴统治者指使，对抗朝廷，汉朝也会采取措施，排除

---

① 《汉书·西域传》赞。

反汉势力，扶植亲汉势力。这也是政治斗争和确保对西域的领导权的需要，不必避讳。匈奴统治者不是也在西域想尽一切办法，采取一切手段，去树立反汉、亲匈的势力吗？不过由于匈奴统治者对待西域各族人民过于残酷，不得人心，故最终失败。

王莽时因采取了错误的政策，"由是西域怨叛，与中国（中原）遂绝，并复（又重新）役属（于）匈奴，匈奴（对他们）敛税重刻（征收重税，十分苛刻），诸国不堪命（各族人民忍受不了）。建武中（东汉初），皆遣使求内属，愿请都护（愿归附汉朝，请求汉朝派'都护'驻在西域以保护他们）。光武（帝）以天下初定（政权尚未稳固，国力不强），未遑外事，竟不许之"①。从这里，可见西域各族人民对匈奴统治者的态度和对汉朝的态度如此不同及其原因了。

东汉明帝永平十七年（公元74年），时汉朝国力已经强盛，"乃命虎臣（大将）出征西域，故匈奴远遁，边境得安。及至永元（公元89—104年）莫不内属（西域各族人民全都归附汉朝）"②。后因发生羌族变乱，汉朝势力又达不到西域，匈奴势力复乘机进入。这次匈奴统治者对待西域各族人民更加残暴。史载"北虏（北匈奴）遂遣（使）责诸国，备其逋租，高其价值，严以期会，鄯善、车师皆怀愤怨，思乐事汉，其路无从"③。这一段话的意思是说，西域各国原先在归附汉朝期间，因为有汉朝"都护"保护，故不再向匈奴统治者交纳马畜、毡罽（音计，一种毛织品）这类的赋税（西域各国每年要向匈奴交纳马畜、毡罽，见《汉书·西域传》赞）。现在（永元之后）匈奴卷土重来，遂派遣使者到各"国"去责令他们把过去十几年中没有交纳的"逋租"（欠租）全部补交（"备"即补偿之意），而且提高税收标准（价值），限期紧迫，以致鄯善、车师等"国"对匈奴统治者十分痛恨和仇怨，很想归附汉朝，

---

① 《后汉书·西域传》。
②③ 《后汉书》卷四七《班勇传》。

但找不到附汉的门路。从这里又可见在汉、匈奴双方反复争夺西域的战争中，哪一方是正义的，哪一方是非正义的；在占领西域期间，哪一方保护了各族人民的利益，哪一方损害了各族人民的利益，善恶分明，洞若观火。

匈奴人不是突厥人和维吾尔人的祖先，我在《中国古代北方民族史新论》①一书第五章中业已论证，现在仅揭露《匈奴简史》中所说"匈奴早在公元前 1764 年就占领塔里木盆地"之说的荒唐。

《匈奴简史》第 6 页说，早在公元前 1500 年，匈奴人就有了国家。《维吾尔人》第 89 页又说："从公元前 1500 年（距今 3500 年）至五世纪末，在这 2000 年十分漫长的时间内，匈奴在中亚和欧洲历史舞台发挥过令人类的后代永远不能忘怀、非常巨大的历史作用。"而《匈奴简史》第 184 页把《史记·匈奴列传》所载匈奴人传说中的始祖"淳维说成是生活在公元前 1764 年的人。作者注明他的史料根据来自《蒙古史参考资料》汉文版（1981 年 7 月版）第 19 集第 10 页。查《蒙古史参考资料》为内蒙古大学编印，第 19 集登载有一篇苏联学者列·尼·古米列夫著的《匈奴》一书（1960 年苏联东方文献出版社出版）的汉译文（摘译）。古米列夫在《匈奴》第一章说：

> 夏朝被推翻之后，在逃亡中死去的末代夏王桀的儿子淳维，带着全家和臣民逃进北方大草原。据中国历史传说，淳维就是匈奴人的始祖。依照这一传说看来，匈奴人当是华夏移民同草原游牧部落的混合产物。

《匈奴》第二章又说：

————————————

① 内蒙古人民出版社 1993 年版。

中国史料首次提到匈奴是在公元前 1764 年（不是说淳维生活在公元前 1764 年）。

《匈奴简史》作者把吉米列夫这两段话连起来，因此得出"淳维生活在公元前 1764 年"的结论，这是很有讽刺意味的结论。因为古米列夫把匈奴人及匈奴人的始祖淳维看作是华夏（汉族的祖先）移民与草原部落混种的后裔，那么《匈奴简史》作者是否同意维吾尔人就是淳维这个杂有华夏之族的混血种的后裔呢？

其实，古米列夫的说法也是没有根据的。他在《匈奴》一书中非但没有说出任何根据，甚至连一点点出处也没有注明。《史记·匈奴列传》虽有"匈奴，其先夏后氏之苗裔也，曰淳维"的记载，但我们及国内外大多数学者从来也不认为匈奴人是华夏族的后裔。历史事实表明，公元前 1500 年（商朝祖辛在位时期）前后，大漠南北还存在着不少氏族和部落，但任何一个氏族和部落都远没有发展到具备建立国家政权的历史条件和跨进"文明的门槛"。而匈奴之登上历史舞台则在战国后期（公元前三世纪前后），这在《战国策》卷三一《燕策》、《史记》卷八一附《李牧列传》及刘向《说苑》卷一中都有明确记载。至于"匈奴"之名在文献中出现，则以西汉时司马迁所著的《史记》为最早；其他如《山海经》、《逸周书》等虽亦有"匈奴"字样，乃后人追记，不足为凭①。

关于匈奴单于国的领土，《匈奴简史》第 19—20 页说："东到太平洋岸边，北到里纳河、巴依湖（贝加尔湖）、叶尼塞河中游，南到长城，西南到身毒（音捐笃，今印度之故称）的北部，西到里海沿岸。"这也不符合历史事实。依据我国著名历史地理专家谭其骧先生的考订，匈奴

---

① 著名民族史学家冯家升先生对此亦有论述，见 1937 年 5 月《禹贡》半月刊第 7 卷第 5 期《匈奴民族及其文化》一文。

最强盛时的疆域，最西没有越过今独联体的额尔齐斯河及我国新疆的葱岭，东面也只能到今内蒙古东四盟为止①。因为匈奴主要活动在大漠南北，其东在当时则为东胡人的驻牧地，冒顿单于虽然击灭了东胡的部落联盟，但再东还有"秽貉、朝鲜"一大片土地，匈奴始终未能到达。故《史记·匈奴列传》说："左方王将居东方，直（对着）上谷（郡）以往者，东接秽貉、朝鲜。"所谓"东接"，即东面的疆域与秽貉、朝鲜接壤，没有越过之意。汉代的秽貉在今我国东北辽宁、吉林二省境内，距离太平洋还远得很。《匈奴列传》又说："右方王将居西方，直上郡以西，接月氏、氐、羌。"就是说西面与今甘肃河西走廊一带的月氏、氐、羌接壤。后来冒顿单于在致汉文帝书中说他曾派右贤王向西侵入今新疆和中亚一带，征服了"楼兰、乌孙、呼揭及其旁二十六国，皆以为匈奴，诸引弓之民并为一家"。考楼兰在今新疆东南部，乌孙在今伊犁河上游，乌揭在今额尔齐斯河流域，都在今巴尔喀什湖和伊塞克湖以东，距离里海还很远很远。至于"其傍二十六国"，书中也没有说明哪二十六国，是大国还是小国，是在上述两个湖以东还是以西，都不清楚。岂能轻断匈奴的领土就达到里海沿岸！何况冒顿单于在致汉文帝书中所说的那些夸耀武功的话是否真实，还是个谜！

---

① 参阅谭其骧主编《中国历史地图集》（地图出版社1982年版）第二册第39幅"匈奴等部"。

第六章
匈奴、突厥、东胡三大族系
的文化面貌——物质形态

中国古代北方各族的文化丰富多彩，源远流长，在物质文化和精神文化两方面都有辉煌成就。其中在物质文化方面，以漠北诺颜山匈奴墓葬、鄂尔浑河畔古突厥文碑铭和拓跋鲜卑祖庙嘎仙洞石室祝文的发现及契丹女尸的出土，尤为国内外学术界所瞩目。

一、匈奴人的墓葬

（一）诺颜山匈奴墓葬的发现

《史记·匈奴列传》载，匈奴人"其送死有棺椁、金银、衣裘，而无封树、丧服"。

近数十年来，苏联和蒙古的考古学家在漠北地区发现了约八百个和发掘了一百八十多个大大小小的匈奴墓葬。匈奴的墓葬形状不一。其属于早期的，有的是用大长方形石块垒砌起来的方形石墓，也有在外围石块中间筑起一个小院墙的方墓，其中有的墓顶突出地面，有的墓顶不突出地面。公元前三世纪以后，除方形石墓外，还出现了墓顶突出地面很高的鄂博形（即用石头堆积成土丘形状）的圆形石墓。这类圆形石墓的墓圹（墓穴）内有双重围墙。墓圹内放置木棺，木棺有的是用木板拼做而成，有的则用原木剜制。葬式大多仰身直肢，头向北，手足直伸。

规模较大的匈奴墓葬是在诺颜山的苏珠克图、珠鲁木图和郝珠鲁木图三个谷口。诺颜山在今蒙古国首都乌兰巴托市北 70 英里处。那里有属于公元前三世纪至前二世纪及前二世纪至前一世纪的匈奴大型墓葬。这些大型墓葬都有一个凸出的部分——墓道。学者们认为，这些大型墓葬是匈奴单于和匈奴贵族的墓葬，其中出土物非常丰富。大型墓葬的墓室，一般都长 6 米，宽 3 米，高 6—9 米，内有木棺，尸体仰卧，头向北，手足直伸。

诺颜山匈奴墓葬的发现及其引起各国学术界的震动虽是在 1925 年苏联考古学家 Л. K 科斯洛夫公布他在诺颜山发掘的结果，但在漠北地区的匈奴墓葬，却早在十九世纪末就已被人发现了。最早发现匈奴墓葬的是一位俄国人类学家塔利克·格林策维奇医生。他在西伯利亚南部的恰克图附近发掘过很多座用石块堆成方形和圆形的匈奴墓葬，其中有的在苏兹（恰克图东北），有的在德尔苏图（恰克图西南）。他把发掘的结果，于 1898—1901 年先后公诸于世，但当时并未引起学术界的注意。

诺颜山匈奴墓葬之被发现则是在 1912 年。当时有一位名叫巴洛勒德的俄国采矿技术人员在诺颜山附近勘探矿藏，无意中发现了一个墓穴，他对墓穴进行盗挖，并挖出不少匈奴文物。这次盗挖的结果，随后由赫都金用《诺颜山第一次发掘》为题发表，但学术界对此仍没有十分重视。不久第一次世界大战爆发（1914—1918 年）俄国卷入了战争的漩涡，无暇顾及考古和学术研究。及至大战结束，俄国十月革命胜利及苏维埃政权巩固之后，苏联才于 1924 年 3 月组成了以科斯洛夫为首的研究小组前往诺颜山进行发掘。1925 年，科斯洛夫在列宁格勒（今圣彼得堡）用俄文发表了发掘情况的报告书，书名为《科斯洛夫蒙藏探险队之外蒙探险报告书》，但科斯洛夫在书中并没有把他发掘诺颜山匈奴墓葬的全部内容公布，而仅仅是报道了对墓葬的发掘经过和部分的出土文物。1932 年，科斯洛夫研究小组的一个成员特列维尔，在列宁格勒用英文出版了名为《1924—1925 年间在外蒙古的发掘》一书，也只是把诺颜山匈奴墓葬的一般构造、墓中特别珍奇的随葬品及随葬品的位置作了简单的介绍。及至 1927 年蒙古考古学家西姆克夫，1954—1957 年策·道尔吉苏荣等，先后在诺颜山对匈奴墓葬进行多次的发掘，并于1954 年、1955 年和 1958 年把发掘的结果公布，世人对诺颜山匈奴墓葬才有更多的了解。而 1961 年策氏用新蒙古文撰写和出版的《北匈奴》一书①尤为重要。因为该书虽是一部论述匈奴的墓葬、城镇、经济、社会、政治和文化的著作，但它在史学上的价值不如在史料上的价值大。因为该书对于匈奴的经济、社会、政治和文化的论述都很简略（仅占全书的四分之一的篇幅），而对于二十世纪二十年代初至五十年代末这四十年间，苏联和蒙古的考古学者在漠北发掘的一百八十多个匈奴墓葬及其出土的文物却介绍綦详（占全书一半的篇幅）。实际上，作者在书中等于把近数十年来漠北匈奴墓葬的发掘情况和出土情况作了一个综合报道，可说是一部匈奴墓葬的资料集，而且有许多发掘工作都是作者亲自参加的，故资料的真实可靠，非其他资料可比。

　　诺颜山匈奴墓葬的发现及苏、蒙学者对它的发掘，摆脱了过去研究匈奴史仅凭文献资料的局限，大大开拓了匈奴史研究者的视野和研究领域。这些墓葬的遗物和遗迹，不仅补充了匈奴文献之不足，而且还提出了不少新问题，有待研究者去探索。但是，诺颜山的匈奴墓葬大部分是公元前二世纪以后的，能够详细反映匈奴早期历史文化的墓葬大多出现在今内蒙古地区，这正好从考古资料证明匈奴人的发祥地及其初期的中心在漠南（今河套及大青山一带），及后因与汉朝战争失败，退居漠北，

————————————

① 策氏《北匈奴》一书，1961 年蒙古人民共和国乌兰巴托科学委员会出版。

从此"漠南无王庭"，政治中心也转移到漠北地区去，故有许多大型的
单于墓葬和贵族墓葬发现在漠北，是不难理解的。

（二）诺颜山匈奴贵族大型墓葬的形状和结构

1954年，蒙古考古学家策·道尔吉苏荣在诺颜山发掘了第3、8、9
号三个墓。以第3号墓为例，该墓的封丘是圆形的，直径21米，从里面
挖出不少大石块。这是把墓坑用土填满之后，在周围21米的面积上摆上
大石块，然后再用土盖好的。在1.7米深处，靠近墓坑的西壁，有一块腐
朽了的相当厚的木板，长约1米，策氏认为这可能是墓穴盖的残片。因为
从坑口2.3米深处发现了垫在尸体下面的木板，可见原来是把尸体放在方
坑的木板上面，再用木板把坑口盖好的。在墓内发现了不少随葬品。

苏联考古学家科斯洛夫也曾在诺颜山发掘了第6号墓，这是苏珠克
图谷口墓群中最大的一个墓。这个墓的封丘是方形的，每边各长24.5
米，下面有宽广的墓道。墓道长25.2米，宽9.5米。挖至4—5米深处
有大石块，10.5米深处有椽木，11.3米深处才见尸体。尸体围以双重
木椁（棺材外面再套上大棺材谓之"椁"），亦即小棺材之外再套上一个
大棺材。墓内有内墙和外墙，外墙的里面和内墙的里外，都是用丝织品
衬托的。地板上还铺着毡子。壁衬和地毡上面都绣有很精致的各种动
物。珍贵的随葬品甚多，其中有一只西汉时蜀郡（郡治在今四川成都
市）所造的漆耳杯（羽觞）[1]，杯底有"建平"（哀帝年号，公元前6年）
字样。可见此墓为属于公元前一世纪至公元一世纪的。

科斯洛夫还发掘了诺颜山第1号墓。这个墓不仅有两重木椁，而且
内椁与外椁之间，东西北三面都有能供人行走的通道。内椁里的墓底铺

---

[1]　羽觞，古代饮酒用的耳杯。《汉书》卷九七下《孝成班倢伃传》载她失宠后，自作赋哀
悼，中有"酌羽觞兮销忧"之句。现代南方许多酒店仍常悬挂"飞羽觞而醉月"的
匾额以招徕酒客。

有彩缎的毡毯。棺底和棺木周围绘画着各种颜色的飞鸟图案。棺木外面还钉着薄薄的金箔。

被命名为"康德拉梯也夫墓"（因由康德拉梯也夫发掘而得名）的墓葬，棺材木板上有的涂上了漆。除丰富的随葬品外，通道上还发现了不少上了漆的木棍，其中三十根尖端隆起，其上有四个花瓣的花纹，有的上面还镀了金。康氏认为这三十根木棍是用来竖起遮阳伞的木棍。从通道上还发现车辐条、车网等物来看，这些遮阳伞或者装置在一系列的车辆上，或者是随从人员持伞扈从时所用，这正是墓主生前显赫威仪的写照和缩影。

1954 年，道尔吉苏荣在诺颜山发掘了一座大型墓葬——积石积沙墓。这座墓葬在苏珠克图谷口外中部墓葬群的东南角。封丘为四方形，长宽均为 14 米。南边有墓道，长 10 米，和墓葬接连外宽 8 米、高 1 米。封丘周围埋有不少石块，在发掘过程中发现，那是按墓圹的大小埋设的。墓圹内侧土色变红，而且光滑、倾斜，这是因为埋入棺木以前用火把墓内先烧一遍的缘故。沿着墓圹，从上到下都有许多细沙，这是一座经过精工细作的积石积沙墓。道尔吉苏荣认为，苏珠克图谷口的土壤粘性较强，没有沙子，这些细沙显然是从别处运来的。可见这个墓葬的墓主，他的身份、地位与众不同。墓内出土了不少珍贵的随葬品，其中值得注意的是一对汉式轿车的车轮（虽已腐烂，但外形仍清澈可见）、一根车轴、一些车辆上的顶罩和车上的铁制零件等。这说明墓主生前是一位乘坐汉朝所赠的高贵轿车的高贵人物①。

诺颜山匈奴贵族大型墓葬的形状多种多样，而它的内部结构也是很复杂的。以上仅举数例，以示一般。

诺颜山还有不少匈奴人的普通墓葬，其中有的是石椁的，有的是木椁的，有的是木棺的，木椁墓的形状与石椁墓的形状是一样的，大都用1—3 排圆木搭成，墓圹约深 1 米左右。随葬品不多，这里不拟详说。

---

① 　以上参阅道尔吉苏荣《北匈奴》第一章《匈奴的坟墓》。

（三）诺颜山墓葬所反映的匈奴历史轨迹及其与中原汉族的关系

近数十年来，我国考古学者在内蒙古自治区也发现和发掘了不少匈奴墓葬，这些墓葬及其出土文物，与在漠北地区发现的匈奴墓葬及其出土文物一样，都能在若干方面反映出匈奴人的文化状况，都很有史料价值和学术价值。但在诺颜山的匈奴墓葬中，有几个墓葬及其出土文物却比较明显地反映出匈奴人的历史轨迹，诸如社会发展进程、与中原汉族的关系、与西方的文化交流及匈奴人种的线索等。

第一，在漠北发掘的属于公元前四世纪以前的匈奴墓葬，还没有发现墓中有明显的氏族组织解体的迹象。但从公元前三世纪开始，便出现了四周筑有围墙的墓葬，这是私有制形成和氏族组织解体的象征。公元前三世纪以后在诺颜山的大型墓葬（单于墓葬和贵族墓葬）的大量出现，墓葬建筑结构的复杂和豪华（苏珠克图谷口外还发现"积石积沙墓"），及墓内随葬品之珍贵和数量之多，都是普通墓葬所无法比拟的，这说明公元前三世纪以后，匈奴社会的氏族组织已经开始解体，阶级分化日益深刻，贫富悬殊的现象已很普遍了。

第二，由西克姆夫发掘，因而被命名为"西克姆夫墓"的墓中，出土了杯底有 69 个汉字的漆耳杯（羽觞），最能反映匈奴与中原汉族之间的关系。这个杯是椭圆形的，靠近下端有两个向外伸出的扁平的把手，把手上包有镀金的铜箔。杯里红色，外边棕黑色，上有红色花纹。沿着杯底原有 69 个汉字，因杯已碎成两半，且缺了一个角，故只剩 67 个字，全文如下：

建平五年蜀郡西工造乘舆肆印画工黄瓦木容一升十六龠素
工尊肆工襃上工寿铜瓦黄涂工宗画工□□工丰清工白造工夫造
护工卒史巡守长克丞骏琢丰守令史严主。

这个漆耳杯是汉代的珍贵工艺品，诺颜山第6号匈奴墓葬已出土过这种杯（已详上文），故这个墓的所属年代也是十分明确的。

第三，诺颜山第12号墓的随葬品计有507件，丝织品较多，其中有两幅刺绣画反映了匈奴与西方的关系。第一幅我（林幹）把它定名为"山云刺绣"，因为画上绣的是小山和白云。第二幅我把它定名为"腾龙刺绣"，因为画上绣的是一条龙并向前飞腾。此外，诺颜山第25号墓还出土了一幅人物刺绣画，对于探索匈奴人种提供了重要的线索。除人物刺绣画已在这套丛书的《中国古代北方民族史新论》一册中论匈奴人种时叙过外，其余"山云"及"腾龙"两幅（还有第6号墓出土的刺绣品两幅），将在下文论北方民族与西方的文化交流时再作介绍。

二、古突厥文碑铭

（一）古突厥文碑铭的发现和解读

从十九世纪末开始，能够反映漠北物质文化遗迹的比较重要的发现，除匈奴墓葬外，当推古突厥文碑铭。1889年（清光绪十五年），俄国学者 N. M. 雅德林采夫在漠北的鄂尔浑河畔发现了用古突厥文书写的《阙特勤碑》和《毗伽可汗碑》（因原译文"毗伽"或书作"苾伽"，为保持原貌故本书不予改动）。随后此类古突厥文碑铭续有发现，迄今为止，已先后发现内容重要、字数较多的计有十多个。发现地点，有的在鄂尔浑河流域和叶尼塞河流域，有的在贝加尔湖地区和阿尔泰地区，有的在新疆吐鲁番和甘肃敦煌，有的则在中亚七河流域。

这些古突厥文碑铭，按其政权所属和民族所属分类，有的属于东、西两突厥汗国的突厥人，有的属于黠戛斯人、骨利干人，有的属于回纥汗国的回纥人及高昌回鹘汗国、河西回鹘汗国的回鹘人。如按这些碑铭的内容分类，有的是属于历史传记性质，有的是墓志，有的是宗教性质，有的是官方记录，有的则是刻在岩壁上或刻在日常器皿上的铭文。此外还有刻在石雕上的。

突厥人之有文字，学者从《北齐书》卷二十《斛律羌举传》中早已知道，但不知突厥文是何形式。至于突厥人用自己本族的文字书写成文并镌刻在石碑上，则直至十九世纪末才被发现。

《阙特勤碑》和《毗伽可汗碑》是用古突厥文和汉文两种文字镌刻在石碑之上的，新、旧《唐书·突厥传》曾记载此二碑建立的经过。《传》载：阙特勤死，玄宗命金吾将军张去逸、都官郎中吕向，带玺书入突厥吊祭，并为他立碑，玄宗自为碑文（汉文部分）；仍立祠庙，刻石为像，四壁画其战阵之状。又载：玄宗派高手工匠六人前往帮助建立墓碑，绘写精肖，突厥人认为从前未尝有。又载：毗伽可汗被其大臣毒死，玄宗命宗正卿李佺前往突厥吊祭，并为他建立碑庙，又命史官李融为他撰写碑文（汉文部分）。

毗伽可汗为后突厥汗国的创建者阿史那骨咄禄（颉跌利施可汗）之子，公元716年6月立，734年12月被毒死。阙特勤（阙是名，特勤是官号）①是毗伽可汗之弟。《阙特勤碑》是毗伽可汗为纪念其亡弟的功勋而建立的。阙、毗二碑发现之后，学者们虽能从碑铭的汉文部分得悉此二碑建立的年代及其他一些情况，但突厥文部分的内容则一无所知。及至1893年12月15日丹麦学者V. 汤姆森在丹麦皇家科学院会议上报告了他成功地解读了古突厥文的经过，并将题为《鄂尔浑——叶尼塞碑文的解读——初步成果》的报告书的法文本，于1894年在丹麦首都哥

---

① 按：《通典》及新、旧《唐书·突厥传》俱将"特勤"误书为"特勒"，应依《阙特勤碑》改正。原译文"毗伽"也书作"苾伽"，为保持原貌，本书中不作改动。

本哈根正式出版之后，特别是 1896 年刊布了阙、毗二碑的拉丁字母转写和法文译本之后，世人才完全了解这两个碑铭的全部内容。随后（1897 年）又发现了《暾欲谷碑》。

（二）　《阙特勤碑》和《毗伽可汗碑》的形状和主要内容

《阙特勤碑》（见图一、图二）和《毗伽可汗碑》（见图三）为俄国学者 N. M. 雅德林采夫于 1889 年在漠北鄂尔浑河右岸、和硕柴达木湖畔发现的，二碑相距约一公里。二碑俱用大理石制成，均为墓碑。二碑的突厥文部分俱为阙特勤的侄子（或译作外甥）也里特勤所撰，这两个碑是目前被发现的古突厥文碑铭中字数最多而又保存得较好的两个。

《阙特勤碑》建于 732 年（唐玄宗开元二十年），上刻古突厥文和汉文两种文字，突厥文正文 66 行，刻在大、小两块石碑上。小碑一面刻 13 行，应为碑文的开头部分，其余部分刻在大碑的正面及边上。汉文则刻在大碑的西面。两种文字俱镌刻精细。

据 V. 汤姆森在《蒙古之突厥碑文导言·喎昆河二碑》[①] 中介绍，《阙特勤碑》碑身颇大，高三米有余、四边形，上部略小，碑身上部两侧面之间有一高穹隆，此穹隆似为表示两条龙。碑上有碑头，碑头呈五棱形，尖顶，碑头刻有Ⴔ符号（西面汉文部分碑头则刻"故阙特勤之碑"六字），此符号乃"可汗徽识"。碑的两宽面处都有龙绕碑头。碑身下部有长榫，碑座作龟形，座上有凿孔，适与榫合。此碑发现时已倒卧，且因长期风雨侵蚀，多处文字被毁损。此碑发现后，已被恢复原状，中国政府并于该碑周围筑一碑楼把它三面围住，仅留汉文一面外露，其余三面均被碑楼遮盖，此虽能保护原碑，但碑文却不能环读。

---

① 汤氏这篇《导言》有韩儒林和岑仲勉两种译本，此处据韩译本。韩译本原载 1937 年 4 月《禹贡》半月刊第七卷第 1、2、3 合期，后收入林幹编《突厥与回纥历史论文选集》（中华书局 1987 年版）上册。又，喎昆河即今鄂尔浑河。

图一　突厥文阙特勤碑（上半部）拓片

图二　突厥文阙特勤碑（汉文部分）拓片

图三　突厥文苾伽可汗碑拓片

　　汤氏还说，在距离阙碑约 40 米之处，有一花岗石四角大祭台，在祭台与墓碑之间有一土堆，土堆近旁有七个大理石石雕，显为突厥人像，均出汉人工匠之手。在这七个石人像中，其中一个似为死者（阙特勤），可惜这个石像的人头已被打落，无法辨认其原貌。墓碑的另一方立有两只石兽，现虽已十分毁损，但仍能看出二兽均回头相向，以表示墓地之入口处。墓地全部均绕以土墙，遗迹至今尚存。在墓地入口处还有一长列用粗糙石料制成的石像，每个石像相距约 10 米，排成一条直线，全长竟达四公里半，各石像面孔皆向东。这些石像显为突厥人所称之 balbal（杀人石）①。可惜此长列的石像在发现时大多已被毁坏，没有一个能保存完整和原样的。汤氏最后说，坟墓之迹今虽不可复见，但可以推测阙特勤必在此墓地长眠。

　　对于《毗伽可汗碑》，汤姆森介绍得比较简略，这大概是因为此碑与阙碑有很多方面相同的缘故。汤姆森说，《毗伽可汗碑》为毗伽可汗死后，于公元 735 年（玄宗开元二十三年）建立。碑的全部设备和建置，基本上与阙碑相同。发现时亦倒卧，且有多处毁损，其毁损程度较之阙碑尤甚。碑的附近情况，如建筑物遗迹，四个无头石像，一行 balbal 石物（但 balbal 之数目较阙碑为少）等，亦与阙碑略同。汉文也是刻在碑之西面，不过文字破损过多，可读部分甚少。毗碑突厥文正文共 80 行，很多内容与阙碑内容重复、雷同。毗碑的特点是在叙述已故可汗的事迹时全用第一人称，仅东面首二行及南面第 10—15 行忽插入新可汗口气。

　　阙、毗二碑的内容俱为叙述阙特勤和毗伽可汗二人的生平事迹和武功。

---

①　按：《周书》卷五十《突厥传》载：突厥人对死者"葬讫，于墓所立石建标，其石多少，依生前所杀人数"。此种石即所谓"杀人石"。此处一系列石人之数即为阙特勤生前杀敌人之数。又，考古学者曾对阙特勤和毗伽可汗二墓进行发掘，也发现阙墓之前雕造有与乾陵（唐高宗与武则天合葬墓）墓前少数民族首领形象相同的石像，并发现与唐代中原建筑材料相同的莲花纹瓦当。

例如阙碑南面第 1—5 行说:

> 我,像天一样、从天所生的突厥毗伽可汗(按:"毗伽"即英明之义),这时登上了汗位。他们全部聆听我言。首先是我的诸弟和诸子,其次是我的族人和人民。右边的诸 s̄adapyt 官,左边的诸达干、梅禄官……九姓乌古斯诸官和人民,你们好好听着,牢牢记着我的话。前面(东面)到日出,右面(南面)到日中,后面(西面)到日落,左面(北面)到夜中①,那里的人民全部臣属于我。我把这么多的人全部组织起来,他们现在都安居无事。突厥可汗住在于都斤山,国内无忧无患。前面(东面)我曾征战到海滨……后面(西面)我曾征战到铁门关(在今中亚阿姆河上游北岸)……统治国家的地方是于都斤山。住在这里,我同中国人民建立了关系。他们慷慨地给了我们这么多金、银、粮食、丝绸……(按:阙碑这一部分与毗碑所记大致相同)②。

又如《毗伽可汗碑》东面第 29—41 行③说:

> 我把四方的人民全部征服了,使其全部臣服于我。当我十七岁时,我出征党项,击败了他们,获取了其男儿、妇女、财物。当我十八岁时,我出征六州粟特,打败了粟特人民……当

---

① 按,汤姆森《导言》说:"突厥人的重要方向是东方,突厥人永远依东方而定其方向;故东方亦指为前方,西方为后方,南为右,北为左。可汗之牙庭东开,盖视日出也。"

② 此处据著名突厥语专家耿世民教授直接从古突厥文原文译出之文句。耿译阙、毗二碑全文俱见林幹著《突厥史》(内蒙古人民出版社 1988 年版)附录。又,此处摘录碑文为了表达明确(原碑文字句,有时表达不甚明确),个别字句间或有所调整,下文摘录其他各碑碑文片段时亦同。

③ 毗碑东面第 23 行以上所记,与阙碑东面第 1—30 行所记内容基本上相同。

我二十二岁时，我出征中国……当我二十七时，我出征黠戛斯
人，从深雪中开道，攀越曲漫山，袭击黠戛斯人于睡梦之中，
杀其可汗，取其国家。那年，我又翻越阿尔泰山，渡过额尔齐
斯河，我袭击突骑施人于睡梦之中，杀其可汗，取其国家……
当我三十二岁时，葛逻禄反对我们，我消灭了他们。当我三十
三岁时……因我本人当了可汗，我很好地治理了国家和建立法
制。……三十四岁时，乌古斯逃窜入中国，我出征他们，怒取
其男儿、妻女、人民……

南面第 9—11 行又说：

我做了十九年的设①，做了十九年的可汗。我统治了国
家，为突厥、为人民做了许多好事。在如此尽力之后，（第 10
行以下变为新可汗的口气）我父可汗（指毗伽可汗）于狗年
（734 年）十月二十六日去世，于猪年（735 年）五月二十七日
举行葬礼。（中国）李佺大将军率五百人来到，带来了金、银
无数，带来了葬礼用的香烛，带来了檀香木……

《阙特勤碑》汉文部分为唐玄宗开元二十年（732 年）御制御书，
碑额有"故阙特勤之碑"六字。《毗伽可汗碑》汉文部分为玄宗二十二
年（734 年）命史官李融所撰，由李佺书写。这二碑的汉文部分虽与
阙、毗二碑的突厥文部分各不相干，但从中也可反映出当时唐朝与突厥
的关系及中原文化对突厥文化的交流和影响。故摘录若干片段，俾知其
梗概。

---

① 按："设"（Sad）为突厥官号，乃典兵之官。《通典》卷一九七《突厥》上载："其（可
汗）子弟谓之'特勤'，别部领兵者谓之'设'。"

阙碑汉文部分片段：

> 彼苍者天，罔不覆焘，天人相合，寰宇大同。以其气隔阴阳，是用别为君长。彼君长者本×××之裔也。首自中国，雄飞北荒，来朝甘泉，愿保光禄，则恩好之深旧矣……
>
> 君讳阙特勤，骨咄禄可汗之次子，今毗伽可汗之令弟也。孝友闻于远方，威×慑××俗，斯岂由曾祖伊地米施啻积厚德于上而身克终之，祖骨咄禄颉斤行深仁于下而子××之，不然，何以生此贤也？故能承顺友爱……而亲我有唐也。我是用嘉尔诚绩，大开恩信，而遥喦不骞，促景俄尽，永言悼忆，疚于朕心。且特勤，可汗之弟也，可汗，犹朕之子也，父子之义，既在敦崇，兄弟之亲，得无连类，俱为子爱，再感深情，是用故制作丰碑，发挥遐×，使千古之下，休光日新。词曰：…高碑山立，垂裕无疆。
>
> 大唐开元廿年岁次壬申，七月辛丑朔，七日丁未建①。

毗碑汉文部分片断：

> （上阙）散郎起居舍人内供奉史馆修撰臣李融奉（下阙）
>
> （上阙）大×开元廿有二年（下阙）制叔父左金吾大将××亿持节吊祭赠赙（下阙）
>
> 登利可汗②虔奉先训，×译×款，愿修（下阙）因使佺立象于庙，纪功×石，以昭示子×无（下阙）爰命史臣，献其颂

---

① 阙碑汉文部分共约500字，除个别字有毁损外，大体上保存完好。全文见林幹《突厥史》附录。

② 开元二十二年（743年）十二月毗伽可汗被毒死，其子继立为伊然可汗，旋死，伊然弟继立为登利可汗。

曰：赫赫文命，祀绝于商，××××，百代其昌。×祚明哲，抚宁遐荒，聿（下阙）建寝庙，纪功遂良，邈×××，是曰寅乡；皇天不×，平分其×（下阙）。[①]

（三）《暾欲谷碑》的主要内容及其他突厥碑铭

《暾欲谷碑》（见图四）为 1897 年由俄国学者克莱门茨夫妇在今蒙古国首都乌兰巴托市东南约 60 公里的巴音楚克图地方发现。碑文刻在两块石碑上，共 62 行。此碑与阙、毗二碑是在墓碑主人死后建立不同，而是在暾欲谷生前，即大约在毗伽可汗即位后的 716 年（唐玄宗开元四年）左右，由他本人写成，死后立于其墓前的，碑文讲他自己一生的事迹，主要叙述他协助颉跌利施可汗（骨咄禄）重建后突厥汗国，及协助默啜可汗（骨咄禄之弟）和毗伽可汗（骨咄禄之子）建立武功的情况，可说是他的一篇自传。暾欲谷为毗伽可汗的重臣和岳父。此碑与阙、毗二碑一起构成我们研究突厥汗国历史文化的重要史料。此碑现仍树立在原发现地。

兹摘录暾碑的若干主要片断如下：

我英明的暾欲谷，本人受教于中国，因那时突厥人民臣属于中国，突厥人民没有自己的可汗[②]。上天这样说：我给你们可汗。……在突厥 sir 的土地上没有留下国家的机体。留在荒原中，聚合起来为七百人，率领这七百人的首领是"设"（Sad）。他说："请参加我们的队伍吧！"参加的是我——英明

---

① 毗碑汉文部分较阙碑字数为多，但因毁损过多，大部分字句不能通读。据清人李文田在《和林金石录》中说："（毗碑）共二十四行，下截全泐，行字不可计，（字体）八分书。"全文见林幹《突厥史》附录。

② 按：此处为指东突厥汗国被唐太宗击灭（630 年）后，有近十万突厥人归附唐朝，南下入居边塞的情况。

的暾欲谷。由于上天赐给我的智慧,我敦促他为可汗。英明的暾欲谷和颉跌利施可汗一起,南边把中国人,东边把契丹人,北边把乌古斯人杀死了很多。我们住在总材山(按:即今阴山)和黑沙城(今呼和浩特市北)……我对可汗说:"要是中国、乌古斯、契丹三者联合起来,我们将无救,我们将腹背受敌。"可汗听从了我暾欲谷的话,他说:"按你想的去指挥军队吧!"上天保佑,我们击溃了他们。当听到突厥可汗、突厥人民(占领了)和居住在于都斤山之后,南边的人民及东边、西边、北边的人民都来臣服了(以上摘自第1—17行)。

……突厥人从有史以来,突厥可汗从即位以来,未曾到过Santung诸城和海洋。我向可汗请求带兵出征,我使军队到达Santung诸城和海洋,我军摧毁了二十三座城池,诸城成为一片废墟……我想先出兵攻打黠戛斯较好……(后来)我们交了战,打败了他们并杀死其可汗,于是我们回师……(探子来报):突骑施可汗已出发,十箭(指西突厥)人民已全部出动(要前来攻打我们)。可汗听到这些话后说道:"你们率军前进吧!驻扎在阿尔泰山。你暾欲谷率领此军,按你的意见作出决定吧!"(后来)我们交了战,我们击溃了他们,俘其可汗,十箭诸官和人民全部都来臣服。我们一直到达铁门关(在今中亚阿姆河上游北岸)。从那里,我们回师。由于我英明的暾欲谷使其到达那些地方,运回了无数的黄金、白银、姑娘和妇人,贵重的鞍鞯、珠宝。颉跌利施可汗曾与中国交战十七次,与契丹交战七次,与乌古斯交战五次,那时其谋臣就是我(以上摘自第18—50行)。

……默啜可汗二十七岁时,我辅助他即位。我夜不能眠,昼不安坐,流鲜血,洒黑汗,我为国贡献了力量……由于可汗的努力,由于我自己的努力,国家才成为国家,人民才成为人

图四　突厥文暾欲谷碑（上半部）拓片

民。我自己现已衰老年迈了，但只要有像我这样的人，国家就
不会有什么不幸！

　　我英明的暾欲谷为毗伽可汗的国家写了这个碑。（以上摘
自第 51—58 行）

　　《翁金碑》（见图五）——此碑为 1891 年由雅德林采夫在今蒙古国
的和硕柴达木南 180 公里翁金河支流发现。该碑现仍保存在原发现地。
碑文刻在石碑的两面和另一杀人石上，共 20 行，约建于公元 739 年
（唐开元二十七年）。是后突厥汗国的毗伽·始波罗·贪汗·达干记录其
父伊利伊跌迷失叶护在登利可汗（735—741 年在位）时期的事迹，但
内容简略。

　　《阙利啜碑》——此碑为 1912 年由波兰学者科特维奇在今蒙古国乌
兰巴托不远处之依赫和硕特地方发现，现仍在原发现地。碑文刻在石碑

图五　突厥文翁金碑拓片

的四边，共 29 行，但残破颇甚。阙利啜为暾欲谷的同时代人，碑约建于 721 年，内容为由他人执笔，记述阙利啜一生的武功。

《雀林碑》和塔拉斯碑——《雀林碑》为 1971 年在乌兰巴托东南 180 公里雀林驿站东北发现。有人认为是暾欲谷协助颉跌利施可汗（骨咄禄）重建后突厥汗国于于都斤山（682 年，唐高宗永淳元年）后不久制成。如果属实，那么此碑应为目前已发现的古突厥文碑铭中最早制成的一个。有人估计此碑约在公元 686—687 年之间建立。

此外，在今中亚塔拉斯河流域曾先后发现十多个古突厥文碑，内容多为字数不多的墓志铭。有的学者认为其中一部分应属于西突厥汗国时期（按：塔拉斯河，唐时称恒逻斯河，为西突厥五弩失毕部的活动中心）。

（四）古突厥文碑铭的特色和学术价值

已发现的古突厥文碑铭各有特色，其中最重要的《阙特勤碑》和《毗伽可汗碑》所反映出来的文学价值，首先就是文字优美。此二碑虽用散文形式书写，但词句工整，辞藻佳丽，且出现对偶句，文学意味颇浓，不仅是一部史事的记录，而且可以说是一篇叙事诗。这说明突厥文字发展到八世纪时，结构已相当完整，词汇也很丰富。例如《毗伽可汗碑》载：

> 今弟阙特勤死矣，余甚哀之！余目光虽能视，已变如瞽；
> 思想虽有知，已同于瞆……泪从眼出，悲从中来！

其次便是游牧民族的色彩颇浓。例如《阙特勤碑》讲到阙特勤每次参加的战役，都常常提到他的战马（灰马、白马或褐马）；对于战马之死，也把它作为一个事件记录下来，这反映了马在游牧民族中的重要性。

第三是用动物名称纪年法的使用。例如《毗伽可汗碑》载：

> 我父可汗，狗年十月二十六日去世，猪年五月二十七日举
> 行葬礼。

这是北方游牧民族中最早使用动物名称作符号以计算年代的民族。其法为用鼠、牛、虎、兔、龙、蛇、马、羊、猴、鸡、狗、猪十二种动物名称依次纪年，如此十二属性循环往复[1]。但此法有一缺点，即首年（鼠年）究为何年？非经考订，殊难获悉，因而其余牛年、虎年……的具体

---

[1] 参阅陆峻岭与林幹合编的《中国历代各族纪年表》（内蒙古人民出版社1987年再版）附表《以动物名称纪年表》。

年代，亦无法知晓。例如上引《毗伽可汗碑》载其父狗年死，然则狗年为何年，是无法知晓的。但事属首创，不能苛求。继后于八世纪中叶兴起的回纥及十二世纪末兴起的蒙古，亦均采用此纪年之法，如下文将要提到的《磨延啜碑》（回纥英武威远毗伽可汗碑）和《蒙古秘史》（汉译名《元朝秘史》）均以此十二动物名称纪年。可见此法对后世游牧民族在文化上的巨大影响。

阙、毗二碑不仅文字优美，更重要的是它的内容还能总结出当时突厥汗国衰亡的阶级根源。虽然作者是站在统治阶级的立场去进行总结，但他却也道出了人民大众与统治阶级之间的阶级斗争及统治阶级内部的斗争是造成突厥汗国覆亡的主要原因。因而具有很重要的史料价值。例如《阙特勤碑》和《毗伽可汗碑》俱载：

因诸匐（伯克，即牧主贵族）与民众间缺乏融和，又因兄弟间相争，使诸匐与民众水火，遂令突厥民众之旧国瓦解。

此外，阙、毗二碑还有其他重要的史料价值，那就是汉文史料所没有记载的史实，往往在碑文中获得了补充。其中最值得提出的便是关于突厥族源族属的记载。突厥原来是与回纥同族，属于铁勒族的一支，这在上述碑铭发现前是不清楚的。《隋书》卷八四《铁勒传》记载铁勒共有四十一部，包括许多分支，散布大漠南北及西域、中亚各地；而突厥一支，非但未予列入，反而把他的祖先误认为出于平凉（今甘肃平凉市）杂胡。及至阙、毗二碑被发现，碑文俱载"九姓回纥者，吾之同族也"[1]，突厥乃出于铁勒的一支，始得明确。

此外，突厥文碑铭不仅对于研究历史，而且对于研究突厥语言文

---

[1] 此处据韩儒林译文。岑仲勉译作"九姓乌护，本我族也"。耿世民译作"九姓乌古斯人民，本是我自己的人民"。乌护、乌古斯亦即回纥，仅译音不同而已。又，回纥为铁勒族中的主要构成部分，见《隋书·铁勒传》及《新唐书·回鹘传》。

字，也提供了很重要的资料，这将在下文详述。

只是美中不足之处，就是这些突厥文碑铭都是八世纪以后建立的，都是属于后突厥汗国时期的。虽《雀林碑》建立较早（七世纪后期骨咄禄复国之初），但也是属于后突厥的。东、西突厥汗国时期的尚未发现。塔拉斯碑中虽有一部分应属于西突厥，但碑文内容过于简略，史料价值不大。

三、回纥的突厥文碑铭

从十九世纪末开始陆续发现的古突厥文碑铭，其中有的是属于漠北回纥汗国时期和西迁后河西回鹘汗国时期的回纥（回鹘）人的。保留字数较多而又较为重要的计有六个，即：

1. 磨延啜碑　　　　　2. 铁尔痕碑

3. 铁兹碑　　　　　　4. 苏吉碑

5. 九姓回鹘可汗碑　　6. 塞福列碑

这六个碑，于二十世纪七十年代由著名突厥语专家耿世民教授直接从古突厥文原文译出，八十年代他又根据国外学者的最新研究成果，重新修订或改译，附于林幹、高自厚合著的《回纥史》（1994 年内蒙古人民出版社出版）内。在此之前，上述的六个碑，仅《磨延啜碑》有汉文译本，那就是由王静如先生从德文本转译，以《突厥文回纥英武威远毗伽可汗碑译释》为题，发表于 1938 年 12 月出版的《辅仁学志》第七卷第 1、2 合期的汉译文。

（一）《磨延啜碑》及《铁尔痕碑》（磨延啜第二碑）

磨延啜为回纥汗国的建立者骨力裴罗——骨咄禄·阙·毗伽可汗[①]之子，于745年（唐玄宗天宝四年）春正月其父死后继位为可汗的。汉文史书如《唐会要·回纥传》、《新唐书·回鹘传》和《册府元龟·外臣部》俱说其国人尊称他为葛勒可汗，而突厥文《铁尔痕碑》（亦称磨延啜第二碑）则称他为"登里罗·没密施·颉·翳德密施·毗伽可汗"[②]。他因助唐平息"安史之乱"有功，受唐朝封为"英武威远毗伽可汗"[③]，故《磨延啜碑》亦称《葛勒可汗碑》和《回纥英武威远毗伽可汗碑》。

《磨延啜碑》为芬兰学者 G. J. 兰木斯台特，于 1909 年在今蒙古国北部色楞格河及希乃乌苏湖附近的 Örgööriü 地方发现。碑石约建于 759 年，四面刻写，共 50 行，现破毁之处甚多。兹摘录其若干片断如下：

> 天生的、建国的英明可汗，我……在于都斤国家及其周围的地区，（在那里，回纥可汗）第二次（建国）登位。其河流是色楞格……当我二十六岁时……我集合了我的九姓乌古斯人民。我父亲阙·毗伽可汗（骨力裴罗）率军出征了，派我作千夫长到前方（东方）……
>
> 三旗突厥人民……乌苏米施特勤作了可汗。羊年（公元743年）我出征了。我打第二仗于元月初六日，把乌苏米施特

① 骨力裴罗于天宝三年受唐玄宗封为怀仁可汗，故他的尊号亦称"骨咄禄·阙·毗伽·怀仁可汗"。按回纥文，"骨咄禄"意为神圣，"阙"意为至上，"毗伽"意为智慧、贤明。全称号汉译为"神圣、至上、贤明、怀仁可汗"。

② "登里"意为天，"罗"是方位格，"没密施"为是、变成、成为的过去式，合起来即"受命于天、承天命"之意。"颉"意为国家、民族，"翳德密施"意为治理的过去式，合起来即治理国家之意。"毗伽"意为贤明，全称号汉译即"承天命治国的贤明可汗"。

③ 见〔宋〕宋敏求编《唐大诏令集》卷一二九《册回纥为英武威远毗伽可汗文》。1959年商务印书馆据旧抄本与刊本等校勘出版。

勤……俘虏了，并在那里取其可敦①。突厥人民从那以后就消灭了……

以后，我父可汗去世。……

（那时）我抵达 bükägük（地方），晚间，日落时我打了仗。在那里我刺杀了。他们（指三姓葛逻禄）白天逃去，夜间集起。在 bükägük 未留下八姓乌古斯、九姓鞑靼……我又追赶，在 burghu（地方）追上了他们。四月初九日我打了仗，在那里刺杀了。我抢来了他们的马群、财物、姑娘、妇女。五月，他们跟来了，八姓乌古斯、九姓鞑靼全都来了。在色楞格河西，yrlun 河南，直到 syp 泉，我（都）布置了军队。五月二十九日我打了仗，在那里刺杀了。我把他们挤到色楞格河并刺杀了。我击溃了他们。他们中的大多数沿着色楞格河下游逃去，我渡过色楞格河继续追赶……

我赐予我的两个儿子以"叶护"和"设"（Šad）的称号。我让他们统治达头（按：指突厥西部）和突利失（按：指突厥东部）人民。这以后，在虎年（750年）……我令人在于都斤山麓，在铁兹河上游建立了 Qasar Qardon 庭，并命人建造了围墙。我在那里度过了夏天。我在那里确立了疆界。我命人制作了我的印记和诏谕……

在龙年（752年），我在于都斤山中，在 Sungüiz Bašqan 圣峰之西，在 yabaš 及 toquš 河汇合处度过了夏天。在那里我命人建立了汗庭，命人在那建造了围墙。我命人在那里把我的千年万日（按即永垂不朽）的诏谕和印记刻写在平滑的石头上……

我写了碑文……

---

① 按：可汗之妻称可敦。

鸡年（757 年）……

我让粟特人和中国人在色楞格河建造了富贵城。……

我拥有一千匹马，一万只羊……①

《铁尔痕碑》亦称磨延啜第二碑，以前曾称它为《塔利亚特碑》。此碑为蒙古考古学家策·道尔吉苏荣于 1957 年在漠北杭爱山脉西北铁尔痕河谷铁尔痕查干诺尔湖附近发现。1969 年后，苏联突厥学家 C.Г. 克利亚什托尔内等，又亲赴当地考察了该碑的实情并进行发掘工作。当时该碑已破碎成四块，后来只找到三块（最上部的一块始终没有找到）和一个石龟底座，现保存在乌兰巴托蒙古科学院历史研究所。碑石为上窄下宽长方形的粗状花岗岩，总长度（不算未找到的上部）为 2.85 米。碑文四面刻写，共 30 行。另外龟座后部尚刻有一行文字，其下边在龟身上刻有氏族标记（tangha）。碑文风蚀损害严重，只有个别字行保存完整。

碑文为漠北回纥汗国早期之物，其语言和正字法都与《磨延啜碑》无大差异。此碑为磨延啜可汗（745—749 年在位）的记功碑。碑文的作者是磨延啜之子移地健（759—780 年在位的牟羽可汗），碑文第 6—15 行及第 28—30 行两部分，就是以他的口气——用第一人称叙述。碑文叙述了磨延啜可汗统治汗国初期的事迹，其事迹发生的年代似早于《磨延啜碑》所叙之事。碑中提到最晚的事件发生在蛇年（即 753 年），估计此碑即建于蛇年（753 年）后不久。耿世民教授估计最迟不会晚于756 年。碑文的主要内容由三部分组成：

1. 叙述磨延啜的功业（第 1—6 行，第 30 行）。

2. 移地健（牟羽可汗）对其父可汗的功业的赞扬（第 6—

---

① 耿世民汉译此碑全文见林幹、高自厚《回纥史》附录。此处摘录碑文，为了表达明确，个别字句间或有所调整。下文摘录其他各碑文片断时亦同。

15 行，第 28—29 行）。

3. 以磨延啜的名义对汗国周围的地理历史情况的描述。可惜这一部分文字（碑的东面和南面）损缺最甚。

兹摘录碑文的若干片断如下：

我登里罗·没密施·颉·翳德密施·毗伽可汗（意为"天生的建国的英明可汗"）及伊利·毗伽可敦（意为"国家英明的可敦"）接受了可汗和可敦的称号。我并命人在于都斤山西边，在铁兹河上游建立了汗庭……我令人把我千年万日的诏谕和印记刻写在平滑的石头上。由于上面有蓝天保佑我，下面有褐色大地养育我，我建立了我的国家和法制。居住在前面日出方向的人民和居住在后面日落方向的人民，以及所有四方的人民，都为我出力；我的敌人则失去了自己的福分……在八条河流之间，那里有我的牲畜和耕地。色楞格、鄂尔浑、土拉等八条河流使我愉快……

根据我的意愿，Onghi 从于都斤山去出征。"跟随军队出征并集合起人民！"——我说。"保卫在南边的疆界、在阿尔泰山林的西边疆界和在曲漫山的东边疆界！"（——我说）。我可汗臣服了住在国内的人民。内梅禄的首领是伊难珠·莫贺·达干。大梅禄共有九个，他们是：五百人长……千人长……五千人长，九百人长托依汗（Toyqan，意为"守卫汗庭之官"）……可汗征服了精疲力尽的乌古斯人民、六百个将军和一万人民……（后来）又征服了九姓拔野古、九姓鞑靼这许多人民……（后来）他又派出两支军队去征讨样磨（部）的阿伦木赤……

我的祖先统治了八十年。在于都斤山国家及其周围地区，在鄂尔浑河流域，我们的可汗第二次登了位……当我二十八岁蛇年时，我使突厥国家变得混乱，之后，我把他们摧毁了……在那里我征服了突厥人民……我俘其可汗，并获其可敦……之后，狗年，二姓葛逻禄心怀恶意地走了，他们逃进西方十箭（即西突厥）之地……

全体普通人民请求我父汗即位为可汗。"这是祖先的意愿！"——他们说。（他们还说）："如果权力在好人手中，普通人民得享平安；如果权力在恶人手中，对普通人民则是祸水。"他被宣布为可汗，其妻为可敦……

刻在龟座后部的那一行文字是："建造此碑者为伯凯·吐塔木（Bökü Tutam）。"

（二）《铁兹碑》（牟羽可汗碑）及《九姓回鹘可汗碑》

《铁兹碑》为苏联学者克里亚什托尔内于1976年在今蒙古国铁兹河上游左岸一个名叫诺贡托勒盖的小山上发现①。碑石仅存下半截，为长方形红色花岗岩石，高0.86米，宽度和厚度约0.32米×0.22米。估计现存部分（20行尾部）不足原碑的一半。字体、语言和正字法都与磨延啜第一、第二两碑相同。碑石上刻写的氏族标记（tangha）也近似于磨延啜第一、二两碑。碑石现存乌兰巴托蒙古科学院历史研究所。

此碑为回纥汗国第三代可汗牟羽可汗（磨延啜之子，759—780年在位）的纪念碑。碑文开头部分（第1—6行）叙述磨延啜逝世和牟羽可汗即位，并提到汗国时期的鸡年（即757年）。这年回纥曾出兵援助唐朝讨伐"安史之乱"并收复被叛军占领的西京长安。中间部分（第7—8行）主要叙述回纥汗国建立早期第一阶段约二三百年的情况，随

———————

① 上文磨延啜第二碑第1行载，磨延啜可汗曾在铁兹河上游建立汗庭。

后谈到回纥汗国第二阶段存在八十年的情况（第 11 行）。随后再谈到汗国第三阶段即到了骨咄禄·阙·毗伽可汗（骨力裴罗）时的情况（第 18 行）。依据《磨延啜碑》，在此之前尚有 150 年的外族统治（见磨碑第 3—4 行）。那么综合此碑及《磨延啜碑》所载的情况得知，从 744 年（唐天宝三年）8 月回纥汗国正式建立时开始计算，回纥的历史应该是：

1. 未建国前受外族统治一百五十年。

2. 汗国早期第一阶段约有二三百年。

3. 汗国第二阶段则为八十年。

4. 汗国正式建立，即骨力裴罗于 744 年 8 月自立为可汗。

合计回纥为创建自己的国家而斗争，为时竟长达二百八十年或三百八十年之久。这样，回纥的历史可以上溯到三四世纪的高车（敕勒）时期①。

碑文的最后一部分（第 19—22 行），据耿世民教授研究，似为第 6 行的继续，为叙述牟羽可汗登位及其最初的事迹，故谈到九梅禄和"我的回纥人"参加典礼的情况。耿世民还说，碑文似立于牟羽可汗统治时期，约为 761—762 年之间。碑文用第一人称的口气叙述，作者似为牟羽可汗的亲族。

以下先介绍《苏吉碑》和《塞福列碑》，最后再介绍《九姓回鹘可汗碑》。

《苏吉碑》为 1900 年由芬兰学者 G. J. 兰木斯台特在今蒙古国境内

---

① 　按：回纥为摆脱外族的统治及创建自己的国家，其间经过许多曲折，直至骨力裴罗击灭后突厥政权才最终建成回纥汗国。这一段漫长的历史，汉文史书记载简略，有的部分甚至空缺。但结合突厥文《阙特勤碑》、《毗伽可汗碑》及磨延啜第一、第二两碑和《牟羽可汗碑》进行探索，则史书的缺略可以补足。其详情参阅林幹、高自厚《回纥史》第 18—32 页。

的苏吉大坡附近发现，碑文共 11 行。从内容看，此碑应为回纥汗国灭亡（840 年）后不久建立，但叙事简略。

《塞福列碑》为二十世纪四十年代末在今蒙古国南部戈壁省塞福列苏木（乡）东南六公里处（在我国内蒙古额济纳河注入的嘎顺湖和索格湖东北）发现，现存蒙古国科学院历史研究所。碑为粗大理石，四方形，一面磨光，上刻文字，其他各面均经过粗糙打制。碑高 80 厘米，磨光面 45 厘米，厚 70 厘米。碑石保存不好，上部断裂，碑面满布小坑，破坏了碑文。碑面对称刻写粟特文和古突厥文两种文字，各 7 行。由于碑文毁损严重，所以只能辨识其中的个别字句。耿世民根据碑文中残存的字句，推断此碑可能是属于河西回鹘汗国时期。

《九姓回鹘可汗碑》为俄国考古学家雅德林采夫于 1889 年在回鹘故城哈喇巴勒嘎逊附近发现，故又名《哈喇巴勒嘎逊碑》。碑为花岗石，发现时已碎成许多块。其基石为狮子状，碑立在狮子背上。估计原碑高约 3.38 米，宽约 1.77 米，厚约 0.97 米。碑的上端为二龙缠绕的五角盾形，上面有一圆顶。碑石四面经过打磨，一面写古突厥文；一面右边写粟特文（31 行），左边写汉文（19 行）。这一面的两种文字都未写完，剩余部分分别写在磨钝的棱上和边上（往右为粟特文，往左为汉文；汉文 4 行，粟特文行数不明）。上述三种文字，以汉文保存最好，其次为粟特文部分。保存最坏的为古突厥文部分，除碑额的几行字外，其余残缺，只能认出若干符号和单词，约略可辨明行数为 47 行，即：

1. 碑额上的文字计 6 行，上书"此为登里坎·登里罗·汩·设密施·合·毗伽·登里·回鹘可汗之碑"，汉译可作"此为天汗、从天上得到福位的英勇、睿智、天回鹘可汗之碑"。

2. 碑文上部残块上的文字计 9 行，能认出者仅第 2 行的"听到"和第 8 行的"国家"四个字。

　　3. 碑文中间残块上的文字计 28 行，除"上天摩尼师"、
"举行盛大仪礼"、"前边向东方"和"变成强大"等上下均不
连接的单独字句外，几乎全是空白。

　　4. 碑文下部残块上的文字计 4 行，大致也是如此。因此无
法知晓其全部内容。

　　耿世民教授说，他对此碑的译文，古突厥文部分为依据俄国的拉德
洛夫 1895 年刊布的《蒙古古代突厥碑文》及土耳其的奥尔昆 1936 和
1939 年先后刊布的《古代突厥碑文》第一、第二卷译出；粟特文部分
则依据汉森 1930 年发表在《乌戈尔——芬学报》第 44 卷的德文译本
转译。

　　《九姓回鹘可汗碑》汉文部分虽为全碑三种文字中保存较为完整的
部分，但发现时汉文碑面亦已碎为八块（其中两块当时被运往俄国圣彼
得堡博物馆）。后经中外学者整理、刊录，目前碑铭文字虽仍有缺少，
但前后文句已略可通读。有些学者考订，此碑建于唐宪宗元和九年（公
元 814 年）。

　　一般学者认为，此碑为回纥汗国第九代可汗——保义可汗（公元
808—821 年在位）时的纪功碑，故亦称《保义可汗碑》。碑文汉文部分
的作者为回纥汗国内宰相颉于伽思。碑文汉文部分叙述了回纥汗国建国
以来一直到保义可汗的历代可汗的事迹[①]，特别是详细记述了麾尼教传
入回纥的情况，是研究回纥汗国的历史文化的重要碑文和第一手珍贵
资料。

————————————

① 　按：回纥汗国的第一位可汗为骨力裴罗（唐册封为怀仁可汗）；第二位可汗磨延啜，国
人称他为葛勒可汗（唐封为英义威远毗伽可汗）；第三位为牟羽可汗，亦称登里可汗
（唐封为英义建功毗伽可汗）；第四位可汗顿莫贺达干，称号为合·骨咄禄·毗伽可汗
（唐封为武义成功可汗，后又加封为长寿天亲可汗）；第五位为忠贞可汗；第六位为阿
啜可汗（唐封为奉诚可汗）；第七位为骨咄禄可汗（唐封为怀信可汗）；第八位为腾里
可汗；第九位即为保义可汗。

四、鲜卑和契丹的物质文化形态

（一）拓跋鲜卑祖庙嘎仙洞石刻祝文的发现

过去，很多学者颇难把《后汉书》卷九十《鲜卑传》记载的鲜卑山与《魏书》卷一《序纪》所载的大鲜卑山加以区别，甚至怀疑鲜卑山与大鲜卑山是一个山还是两个山？因而对于东部鲜卑与拓跋鲜卑的关系，也常常弄不清楚。及至 1980 年内蒙古呼伦贝尔盟文物站站长米文平同志发现了嘎仙洞内北魏先祖祖庙——石室的石刻祝文之后①，才得以为解决鲜卑史上一系列难题提供了一把钥匙。

现在我们知道，鲜卑山在今大兴安岭南段、内蒙古通辽市科尔沁左翼中旗西，而大鲜卑山则在大兴安岭北段、内蒙古呼伦贝尔市鄂伦春自治旗阿里河镇西北十公里处的嘎仙洞附近。因而连带弄清了拓跋鲜卑的发源地即在大鲜卑山，与早期活动在鲜卑山的东部鲜卑彼此各别自成一族或各别成为鲜卑族的一支。

拓跋鲜卑的先祖后来逐渐向西南移徙，经今呼伦贝尔市陈巴尔虎旗完工苏木（乡）、完工西北的扎赉诺尔和海拉尔区伊敏河流域到达"大泽"（今呼伦湖）。但因"大泽"地势"昏冥沮洳"，遂又继续南徙，最后到达"匈奴之故地"，即今内蒙古河套及大青山一带。这个迁徙过程，已被近三十年来的考古所证实。

1986 年，我前赴嘎仙洞参观。该洞在大兴安岭北段岭巅之东麓，位于山岭半腰的峭壁。周围重峦叠嶂，古木参天，松林茂密，气势雄伟。山下有小溪，溪水潺潺，溪边花草丛生，风景秀丽。洞口朝西南，呈三角形，洞内高约 20 米，东西宽约 30 米，南北长约 100 米，总面积约 2000 平

---

① 参阅米文平《鲜卑石室的发现与初步研究》，载《文物》1981 年第 2 期。

方米，形同一个大厅堂，可容数千人。洞内阴森、微寒，喊声会出现回响。洞内有石炕，炕上有石桌和石凳。洞内深处还有两个耳室。石刻祝文刻在距洞口 15 米的西侧石壁上，共 19 行，竖写，每行12—16 个字不等，全文共 201 个字，字体魏书，首行为"太平真君四年癸未岁七月廿五日"。内容除个别字句有异外，完全与《魏书》卷一〇八《礼志》一所载其先祖旧墟石室的祝文相符。可见嘎仙洞石室即拓跋鲜卑先祖的旧墟石室。

现将石刻祝文拓本以今文字体抄录如下：

> 维太平真君四年癸未岁七月廿五日
> 太子臣焘，使谒者仆射库六官、
> 中书侍郎李敞、傅𩓣，用骏元、一元大武、
> 柔毛之牲，敢昭告于
> 皇天之神：启辟之初，佑我皇祖，于彼土田，
> 历载亿年，聿来南迁，应多受福，
> 光宅中原，惟祖惟父，拓定四边。庆流
> 后胤，延及冲人，阐扬玄风，增构崇堂，剋
> 翦凶丑，威暨四荒。幽人忘遐，稽首来王。始
> 闻旧墟，爰在彼方。悠悠之怀，希仰余光。王
> 业之兴，起自皇祖。绵绵瓜瓞，时惟多祜。
> 旧以谢施，推以配天。子子孙孙，福禄永
> 延。荐于
> 皇皇帝天
> 皇皇后土，以
> 皇祖先可寒配，
> 皇妣先可敦配。
> 尚飨！
> 　　东作帅使念凿

《魏书·礼志》一对于太武帝拓跋焘于太平真君四年（443年）派中书侍郎李敞等前往旧墟石室致祭并刻凿祝文之事，记载十分明确。《礼志》载：

> 魏先之居幽都也，凿石为祖宗之庙于乌洛侯国（在今嫩江之西）西北。自后南迁，其地隔远。真君中，乌洛侯国遣使朝献，云石庙如故，民常祈请，有神验焉。其岁，遣中书侍郎李敞诣石室，告祭天地，以皇祖先妣配。祝曰：
>
> "天子焘谨遣敞等用骏足、一元大武敢昭告于皇天之灵。自启辟之初，佑我皇祖，于彼土田。历载亿年，聿来南迁。惟祖惟父，光宅中原。克翦凶丑，拓定四边。冲人篡业，德声弗彰。岂谓幽遐，稽首来王。具知旧庙，弗毁弗亡。悠悠之怀，希仰余光。王业之兴，起自皇祖。绵绵瓜瓞，时惟多佑。敢以丕功，配飨于天。子子孙孙，福禄永延。"
>
> 敞等既祭，斩桦木立之，以置牲体而还。后所立桦木生长成林，其民益神奉之。咸谓魏国感灵祇之应也。石室南距代京可四千余里。

又，《魏书》卷一百《乌洛侯国传》载："世祖（拓跋焘）真君四年来朝，称其国西北有国家（指北魏）先帝旧墟，石室南北九十步，东西四十步，高七十尺，室有神灵，民多祈请，世祖遣中书侍郎李敞告祭焉，刊祝文于室之壁而还。"

考古工作者曾在嘎伯洞进行调查和试挖，收集到不少陶片、石器、骨器和角、牙器。他们把这些器物加以整理、归纳和分析，认为：

1. 出土的细石器较多，且用途广泛，其中有的是用来射猎（如石镞、石矛），有的是用来切割（如刮削器、石叶），有的则是用来钻孔（如尖刻器）。从石镞和石矛的制作业已趋于定型化且制作精细来看，表明鲜卑人的狩猎经济已经有了长期的发展，同时也反映出他们的生产力具有一定的水平。

2. 除石器外，还出土了骨器。骨器有骨镞、骨锥、角锥、牙锥等。其中作为射猎用的骨镞，体身细长，镞的前部作圆形，尾部作楔形。这种楔形骨镞，被认为是嘎仙洞中富有特征性的鲜卑遗物。

3. 出土的陶片为夹砂陶，羼杂粗砂、细砂，均为手制，火候不高。除陶罐外还有陶鬲（音力）。

4. 此外还收集到铜饰牌和铁刀各一件。铜饰牌圆形，透雕，图案简单。铁刀则是在刻石祝文壁下的石片层中发现的，这可能是北魏太平真君四年李敞等来此告祭时遗落之物[①]。

从嘎仙洞发现的遗物可以看出，狩猎工具既占多数，并有大量的动物骨骼，说明当时狩猎经济已居于主要的地位。这和《魏书·序纪》说拓跋鲜卑的远祖在"统幽都之北、广漠之野（时），畜牧迁徙，射猎为业"，是吻合的。

从内蒙古陈巴尔虎旗完工和札赉诺尔的古墓群发掘出的鲜卑遗物得知，这里的陶器、石器和骨器，在质料、器形和制作方面，都能看出它们与嘎仙洞的遗物具有内在的联系和文化上的继承关系。但完工的石器已见减少，札赉诺尔则根本没有发现石器。射猎用的石镞、石矛已被大量的骨镞和铁镞所取代。完工出土骨镞二十六件，铁镞两件，铁刀十件。札赉诺尔出土骨镞一百零四件，铁镞三十五件，铁矛六件。完工和

---

① 参阅米文平《鲜卑石室的发现与初步研究》及吉发习《嘎仙洞调查补记》，载《内蒙古师大学报》1985 年第 1 期。

札赉诺尔还出土了铜制饰具，如带饰、带扣、铃、环等①。

在完工和扎赉诺尔的墓葬中，发现有殉羊、殉马、殉牛和殉狗的习俗，说明这些动物已被作为家畜驯养。有的墓葬，殉牲的数量很人，说明牲畜被饲养的数量也很大。然而在嘎仙洞发现的动物骨骼，却是以野猪、野鹿和野羊为主的。可见拓跋鲜卑在南迁"大泽"之后（完工和札赉诺尔都在"大泽"附近），畜牧业已很发达，较之嘎仙洞时期以射猎为主大不相同了。考古工作者认为，完工和札赉诺尔两地的墓葬中，完工墓葬应较札赉诺尔的墓葬为早，但二者的文化遗迹与嘎仙洞的遗迹是一脉相承的。

1979 年及 1980 年先后在内蒙古海拉尔区南伊敏河流域的伊敏车站和车站东的孟根楚鲁的十一座墓葬中，也发现了不少拓跋鲜卑的遗物。出土的陶器为手制夹砂灰褐陶和红褐陶。考古工作者认为，无论从陶质、陶色、器形和纹饰等方面比较，都与札赉诺尔墓葬出土的相同。如环状双耳陶壶，更是与完工 M_1 墓出土的陶壶相像。这里也有以羊马殉葬的习俗。此外，孟根楚鲁的七座墓葬，殉牲多置于死者头前的土台上，这与札赉诺尔的 M_{10} 墓和 M_{29} 墓的情况也是一样的②。

伊敏河各墓出土的铜铁器不少。铜器有铜饰针、铜扣、铜镯共三十一件；铁器有铁甲片一百零五件，鸣镝（响箭）五件，铁镞二十五件，还有铁刀、铁矛头、铁带钩、铁马衔等多件。说明这时拓跋鲜卑的金属冶炼和铜铁手工业已较完工、札赉诺尔时期发达。

上述情况表明，伊敏车站和孟根楚鲁出土的遗物，与完工、札赉诺尔出土的遗物，其文化性质是相同的。考古工作者认为，伊敏河流域墓

---

① 参阅内蒙古自治区文物工作队《内蒙古陈巴尔虎旗完工古墓清理简报》，载《考古》1965 年第 6 期；郑隆《内蒙古札赉诺尔古墓群》上、下，原载《文物》1961 年第 9 期及《考古》1961 年第 12 期，后收入《内蒙古文物资料选辑》，内蒙古人民出版社 1964 年版，第 101—104 页。

② 参阅程道宏《伊敏河地区的鲜卑墓》，载《内蒙古文物考古》第 2 期，1982 年 12 月。

葬的年代，其上限都在东汉晚期，也正是拓跋鲜卑南迁至"大泽"的时期，不过比完工、札赉诺尔墓葬的年代略晚而已。

（二）东部鲜卑的物质文化形态

鲜卑，除居于大鲜卑山（在今大兴安岭北麓）的拓跋鲜卑外，还有居于鲜卑山（在今大兴安岭南麓）的东部鲜卑。东部鲜卑从魏晋时期（三世纪前期开始）分化和兴起了宇文部、段部和慕容部，其中以慕容部最强，他的政治中心初在棘城（今辽宁锦州市附近，棘音亟）之北，后经两次迁徙，最后仍还居棘城。因不断受到汉族文化的影响，逐渐脱离游牧生活，转向农耕①。从四世纪初开始强大，公元337年慕容皝自称燕王，建立政权，史称"前燕"。他西灭段部，北并宇文，开地三千里，人口增加十万户，筑城于柳城以北、龙山以西，号曰"龙城"（故址在今辽宁朝阳市），作为"前燕"的都城②。前燕成为当时东北地区唯一强大的政权。公元348年（东晋永和四年）前燕主慕容皝死，子慕容儁（音俊）继立，迁都于蓟（今天津市靠北，蓟音计）。352年（永和八年）又迁都于邺（今河北磁县东南三台村），即皇帝位。370年（东晋太和五年）邺城被"前秦"主苻坚攻破，前燕亡③。

东部鲜卑的物质文化，文献记载很少。新中国成立后，经过考古工作者的努力，发现了不少慕容鲜卑的遗迹和遗物，因此对于慕容鲜卑的物质文化，略可叙论。

近数十年的考古工作中，以1956年在辽宁北票县房身村发现的三座石板墓出土的属于慕容鲜卑的文物较为重要，较有特色④。

---

① 参阅《晋书》卷一○八《慕容廆载记》。
② 参阅《晋书》卷一○九《慕容皝载记》。
③ 参阅《晋书》卷一一○《慕容 载记》及卷一一一《慕容暐载记》。
④ 参阅陈大为《辽宁北票房身村晋墓发掘简报》，载《考古》1960年第1期。

第一座（一号墓）墓室西、南、北三面墓壁均用板石平砌，墓顶加盖石板，墓底也铺石。墓室长 1.9 米，宽 1.15 米，高 1.15 米。因墓已塌毁，故葬式不明。随葬品仅得一直径 8.3 厘米、厚 0.15 厘米的带钮的小铜镜，金指环一对，已破碎的红色陶盆一件。

二号墓的墓室结构大体上与一号墓相同，亦因墓已塌毁，无法得知其葬式。考古工作者从出土遗物中有嵌石金戒指、金顶针和金发钗等妇女用品分析，原墓似为埋葬男女二人。又从发现铁钉和木块分析，墓内应有木棺。出土遗物计清理出 54 件，包括：

花树状金饰两件，一大一小，为捶揲而成，四个角各穿一孔。

花蔓状金饰两件，长条形，上有钻孔，可能是冠上的围饰。

透雕金饰两件，也是一大一小，皆方形薄金片透雕双龙双凤形，大件在四角、小件在四周和中心，亦均有穿孔。

以上三件金饰品，考古工作者认为可能就是乌桓人的"步摇冠"。我同意这个看法。因为据《后汉书》卷九十《乌桓鲜卑传》载，乌桓妇女，"至嫁时乃养发，分为髻，著句决，饰以金碧，犹中国（中原）有'筓步摇'。"又载"鲜卑语言习俗与乌桓（相）同"。鲜卑与乌桓原来都是东胡部落联盟的一个组成部分，故属于东胡族系的鲜卑慕容部人一直保留着古老的传统习俗，这在出土的物质文化中反映了出来。

二号墓还出土了月牙形嵌玉金饰一件，用金片制成，中嵌矩形青玉石片，后面用金片加铆钉，正面两旁有线刻飞凤，沿边有凸起乳状纹，两端有孔，似为悬挂饰物。此外还有银制饰物、铜指环、刀形金具，锻造的铁刀等。

三号墓墓室较小，北端保存完好，四壁以石板立支，顶盖板石，底铺石板，组成石棺形状，是一个单人墓葬。出土物共 11 件，包括：灰陶罐一件，平底展唇，轮制；铁刀、铁钉；五铢钱、铤环钱、铜钱、货泉（王莽时所铸的钱币名称）等。

上述三座墓葬出土的遗物，是新中国成立后考古发现的新资料，学术价值较大，对探索东部鲜卑的物质文化，意义不小。

其次，1965 年在北票县西官营子村发现的北燕天王冯跋（409—430 年在位）之弟冯素弗及其妻属的石椁墓也很重要，它不仅是反映慕容鲜卑晚期物质文化的新资料，而且是有确切年代可考的北燕墓葬①。

西官营子村位于北票县西北四十二华里、南距北燕都城——龙城七十余华里之处。考古工作者在该地发现了两座墓葬及一座已被拆毁的墓葬残迹。

第一号墓的墓圹为长方形，用灰白色砂岩石砌筑，圹穴上大下小，修饰工整，壁面光平。椁顶用九块大石条横搭在椁壁上，椁底用三块石板分三行纵铺。椁的上口（内口）长 4.25 米，宽 1.34—1.53 米，高 1.7—1.75 米。整个椁室封闭严密，石缝间都塞满了碎石块，盖面缝隙还用石灰在外面抹严。椁室内遍墁一层石灰，灰面上绘有彩画。

墓内中间安葬柏木画棺一具（发现时已散坏不全），长方形，前大后小，前高后低，是用木枋拼合而成，两面棺帮（棺的左右两侧叫做"帮"）各有两个铁环，共四环，各套以铁鼻。另发现十五个铁制棺钉。棺外壁涂红漆，施彩画，虽多脱落，但仍能看出一些内容。前和（棺的两头叫做"和"，前和即前头）画的是上下交错的两行羽人②，都是黑髻，脸微侧，相对作袖手拱揖状。后和则画一些类似半月形的黑色图纹。右帮画一座建筑物，屋脊白色，瓦垄黑色，檐下有白色柱子。建筑物周围的许多人物，都是黑发髻，上衣黑圆领、白袖口，拱手而立。

墓中出土文物甚多，计四百七十件，其中有陶器、铜容器、漆器、

---

① 参阅黎瑶渤《辽宁北票县西官营子北燕冯素弗墓》，载《文物》1973 年第 3 期。
② 按：羽人有二义：一为神话中的飞仙称羽人；另一则为官名。《周礼·地官》载："羽人掌征（收）忌翮之政。"

玉器、玻璃器、铁工具、兵甲、马具、仪仗、车具、文具、印章、服章杂用等物。

陶器四十件，包括有釉陶壶、大罐、直口罐、侈口罐等。

铜容器二十七件，均为铸造，包括有釜、甑、盆、锅、罐、洗、销、钵、魁、尊、碗、镦斗、鎏金钵、鎏金盏、鎏金盘及虎子（受便溺之器，俗称尿壶）等。

漆器六件，包括有嵌骨长方盒等。

玻璃器五件，包括有碗、杯、注、钵等。

铁工具九件，包括有斧、铲、凿、锯、刃等。

兵甲、马具二百三十余件，包括铁剑、铁刀、铁矛、铁镞、鸣镝（响箭）、泥丸（弹弓用）、铁甲片、铁马衔及马镫等。

仪仗、车具共十七件，包括有鎏金螭首铜杆头、杆足鎏金铜护件、铁旗座、铁四通管、铁弓矩等。

文具四件，包括有石砚、墨等。

印章四件，包括有金质"范阳公章"、铜质鎏金龟钮"车骑大将军章"、"大司马章"、"辽西公章"。

服章杂用约九十一件，包括有金冠饰、人物纹山形金饰、镂孔山形金饰片，喇叭管形及其他形状的金器，长条形及圆形等金片，金钗、银钗、银笄、银带环、铜带钩，水晶珠，熨斗等。

此外还有其他文物四十余件。

椁盖及四壁白灰面上绘有彩画，因大部脱落，仅从残迹中得见椁顶绘星象图，九块盖石为一幅，所画为日、月、星、云。鸟形图纹遍布全画面。此外，横贯东四石还画有一条红黄两色的涡纹带，类似银河。考古工作者在残缺的壁画中，还拼对出一个人像，是以黑线勾勒，白面微须，面容清秀，头带两梁冠。

第二号墓的墓圹，情况大体上与第一号墓相同。椁室长方形，西高东低，西宽东窄。此墓早年曾被盗挖，故北段出现揭翻的盗洞。一具木棺放在椁内东部，棺下有"井"字形板灰痕迹，可见原来棺下有垫木。垫木先横铺两条，再在其上纵铺两条，成"井"字形，大小与棺的宽、长相等。棺内不见人骨，但棺外西侧发现人骨一具，当是被盗墓者从棺内拖出。发现时死者尸体尚未腐烂，女性，有二十八颗牙齿，考古工作者推测死者死时当在青壮年。

随葬品有陶器十五件，仪仗、车具共五件，服章杂用共五件，还有狗骨及其他物品。从壁画内容看，墓主身份地位高贵，平日生活奢侈豪华，而随葬品却如此稀少，当为大部分珍贵物品已被盗墓者偷走。

椁内的顶部和四壁都绘有彩画，虽大部脱落，但仍约有百分之二十画面略可看见。

顶部绘星象图，也是用红黄两色表示，也绘有银河。

西壁绘人物、出行、家居和建筑物。建筑物檐下南北两端各立女侍二人，面相向。虽形象残缺不全，但仍能看出四人都穿缥青领的红襦、黄袖、黑缘、白口，下穿以红、黄、青、黑各色相间的彩条裙。面容丰秀，唇点朱红。头发是两颊之间各垂一绺，额上有髻，髻上插一笄。此墓壁画中的女侍装束、发型和服饰，大都如此。

南壁绘出行图。从西（右）起，有很多女侍并列行进，面向西，计有十二个，分为三行。有的捧提器物，有的执麈尾，有的执仗扇，有的执伞盖，都是长柄。女侍之后是一辆长轩车，残存画面依稀可见有一女人坐在车上。

东壁画人物。南（右）端一个女侍穿彩裙，北端在一根楹柱之旁站立二人，虽红衣彩裙，但颈部穿黑圆领服，作武士装束。前立的执长柄仪仗，似为两个女侍卫。

北壁只存零星画块，似为一幅家居图。残存画面约可看出一女主人闲坐，周围女侍约有十八人。

据考古学者黎瑶渤分析：

1. 第一号墓墓主是冯跋之弟冯素弗，第二号墓墓主是冯素弗之妻属。《晋书》卷一二五《冯跋载记》附传载，冯素弗曾协助冯跋推翻"后燕"主慕容熙，建立"北燕"政权，位居宰辅，是北燕立国时的第二号统治人物。他家居昌黎长谷，死后也葬在长谷，而长谷就在北燕都城——龙城北七十华里处。其地在今北票县西官营子村，上述两墓即在该村发现。冯素弗死于北燕太平七年（415 年）。第一号墓内随葬物种类繁多，珍贵精致，铜铁器大多鎏金，甚至棺钉和马镫也都贴金和错金，可见墓主生前的地位显赫、身份高贵。第二号墓壁画绘出女侍竟多至数十人，门前还站立女侍卫，可见女墓主为冯素弗之妻无疑。

2. 冯素弗木棺外加彩绘，为秦汉以来皇帝为勋贵大臣赐赠棺木的遗制，被称为"珠画秘器"。墓中出土铜杆头，说明冯素弗殡葬时载棺之车可能是用"辒辌车"（即可以卧息的丧车），反映出北燕的丧葬仪式沿袭了古代中原的遗制。墓椁壁画以星象、出行、家居为题材，画中人物衣冠和舆服制度与中原无异，显示出慕容鲜卑在辽东、辽西及中原活跃了数十年之后，深受中原汉族文化的强烈影响。

3. 两墓的随葬物（包括明器）大量与中原及南方等地同时期出土的相同。除大镂孔高圆足铜锅（釜）被认为是少数民族的文化遗物外（这种器物曾在呼和浩特美岱村出土过），其他许多随葬物都具有汉族文物的样式，其中尤以附有提梁的螭首纹饰更具有汉族文化的色彩，故墓中随葬物可以说是鲜卑文化与汉族文化互相交融结合的产物。此外，墓中出土了石砚、墨等文具，也是汉晋以来中原统治阶级士大夫文人所谓"书殉"、"笔葬"的风尚。

4. 墓中出现马镫，这是现时已知的有确切年代可考的一副。汉代还没有马镫，早期长沙晋墓中的马俑身上曾发现过三角形单镫，只是供上马之用。冯素弗墓出土的却是双镫，放在马上承足，便于骑乘。这是马镫形制的进一步发展，也是鲜卑族在物质文化方面的创造。

总之，北燕的文化，包括物质文化和精神文化，主要是模仿和接受中原汉族的封建文化，但也保留了鲜卑文化的特色，应该说是鲜卑族与中原汉族共同创造的优秀文化。

1980 年在辽宁朝阳市南姚金沟村北山坡上发现的后燕崔遹墓（遹音玉，《北史》作崔逌），是目前所知的第一座慕容氏治下的纪年墓。它与冯素弗墓一起，构成了考古工作者制定慕容鲜卑晚期文化的标尺①。

崔遹为后燕的昌黎太守，《魏书》（卷三二）及《北史》（卷二四）均有传，附于其弟《崔逞传》之中。墓中出土最重要的是两块石刻墓表：一块阴刻"燕建兴十年昌黎太守清河武城崔遹"三行十五字；另一块阴刻"燕建兴十年昌黎太守清河东武城崔遹"三行十六字。"燕"指慕容垂建立的"后燕"，建兴十年（395 年），其时崔遹任昌黎太守。昌黎为后燕的辖郡之一，郡治在今辽宁义县，辖境包括今辽河以西大凌河中下游及小凌河流域。崔遹原籍为清河郡武城或东武县人。

崔遹墓为土圹石椁墓，墓椁内有木棺，已朽。棺内葬一人，仰身直肢，考古工作者从头发及牙齿分析，推断当为墓主崔遹其人。墓内随葬物不多，仅二十余件，如陶器、铜魁、弩机、铁环、货币等，都与朝阳市附近发现的其他晋墓的出土物特点大致相同，故不详述。

1975 年，考古工作者在内蒙古通辽市科左后旗茂道吐公社舍根大队周围发现了属于东部鲜卑的石椁墓墓群，收集到一批具有代表性的鲜

---

① 参阅陈大为、李宇峰《辽宁朝阳后燕崔遹墓的发现》，载《考古》1982 年第 3 期。

卑遗物，发现者把它定名为"舍根文化"遗存。舍根文化散布范围颇广，收集到的遗物不仅限于舍根大队周围，而且北至科右中旗，南至奈曼旗，都收集到同类的遗物。这批文物可把大凌河流域发现的鲜卑文化，在空间上扩展了五百多公里，在时间上也比其他鲜卑文化出现较早。它是东部鲜卑的早期文化，不仅具有明显的鲜卑特色，而且它的印纹陶与后来契丹的早期文化也有渊源关系。

舍根大队所在地发现的墓葬都是石椁墓。墓室长 1.8—2 米，宽 0.6米，深 0.4 米，均为东西向，头向东，大多为单人墓，仅少数为二人合葬墓。随葬物多少不等，有陶罐、陶壶、马具、青铜管等。

在舍根墓葬收集到的随葬物中，最重要的是陶器。陶器可分为夹砂手制陶和细泥轮制陶两个系统。夹砂陶多制成陶罐形（主要是炊器），表面竖向磨出暗条；细泥陶多制成陶壶形，颈部也竖磨暗条，肩部施旋纹，腹部采用滚轮加工办法印出各种花纹。细泥陶均为灰色，质地坚硬，火候较高。舍根周围因地处沙土地带，墓葬虽分布甚广，但因风沙流动，失去了地层关系。

在舍根墓群及通辽市境内发现所有的舍根遗物中，因为没有纪年之物，故其文化年代，发现者只能根据遗物形状的演变规律比较研究而推断出来。发现者认为，舍根文化遗物中的滚轮印纹陶起源很早，从两汉至魏晋南北朝，一直延续了很长的时间，及至舍根文化时期已趋向衰落，而后来契丹的印纹陶（主要是篦纹陶）则是直接继承舍根文化的印纹陶而发展起来的。舍根文化的这种印纹陶在原哲里木盟（今并入通辽市）和原昭乌达盟（今赤峰市）分布甚广，这就是东部鲜卑曾经在这些地区长期活动留下的文化遗迹和遗物。《后汉书·鲜卑传》载，东汉时，鲜卑"以季春大会于饶乐水上"。饶乐水即今赤峰市（原昭乌达盟）境内的西拉木伦河。其后鲜卑部落军事大联盟"大人"（盟主）檀石槐（156—181 年在位）也曾强命"倭人"数千家在乌侯秦水捕鱼以助粮食。乌侯秦水即今老哈河，河在西拉木伦河南面，二河俱从西向东流，汇合成为流经原哲里木盟南部的西辽河。故发现者认定舍根文化当为东部鲜卑文化的遗存①。

吐谷浑（音突浴魂）是鲜卑慕容部的一支，其先原居于辽东，公元三世纪后期（晋太康年间），沿今内蒙古阴山西迁至今甘肃、青海一带，建立政权，都伏俟城（故址在今青海湖西，俟音埃），立国凡三百多年，创造了不少优秀文化。

在物质文化方面，首先应该提到的是城邑和镇戍。其中最重要的当推都城伏俟城。伏俟城遗址在 1960 年已被发现，经学者探明，该城的形制颇为奇特，有外郭城和主城。主城仅在东面开一门，其内又有小城，而外郭城内又分为两部。此种形制为内地城邑所少见或根本未见。故它的建筑和设计，显示了青海先民的高度智慧，同时也反映出吐谷浑古代的物质文明②。

伏俟城自六世纪中期建成并作为吐谷浑的国都之后，地位逐渐重要起来，加以吐谷浑当时国势日强，南通巴蜀，北交凉州，西控于阗，影响远及于西域，所以中外商贾多趋集于此。此外，有往西方求法或从西方东来弘法的高僧，在河西走廊时断时绝的期间，也不得不取道此城。因此伏俟城在古代很长的一段时间内，成为我国西部地区政治经济和文化的重要城邑。当时由伏俟城联系中西交通的路线主要有两条：一是取道柴达木盆地北缘，西北出于阗（今新疆和田市）而入天竺（古印度，竺音笃），北魏明帝（576—598 年在位）时，宋云、惠生等高僧从中原前往天竺求法，所走的就是这条路线。此后乾陀罗国高僧阇那崛多，在 552 年（西魏废帝元钦元年）前来中国长安弘法，所走的也是这条路线。二是西南出河源，奔西藏、尼泊尔而至印度。这就是历史上有名的泥波罗道。此道创通于 643 年（唐太宗贞观

①　以上参阅张柏忠《哲里木盟发现的鲜卑遗存》，载《文物》1981 年第 2 期。
②　参阅黄盛璋、方永著《吐谷浑故都——伏俟城发现记》，载《考古》1962 年第 8 期。

十七年）。由伏俟城通往内地的交通线，主要有三条：一是南下出巴蜀；二是东南出长安；三是东北出凉州。因此在中外交通史上，"青海道"是很著名的①。

吐谷浑的城邑带有很浓厚的军事设防和镇戍的性质，故其建筑伏俟城的目的，很可能不是由于游牧转向定居的需要，而是为了军事上的攻防和驻兵戍守的需要。正如《魏书》卷一〇一《吐谷浑传》所说：吐谷浑人"虽有城郭而不居，恒处穹庐（毡制帐幕，穹音穷），逐水草畜牧"。也就是说，直至夸吕可汗（540—591 年在位）之后，虽已建筑了伏俟城，但一般吐谷浑牧民仍不居住在城邑，仍旧以随时可以移动迁徙的适于游牧的毡制帐幕为居室。所以吐谷浑的城邑通常也称作"戍"，即驻兵戍守的军事堡垒之意。《南齐书》卷五九《河南氐羌传》对此记载更为明确。《传》曰：

> 吐谷浑……大戍有四：一在清水川；一在赤水；一在浇河；一在吐屈真川，皆子弟所治。其王治慕贺川②。多畜，逐水草，无城郭，后稍为宫屋，而人民犹以毡庐、百子帐为行屋。

可见吐谷浑境内主要的四个城邑都是镇戍的性质。每个"戍"就是一个城堡，因属军事重地，故四个大戍都派遣王族子弟统治，非异姓他人所能信托。

吐谷浑的物质文化，不仅表现在城邑（镇戍）的建筑，而且表现在桥梁的架设。

---

① 周伟洲教授著有《古青海路考》一文（载《西北大学学报》1982 年第 1 期）及《吐谷浑史》一书（宁夏人民出版社 1984 年版），对古代青海的交通及其在中西交通史上的地位和作用，均有详考，可参阅。
② 慕贺川之"贺"，原文讹作"驾"，兹据《宋书》卷九六《吐谷浑传》改正。

　　吐谷浑曾经在黄河流域上游架设桥梁，名曰"河厉"。河厉者，取《诗经》"深则厉，浅则揭"之意。北魏郦道元撰《水经注》[①] 卷一《河水注》引段国的《沙州记》有云：

　　　　吐谷浑于河上作桥，谓之"河厉"，长百五十步，两岸累石作基陛，节节相次，大木从横，更镇压两边俱平，相去三丈，并大材以板横次之，施钩栏，甚严饰。

这种桥梁的建造形式，一是桥的两岸先用石块奠基；二是没有桥墩，仅用巨木（大材）纵贯桥的两端，桥上铺木板；三是桥的两边加上栏杆，便于人马车辆行走通过。这种桥型，在古代峡谷中常见，盖因地制宜，且就地取材，工省而效著。

　　"河厉"在何处？段国和郦道元都未确指。据学者考订，此桥应在赤水，即当时浇河郡（治今青海省贵德县）之西，沙州（治今贵南县穆格滩）之北[②]。

　　除"河厉"桥外，史书记载吐谷浑还有一座桥，名曰"大母桥"。《魏书·吐谷浑传》载：慕利延在位（437—452 年）时，北魏太武帝拓跋焘诏晋王伏罗率众征讨吐谷浑，"军至大母桥，慕利延兄子拾寅西走河西（应作河曲）。"同书卷十八《晋王伏罗传》亦载："遂间道行，至大母桥，慕利延众惊奔白兰。"这座大母桥又在何处？它与"河厉"是同一座桥，抑为两座桥？学者间少有考证，仅李得贤先生在《吐谷浑国地理考释》中认为："此大母桥应为赤水上的桥，即今青海省兴海县曲沟水入河之处，在恰卜恰东南，居赐支河曲西端。"至于此桥与"河厉"的关系，他文中没有涉及。从他在文中第二节既考订"河厉"在赤水，

---

①　1937 年商务印书馆发行《四部丛刊》本。
②　参阅李得贤著《吐谷浑国地理考释》一文，载 1998 年《人文杂志丛刊》第 4 期。

文末第三节考订大母桥亦在赤水，似乎"河厉"即大母桥。但从他分别考订二桥的方位而观，似乎"河厉"与大母桥各别为一桥。故这个问题尚有待进一步研究才能明确。

1969年，甘肃武威县（今武威市）雷台的东汉墓出土了一件罕见的艺术珍品——铜质"踏飞燕"的奔马，亦称"马踏飞燕"。这是河西走廊古代牧民精于培育善马在艺术上的反映。这匹奔马造型特异，它昂首嘶鸣，尾巴高高翘起，体身壮健俊美，神态栩栩若飞，见之者无不赞赏。1976年和1977年曾先后在美国、欧洲、日本、香港等地展出，外国和香港的观众也为之惊奇。它实堪与西汉时中亚大宛的"汗血马"和唐太宗时的"昭陵六骏"相媲美。1980年，我国用铜胎，以精细手工仿制了数百件复制品投放市场发售，以供广大艺术爱好者的鉴赏和收藏①。

河西走廊及青海湖周围一带，因水草丰美，宜于放牧，故历代多在此辟为牧区，广设牧场，并出产多种良马。《北史》卷九六《吐谷浑传》载：

> 青海周回千余里，海内有小山。每冬冰合后，以良牝马置此山，至来春收之，马皆有孕，所生得驹，号为"龙种"，必多骏异。
>
> 吐谷浑尝得波斯（今伊朗）草马，放入海，因生骢驹，能日行千里，世传"青海骢"者是也。

从这两段记载中，我们得知青海湖及其周围地区所产名马有两种，一是"龙种"，二是"青海骢"。"龙种"为以国内良种马与它种马交配

---

① 参阅李蔚《"马踏飞燕"正在复活》，载《光明日报》1981年1月5日第二版。

而生；"青海骢"则是以外国良种马与国内马交配而生。这说明吐谷浑牧民及青海古代牧民深知不同马种交配的优生知识。这是吐谷浑人养马技术不断提高和长期经验积累的结果。

河西走廊古代各族牧民的高超养马术反映在艺术上便出现了"马踏飞燕"，而吐谷浑牧民的高超养马术反映在艺术上（或技艺上）则是"舞马"。"舞马"就是把马训练得能在音乐节奏中表演舞蹈。大概吐谷浑人很善于训练"舞马"，故史书记载他们向南朝刘宋王朝进贡"舞马"。《宋书》卷九六《吐谷浑传》载：

> 世祖（孝武王）大明五年（461 年），拾寅遣使献善舞马。……皇太子、王公以下上"舞马歌"者二十七首。

可见吐谷浑的"舞马"表演一定十分精彩，故引起皇太子及王公等贵族、官员的极大兴趣，以致纷纷作"舞马歌"助兴。

"马踏飞燕"是东汉时河西走廊的文化，而"舞马"才是吐谷浑的文化，虽然不是物质文化，但也是吐谷浑文化的一种表现形态。姑附录于此，聊供参考。

（三）契丹女尸的出土及其在科学（医学）上的价值

契丹的文化大多富有创造性，其中物质文化至今也多有遗存。例如在草原上最早兴建的辽上京临潢府（故址在今内蒙古赤峰市巴林左旗林东镇南侧），草原上最大的京城——辽中京大定府（在今赤峰市宁城大明城），别有风格的奉陵邑——辽祖州、怀州、庆州，宏伟的佛塔，独具特色的墓葬等，都是很重要和具有代表性的。其中以 1981 年在内蒙古乌盟察右前旗豪欠营辽代墓葬群中第 6 号墓（编号为 M_6）出土了一具完好的女尸，尤为中外学术界所瞩目。

M_6 墓为不规则八角形石室墓，专家认为属于辽代中晚期的墓葬。

从女尸中可以看出契丹人的特殊葬俗和他们所掌握的医学知识。故这具女尸的出土，在科学上，特别是医学上很有价值。

女尸身穿的丝绸衣服，层次较多，揭去丝绸物以后，包裹好的尸体外面，还穿着一身用铜丝编制的特制葬具——铜丝网络。这身铜丝网络的葬服，是根据人体的大小而分部编制的，由头套网、胸背网、左右臂网、左右腿网、左右手套网、左右脚套网等组合而成。此外，死者的面部还戴有鎏金铜面具，面具铜胎很薄，约有 1 毫米。铜面具里面还有一层用丝织物做的衬里。揭去丝绸物、铜丝网络和铜面具之后，便是用粗罗裹着的尸体。粗罗为深褐色，近乎现在的粗纱。粗罗和皮肤之间还铺贴一层棕色的丝绵。包裹顺序大致是从上向下裹。头部的包裹则另有面纱。凡是露皮肉之处，全部裹住。这层丝织物保存完好，因与皮肉粘在一起，故起到了保护已经腐朽的尸体不会散架的作用[1]。

这具女尸经过医学家的专门检查——外观检查、内脏检查、组织学检查、毛发检查、血痕检查，结果认定女尸的年龄约为 25 岁左右。由于内脏均已腐败崩解，仅个别组织器官在显微镜下看到一点残留的痕迹，因而无法从病变的角度去分析死亡的原因。经毒物化验，发现女尸胃区中含有砷[2]，其含量为 100 克。从毒物化验结果推断，死者生前有砷中毒的可能。至于是否为口服急性中毒，抑为药物积蓄中毒，则尚难判断。

这具女尸出自辽代中晚期的墓葬，埋在地下距今已九百多年，虽内脏已经腐败，但骨骼仍保存完好，血型物质及少许胶原纤维也能保存下来，究竟其原因何在？据专家研究，认为凡属古尸的保存，总的说来，不外乎外部条件和内部条件两个方面。从我国近数十年来陆续发现有古

---

① 以上参阅乌盟文物工作站《"契丹女尸"墓地附近的文物分布状况》一文，载于乌盟文物工作站和内蒙古文物工作队合编的《契丹女尸》一书，内蒙古人民出版社 1985 年版。
② 林幹按：砷为一种化学元素。砷的化合物可用于杀虫和医疗。砷和砷的化合物都有毒性。

尸保存完好的情况来看，多数是在密闭性能较高的墓室和棺具（甚至用多层套棺）中保存的。但这具契丹女尸由于葬俗不同，既无严密封闭的墓室，也无棺木，而是放在一个简陋而不密闭的石制墓室里，尸体直接置于砖砌的尸床之上，这是一具自然干尸（非人工干尸）。一般说来，人死之后，组织细胞失去生活机能，因降解代谢而逐渐溶解，尤其是尸体受到内外各种腐败细菌的作用，其腐败过程和程度更加迅速。如果能够采取有效措施，使腐败细菌的作用消失或减少；或存在有不利于腐败细菌繁殖滋长的因素，形成一个无腐败细菌的外部环境，那么尸体便能较长期的被保存下来。这是契丹女尸因为生前受到砷中毒，胃区积存有砷毒材料，砷能杀菌，这可能是使女尸长期保存的原因之一。其次，女尸周身都被铜丝网络包裹，这一点也很重要。因为硫酸铜为杀菌消毒药物，而铜和铜绿也有杀菌消毒的功能。专家们通过对女尸身上铜丝网络的金相分析，认为其中所含的硫酸铜及铜绿等物质的积蓄，都对延缓尸体的腐败起了一定的作用，这可能是这具女尸能长期被保存的第二个原因①。

生活在距今九百多年以前的契丹人，不一定懂得用铜丝网络裹身便能长期保存尸体的医学知识，而女尸生前的砷中毒，更不可能是为了死后长期保存尸体的目的而服用砷元素（服毒）。用铜丝网络裹身应该认为是契丹人的一种葬俗，而这种葬俗后来竟然会产生尸体长期保存下来的客观效果，这恐怕是当时的契丹人所预料不到的。

契丹人虽不一定懂得用化学方法形成自然干尸，但却懂得用医学方法去制造人工干尸。宋人叶隆礼在《契丹国志》卷三《太宗嗣圣皇帝》下②载：

---

① 以上参阅内蒙古医学院和公安部126研究所孙慧宽、崔家贵等九位专家共同署名发表的《契丹族古尸研究》一文，载同上《契丹女尸》一书。
② 1985年上海古籍出版社点校本。

帝（耶律德光）自大梁（今河南开封市）北归，行至滦
城，得疾，崩于杀狐林（地名）。国人剖其腹，实以盐数斗，
载之北归，晋人谓之"帝羓"（音巴）。

叶氏所记虽较简略，但司马光在《资治通鉴》卷二八六后汉天福十二年
（947年）夏四月条却予编入，可见此事较为真实。另一位宋人文惟简
在《虏廷事实》契丹人"丧葬"条中则叙述此事较为详细、具体。
他说：

其富贵之家，人有亡（死）者，以刃破腹，取其肠胃涤
（清洗）之，实以香药、盐矾，五彩（用五色丝线）缝之。又
以尖苇筒（一种尖锐如针的芦苇管）刺于皮肤，沥其膏血且尽
（一滴一滴地吸出他的血液，使成干尸）。（然后）用金银为面
具，（用）铜丝（网）络其手足。耶律德光之死，盖用此法，
时人目为（叫他做）"帝羓"，信有之也①。

目前考古学者虽尚未发现耶律德光的尸体，故暂不能得悉这种制造
干尸的效果如何，但契丹人早在距今九百多年前便掌握了如此奇妙的医
术，可见其医学外科知识的深湛。

---

① 文氏所记，见上海古籍出版社1985年版《说郛三种》卷八。

第七章
匈奴、突厥、东胡三大族系的
文化面貌——意识形态

一、阿尔泰语系及其语族

本章所要论述的匈奴、突厥和东胡三大族系的语言，都是属于阿尔泰语系。阿尔泰语系包括三个语族，即突厥语族、蒙古语族、满·通古斯语族。现在国内外多数学者认为匈奴和突厥的语言属突厥语族，东胡族系的语言属蒙古语族，而活动在东北地区的肃慎族系的语言则属满·通古斯语族。

阿尔泰语系的语言分布很广，今天的我国、独联体、蒙古及中亚、西南亚、东南欧等国家都有不少操阿尔泰语系语言的民族。"阿尔泰语系"这个学术上的用语和语言系统形成很早，而我国则是阿尔泰语系中许多阿尔泰语言的故乡。

从十八世纪开始，就有西方学者对世界各民族的语言进行比较研究，并提出了突厥语、蒙古语和满·通古斯语三者之间具有"亲缘"关系（即语言亲属上的同源关系）。其中对阿尔泰语系的论述贡献较大的当推二十世纪初期芬兰著名语言学家蓝司铁（G. J. Ramstech）。他在他的名著《阿尔泰语言学导论》[①] 一书中认为：突厥、蒙古、满·通古斯的语言都是来自一个共同的根源，即来自共同的阿尔泰语，这个共同的阿尔泰语包括原始突厥语、原始蒙古语和原始满·通古斯语。与蓝司铁同一个时期，波兰语言学家科特维奇也在他著的《阿尔泰诸语言研究》一书中认为：阿尔泰语系的三种语言，即突厥语、蒙古语、满·通古斯语，在遥远的古代曾经有过统一的基础语，只是后来由于各种各样的原因，彼此才分化出来，形成三个分支（三个语族）；后来阿尔泰语言中在语音、语法和词汇方面的共同性，也是彼此互相接触和互相影响的结果。

我国著名语言学家陈乃雄教授，在他的《阿尔泰语系概要》[②] 一文中论述了阿尔泰语系诸语言的关系。他说：阿尔泰语系诸语言的关系应该是一些具有共同起源的语言，一方面受到祖语的内在引力的制约，另一方面又受到地理环境和历史变迁等外部因素的吸引和影响，故在漫长的社会发展过程中，各个民族的语言都会自觉地或不自觉地产生向心作用或离心作用，因而有些使用阿尔泰语系不同语族语言的共同体脱离了母体语言，改用别的语言，或与他种语言混杂，吸收了别的语言，而使自己的语言更加丰富和充实。陈氏之论十分正确。事物总是在不断变化，社会总是在不断发展，语言作为社会的一种文化现象也是如此。斯大林早在 1950 年就提出过 "从氏族语言到部落语言，从部落语言到部族语言，从部族语言到民族语言" 的发展论的观点[③]。明乎此，那么在下文将要论述的匈奴、突厥和东胡三大族系的语言时，就不会纠缠于因为几个词汇和语音等的相同或相异而争论不休。

---

① 蓝氏此书现有陈伟、沈成明汉译本，中国社会科学出版社 1981 年版。又，蓝司铁就是上文第六章提到的 1909 年在漠北色楞格河附近发现古突厥文《磨延啜碑》的学者（蓝司铁或译作兰木斯台特）。

② 见《陈乃雄文集》，内蒙古教育出版社 1995 年 12 月版。

③ 斯大林《马克思主义与语言学问题》，人民出版社中译本，1953 年第二版第 9 页。

二、匈奴人的语言

匈奴人的语言，国内外学者一般认为是属于阿尔泰语系，但究属该系中的蒙古语族抑属突厥语族，则尚有争论，然而认为属于突厥语族的居多。例如法国的沙畹（Ed. Chavannes）、伯希和（P. Pelliot），英国的巴尔克（E. H. Parker），美国的麦高文（W. M. McGovern），奥地利的敏岑海尔芬（O. J. Maenchen－Helfen），苏联的伯恩斯坦（A. H. Bevnstin）、拉德洛夫（Radloff）等人，都是主突厥语族说的。

近百年来，国内外学者发表研究匈奴语言的论著不少，较早的如日本的白鸟库吉著《匈奴起源考》①，随后有德国的奥·普里察克著《匈奴人的文化和语言》②，G. 德费尔著《论匈人的语言》③。国内的如方壮猷著《匈奴语言考》④，何星亮著《匈奴语试释》⑤，希特格其著《从语言学上看匈奴人的族属问题》⑥ 等，都是很重要的著作。虽论点不同，主张各异，但都各有见地，"自成一家之言"。其他散见于各种论著中涉及匈奴语言的部分，此处则不一一列举。

由于匈奴人没有自己的文字，目前遗留下来的语汇也不多，而留下的语汇中，也都是两汉时人根据当时的汉语读音用汉字把它音译下来的。故离开两汉时汉文汉语音译的记录，就很难了解当时匈奴语的

---

① 白氏之文，最初载于 1923 年巴黎《亚洲学报》第 202 卷，后改名《蒙古民族起源考》；1939 年由何健民译成汉文，又改名《匈奴民族考》（按其内容，实应定名为《匈奴语言考》），由上海中华书局用小册子形式出版。

② 奥氏之文，原载西柏林自由大学东欧研究所 1954 年出版的《斯拉夫丛刊》，耿世民汉译文载《民族译丛》1989 年第 5 期。

③ 德氏之文，原载 1973 年出版的《中亚学报》（CAT）第 17 卷，李卡宁汉译文载内蒙古大学蒙古史研究所编印的《蒙古史研究参考资料》总第 67 辑，1986 年 12 月。

④ 方氏之文载《国学季刊》第 2 卷第 4 期，1930 年 12 月。

⑤ 何氏之文载《中央民族学院学报》1982 年第 1 期。

⑥ 希氏之文载《内蒙古社会科学》1990 年第 1 期。

语音和语义。有些学者试图用比较语言学的方法去进行研究，这固然是一种重要的方法，但比较要在相同的条件和基础上才能进行，否则如用别的民族语言与匈奴语比较，或用不同时代的语言与之比较，都不易获得正确的结论。正如已故的著名北方民族史专家马长寿教授所说：匈奴是由许多氏族部落组成的部族，他的内部有许多共同语，究竟哪些语言是匈奴本族的语言，哪些是外族的语言，目前尚难分清，故匈奴语言中，有一些语言既与后世的蒙古语合，或与突厥语合，有的甚至与通古斯语合。大体言之，因为各人研究的角度不同，有的根据现代东亚的蒙古语和满洲语与匈奴语比较，有的则根据东欧匈牙利等国的语言和五世纪阿提拉（在欧洲建立匈奴王国的国王）时期的语言作比较，各人所根据的语言不同，所以得出的结论也就不同[1]。如果不考虑时间、地点和族别不同的各种因素，仅凭现时遗留下来的寥寥十几个（最多几十个）匈奴语汇，便论断他的语言族系，其结果必然会像过去有些外国学者（如日本的白鸟库吉即其中之一）那样，一会儿说匈奴语属突厥语族，一会儿又说匈奴语属蒙古语族了[2]。

因此，我个人认为：

1. 研究匈奴语言，必须以公元前三世纪至公元 91 年匈奴

---

[1] 参阅马氏著《北狄与匈奴》第 48—49 页，三联书店 1962 年版。又，马氏所说不能用匈牙利语言与匈奴语言相比较，这里可举出一例。1937 年 2 月《中外文化》第 1 卷第 1 期刊登了何震亚著的一篇题为《匈奴与匈牙利》的文章，文中第七节专讲匈奴的语言。何氏说："匈奴称'父'为阿爸，匈牙利谓 Apa（'亚爸'）。匈奴称'母'为唉起，匈牙利谓 Anya（'亚娘'）。匈奴称'子'为歌给，匈牙利谓 Cycrek（'子孩'）。匈奴称'女'为吾希，匈牙利谓 No（'女'）。匈奴称'伯叔'为霸给，匈牙利谓 Bacsi（'伯叔'）。匈奴称'骡'为拉虎赛，匈牙利谓 M—a（'马'）。匈奴称'马'为马锐，匈牙利谓 L—o（'骡'）。匈奴称'狗犬'为狗楚，匈牙利称 Kutya（'狗犬'）。"以上所举的匈奴语言，在汉文文献中均无考。这正是用匈牙利语言与匈奴语言比较或混用的例证，自然难于正确求得匈奴语汇的语义。
[2] 参阅前引白鸟库吉之文。

在大漠南北活动时期的语言为主；公元91年北匈奴西迁后的语言，东汉初（公元48年）南匈奴入塞后的语言，及公元91年没有西迁、仍然留在漠北，随后加入了鲜卑并逐渐鲜卑化的匈奴人的语言，都只能作为参考。因为各族人众的混杂造成语言的混杂和互相间的影响，使匈奴语言发生了变化，那是很自然的。

2. 匈奴内部民族构成复杂，故研究匈奴语言必须以匈奴的核心氏族部落——挛鞮氏（挛音孪，鞮音低）族系的语言为主，其他近亲氏族和部落如呼衍氏、兰氏、须卜氏……等的语言，也应归属在内。至于被征服部落的语言，如东胡人、西嗕人（嗕音辱）、月氏人（氏音支）、楼烦人、白羊人、屈射人、丁零人、鬲昆人（鬲音隔）、薪犁人、乌孙人、西域人、羌人等的语言，或汉末随同匈奴入塞的各族（如羯族即其一）的语言，均应区别对待，不能与匈奴本族语言混同。

3. 研究匈奴语言，应以两汉时汉人用汉字音译保存下来的语汇为主，唐代以前的注释家所作的注释，因去古未远，亦可参考；宋代以后的注释，参考价值就不大了。

基于以上认识，现时保存下来的匈奴语言，能够依据文献而确切探明其语义者仅有下列十五个，即：

1. 2. "匈奴"与"胡"，均为匈奴人的自称
3. 4. 5. "撑犁孤涂单于"（撑犁义为天，孤涂义为子，单于义为最高首领，合起来即"像天子那样广大崇高的最高首领"之义；撑音称，单于音蝉余）
6. "屠耆"（贤之义，故左屠耆王即左贤王）
7. "若鞮"（孝之义）

8．"阏氏"（音烟支，妻、妾之义）

9．"居次"（公主之义）

10．"瓯脱"（匈奴与邻族边界外的"中立地带"之义）

11．"逗落"（坟、冢之义）

12．"径路"（匈奴有宝刀名"径路刀"）

13．"服匿"（陶缶之义）

14．"爈蠡"（音觅黎，用作酵母用的干酪之义）

15．"湩酪"（湩，乳汁；湩酪，乳制品之义）

其他如"头曼"（音瞒）、头曼之子"冒顿"（音墨毒）、冒顿之子"稽粥"（音鸡育）及谷蠡王之"谷蠡"（音鹿黎或鹿离）等，则仅知其读音而不能探悉其含义。

以上的匈奴语言，我在 1986 年人民出版社出版的《匈奴通史》（第 154—165 页）中已有详考，故此处仅简要说明。

匈奴从公元 91 年西迁，至 374 年击灭居于今顿河以东的阿兰人，在中亚一带停留了约二百年；其后又入侵欧洲，于五世纪在今多瑙河中游及匈牙利周围建立了一个匈奴王国，离开漠北本土的时间共约四百年。在这四百年的漫长岁月中，匈奴人与中亚和东欧各族人众混杂，他的语言自然混入了不少他族的语言，或受到他族语言的影响而发生变化。但任何一种语言都是比较稳定的，不易因被他种语言的混杂和影响而丧失自己的基本语汇、语音和语法。因此考察一下西迁后的匈奴语言，对于研究西迁前的匈奴语言，也不无参考价值。

在国外，由于匈奴王阿提拉（Attila，445—453 年在位并独揽王权）对欧洲的历史影响巨大，故研究阿提拉及以他为首的匈奴王国的论著很多，涉及匈奴语言的部分也不少。其中以鄂图·敏岑海尔芬

（Otto. J. Maenchen-Helfen）所著《匈奴人的世界》一书[1]第九章《语言》论述匈奴人的语言较为详尽，且书中充分利用东罗马帝国时期遗留下来的匈奴王国的语言材料去进行研究，故学术价值和史料价值都比较高。

敏岑海尔芬认为，匈奴语的读音体系与希腊语和拉丁语的读音体系都不相同。因此使用非匈奴语的文字符号去翻译匈奴语，往往会歪曲匈奴语所使用的各种词汇。何况匈奴语中有许多名称并不是匈奴人对自己的称呼，而是别的民族对他们的称呼。东罗马帝国的早期和晚期，匈奴人的语言也有些变化，有些名词甚至被讹传。

敏氏又说，阿提拉王国中包括了许多操不同语言的人众，除阿兰人外，还有讲拉丁语、日耳曼语、希腊语、伊朗语的。有人认为，阿提拉（Attila）这个名字就是一个日耳曼化了的日耳曼语的名字，阿提拉的哥哥布来达（Bleda）这个名字也是一个日耳曼化的名字。很少有人能像普利斯库斯（Priscus）[2]那样懂得匈奴语及他种语言，故他在阿提拉宫廷中能分辨出小丑泽科（Zerco）在表演滑稽剧时所说的是混杂的匈奴语和哥特语。

此外，敏氏还列举了不少阿提拉王国中的重要人物的名字，证明这些人的名字都是外族语化了的名字，以说明当时匈奴语的混杂情况。敏氏举例说，匈奴王国覆亡（468 年）后，在东罗马帝国军队中有一个军官，他是匈奴人，他的名字叫 Apsik（或写作 Apsiq），这是阿兰语 Apsa（马）和土耳其语——Ok. oq（小马）之义。但敏氏认为，在阿提拉王国的匈奴人中，仍然是以突厥语的名字占优势。

---

① 英国伦敦加利福尼亚出版有限公司 1973 年出版，原文为英文。

② 普利斯库斯为东罗马帝国派往阿提拉匈奴王国的外交使团的成员之一。他回国后写了一本《纪行》，记述公元 440—442 年间在阿提拉王国的所见所闻，原文为希腊文。这是匈奴人在欧洲活动的最真实的第一手资料。后因《纪行》散失残缺，故以"残稿"之名流传于世。近代英国历史学家吉朋（Gibbon）在其名著《罗马帝国衰落的历史》一书中曾利用这份"残稿"。

敏氏还引用其他学者的论证，辨明匈人（Huns）和匈奴（Haiung-nu）是同一个民族，故不必怀疑欧洲的匈奴人所讲的语言和东方（即西迁前）的匈奴人所讲的语言是一样的，即他们所讲都是突厥语。他认为匈奴人讲突厥语已有很长的一段历史了；此外，在匈奴部族中也包含着讲突厥语的部落，这一点也应该承认。

敏氏在《语言》一章的"结论"中说：由部落名称判断，大部分匈奴人肯定是讲突厥语的。例如 Ultincur 和 Bug-cor 这两个部落名称都是突厥语的名称，都是用突厥语 cur 或 cor 收尾的。此外，突厥语名称中还有一个常见的收尾是-gur，而在匈奴部落中的 Kutrigur、Utigur、Onogur、Bittugur、Tongur、Ugur 等部落名称，gur 的收尾也经常出现。

匈奴人没有自己本族的文字，史书记载明确，考古资料也没有发现什么文字的物证。《史记·匈奴列传》说：匈奴人"毋文书，以言语为约束。"《后汉书·南匈奴传》也说：呼衍氏等大姓"主断狱讼，当决轻重，口白单于（用口头报告单于），无文书簿领（无文簿、记录之类）。"那么匈奴单于屡次写给吕后和汉帝的文书，当是出于汉人之手，用汉文书写，自无疑义。《南匈奴传》又说：匈奴右奥鞬日逐王比（名"比"），在归附汉朝之前，曾秘密派遣汉人郭衡奉匈奴地图，送给汉使中郎将李茂。这幅地图自然也是汉人（或者就是郭衡）代画的。按之实际，《史记》和《后汉书》说匈奴人没有文字，当可确信无疑。因为两汉期间，汉朝与匈奴双方的使节频频往返，苏武被留在匈奴竟长达十九年，而呼韩邪单于自归附汉朝后，三次入汉都长安，每次均留住数月，及后又曾在北部边郡住了八年。东汉初，南匈奴每年都有侍子住在汉都洛阳。明帝永平九年（公元 66 年），南单于还遣送伊秩訾王大车且渠（且音沮）至洛阳入学①。如匈奴果有自己本族的文字，《史记》作者司马迁、《汉

—————————

① 见《后汉书》卷七九上《儒林传》序及卷三二《樊准传》。

书》作者班固和《后汉书》作者范晔岂有不知之理！且《史记》、《汉书》和《后汉书》记载匈奴之事，近数十年来大多已被中外考古资料所证实。

至于《汉书·西域传》上载："自乌孙（驻牧地在今伊犁河上游流域）以西至安息（即西史所称的帕提亚王国，在今里海东南），近匈奴，匈奴尝困月氏，故匈奴使持单于一信到国（匈奴使者持单于书信到各国或各地），国传送食（各国或各地立即送食物招待），不敢留苦（不敢留难）。"那么单于写给乌孙以西各国或各地的书信，究用什么文字书写？这个问题，目前国内外学者还不能解答。

匈奴人后来是否有自己的文字或文字的萌芽？这在文献上也找不到答案，虽从国外学者考古中曾露出若干隐隐约约的蛛丝马迹①，但也只能吸引着我们去探索，要下断语，目前为时尚早。至于《内蒙古日报》1996年10月14日第三版报道说有人认为匈奴人有"戎书"，正如该报编者所用的标题揭示："有关匈奴人的文字，本文作者这样告诉我们——匈奴人的'戎书'。"可见编者对匈奴人是否真有"戎书"也是抱怀疑态度，不便用肯定语气。

奥地利历史学家敏岑海尔芬，在《匈奴人的世界》第九章《语言》中提到，阿提拉王朝中的匈奴人，和他们自己的祖先（西迁前的匈奴人）一样，喜欢在剑上、矛头上、饰物上涂画一些字母符号，故周围的民族都知道匈奴人是没有文字的。替阿提拉书写文牍的人并不是匈奴人，而是罗马人。据此，可见匈奴人西迁之后，虽然经过了约四百年的漫长岁月，最后在东欧建立起一个强大的王国，存在时间约半个世纪之久，还没有创造出自己的文字，仍在各种兵器和饰物上刻画形形色色的符号，因此这些符号，包括西迁前和西迁后发现的符号，是否为文字符号，抑为抽象化了图画，都有待进一步研究。

---

① 见林幹《匈奴通史》，人民出版社1986年版，第166—167页。

三、突厥、回纥的语言文字

"突厥"一词最早出现于六世纪以前的阿拉伯文献。目前很多外国学者都认为"突厥"这个词的语义，应该根据中国史书《周书·突厥传》所载"金山（今阿尔泰山）状如兜鍪（音都谋，即防御兵刃的盔帽），俗呼兜鍪为突厥"去理解，故这个词的来源应在中国。早期的俄国学者比丘林和英国学者巴克尔都曾把这个词用在俄文和英文的著作中。除"突厥"应释为兜鍪外，也有一些外国学者对他另作别的解释，或认为是"人"和"创造物"之义；或认为是"威力"之义，也有把他与图腾崇拜联系起来，认为是"偶像"之义等等①。

过去有人常把"突厥"（Turk）与"土耳其"（Turkey）这两个词混同，实则是有区别的。欧洲学者从二十世纪三十年代起，已把"突厥"定为种族和民族名称，把"土耳其"定为国家名称，故突厥语即指属于突厥语族的语言，而土耳其语则指今土耳其共和国境内土耳其居民的语言。

在我国古代北方少数民族中，突厥是继鲜卑之后，较早创造了自己本族文字的民族。《周书》卷五十《突厥传》载："其书字类胡。"《北齐书》卷二十《斛律羡举传》亦载：后主命"通四夷语"的代人刘世清"作突厥语"翻译《涅槃经》以赠突厥可汗。根据这些文献，我国士人早在七世纪中叶（《周书》及《北齐书》均成书于唐贞观十年，636年）就已知道突厥人有自己的文字了。但古代突厥文字是何形式，直至十九世纪末在鄂尔浑河流域发现古突厥文《阙特勤碑》及《毗伽可汗碑》之前，国内外学者都不大清楚。

---

① 参阅苏联埃·捷尼舍夫著《突厥语言研究导论》陈鹏译本第1—4页，中国社会科学出版社1981年版。

　　突厥文大约在五世纪时创造并开始使用，但直到六世纪八十年代初，仍常常使用粟特语和粟特文。这从 1956 年在今蒙古国后杭爱省呼尼河流域布古特之西十公里处一座突厥古墓西南发现用粟特语言文字书写的突厥可汗纪功碑（现被称为《布古特碑》）可以证实（布古特在杭爱山东北麓，距可汗牙帐于都斤山不远）。该碑经近数十年来中外学者的解读、研究和讨论，多数人认为是属于公元 553—572 年在位的木杆可汗和 572—581 年在位的佗钵可汗时期的碑铭。该碑呈长方体，三面刻写粟特文，直书 29 行，一面刻写婆罗谜文，横书 20 余行。因碑文剥蚀严重，且碑身已断成三节，故很多文字都难于阅读，但碑上方为表明突厥可汗阿史那家族图腾的母狼浮雕和碑下的龟趺座仍完整可见[1]。

　　由于用突厥文字写成的碑铭大多在今鄂尔浑河流域发现，而且文字的外形上（并非内容）又近似古代日耳曼人使用的卢尼（Runic）文，故亦被称为鄂尔浑卢尼文[2]。又因突厥文碑铭也有在叶尼塞河流域发现，故亦被称为鄂尔浑——叶尼塞文。

　　突厥文既不是一种纯粹的音素文字（即一个符号代表一个元音或一个辅音），也不是纯粹的音节文字（即一个符号代表一个音节）。它的字母约有三十五个，有元音五个，半元音两个。辅音分硬性、软性和流性。每个字母各有几种不同的写法。字母与字母之间介以一个点或两个点（如·或:）。通常由右向左横写，但也有由左向右横写的。由于各地发现的碑铭和写本之间的字母符号不尽相同，同一个音也往往用不同的符号表示，因此也有人（如耿世民即其一）认为突厥文的字母为由 38—40 个符号构成，每个符号表示一个元音或一个带元音的辅音[3]。突厥文

---

[1]　参阅林梅村著《布古特所出粟特文突厥可汗纪功碑考》，载《民族研究》1994 年第 2 期。
[2]　卢尼文这个学术用语最先由俄国学者梅塞施米特（1685—1747）提出，随后即被广泛沿用。
[3]　参阅耿世民著《古代维吾尔族文字和文献概述》，载《中国史研究动态》1980 年第 3 期。

来源于阿拉伯文草体字母，但突厥人在传入后把它改造，因此有所发明①。《阙特勤碑》和《毗伽可汗碑》都是公元八世纪前半期建立的，从这两碑铭的内容可以看出，突厥文字发展到八世纪时，结构已相当完整，词汇也很丰富。全部碑文虽是用散文书写，但有许多部分，词句工整，辞藻佳丽，文学意味颇浓。这在上文第六章已经说过了。

突厥人虽创造了自己的文字，但在各个部落，特别是一般牧民中还不能全面普及，故"其（统治者）征发兵马、科敛杂畜，（仍然）辄刻木为数，并一金镞箭，蜡封印之，以为信契"②。

突厥语是当今世界上最庞大的语族之一。以前有人估计约有一百九十多种突厥语，后经突厥语言学家审定，认为具有突厥语中的标准语要素的仅有二十种左右。苏联语言学家埃·捷尼舍夫认为，突厥语在类型上具有下列四个特点：

一是黏着现象，即词汇形态的变化方法是不同词素之间的互相黏接，故突厥语被视为黏着语。这与汉藏语系的孤立语（即词汇本身缺少形态变化）不同，与印欧语系的屈折语（即词汇形态变化频繁）也不一样。

二是和谐规律，即每一个语音都是按一定的规则始终与词干上的读音相一致。

三是具有后置词。所谓后置词，即凡支配一定的"格"（主格、属格、宾格、位格、从格等）而位于被支配的体词之后的辅助词就叫做后置词。

---

① 1991年1月17日《社会科学报》刊登了一篇署名刘志一，题为《突厥文源于我国刻划符号和古彝文》的文章。文中认为突厥文不可能来源于阿拉伯文和阿拉米文，只能是根据西北民间流传了六七千年的刻画符号来创造；特别是距当时二千年前的商、周时代流传在黄河中上游地区的刻划符号（即"鬼方"字），亦即尚未南下川、滇、黔的古彝文，对突厥文的创造有直接的决定性的影响。刘文之论，姑录之以备考。
② 《周书》卷五十《突厥传》。

突厥文字母形式（一）

突厥文字母形式（二）

但也有书作下列形式：

（1）	（21）
（2）	（22） h h
（3）	（23） D
（4）	（24）
（5）	（25）
（6）	（26）
（7）	（27）
（8） X	（28）
（9）	（29）
（10）	（30）
（11）	（31）
（12）	（32）
（13）	（33）
（14） Y	（34）
（15）	（35）
（16）	（36） M
（17）	（37）
（18）	（38）
（19）	（39）
（20）	（40）

四是词句中有着严格固定的词序，例如"谓语"照例在词句的末尾①。

近世纪以来，由于突厥语的重要性愈来愈明显，而研究突厥语的国家和学者也愈来愈多，因此在国际上形成了一门被称为"突厥学"的专门学科。突厥学的内容虽不仅仅限定于研究突厥语言，但研究突厥语言却成为突厥学的主要对象。

研究突厥语言文字，比之研究匈奴和鲜卑的语言文字，条件要有利得多。一因突厥有自己的文字，而突厥文非但没有失传，且有不少突厥文碑铭留存至今，根据碑铭的内容，不难探索出突厥语汇中的语义。二因我国古典文献中记录下大量的突厥史事，故史书的缺漏固可赖碑铭补足，反之，碑铭中词意不明之处，亦可借助于史籍把它诠释清楚。三因当今世界上仍操突厥语的民族很多，而居住在我国新疆的维吾尔族、哈萨克族、柯尔克孜族、乌兹别克族、塔塔尔族，青海的撒拉族，甘肃肃南裕固族自治县西部的裕固族，都是操突厥语族的语言的（肃南裕固族自治县东部的裕固族则操蒙古语族的语言）。

国内外学者在研究突厥文碑铭的同时，往往考订碑文中的各种词汇和术语的含义，这对于了解突厥语言的语义帮助不少。现时我们已经知道，突厥语中，例如：Qaghan②（可汗）乃最高首领之义；Qatun（可敦或可贺敦）乃可汗之妻之义；Tegin（特勤），可汗子弟称特勤（或可称作亲王）；Šad（设，或译作"杀"），典兵之官；Yabghu（叶护），高级爵位之一种；Čur（啜），高级官衔之一种；Tarqan（达干），高级官衔之一种；Buiruq（梅禄），乃大官之义；Bag（匐），即伯克，牧主贵族之义；On Qq（十箭），指西突厥等等。其他词汇不再罗列。但突厥文词汇中，目前学者间意见并不一致者尚多，以下仅举二例，略作说明。

---

① 参阅同上埃氏《突厥语言研究导论》陈译本，第16—17页。
② 以下文字符号均为突厥文的拉丁字母转写。

1. Kök turk（蓝突厥）——这个词见于《阙特勤碑》和《毗伽可汗碑》，义为青天大人，故亦有译作青突厥或苍突厥。蓝突厥属于统治阶层，他与各氏族、各部落的大、小匐（伯克）及由这些大小匐担任的各级军官都是属于统治阶级。可汗、贵族和各级大、小匐组成贵族会议，贵族会议有权决定和、战、可汗继位人选及其他重大问题。韩儒林先生在《突厥文毗伽可汗碑译释》一文①中说："北突厥（即东突厥）人自称似曰苍突厥，故西人有以苍突厥称唐代漠北之突厥人者。"又，苏联学者坦恩施坦在《六至八世纪鄂尔浑、叶尼塞流域突厥人的社会经济结构》一书中也说：突厥"这个国家的统治阶级，突厥语叫'阿尔'，有时叫'蓝突厥'②。"汤姆森在《蒙古之突厥碑文导言》中译"阿尔"为帝国。故蓝突厥是属于突厥的统治阶级，有人在论著中把他说成被统治阶级，那就错了。

2. Tabgac（桃花石）——这个词最先见于公元598年突厥可汗致东罗马皇帝莫利斯（Maurice）的书信及732年建立的《阙特勤碑》，碑文把中国皇帝称作 Tabgac Qaghan。自中世纪以来，中亚以至东欧一带的人都称中国为"桃花石"，但其意义究竟为何，长期以来不得其解，以致成为治突厥史和突厥语者的一个谜。1944年《边政公论》第3卷第4期载梁园东著《"桃花石"为"天子"、"桃花石汗"为"天可汗"说》一文，文中认为"桃花石"最初的意思是指中国的"天子"，及后西北诸族上唐太宗尊号为"天可汗"，即"桃花石"与"可汗"二号的合称，遂流行西北一带而保存下来，竟以"桃花石汗"

---

① 韩氏之文载1936年11月《禹贡》第6卷第6期。
② 伯氏之言，见1950年12月北京出版的《科学通报》第1卷第8期张之毅著《游牧的封建社会》一文对伯氏之书的介绍。

为中国皇帝固有的称号了。其实，最初突厥人仅用 Tabgac 一字称中国①，及后传至中亚和东欧，学者间乃作出种种解释，或释作"大魏"（法人德基涅），或释作"唐家"（德人夏德），或释作"拓跋氏"（日人白鸟库吉及法人伯希和）。我国学者中也有种种解说，或作"大贺氏"（清人洪钧），或作"敦煌"的译音（近人岑仲勉）；或认为乃"大汉"的音转（近人张星烺）。梁园东认为以上中外各说均未得其真，实则突厥文 Tab-gac（桃花石）一词意为"天子"，"桃花石汗"即"天可汗"也。

梁文发表之后，岑仲勉改变了他原先"桃花石即敦煌译音"的说法，于 1957 年另撰《桃花石之新释》一文，附入他编撰的《突厥集史》②下册。岑氏赞同梁氏"最初突厥人以 Tabgac 称中国，然后传至中亚各地"之说，但对于"桃花石意即天子"仍不附和。岑氏认为"桃花石"（Tabgac）这个词在外文方面有 Tabyač、Tavyač、Twyač几种拼写法，可说大同小异；在我国古典里似应有他的相当语源，如 Tavyač 可相当于太岳，太岳即厥允族（厥音鲜）。

1945 年《东方杂志》第 41 卷第 16 号载罗一之著《唐代天可汗考》一文，对于"桃花石"的解释，与梁园东的说法基本上相同。其后《江汉论坛》1979 年第 2 期载吴志根著《关于"桃花石"》一文，文中对于中外各家的解释，赞同法人伯希和主张"桃花石乃拓跋译音"的说法。因为作者认为当突厥兴起时，首先接触的正是拓跋魏政权，因此突厥人以"拓跋"称中国是自然的。文中最后说，尽管现时对"桃花石"的语

① 林幹按："桃花石"一词较早见于中国史籍为在元人李志常述《长春真人西游记》卷上。该书载：长春真人行至接近中亚的阿里马城，见"农者亦决渠灌田。土人惟以瓶取水戴而归。及见中国汉器，喜曰：'桃花石诸事皆巧。'桃花石，谓汉人也。"
② 中华书局 1958 年版。

源有种种不同的看法，但他是突厥语对中国的专称，这一点中外学者都是公认的。最后，《内蒙古大学学报》1985 年第 4 期又刊出周建奇著《关于"桃花石"》一文，文中认为"桃花石"一词为指中国，自十八世纪法人德基涅（De Guignes）以来，很少有人提出异议。随后文中在详细论述了伯希和所主张的"桃花石即拓跋"的说法之后，说："汉语的'拓跋'和突厥语的'桃花石'均出自拓跋语的含义为'山头'、形式类乎 taɤbaš 之一词。这就是从'桃花石'（＝拓跋）一词的分析中能够得出的结论。"

回纥人通用的语言是回纥语。回纥语与匈奴语同属阿尔泰语系突厥语族，故《北史》卷九八《高车传》说：回纥的祖先"高车"（敕勒），"其语（言）略与匈奴同而时有小异，或云其先（祖先）匈奴（之）甥也。"那么回纥语当与匈奴语不会有很大的差别。

回纥本无文字，在回纥汗国建立（744 年）之初使用突厥文。《磨延啜碑》就是用突厥文写成的。随着回纥社会的发展和汗国的壮大，又随着麾尼教的传入和中亚粟特商人的增多，在继续使用突厥文的基础上，开始使用粟特文，以粟特字母拼写回纥语，回纥文遂逐渐形成，于是有人就把这种用粟特字母拼写的回纥语称之为回纥文。此外，汗国时期的回纥人还使用汉文。《铁尔痕碑》、《牟羽可汗碑》和《九姓回鹘可汗碑》都是用突厥文、粟特文和汉文三种文字写成的。回纥文是回纥后裔在改用阿拉伯字母文字以前使用最广泛的文字。目前保存下来的回鹘（回纥）文献最多的，都是用这种文字书写的。1955 年在今蒙古国西部乌兰浩木地方发现的属于六世纪的八行回鹘文碑（亦称《乌兰浩木碑》或称"牌"），表明回鹘人在西迁（公元 840 年）前就已使用这种文字。

粟特文是记录粟特语的文字。粟特语属印欧语系，六世纪以前曾流行于中亚泽拉夫善河流域一带。粟特字母在中国境内发现的计有三种字体：一是佛经体；二是古叙利亚体；三是麾尼体。粟特文因字体不同，因此字母数目和音值也不一致。佛经体字母有十七个，古叙利亚体字母有二十二个，魔尼体字母有二十九个。粟特文的写法，一般为自右至左横写，少数则自上而下竖写（见图六）。在我国境内发现最早的粟特文献，是英国籍匈牙利人斯坦因（A. Stein）1906 年在敦煌获得的一批信件。回纥人采用了粟特文之后，把它改造成适合于自己民族语言的回纥文，用它记录、创作和翻译了大量的文献，后来又把这种文字传给了蒙古人和满族人。

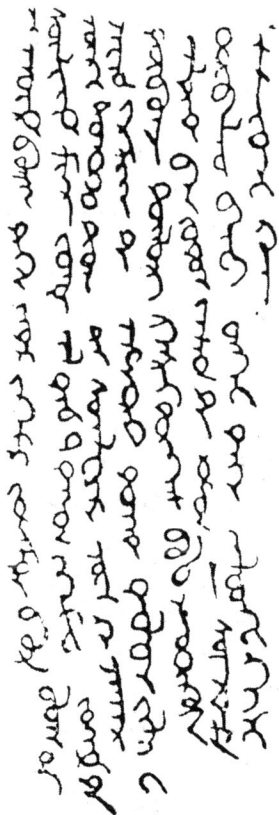

图六　回纥文乌兰浩木牌（碑）拓片

回鹘文字母

No	词首	词中	词末	读音	No	词首	词中	词末	读音
1				[a]	12				[d]、[t]
2				[e]	13				[d]
3				[ə]、[i]	14				[ʒ]
4				[o]、[u]	15				[z]
5				[ø]、[y]	16				[j]
6				[b]、[f]	17				[l]
7				[w]	18				[m]
8				[ɤ]	19				[n]
9				[q]	20				[r]
10				[χ]	21				[s]
11				[g]、[k]	22				[ʃ]
					23				[tʃ]

据语言学家耿世民教授介绍，回纥文大约由十九至二十三个符号组成（见图九），根据时代的早晚，字母数目有所不同。早期回纥文是横写，从右到左，后来在汉文的影响下改为竖写，换行则从左到右。回纥文字体分为刻本体（棱角突出）、写经体（笔画浑圆）和草体三种，其中以刻本体最清楚、易认，最难辨认的是草体。常用的标点符号是两个点（、、）或一个点（、），四个点应用较少（大多表示段落）。在以摩尼教教义为内容的写本中，通常在两个点周围又加画红色圆圈（但也有例外）。

回鹘（回纥）文一直使用到十四至十五世纪。而在甘肃酒泉市附近发现的回鹘文木刻本《金光明经》（刻写于清康熙帝二十六年，即1678年），则表明回鹘文直到十七世纪在某种情况下仍继续使用。回鹘文曾对周围的民族发生过巨大的作用，例如它后被在中原建立的元朝（1271—1368年）及在西方咸海、里海以北钦察旧地建立的钦察汗国（1223—1480年）作为官方文字使用，而在中亚的广大地区，回鹘文一直使用到十五世纪的下半期①。

现存用回鹘文书写的主要文献，据耿世民教授归纳，约可分为历史作品、文学作品、宗教作品及其他四个方面。

（甲）历史作品包括：

1. 碑铭，如《乌兰浩木碑》（牌）和《亦都护高昌王世勋碑》……

2. 具有史料价值的卖身契之类的文件，如元代畏兀儿（回鹘在元、明时称畏兀儿）斌通的卖身契即其一。

（乙）文学作品包括：

1. 民歌和挽歌，如吐鲁番的民歌集；《突厥语大词典》② 中所收录

---

① 以上参阅耿氏著《古代维吾尔族（回鹘族）文字和文献概述》，载《中国史研究动态》1980年第3期。

② 林幹按：《突厥语大词典》为十一世纪由马赫穆德·喀什噶里用阿拉伯文注释突厥语的词典。

的回鹘民歌；《金光明经》中的挽歌。

2. 史诗和剧本，如十世纪流传于今新疆南部回鹘人中有关回鹘祖先的传说《乌古斯可汗的传说》。有人认为成书于十一世纪的《福乐智慧》一书实际上也可算做是一部诗剧。但此书是用突厥文而不是用回鹘文书写的，故不能列入。

3. 故事、格言和谚语等。

（丙）宗教作品包括：

1. 佛教经典，如《妙法莲华经》、《阿弥陀佛经》、《金刚经》、《瑜伽师地论》、《俱舍论》①；《玄奘传》、《大唐西域记》等。

2. 魔尼教和景教文献。

（丁）其他方面：

如《高昌译语》字书②，历法、星象、占卜、医学的文献残卷等③。

四、鲜卑的语言和失传的鲜卑文字

鲜卑的语言属阿尔泰语系中的蒙古语族。但"五胡十六国"以前的鲜卑语，因史书留下的资料不多，故国内外学者研究它的很少。日本学者白鸟库吉在二十世纪初，曾先后发表了有关东胡各族的语言论文十多篇，后集为《东胡民族考》（实即"东胡民族语言考"），经我国学者方壮猷译成汉文，于1934年由上海商务印书馆出版。该书分上、下两编。上编考东胡、乌桓、鲜卑、慕容氏、宇文氏、吐谷浑氏、乞伏氏、秃发

---

① 林幹按：佛教经典分"经"、"律"、"论"三大部分，"律"部回鹘文文献未见。

② 林幹按：《高昌译语》为明朝高昌馆汇编的汉文与回鹘文对照的分类词汇集，成书于永乐（1403—1424年）年间，共收词近二千条，内容均为从高昌等地朝贡表文中摘出。

③ 以上参阅同上耿氏《古代维吾尔族（回鹘族）文字和文献概述》。

氏、托跋氏；下编考地豆于及霫、失韦（室韦）、羯胡、蠕蠕（柔然）、库莫奚等。所用方法是比较语言学的方法。

　　该书汉文译本开头有一篇由我国学者傅运森撰写的"序言"。序言说："白氏此书，虽用力至勤，但他采用各个不同时代的史书和各种不同民族的语言与鲜卑语互相比较，甚至用现代西方学者所编的各种语汇与鲜卑语比较，并从相同或接近的语音中去探求鲜卑语的语义，因此竟至误认"鲜卑语之'可孙'与匈奴语之阏氏语脉相通。"序言还说："白鸟氏此考十余篇，其体裁大率类此。搜罗务为广泛，尤置重于各民族之语言，不分中外古今，强为比附，因之其结果不免于失败。例如以汉初之'阏氏'，竟断为唐时'可敦'之转讹，而以现今通古斯语谓妻曰 aši 者为证，不惜颠倒中国数千年之历史，是岂合于考据之规则耶？"但序言并没有全盘否定白氏之书的价值，如谓"此书引证繁博，可利用之，藉省吾辈检视各书籍之劳"。此外如考证东胡并非通古斯及"乌侯秦水"诸考，序言中亦肯定它有可取之处。

　　白氏之书，下编有"羯胡考"。然而羯胡并非东胡族系，乃西域种族，学者多有论证。白氏把羯胡语归入东胡语系之中，也属不当。难怪我国著名学者缪钺教授早年就指出白氏的"鲜卑语言考"牵强附会[①]！

　　1930 年，方壮猷在《燕京学报》第 8 期发表了他的《鲜卑语言考》。文中考释"国号人名"六个，"王号人称"七个，"地名"五个，共考释鲜卑语汇十八个。考释方法一如白鸟库吉所用的比较语言学的方法，即主要凭对音。其考释结果，文中"结论"说：鲜卑语之"鲜卑"，其义为祥瑞；"慕容"义为富；"吐谷浑"义为尘土；"乞伏"义为儿子；"檀石槐"义为灵异；"讬铎"义为黠慧；"可寒"义为皇帝；"可孙"义为王后；"莫贺"义为父爷；"磨敦"义为母、妈；"阿干"义为兄；"赀

[①]　参阅缪氏著《白鸟库吉鲜卑考释的商榷》一文，原载 1951 年 3 月 18 日《成都工商导报·学林》第 6 期，后收入 1963 年北京三联书店出版的《读史存稿》一书内。

虏"义为奴；"处"义为尔、唯；"祁连"义为天；"弹汗"义为白；"饶乐"义为黄；"乌侯秦"义为土；"屈海"义为青海。"按上述十八语中，可以蒙古语比拟者得十五语，可以通古斯语比拟者得十一语，可以土耳其语比拟者得七语。故白鸟库吉据此以为鲜卑民族属今蒙古种及通古斯种之混合种之证也。"

方氏最后说："按人种学家考订某种民族应归入何种种类时，或从体质学方面研究，或从史地学方面研究，或从考古学和民俗学方面研究，或从比较语言学方面研究。今上述古代民族消失已久，而留下之资料为数极微，故欲求此等民族问题之解决，须有待于考古学之发达，地下新资料之发现，然后乃能作出定论。今采用比较语言学的方法，虽不能视为解决此问题之锁钥，然亦不能不视为解决问题之一大启示也。"

方壮猷先生最后那一段话是对的。只有依据文献记载（史地学）和出土实物（考古学）才能探明鲜卑语言的真义和消除各家的猜测。兹以"鲜卑郭落带"为例，过去各家对于这个词说法不一，然大多以《史记·匈奴列传》张晏的注释为依归。张晏云："鲜卑郭落带，瑞兽名也，东胡好服之。"除"鲜卑"作为一个民族名称已为一般人所了解外，若作为一个器物名称——"鲜卑"或"鲜卑郭落带"——究属何物，是何形状，其语义何解，则学者间大多难于做答，或答而不确，或答而不详。白鸟库吉曾引用张晏之说，论定："鲜卑二字，仅祥瑞之义，既非指带，亦非指钩，明矣。然因附于带上之钩，其一面刻镂鲜卑兽之形，故通常遂将此带或钩曰'鲜卑'耳。"方壮猷亦曰："依据张晏谓'鲜卑郭落'为瑞兽之义而求其语源，则满洲语谓祥瑞吉兆灵异曰 Sabi，谓禽兽曰 Gurugu。可见'鲜卑郭落'即满语 Sabi－gurugu 之音译，瑞兽之义也……'鲜卑'原为满洲语祥瑞吉兆之义，因鲜卑地方产麒麟等瑞兽，故其国之服饰所用之革带钩头多刻此种瑞兽于其上，于是'鲜卑'此语遂由祥瑞吉兆之义及瑞兽之义转而为代表革带或带钩之名，故后来注释家所释稍有异同也。"

内蒙古文物考古所陆思贤研究员，于 1984 年曾参与在日本展出的
"中国古代北方骑马民族文物展览会"的展出工作，事后他写了一篇题
为《鲜卑族名与"鲜卑郭落带"》的文章，刊登在《内蒙古社会科学》
同年第 3 期上。他在文中说：

> 在展览会上，有鲜卑人的两副带饰：一副是内蒙古土默特
> 左旗讨合气村出土的；另一副是和林格尔县另皮窑村出土的。
> 每副带饰四件，两件是带头，另两件是配在带头左右的饰牌。
> 带头略似马蹄形，圆头方尾，今称带扣。子扣作长蹄形，母扣
> 作扁蹄形，在母扣上有弧形穿带孔，以便挂钮或系带合。饰牌
> 作竖长方体，形状相同，是跟着带头的配饰。每件带饰上都有
> 精细的花纹，如果把它镶在皮带、系在腰中，腰前横着四个黄
> 金制成的饰牌，金光闪烁，显得十分富贵豪丽，这就是"鲜卑
> 郭落带"。
>
> 讨合气的长蹄形带头，主体纹饰作凸纹神兽，猫头或豹
> 头，鹰啄，羊角，眉额凸起，双目凹入，宽鼻，张嘴，有髭。
> 躯体作豹身、蛇腹、虎足迈步状，肩部支生肉翅，同汉魏时期
> 的"羽兽"或辟邪的动物形象相似……
>
> 另皮窑的带头，子扣与母扣的主体纹饰均作高浮雕或半立
> 体式浮雕的奔驰状野猪纹。猪头比较肥硕，耸耳警听，闭目张
> 嘴，露獠牙，平鼻双孔凸出饰牌外缘，如奔突咆哮状……
>
> 所属时代均属北魏早期，上限可以在十六国晚期。

文中最后的"小结"说：

> "鲜卑"原是瑞兽的名字，后来作为腰带头的名字，最后
> 才作为族名。而这些神兽或作飞奔之状，或有卷云缭绕，表示

奔向"天国"，或就在天上，故也能与佛教思想统一起来。如
果再追索根源，鲜卑族名原由氏族制时代对于图腾神或天神的
信仰而来，鲜卑人喜爱系用这种"鲜卑郭落带"带饰，表示能
够得到天神的助佑。

对于鲜卑研究作出巨大贡献的，当推已故的著名魏晋南北朝史专
家缪钺教授。他是国内外第一位提出北魏时已使用鲜卑语言文字的学
者。这就纠正了过去认为"在中国古代北方民族中最早拥有自己本族
文字的民族是突厥"的不确切说法。我在《东胡史》①一书所论述
"鲜卑的语言"的章节，就是受到缪钺教授的当面赐教和文章启发②而
写成的。

"五胡十六国"以前的鲜卑语虽史书难考，但北魏之初，鲜卑拓跋
部人仍操鲜卑语，则有史迹可寻。《隋书》卷三二《经籍志》一载："后
魏初定中原，军容号令，皆以夷语。"夷语即鲜卑语。可见当时鲜卑语
非但流行，而且还作为一种官方语言而贯彻于"号令"之中。因此鲜卑
族的文武官员固然都能说鲜卑语，即汉人之在魏朝为官者，亦多精通鲜
卑语言。如《魏书》卷九一《术艺·晁崇传》载：道武帝拓跋珪时，崇
弟晁懿，"以善北人（鲜卑人）语，内侍左右，为黄门侍郎"。

但北魏王朝是建立在中原汉族地区，被统治的对象绝大多数是汉
人。尤其北魏朝廷及后愈来愈多的汲收汉族文士参政，而当时鲜卑人虽
已创制出自己本族的文字，但却未普遍推行。因此朝廷处理政务，及鲜
卑的贵族和官员与汉官接触，仍是使用汉文、汉语。而鲜卑贵族、官员
之不通汉文、汉语者，又不得不通过"译令史"（翻译官）为之传译。
故《魏书》卷一一三《官氏志》载，道武帝天兴四年（401 年）十二月

---

① 内蒙古人民出版社 1989 年版。
② 缪钺教授著有《北朝之鲜卑语》一文，载《中国文化研究汇刊》第 10 卷，1949 年版。

在恢复尚书三十六曹的官制时，每曹都置"译令史"一人。依据北朝的官制，尚书三十六曹为总领各种政务的机构，每曹的"令史"（首长）均为鲜卑人。由于这些鲜卑族的令史不通汉文、汉语，故只得各配备译令史一人为他充当翻译。在北魏期间，这种译令史的设置，不限于三十六曹，其他各曹以下大大小小的机构，也都置有此等翻译之官。如《南齐书》卷五七《魏虏传》载：北魏"诸曹府有仓库，悉置此官（翻译官），皆使通虏（鲜卑）、汉语，以为传译。"

鲜卑人之操鲜卑语，至孝文帝拓跋宏太和十八年（494 年）正月迁都洛阳（今河南洛阳市）之后，有一个很大的转变。因为孝文帝锐意改革，积极采取汉化措施，严令禁止鲜卑人说鲜卑语，故鲜卑语逐渐为一般人所遗忘。《隋书·经籍志》一载：魏初军容号令虽皆用鲜卑语，及迁都洛阳"后染华风，多不能通（多不通鲜卑语），故录其本言，以相教习，谓之'国语'。"国语即鲜卑语。同上《经籍志》又载："魏氏迁洛，未达华语（汉语），孝文帝命侯伏侯可悉陵，以夷语（鲜卑语）译《孝经》之旨，教于国人（鲜卑人），谓之《国语孝经》。"此外，《经籍志》一还载有：《国语》十五卷，《国语》十卷，《鲜卑语》五卷，《国语物名》四卷（原注：后魏侯伏侯可悉陵撰），《国语真歌》十卷，《国语杂物名》三卷（原注：后魏侯伏侯可悉陵撰），《国语十八传》一卷，《国语御歌》十一卷，《鲜卑语》十卷，《国语号令》四卷，《国语杂文》十五卷，《鲜卑号令》一卷（原注：周武帝撰），鲜卑《杂号令》一卷。以上各种"国语"之书，均为指用鲜卑语言文字写成者而言。用鲜卑语文书写的书籍既如此之多，而且侯伏侯可悉陵还能把汉文《孝经》译成鲜卑文《国语孝经》，又能用鲜卑文写成《国语物名》和《国语杂物名》，可见北魏时鲜卑人是有自己本族的文字的。但鲜卑文字创制于何时？是何形式？因史料无征，目前学者尚不能解答。

根据史书的记载，鲜卑拓跋部在远祖宣皇帝推寅（第一推寅）时，

还是"以言语为约束，刻契纪事"①。至北魏道武帝拓跋珪天兴四年
（401 年）十二月，曾"集博士儒生，比（即聚集）众经文字，义类相
从，凡四万余字，号曰《众文经》"②。后世有人以为这就是北魏创制文
字之始，实则大误。因为当时所编的《众文经》，内容全为汉字，而聚
集各种经文文字的目的，仅在于便利鲜卑人学习汉字，并非创制鲜卑新
字。直至太武帝拓跋焘始光二年（425 年）三月，才"初造新字千余"，
并下诏曰："今制定文字，世所用者，颁下远近，永为楷式③。"但这次
制定的新字，是鲜卑文字，抑为增添《众文经》中所无而为时俗流行的
新汉字？因诏书辞意含混不清，且又无其他史料足资证明这次所制新字
是否确为鲜卑文字，故学者间对于鲜卑文字创制于何时的问题，尚有争
议。至于北魏时鲜卑文字的形式，因《隋书·经籍志》所录鲜卑语（国
语）之书均早已亡佚，更无从查考。

鲜卑语属阿尔泰语系中的蒙古语族，清末著名蒙古史学者沈增植，
经过用鲜卑语和蒙古语互相比较之后认为："蒙古语与鲜卑语相去
无几。"④

自孝文迁洛，南下的鲜卑人已逐渐汉化，而留居代北（塞外）的鲜
卑人则犹多保存旧俗。北齐、北周之后，虽然北齐政权的建立者高欢、
高洋父子本是汉人，北周政权的建立者宇文泰、宇文觉父子是匈奴宇文
部的苗裔，但这些人早已鲜卑化，事实上都成了鲜卑人。他们的佐命功
臣也大多出于鲜卑族。故北齐、北周时期，鲜卑语因之复盛。《北齐书》
卷二一《高昂传》载："高祖（高欢）每申令三军，常［用］鲜卑语。"
同书卷三八《元文遥传》又载：北魏昭成帝拓跋什翼犍六世孙元文遥
（拓跋文遥），在北齐初年，经常受命用鲜卑语宣示敕旨，号令文武。此

---

① 《魏书》卷一《序纪》。
② 参阅《魏书》卷二《太祖纪》。
③ 《魏书》卷四《世祖纪》下。
④ 沈氏《海日楼札丛》卷二"鲜卑语与蒙古语"条。中华书局上海编辑所 1962 年版。

外，还有汉人在北齐为官，因"能通鲜卑语"而"大见赏重"的（如孙搴）[1]。又有因"并解鲜卑语"而被赦免罪刑的（如祖挺）[2]。北齐人颜之推撰《颜氏家训》一书，其中《教子》篇记载一段故事云：

> 齐朝有一士大夫尝谓余曰：我有一儿，年已十七，颇晓书疏，教其学鲜卑语及弹琵琶，稍欲通解，以此伏侍公卿，无不宠爱，亦要事也。

北周宇文氏，虽"其语［言］与鲜卑颇异"，但宇文泰一家都是早已鲜卑化并精通鲜卑语之人。《隋书》卷四二《李德林传》载：周武帝（宇文邕，文泰子）"尝于云阳宫作鲜卑语谓群臣云"（即用鲜卑语对群臣讲话）。《周书》卷二六《长孙俭传》亦载：俭在荆州接见南朝后梁萧詧（梁武帝萧衍之孙）派来的使客时，"大为鲜卑语，遣人传译以问客"。

由于北齐、北周两朝鲜卑语又复盛行，故自北魏孝文帝改鲜卑姓为汉姓之后，现在亦被重新将汉姓恢复为鲜卑姓。这也是一种鲜卑语文的资料。此外还有在史书中用当时的汉字音译记录和保存下来的鲜卑语，尚属不少。由于鲜卑语文久已湮没，故后人难于根据上述这些有限的资料进行探索和诠释而已！

五、契丹的语言和契丹大小字

契丹源于鲜卑，与蒙古同属东胡族系，故他的语言与鲜卑语、蒙古语同属阿尔泰语系的蒙古语族。拉施特的名著《史集》说："所有的

---

[1] 参阅《北齐书》卷二四《孙搴传》。
[2] 参阅《北齐书》卷三九《祖挺传》。

［哈喇契丹］部落都是游牧民，与蒙古游牧民有亲属关系。他们的语言、外貌和风俗习惯彼此相似①。"我国著名语言学家清格尔泰教授也说："从现有词汇材料和契丹文字的研究成果来看，契丹语好像是近于蒙古语或是其中的一个语支②。"

目前研究契丹语言有三方面的困难：

第一个困难是资料缺乏。因为契丹语已经随着契丹族的退出历史舞台而湮没、消失，现时留下契丹语言资料较多的是二十四史中的《辽史》和宋人叶隆礼撰的《契丹国志》③。但《辽史》的人名、地名、官名大多缺少释义，而《辽史》卷一一六《国语解》所收的二百多条契丹语词汇中，除人名、地名、官名外，能够追寻契丹语的基本词汇及探明它的确切语义的仅有四十多条。《契丹国志》中的契丹词汇，除少数外，也颇难考证。

第二个困难是契丹语杂有他族语言较多，尤其有不少官职和官府的名称都是来源于突厥语。例如"夷离堇"（统领兵马的大官，辽太祖耶律阿保机在称帝前就是迭剌部的夷离堇），乃是突厥语官号"俟斤"（ir-gin）的音转。又如"林牙"（掌管文书之官，西辽政权的建立者耶律大石即曾任过"林牙"，故耶律大石也常被称作"大石林牙"）也是突厥语 irilimga 之音转。还有"达剌干"即突厥语的"达干"（tarqan），"惕隐"即突厥语的"特勤"（tegin），"夷离毕"即突厥语的"俟利发"（e-ilitbi-cr）等等，不再列举。这是因为契丹曾受突厥及操突厥语的回纥的统治，故契丹语受到突厥语的影响。

此外，契丹族与女真族毗邻，辽王朝与金王朝频繁接触，故契丹语中也杂有不少女真语的成分。例如契丹语的"孤稳"（"玉"之义），女真语则称"玉"为"古温"；契丹语"虎斯"（"有力"之义），而女真语则称"有力"为"忽孙"……等等。契丹后来深入中原北部建立政权，

---

① 余大钧、周建奇译本，第一卷第二分册第 227 页，商务印书馆 1983 年版。
② 清格尔泰等著《契丹小字研究》，中国社会科学出版社 1985 年版。
③ 见 1985 年上海古籍出版社点校本。

自然深受中原汉族文化影响，政治制度大多采用汉法，故语言借用汉语词汇之处更多，不必详举。

第三个困难便是契丹语言的语法和读法与汉语都大不相同。宋人洪迈在《夷坚志》"丙"① 关于契丹字的文法和读法中说：例如"鸟宿池中树，僧敲月下门"一诗，契丹人按契丹语法读作"月明里和尚门子打，池塘里树上老鸦坐。"所以同是一个词汇，也不能简单地对译，这对契丹的语言和文字的研究，都造成了困难。

尽管如此，但经过学者们的努力，其中有些词汇仍能从蒙古语找到对音关系。例如契丹语"迭烈"（或作"敌列"、"鲁迭剌"）是辽代的一个部落名称（但也有许多契丹人将此取作人名），此词没有后缀-gin，在蒙古语中，通过名词词缀-gin，使这个词转为蒙古化。但契丹语与蒙古语相比较，腭音显得很重，由于前列元音比较发达，所以影响辅音发生腭化。又，根据与蒙古语同音词的比较，发现契丹语名词中没有词末鼻音-n。

目前学者们通过对契丹小字的研究，已经逐步认识契丹语的形态约有两个特点：一是契丹语词汇大多为多音节，语法严密，词类完备，名词有"数"、"格"的变化，动词有"时"、"态"的变化。二是"格"的范围有"所有格"、"时位格"、"造格"，名词复数的形式由若干"复数词缀"来表示，而"复数词缀"的使用要比蒙古语严格得多。

契丹原先没有文字。如《五代会要》卷二九说："契丹本无文字，惟刻木为信。"《辽史》卷三四《兵卫志》上也说："刻木为信，政令大行。"契丹之有文字，开始于太祖耶律阿保机时期。《辽史》卷一《太祖纪》上载："神册五年（920 年）春正月，始制契丹大字，秋九月制成，诏令颁行。"《新五代史》卷七二《四夷附录》一也载："阿保机多用汉人，汉人教他用隶书之半增损，作文字数千，以代刻木之约。"这就是

---

① 图书集成局 1901 年铅印本。

契丹大字。这种大字是采用汉字加以简化或增添笔画而成的，制成之后，受到很多人（大多是上层）的欢迎①。除了契丹大字之外，还有一种契丹小字，那是皇子迭剌用回鹘文字改制的。《辽史》卷六四《皇子表》载：天显元年（926 年），回鹘使者至，没有人懂得他的语言。太祖命迭剌接待回鹘使者。迭剌与回鹘使者相处二旬，学习了他的语言和文字，因制成契丹小字。

契丹文字的发现，是由于 1949 年新中国成立前辽庆陵（圣宗、道宗、兴宗三帝的墓葬）② 内契丹文"哀册"的出土（哀册即墓志铭——记录帝王生平事迹之文书）③。这些哀册上所写的文字，有些学者认为都是阿保机时创造的大字。后来在庆陵（东陵）壁画上和许多辽代陶器上也发现这种契丹字。新中国成立后，内蒙古和东北地区又发现了契丹文的墓志和刻有契丹字的铜器、银器。

现时传世的契丹字出土资料，据有些学者认为是属于契丹大字的计有：《大辽大横帐兰陵郡夫人建静安寺碑》碑阴铭文（但字迹多已毁损、模糊不清），《故大师石记》，《萧孝忠墓志》，《耶律延宁墓志》，《北大王墓志》，《辽太祖陵记功碑》残石，《应历碑》，《耶律习涅墓志》以及一些印章、符牌、银币、铜币和铜镜边款铭文等（契丹大字字形见图七）。

据有些学者认为是属于契丹小字的出土资料计有：《兴宗皇帝哀册》，《仁懿皇后哀册》，《道宗皇帝哀册》并盖，《宣懿皇后哀册》并盖，《萧令公墓志》，《许王墓志》，《故耶律氏铭石》，《耶律仁先墓志》，《郎君行记》，《萧仲恭墓志》以及铜镜、鱼符、玉盏、铜钱铭文和一些墨书题记等（契丹小字字形见图八、图九）。

---

① 参阅《辽史》卷七五《突吕不传》。

② 辽庆陵在庆州（故址在今内蒙古赤峰市林西县西北）。最先在 1930 年由旧热河省一个姓汤的军阀命人挖掘；日伪统治时期，经日本人田村实造、小林行雄等进行调查，编成了一本名为《庆陵》的考古调查报告，由日本京都大学文学部于 1953 年出版。

③ "哀册"见《庆陵》下册及金毓黻编《辽陵石刻集录》（1934 年印行）。

图七　耿杖子石棺背面所刻契丹大字拓片

图八　宣懿皇后哀册（册盖拓片，契丹小字）

图九　玉盏刻文（拓片，契丹小字）

就目前统计，已发现的契丹字约有一千二百多个①。其中今辽宁锦西县西孤山辽大安五年（1089 年）萧孝忠墓所出墓志及义县、建平县出土的铜器、银器上的契丹字，也有一些学者却认为是属于皇子迭剌所制的契丹小字。故现时传世的契丹文资料，究竟哪些是属于契丹大字，哪些是属于契丹小字，尚没有定论。

由于契丹文字的形式，史书没有记载，故现时只能根据制字时的史料，略略说明创制大、小字时的情况，借以区分大、小字的形状。

契丹大字是参照汉字制成的，故沿用了汉字的横平、竖直、拐直弯的书写特点，并借用了一些笔画简单的汉字字形，如"仁"、"来"、"田"等。这种借用的汉字字形只有少数保留了汉字的读音和命意，例如"皇帝"、"太后"等；其他借用的汉字字形的读音和命意都与汉字原来的音、意不同。此外，绝大多数的契丹大字都是自行创造的新字，字形与汉字更不一致。创造契丹大字的辽代官员，从一开始就意识到汉字笔画繁复，难于书写和辨认，故尽量减少笔画，尽量减少字的数量，因此仅造了三千多个契丹字用来表达契丹语。从目前能掌握的契丹大字来看，每个字的笔画都很简单，超过十画以上的很少。但契丹语的词汇是多音节的，语法中还有黏着词尾，与契丹大字不大适应，故后来又由迭剌再造契丹小字。

契丹小字是参照汉字和契丹大字的字形而制成的拼音文字。现代学者把字的"最小读写单位"称作"原字"。据现有资料统计，原字约有三百多个。原字的笔画都比较简单，多数在六画左右。原字都是表音符号，只有当这些符号拼成"词"之后才能表示意义。每个词，根据音节的多寡，由 1—7 个不等的原字组成。词尾和附加成分都与词根黏着一起，拼音方法仍受汉字反切的影响。由一个原字构成的契丹小字叫单体

① 据《契丹国志》卷一载："渤海既平，乃制契丹文字三千余。"这是指辽太祖时期所创制的契丹大字，那么如果包括迭剌创制的小字合计，目前尚有很多契丹字未被发现。

字，由两个以上原字构成的叫合成字。合成字的原字排列顺序，一般为先左后右，二二下推，若由三个、五个、七个原字拼成，末一原字则居于下边中间①。

六、蒙古的语言和文字

蒙古属东胡族系，但东胡族系中的鲜卑语和契丹语目前都已消亡，而蒙古语则仍广泛流行于世。

蒙古的族源直接来自唐代的蒙兀室韦。法国学者伯希和（P. Pelliot）认为"室韦"（Sirbi）即"鲜卑"（Serbi）的音转和别写。古突厥文《阙特勤碑》和《毗伽可汗碑》中所称的"三十姓鞑靼"（Utus Tatar）和"九姓鞑靼"（Tuqus Tatar）就是指室韦诸部。其中蒙兀部即后来成吉思汗所从出的蒙古部的祖先，当时蒙兀部人所操的语言就是蒙古部祖先所操的语言。著名蒙古史学者亦邻真教授说："《蒙古秘史》语言中留下有些无法释义的专名（人名、地名、氏族部落名称），就是原蒙古语的残余，他们同后来经过突厥化的古蒙古语有很大的差别"②。九世纪中叶以后，回纥汗国覆亡，回纥人西迁，整个大漠南北全被蒙古各部占领，与原来操突厥——回纥语言的各部落杂居错处（如后来以"克烈"、"汪古"、"乃蛮"等名见称的各部都是操突厥语的），因此吸收了大量的突厥语成分，使蒙古语发生了巨大的变化。首先是不少突厥语词汇混入蒙古语中，与蒙古语并存，有的词汇甚至代替了原来的蒙古词汇。其次便是突厥语音影响了蒙古语音，如突厥语的前后列元

① 参阅《中国民族古文字图录》，中国民族古文字研究会编，中国社会科学出版社，1990年版，第247页。

② 亦氏《中国北方民族与蒙古族族源》，载《内蒙古大学学报》1979年第3、4合期。

音体系使原蒙古语元音系列改变成八元音序列；塞擦音 z、c 在一些方言中代替了舌尖辅音 y、č 等等。据有些语言学家统计，现代属于突厥语族的哈萨克语与蒙古语的基本词汇约有百分之六十是同源的。可见突厥语对蒙古语影响之大。而后来大漠南北的许多地名，如贝加尔湖、库布苏古尔湖、色楞格河、土拉河、鄂尔浑河、克鲁伦河、肯特山等，都是突厥语的遗留。在现今蒙古语的基本词汇中，如天、印、城、田、药、碗、干酪等，也是来源于突厥语。其中有些佛教内容的借词，如呼图克图（活佛）、浮屠（佛塔）、地狱之类，也是通过回纥语而进入蒙古语的。人们通常把这个时期的蒙古语称作古代蒙古语①。

蒙古语中有许多借词，其中一个来源是借用汉语。在辽、金时期（十至十三世纪），契丹和女真是蒙古人通向中原的桥梁，因此许多汉语都是通过契丹语和女真语而进入蒙古语的。从十三世纪初成吉思汗统一大漠南北，建立了蒙古汗国之后，蒙古民族共同体逐渐形成了，这个民族共同体具有共同地域、共同文化和共同语言。这个时期还创造了畏兀体蒙古文及后来元朝建立后产生的八思巴文，更使蒙古语获得了规范和发展。从那时起，直到十四世纪六十年代元朝覆亡，这期间先后出现了大量的蒙古文文献，通过这些文献，可以准确地反映出这个时期的蒙古语状况。通常人们把这个时期的蒙古语称作中古蒙古语。

中古蒙古语的文献资料现存的有四种：一是碑刻中的铭文；二是汉文文献；三是阿拉伯、波斯文文献；四是八思巴文文献。元朝覆亡之后，大漠南北局势动荡，战乱频仍，直到十五世纪达延汗重新统一大漠南北。但这时西部的瓦剌兴起并一度控制了整个蒙古高原。瓦剌是蒙古各部中突厥化程度最深、最高的部落，他的东进，引起了蒙古语言瓦剌化的过程，瓦剌语影响了蒙古语，尤其影响了外蒙古的喀尔喀方言。

---

① 以上参阅内蒙古大学语文研究所 1985 年编印的《蒙古语文研究参考资料》第 8 辑。

从十六至二十世纪初，是蒙古语发展到近代蒙古语的时期。这个时期，由于藏传佛教的传入，蒙古书面语有了较大的发展。蒙文文字也由最初的回鹘式发展为真正的蒙古式，正字法也有了一定的变化。由于书面语言的广泛应用，蒙古共同语的产生更加临近。只是由于部落之间的战争及以后被清朝政府的统治，遂使蒙古语中出现了方言的差别。

尽管有方言的差别，但蒙古书面语可以使所有蒙古人进行相互交流。蒙古口语的发展，逐渐加大了同书面语的距离。蒙古书面语保留了古蒙古语的许多语音特点，成为研究古蒙古语音的最好材料。书面语中保存的旧词汇逐渐退出口语领域，口语中不断产生新的词汇以丰富近代蒙古语言。

到了二十世纪中叶，蒙古地区发生了巨大的社会变革，随着清朝统治的结束，外蒙古成立蒙古人民共和国（今蒙古国），喀尔喀方言成为蒙古国的共同语言，并且在以斯拉夫字母为基础的新的文字体系的辅助下，喀尔喀语有了自己的发展道路。不久中国革命胜利，中华人民共和国诞生，使内蒙古走上了民族区域自治的道路，蒙古语言也得到了空前的发展，蒙古文字获得了完善，形成了以内蒙古中部方言——察哈尔方言为主，参照蒙古书面语的蒙古标准音，实际上是中国的蒙古共同语。

总之，蒙古语是在漫长的历史发展过程中，通过无数次的分化和组合而最终形成的。今天的蒙古语也在不断地变化[①]。

蒙古族原先没有文字，从十三世纪起，开始使用畏吾儿（或称畏兀儿）字母拼写蒙古语，用来记录"牙撒"（扎撒、法令）、"青册"（户籍）等；同时还使用汉字。《元史》卷一二四《塔塔统阿传》载："塔塔统阿，畏兀人也。……深通本国文字。（成吉思汗灭乃蛮，被

---

① 以上参阅齐木德道尔基教授"蒙古族的语言文字"一节，见林幹主编《中华地域文化大系·塞北文化》第七章，安徽、北京、河北、内蒙古、山西教育出版社联合出版，2006 年版。

擒），帝问'汝深知本国文字乎？'塔塔统阿悉以所蕴对，称旨，遂命教太子诸王以畏兀字书国言。"南宋时曾先后出使蒙古的彭大雅和徐霆二人，回宋后曾撰、疏《黑鞑事略》一书[1]，书中说："（蒙古），其言语有音而无字。……其事书之以木杖，如惊蛇屈蚓，如天书符篆，如曲谱五凡工尺，回回字殆兄弟也。"又说："鞑人本无字书，然今之所用则有三种：行于鞑人本国者则只用小木……此小木即古木契也；行于回回者则用回回字……行于汉人、契丹、女真诸国者只用汉字。"所谓畏兀字（畏吾字）、回回字，就是利用回鹘文字母记录蒙古语的畏吾体蒙文。

蒙古汗国时期出使的欧洲使臣约翰·普兰诺·加宾尼（Jchn of Pla-no Carpini）在他的游记（《蒙古史》）中也曾记载："畏吾儿人是聂思脱里教派的基督教徒。在交战中，成吉思汗打败了他们。蒙古人采取了他们的字母，因为在此以前蒙古人是没有文字的。不过，现在他们称这种字母为蒙古字母[2]。"这就是畏吾体蒙文。

畏吾体蒙文是拼音文字，字母分元音和辅音两大类。书写时元音字母和辅音字母结合紧密，笔画连在一起，一气呵成。最小的书写单位是"词"。但早期拼写法不甚严密，有时一个词分作两段书写。书写格式是从上往下竖写，从左往右换行。字母在词首、词中、词末等不同的位置上，笔画略有变化，以适应连写的需要。

畏吾体蒙古文的发展，可分成三个阶段：第一阶段是从十三世纪初至十七世纪初。这时，字母的笔画结构、基本拼写规律和书写格式都与畏吾（回鹘）文相似，保持着古朴的面貌。第二阶段是在十七世纪以后，这时畏吾体蒙文在不同地区朝着不同的方向发展。第三阶段则是从公元 1648 年开始。那年咱雅班第达（那木海札木苏）在畏吾体蒙文的

---

[1]　见 1937 年商务印书馆出版《丛书集成初编》。

[2]　英国人道森编，吕浦译、周良霄注《出使蒙古记》，中国社会科学出版社 1983 年版，第21 页。

基础上创造了适合于卫拉特蒙古方言特点的托忒文。与此同时，其他地区的畏吾体蒙文也发生了明显的变化，如字母的笔画结构有所改进，拼写规则趋于严密：一个词分写成两段的现象消失。因而形成了区别于古代蒙古文的近代蒙古文。

用畏吾体蒙古文写成的文献，以原件形态保存下来的仅有数十件，包括写本、刻木、碑铭、印文、符牌等。现存畏吾体蒙文碑刻有《也松格碑》、《云南王藏经碑》等。此外还有一颗现已失传的元定宗贵由汗（1246—1248 年在位）的御玺，其印文是用畏吾体蒙文镌刻的，现御玺虽失传，但印文却保存在梵蒂冈档案馆收藏的一份外交信件上。还有在俄国第聂伯河畔出土的银质长牌，上面镌刻着窝阔台系王子俺都剌的令旨，也是一件畏吾体蒙文的符牌[1]。

畏吾体蒙文的文献具有很高的学术价值和史料价值，因为它不仅为研究蒙古语言文字的历史提供了珍贵的资料，而且还记录了古代蒙古与国内外各族、各国之间在政治、经济、文化方面的交往和交流。

畏吾体蒙文虽有它的优点，但也有表达语音不准的缺陷，更不能满足元世祖忽必烈要想"译写一切文字"的需求，故忽必烈不承认它是纯粹的蒙古人的文字，而仅称它为"畏吾字"。元朝建立之后，忽必烈遂命国师八思巴（1235—1280）另创制一种蒙古新字，通称八思巴字。《元史》卷二〇二《释老·八思巴传》载：

> 帝师八思巴者，土番萨斯迦人，族款氏也。（因七岁便能诵经数十万言，故）国人号之（为）圣童。年十有五，谒世祖于潜邸，与语大悦，日见亲礼。中统元年（1260 年），世祖即位，尊为国师，授以玉印。命制蒙古新字，字成上之。其字仅千余，其母（字母）凡四十有一。其相关纽而成字者，则有韵

---

[1] 以上参阅《中国民族古文字图录》，第 295—296 页。

关之法；其以二合三合四合而成字者，则有语韵之法；而大要
则以谐声为宗也。至元六年（1269年）诏颁行于天下。

忽必烈在颁行蒙古新字的诏书上说：

> 朕惟字以书言，言以纪事，此古今之通例。我国家肇基朔
> 方，俗尚简古，未遑制作，凡施用文字，因用汉楷及畏吾字，
> 以达本朝之言。考诸辽、金以及遐方诸国，例各有字，今文治
> 寖兴，而字书有阙，于一代制度，实有未备。故特命国师八思
> 巴创为蒙古新字，译写一切文字，期于顺言达事而已。自今以
> 往，凡有玺书颁降者，并用蒙古新字，仍各以其国字副之。

蒙古新字（八思巴字）是元朝的官方文字，既用于拼写蒙古语，成
为蒙古族的一种民族文字，同时为了适应元朝大一统的需要，还用它来
"译写一切文字"，即拼写境内各民族的语言。从现有文献来看，八思巴
字除拼写蒙古语外，还拼写汉语和维吾尔语，并按书面语转写藏语和
梵语。

八思巴字是一种拼音文字，绝大多数字母仿照藏文体式而呈方形
（故亦称"方体字"），少数字母采自梵文，还有个别新创的字母。字母
最初只有41个，后来续有增益，总数达到57个。此外还有两个书写符
号：一个是字头符号"—"，用于字首元音之上；另一个是连接符号
"｜"，用以连接同一书写单位的诸要素。书写以音节为单位，由上而下
直写，换行自左至右。书体分为正体（楷书）、篆体、双钩体三种，正
体最常用。篆体一般用于官印和碑额，具有对称、均匀、饱满、整齐等
书法特点。双钩体极少用，只是偶尔见于碑刻的边框左右两侧。

八思巴字母分辅音字母和元音（包含半元音）字母两类。每一个字
母原则上代表一个音素。其拼写法的主要特点有：以零形式表示元音 a

的规则；以专门字母表示零声母的规则；以元音 è/e 与元音 o、u 的结合来表示单元音 ö、ü 的规则等①。

由于八思巴字是官方文字，故元朝采取了各种措施，如设立学校、减免赋税、优先擢用等优惠办法鼓励学习，甚至迫令官吏于百日之内学会蒙古新字，因使八思巴字在元朝境内积极推行，甚至远至伏尔加河流域也发现有属于金帐汗国时期的写在桦树皮上的八思巴字。八思巴字行用了一百一十多年，至元朝覆亡后便被废弃了。现时尚能看到带有这种文字的文献和文物，计有碑刻、官印、符牌、钱钞和图书。这些文献和文物都是研究元朝历史、文化、民族关系以及古代蒙古语、汉语音韵的珍贵资料。

早期的畏吾体蒙文字母直接来源于畏吾文字母，所以它的笔画结构、拼写规则同畏吾字基本相同。随着畏吾体蒙文使用范围的扩大和大量译写经书的实践，产生了对畏吾体蒙文的研究和改进的要求，使之更加适应蒙古语言的特点。

十三世纪中期，西藏萨迦派法主萨思迦·公哥监藏，根据蒙古语音的特点，于 1246—1251 年间，写成了一部研究蒙古语文的专著——《心箍》。他在书中对畏吾体蒙文字母作了归纳，首次提出阳性、阴性、中性元音的学说。接着，1307 年（元成宗大德十一年），畏吾儿高僧却吉斡斯尔，在畏吾体蒙文字母的基础上进行改革，使之更适合于蒙古语的特征，这就是今天仍然使用的蒙古文字。当时的畏吾体蒙文字母比畏吾文字母只多一个"P"字母。却吉斡斯尔撰写出另一部与公哥监藏《心箍》的同名著作《心箍》。他在书中把那些字母归纳起来，按藏文音节字母的规律，给每个辅音字母搭配七个基本元音，再加几个独立字母，从而形成一百一十六个音节字母，这个音节字母表得到了蒙古文人

---

① 以上参阅《中国民族古文字图录》第 309 页。

的认同，一直应用到今天。这部著作对蒙古语文的推进影响很大，对蒙古文字学、语法学的发展都曾起到了巨大的作用①。

元朝覆亡后，蒙古本土进入了一个纷乱的时期，蒙古文字的发展受到严重阻碍。直到十五世纪八十年代达延汗重新统一蒙古各部，蒙古社会才开始稳定下来。到了林丹汗（1592—1634 年在位）时，蒙古文化才有较大的发展，畏吾体蒙文也获得了进一步的完善，成为音节完备、字形规范，具有完整的正字、正音法则的，能够充分表达蒙古语法变化的文字体系。

在蒙古文字大量应用的过程中，畏吾体蒙文需要不断改进，以增强它的功能；同时，随着蒙古语言的不断发展变化，蒙古文字也需要进一步规范化。因此，在十八世纪有不少蒙文研究成果问世。清朝雍正年间（1723—1735 年），乌珠穆沁学者丹津达克巴，著有《蒙文启蒙注释正字苍天如意珠》一书，系统的总结和继承了十四世纪语言大师公哥监藏和却吉幹斯尔的研究成果，阐述了蒙古书面语的原理，归纳出一百二十三个蒙古字头，分为元音、辅音和结尾辅音，并把元音字母分为阳性、阴性和中性，解释元音和辅音结合的规律，说明蒙古语静词的"格"及其意义，提出了蒙文规范化的标准。此后不久，乌喇特人毕力衮达赖，也撰写了《蒙文授业启示》一书，进一步阐述了却吉幹斯尔的蒙古文原理。1780 年，蒙古正黄旗卓特氏敬斋公，编写了《蒙文指要》，书中对蒙古语音、正字法和语法作了研究和解释，还增列了记录汉文的字母，为蒙古文字母的完整化作出了贡献。1828—1835 年间，归化城土默特人格拉桑，撰写了一部蒙古语法名著《蒙文全释》，在蒙文正字法、正音法、语法、词汇学、修辞学、语音学研究方面都占有很重要的地位。此书内容广泛，解释准确，比《苍天如意珠》和《蒙文指要》又前进了

---

① 以上参阅同前引齐木德道尔基"蒙古族的语言文字"一节，见林幹主编《中华地域文化大系·塞北文化》第七章，安徽、北京、河北、内蒙古、山西教育出版社联合出版，2006 年版。

一大步。此外还有其他著作，不再一一列举。总之，到了十九世纪，近代蒙古文基本上已经定型，与古代蒙古文（即畏吾体蒙古文）相比，有了很多和很大的差异，发展到新中国成立以前，基本上完成了向现代蒙古文的过渡，成为蒙古民族的重要交际工具及弘扬蒙古文化和中华民族文化的工具①。

---

① 以上参阅齐木德道尔基"蒙古族的语言文字"一节，见林幹主编《中华地域文化大系·塞北文化》第七章，安徽、北京、内蒙古、河北、山西教育出版社联合出版，2006年版。

第八章
"养在深闺人未识"的
北方民族珍贵文化遗产知多少

在新中国成立前北方民族文化及其遗产没有受到重视。新中国成立后，由于党的正确的民族政策和文化政策，北方民族文化遗产被大量发掘，各种文化问题也积极展开研究并取得了巨大成果，上文已多处论及。但北方民族文化遗产极其丰富，"养在深闺人未识"的瑰宝尚待人们去发现、去认识的真不知多少。以下略举数端，作为例证。

一、尚待进一步发掘的匈奴遗迹和遗物

由于大漠南北匈奴文化遗产的大量发现，因此匈奴问题的研究领域不断扩大，程度不断加深，不仅匈奴人的铜器文化、铁器文化、陶器文化、农业文化、工艺技术、刺绣和医术等领域都能涉及[①]，而且有足够的实物资料（结合文献），使我能够写成全面、系统论述匈奴人的民族面貌、社

① 参阅林幹著《匈奴人的科技与文化》一文，载《科学》杂志 1986 年第 2 期，上海科学技术出版社。

会面貌和文化面貌的专著《匈奴通史》（人民出版社 1986 年出版）。

据蒙古学者的初步调查，漠北各地的匈奴墓葬约有八百多座，但苏联和蒙古学者业已发掘的，截至 1960 年为止，为数仅一百八十多座，此后虽续有发掘，但为数不多。故匈奴的墓葬、古代城镇及其他遗址、遗迹，也就是匈奴的文化遗产，还有很多尚未被发掘，甚至尚未被发现。例如 1988 年 10 月 29 日，我国新华通讯社就从乌兰巴托发出"蒙古发现一座匈奴古墓"的新闻电讯。电讯说，据蒙古《真理报》报道，这个匈奴古墓在科布多省（蒙古国西部阿尔泰地区）漫汗县境内的塔黑特勒盆地。该墓深 11 米，棺长 4 米，宽 2 米，厚度 20 米。死者为五十多岁的妇女。随葬品有陶器、铜碟、铁器、劳动工具、武器、马嚼子（马勒）、刀、剑、金首饰、丝织品等数十件珍贵文物。考古工作者还在墓中首次发现了一盏"长明灯"，说明死者是一位贵族夫人。这座墓葬证明，匈奴人曾在阿尔泰地区有过较长期的活动，并在当地留下了不少珍贵的文化遗产尚未被世人所发现、认识。

此外，《信息日报》1994 年 6 月 11 日第二版据西宁电讯，登出了"祁连山出土古匈奴金牌服饰"的报道。报道说，青海省祁连县近日出土一件珍稀动物形金牌服饰。经文物专家初步鉴定，为古代匈奴贵族遗物。这件金牌服饰为纯金所制，重 370 克。其外形轮廓呈"B"形，长 14.7 厘米，高 9.2 厘米，背面两端各有一桥形纽，可固定在衣服上。此金牌服饰正面雕有一幅树阴下狼咬羊图案。青海省文物鉴定委员会的有关专家把它定名为"狼噬羊金牌饰"，并认为这类透雕动物纹牌饰常见于汉代匈奴人的遗迹中，但多为青铜质，金质的很少见。

在二十世纪八十年代以前尚未被发现的匈奴墓葬中，还应该特别提到九十年代在内蒙古最新发现的有关铁弗匈奴建立的"大夏国"墓群[①]。铁弗匈奴是匈奴族的一支，其首领赫连勃勃于 407—431 年间，以

---

① 见《新华每日电讯》1993 年 1 月 12 日的报道。

统万城（故址在今陕西榆林市西白城子）为中心，建立了一个"大夏"政权。1992 年冬，内蒙古考古学者在鄂尔多斯市乌审旗境内发现了属于"大夏国"的五座匈奴古墓及一方刻有五十三个隶书汉字的墓志铭。这是过去考古学界一直没有发现的。古墓所在地西距统万城故址十六公里，地表沙丘连绵，与陕西靖边县境仅隔一道沙梁。

被发现的五座古墓均为大型洞室墓。以第一号墓为例，内分墓道、甬道、天井、前室、后室五个部分。墓中除出土一批铜器、陶器等随葬品外，最重要的文物就是存放在后室的、刻有大夏二年（420 年）建成将军墓志铭。墓志分上下两函，用边长 54 厘米的方砖制成。上函无字，下函阴刻隶书汉字五十三个。每个字上均涂以朱砂，字形典雅，艺术价值极高。其铭文第一句为"唯大夏二年岁庚申正月戊朔二十八日癸丑"。考《晋书·赫连勃勃载记》，勃勃于 407 年 6 月称"大夏天王"，建元"龙升"，418 年 11 月称帝，改元"昌武"，419 年 2 月改元"真兴"。所载"大夏二年"应即"大夏真兴二年"（420 年），其年干支正为"庚申"岁[①]。在此古墓发现以前，无论在文献资料或考古资料中，都不曾发现过有如此明确纪年的大夏国文物，故这个墓群的史料价值和学术价值都不比平常。

《内蒙古日报》1995 年 6 月 25 日周日扩版第四版又有一则题为《"冰美人"发掘记》的报道。报道说，1994 年夏天，俄罗斯新西伯利亚考古与民族研究所的学者娜塔丽娅，在海拔 2500 米的阿尔泰山深处，距中俄边境铁丝网 9 米处的俄国境内，从地下 5 米的冰土中，挖出了一块巨大的冰块，冰块里藏着一位身裹丝绸、佩戴铜镜的美丽少妇。由于冰块的保护，女尸肌肤仍富有弹性，丝绸和随葬品保存完整无损。根据随葬器物的特点，可以确认这具冰中女尸为距今二千年以前、来自中国长城以南的中国贵妇。

---

① 参阅陆峻岭与林幹合编的《中国历代各族纪年表》第 327、329、332 页，内蒙古人民出版社 1987 年再版。

据娜塔丽娅介绍，"冰美人"墓坐落在一个景色秀丽的小湖边，是一座碎石堆成的墓丘。她们清除了古墓的碎石，发现墓的一角有一个大洞，这是盗墓人留下的。再往下挖时，出现一口用石头和木头垒成的薄棺，棺内有一具男尸，棺外还有三匹陪葬的马。此外，在男尸的棺材下面，还隐藏着另一个墓室。她们揭开下面那个墓室的盖子时，看到里面有一块巨大的冰块。她们用热水把那冰块融化，从冰块中首先露出一个棺材的顶部，接着露出两个小桌子，桌面上有大块马肉，肉上插着一把青铜刀。随后棺材开始露出，是一具用落叶松原木凿成凹穴的独木棺，看上去像个摇篮，棺壁上贴着鹿皮。在墓室的一角，出土了一个木制的容器，内有一把木杓和酸奶残迹。墓室外层陪葬的三匹马，身躯完好无损，马头上的几个洞，明显地能看出是用斧头砍的。马胃中还残留着仍未消化的草料和嫩枝。据来自瑞士的一位科学家化验，认为墓主的安葬仪式是在春天举行的。

发掘工作进行到第三天，考古人员才把棺木盖上的六根青铜长钉拔出来，揭开棺盖，人们看到里面是满满的一大块光滑的不透明的冰。1994年7月19日上午，尸体的腭骨终于从冰块里露出，面颊上的肉完好无损。到了下午，一个肩膀又露了出来，肩上的肉仍有弹性，肉上还留着刺有蓝色怪兽的图案。第二天，一个金光闪闪的头饰露出冰面，它占据了棺木三分之一的空间；接着又露出一个装有香菜子的小碟（据说这种香料能使墓主来世一帆风顺）。随后又在头饰上发现一对精心雕刻的木天鹅，在头饰下面看到了乌黑秀丽的头发，因此考古人员确认死者是一位女性。随后娜塔丽娅小心地揭开了这个女尸身体外面裹着的貂皮，检查里面的衣着，见女尸上身穿着黄绸衣，下身穿一件羊毛裙，在女尸的膝盖处有一个红布袋，袋里有一面光亮的铜镜。最后，考古人员把冰美人从冰冷的古墓中抬出，放在担架上，用白纱盖住她，缓慢地把她抬到工棚。

这次重大的发现，在国际考古学界引起强烈的反响。但这位墓主——"冰美人"女尸究竟是什么人以及她的族属,众说纷纭,吸引着人们去研究。许多学者认为,从墓主的外貌和身穿汉朝的织物以及所佩戴的铜镜分析,死者应当是一位汉朝公主。学者们指出,在二千年以前,阿尔泰山的草原和山谷中,曾经生活着匈奴部族,这里以前已经发掘出匈奴墓葬多达四十座以上,且在出土的文物中,有大量的汉朝丝织服装、铜镜和漆器等物。在汉武帝时,嫁往西域乌孙的公主细君,曾随同夫君在阿尔泰山区游牧。因此,这座墓葬究竟是匈奴墓葬抑或是乌孙墓葬,需要经过详细研究,才能确定。至于有人认为这具女尸(冰美人)是汉元帝时出塞的王昭君,我认为不可能,因为昭君出塞是嫁给驻牧于单于庭(今乌兰巴托附近)的呼韩邪单于,史书从未说她向西去过阿尔泰山区,更不可能死在或葬在远离单于庭西部的阿尔泰山。

二、新近发现(宇文鲜卑)北周大司空田弘墓
出土东罗马金币及墓室壁画

《光明日报》1996 年 8 月 28 日第一版以《固原北周田弘墓有重大发现》为题,报道了在距今一千四百多年的古墓中,一次出土了四枚东罗马的金币,并在墓中发现了墓志铭,因此得知墓主是北周政权(557—581 年)时期战功显赫的柱国大将军——大司空田弘。

田弘墓位于宁夏回族自治区固原县西郊乡大堡村,考古发掘自1996 年 5 月 25 日开始,由中日联合考古队及我国有关专家进行。墓葬由封土、墓道、天井、过洞、甬道、前后墓室七部分组成,全长达 50多米。有五个天井,封土直径超过 20 米。在此之前,宁夏还未发掘过同一历史时期的这么大规模的墓葬。就连 1983 年在这一地区发掘的、轰动国内外的北周李贤墓也没有这个墓大。考古人员从位于天井与甬道

之间，深入地下 6 米之处，清理出一个青石墓志。墓志铭文为典型的魏书体，书法和雕刻均达到相当高的水平。铭文首句云："大周少师柱国大将军大司空襄州诸军事襄州刺史雁门公田弘墓志铭。"墓志铭比较详细的列举了田弘的军功、职务升迁和他死后归葬固原的情况，既与《北史》、《周书》的田弘传相印证，又弥补了史书记载的不足。

由于田弘墓以前曾被盗挖，因而这次出土文物很少。但这次发掘，却在墓中一次就发现了四枚东罗马金币，这在我国考古中尚属首见。据介绍，自二十世纪以来，我国总共出土过东罗马金币（包括仿制品）计有几十枚，仅宁夏固原县一地就曾出土过九枚。固原成为我国出土东罗马金币最多的地区，足见固原在中西交通史上及丝绸之路上的重要地位。

这次出土的东罗马金币与以往出土的有所不同。这些金币比现在我国人民币的一分硬币稍大，直径不到 2 厘米，重 3 克以上，金币两面均有图案和拉丁文字。其中一枚上面是东罗马皇帝列奥一世头像；另一枚上面是贾斯丁和贾斯丁尼二人的全身像。这四枚金币的年代，其最早与最晚的相差约一百年。值得注意的是，这四枚金币中，有两枚凿有三孔，有两枚凿有四孔。据专业人员推测，这些金币都曾在市面上流通过，后被当作装饰品穿起来套在死者身上。

田弘墓中还出土了玉叉、玉环、玉璜、玉珮等七件玉器，玲珑剔透，制作精良，是不可多得的珍品。而玻璃残片和数百颗玻璃珠的出土，对研究波斯萨珊玻璃器的传入，也有重大意义。此外，还发现六个陶罐。最后，这个墓既有前后室又有侧室的墓葬形制，在宁夏的北周墓葬中也是首次发现。又，田弘墓中没有发现陶俑，这种现象亦值得研究。

报道中还说到在墓中清理出四幅破损严重的人物图像，故未作详细介绍。但《参考消息》1996 年 9 月 7 日以《中日联合调查队发现北周墓室人物壁画》为题，对此作了补充。《参考消息》说，8 月 23 日中日联合调查队在招待会上宣布，他们在北周田弘墓地下墓室中发现了壁画，壁画上绘有众多的彩色人物像。这些人物群画像的主题与日本奈良高松冢古坟的壁画（七世纪末至八世纪初）有共同之处。彩色人物像的发现，不仅有助于研究中国绘画史，而且对弄清高松冢壁画的始祖也将产生巨大影响。

壁画绘在墓室的各个壁面上，共十八个人物。这些人物画像全都是男性，墓壁深处左右壁画上各绘有两名身高约 120 厘米的武官和文官。据认为他们是保护后室的"守门吏"。在黄土绘成的壁画上，涂有薄薄的石灰作为底子，可以看到是用红、白、黑三种颜料徒手绘画的。红颜料似乎是用大红或朱红，白色用的是石灰，黑色用的好像是墨。据说中国壁画上的人物群像几乎是同日本高松冢在同一个时期兴盛起来的。日中联合调查队计划，今后还将就人物群像的服饰、壁画题材进行具体研究，以便了解这种表现手法是如何传播开来的。

三、流失海外百年复归祖国的敦煌文物（文献）

《光明日报》1997 年 12 月 17 日第五版以《流失百年：敦煌文物归去来》为题，报道了同年 10 月 9 日有一位文质彬彬的日本学者青山庆示，在敦煌学国际会议大厅里，把一个精巧的皮箱递交给敦煌研究院院长段文杰的手中，顿时，会场里爆发出经久不息的掌声。原来，箱内装的是流失海外近一个世纪的八件珍贵的敦煌莫高窟藏经洞的古代文献。专家们指出，这些文物只有回到中国并集中陈列在敦煌，与敦煌壁画、雕塑珠联璧合，综合研究，方能显出它的巨大学术价值。

事前，日本曾将这八件文献的复印本寄到敦煌，经敦煌研究院遗书研究所所长李正宇鉴定，认为这些复印件，除一件需看原件的纸质、墨迹方能决断外，其余各件都属出自敦煌藏经洞的真品。

据李正宇介绍，这些文书大多数属于唐朝或唐以前的文献，年代最早的写于北魏时期（四世纪、五世纪左右），最晚的写于北宋（十世纪、十一世纪左右）。八份古卷宽度在 24 厘米至 30 厘米之间，最长的达 80 余厘米，最短的 42 厘米。有的正反两面均有文字，字迹清晰，保存较好。内容丰富，包括《修行本起经》、《涅槃经》、《金刚经》、《佛盆棠所化经》等佛经写本以及《归义军酒账》、《国语》抄本、《北魏太平真君十一年、十二年历谱》等社会历史文书，对研究敦煌历史、敦煌佛教、敦煌艺术，都具有极其重要的价值。

《归义军酒账》原来早已被分割为三块，一块尚存放在敦煌研究院陈列室；第二块就是青山庆示先生现时归还的部分；第三块则早年被法国的伯希和取走，现存巴黎图书馆。专家们哀叹：如今这件《酒账》文献珍品的两部分业已重逢并能互相连接，但第三部分（第三块）何时才能复归？

在旧中国，自莫高窟被发现以来，敦煌文物（文献）流失不少。据悉，这些流失的文物（文献）目前仅有一小部分还在国内私人手中，其余绝大部分都散存在外国的各图书馆或博物馆中，归各该国家所有。故要把那些流失的珍贵文物一一索回并非易事。因而我们对于北方民族文化遗产的探寻、发掘和研究，还要作很多很大的努力！

四、突厥墓葬与回鹘洞窟和活字印刷术

上文对于古突厥文碑铭介绍较多，而突厥墓葬却发现很少，但也不是完全没有。1994 年 5 月 3 日《新华每日电讯》及同月 15 日《中国文物报》就曾报道陕西咸阳市发现了一座属于西突厥汗国第十位可汗——阿史那怀道的夫妇合葬墓。这座墓占地 160 多平方米，虽多次被盗，但仍出土了陶牛、陶马、骑马俑、幞头俑、三彩骆驼、刻花盆、彩绘罐等

五百多件彩陶文物和两本墓志。墓志中详细记述了阿史那怀道（670—727 年）的生平和突厥与唐朝的交往。他在西突厥汗国被后突厥汗国吞并后客居唐朝首都长安（今陕西西安市），娶咸阳人安氏为妻，其妻被唐朝封为瀚海国夫人，其女后来被唐玄宗封为交河公主，出嫁给突骑施可汗。墓穴及过洞墙壁上还残存有以花卉、人物为主要内容的壁画，两重石门及石椁四周有线刻的花鸟、蔓草、麒麟、翼鸟、凤凰等，形象逼真。这座合葬墓是西突厥的重要文化遗产之一，它的被发现，对研究唐朝与西突厥的关系、突厥族与汉族融合的历史、西突厥的发展史，及唐代突厥族与汉族的婚丧习俗等，都有很重要的史学价值。

石窟也是北方民族文化遗产的重要部分。目前，除国内外熟知的甘肃省敦煌石窟（莫高窟）、天水积石山石窟、山西省大同云冈石窟……等外，是否还有一些未被发现的石窟？《光明日报》1994 年 9 月 25 日以《养在深闺人未识》为题，报道了宁夏西吉县火石寨乡扫竹岭的石窟群。这群石窟处于形似驼峰、三面绝壁的山峰之中，洞窟共有七层，大小不等。缘石阶攀登而上，依次看见玉皇殿、大佛殿、牛王殿、万寿宫等大小十余个洞窟。只可惜洞内雕塑已荡然无存，壁画也剥落严重。只有大佛殿内的一尊形象特殊的高 4.8 米的泥塑立佛尚自建立。据当地乡人介绍，石窟原来有门，门外还有飞檐斗拱等建筑，与洞窟连成一片。远远望去，蔚为壮观，如今虽已被毁，但痕迹仍依稀可辨。这是北魏时开凿的石窟，后来历代都有扩建和增修，清代时还香火旺盛。文物部门在附近曾收集到原属这群洞窟的三尊铜佛像：最高的一尊是北魏太武帝拓跋焘（424—451 年在位）时所造；二是重达 9 公斤的宋代（十至十二世纪）释迦牟尼鎏金铜像；三是重 18 公斤的明代万历（1573—1619 年）年间铸造的弥勒佛铜像。这三尊铜像对于研究扫竹岭石窟的历史沿革、佛教的流传以及与石窟有关的民族历史文化，价值都十分重大。

由于近数十年来国内外学者研究敦煌石窟者日渐增多，故在石窟中发掘出以前尚未被发现的有关北方民族文化遗产的资料也日益丰富。《光明日报》1987 年 9 月 28 日报道，敦煌研究院刘玉权研究员把过去混杂在西夏石窟群中的二十三个沙州回鹘洞窟划分出来，在同年 9 月 22 日举行的国际学术讨论会上提出报告，引起与会的中外学者的关注和赞赏。文献中记载沙州（今敦煌市）回鹘的资料很少，对于敦煌石窟中那些是属于沙州回鹘的也没有定论。现在刘氏根据壁画中的回鹘供养人画像、回鹘文题记及人物造型和艺术风格的回鹘特征，参照新疆伯孜克里克石窟高昌（今吐鲁番市）回鹘时代的石窟艺术，将二十三个沙州回鹘洞窟划分出来，并推断出它们所属的年代，这是敦煌学研究的一项重要成果，并为研究沙州回鹘史提供了珍贵的资料和实物依据，同时也丰富了回鹘佛教文化的艺术宝库①。

此外，《光明日报》1989 年 12 月 23 日还报道：有关学者从 1986 年开始，在敦煌莫高窟（千佛洞）、安西榆林窟中，考察了五百六十多个洞窟和三十多个舍利塔，共发现中世纪回鹘蒙古文②题记二十八条、八思巴蒙古文题记十四条；还有甘肃省肃北蒙古族自治县五个庙石包城遗址和肃南裕固族③自治县文殊山石窟，也发现了一些类似的题记。这些题记的大量发现，对元代敦煌历史、社会、佛教以及蒙古学各个领域的研究，都有很大的价值和意义。

这里应该特别提到过去鲜为人知的回鹘人曾经使用过活字印刷术。

印刷术的发明是中华民族对人类文明的巨大贡献之一。可惜宋代毕昇发明的活字印刷术以及用泥活字印刷的印刷品（还有后来用木制活字印刷的印刷品）都没有流传下来。至于回鹘人曾经使用过活字印刷术，那更是鲜为人知了。《光明日报》1997 年 8 月 5 日第五版发表了一篇由

---

① 参阅刘玉权《关于敦煌沙州回鹘洞窟的划分（摘要）》，载《敦煌研究》1988 年第 2 期。
② 回鹘蒙古文即蒙兀体蒙文或称畏吾体蒙文。
③ 裕固族为唐代"河西回鹘"和宋代"黄头回鹘"的后裔。

西夏问题专家史金波和回鹘问题专家雅森·吾守尔（维吾尔族）合著的题为《西夏和回鹘对活字印刷的重要贡献》的文章，报道和论述了在差不多与西夏政权（1032—1048年）存在的同时，居于敦煌、吐鲁番等地的回鹘人也曾使用过活字印刷技术，现在不仅有回鹘文活字印刷品传世，还有近千枚的回鹘文木活字被发现并保存下来。这些距今约八百年前的回鹘文（还有西夏文）的活字印刷珍品是目前世界上最早的活字印刷实物，有巨大的学术价值和文物价值。

文章说，敦煌和吐鲁番地处东西方文化交流的孔道，回鹘人兼收并蓄，吸收了中原地区以及印度、中亚地区的文化，逐渐形成了回鹘的佛教文化，把佛教"经"、"律"、"论"三大部分的主要经典都译成了回鹘文。为了满足回鹘社会对佛教经典的需求，回鹘汗庭和广大僧俗人众抄写和印刷了大量的回鹘文佛经。在活字版印刷术由东方向西方传播的过程中，回鹘人较早地创造了适合自己民族语言特点的木制活字，用木制活字印刷回鹘文佛经，使活字印刷术继续向西方延伸和进一步传播。

文章说，1908年2月，法国的伯希和在敦煌千佛洞攫取了不少珍贵的文献、文物，其中包括回鹘文木制活字。这些被攫走的木制活字现藏巴黎吉美亚洲艺术博物馆。这次发现的回鹘文木制活字，除个别学者从前曾经作过简单的报道外，九十年来尚未有人对它进行过系统和全面的研究，因使这些活印字在活字印刷史上的重要地位没有引起学术界足够的重视，甚至一度误传这批活字已经失传。本文作者之一雅森·吾守尔，在获得了联合国教科文组织"丝绸之路研究"奖学金之后，于1995年前往英国研究敦煌出土文献时，专程亲赴巴黎吉美亚洲艺术博物馆，找到了这批距今约有八百年历史的回鹘文木制活字，并将全部九百六十枚活字印刷在五大张宣纸上，清楚地再现了这些活字所代表的文字符号（ ）。这些活字皆为凸起阳文反字，绝大多数都是宽1.3厘米，高2.2厘米，长短则依所表示符号的大小而定。这些活字木料似为用枣木或梨木制成，虽历经沧桑，仍然字迹清晰。

文章还说，据悉敦煌文物研究院又先后在莫高窟北区洞窟中发现了数十枚回鹘文木制活字，与法国的伯希和攫走的同属一类，使存世的回鹘文木制活字现已达到一千枚。敦煌发现的回鹘文木制活字应属于十二世纪晚期之物，最迟不会晚于十三世纪前期。因为在十三世纪后半叶，居住在敦煌地区的回鹘已经衰落，其政治、文化和宗教状况已不可能使他在该地区制造活字去印刷回鹘佛经。因此，这批回鹘文木制活字当为世界上现存最早的木制活字的最珍贵实物。此外，二十世纪初，德国、日本考察队在吐鲁番高昌遗址、盛金口佛教寺院遗址也曾掘出大量的回鹘文印刷品，其中有一部分就是用活字版印刷的。

文章最后说，回鹘（还有西夏）早期活字印刷实物的发现，在我国乃至世界的印刷史上都占有突出的地位，并具有下列四方面的重要意义：

1. 提供了早期活字印刷的实物。
2. 扩大了我国早期活字印刷使用的范围。
3. 表明了我国少数民族在活字印刷上的重要贡献。
4. 为活字印刷西传提供了确凿的证据。

五、岩画和石人像

除碑铭、墓葬外，岩画也是突厥及其他北方少数民族的重要文化遗产。目前我们已知有内蒙古的阴山岩画和乌兰察布岩画（著名岩画专家盖山林已经出版了几部专著）。此外，在西部的阿拉善盟阿拉善右旗，东部赤峰市的克什克腾旗①，呼伦贝尔市的额尔古纳左旗②，都有岩画

① 见张松柏、刘志一《内蒙古白岔河流域岩画调查报告》，载《文物》1984 年第 2 期。
② 见赵振才《鄂温克岩画》，载《文物》1984 年第 2 期。

发现。中部在包头市固阳县也发现鹿像岩画。内蒙古地区的岩画分布很广，数量很多，以阿拉善右旗的曼德拉山为例，岩画分布范围竟长达东西三公里、南北五公里，约有五千余幅。但以上都是指被人们所熟知的而言。随着考古工作的展开，有许多岩画尚未被人们发现或不久前刚刚被发现、有待于考古人员去进一步探寻和研究。例如宁夏贺兰山的岩画，据初步调查，该山的岩画"横亘数十里，上下几千年"，造型生动，价值无比①。还有在新疆阿尔泰山发现的古代岩画"长廊"，更长达一千多公里，初步探明的岩画点多达四十多处，找到岩画一万余幅②。这些岩画，为研究贺兰山区和阿尔泰山区及其周围的北方少数民族的历史文化提供了丰富的形象资料。还有在八十年代，新疆博尔塔拉蒙古族自治州温泉县西北的阿拉套山巴斯堪达坡东侧，也发现了许多古代北方少数民族凿刻的岩画③，正等待着学者们去进一步探索和研究。

目前国内对岩画的研究成就很大，但各地各种岩画的族属问题和断代问题则大多不能确切分清。经过学者们的长期努力，有些方面业已取得了进展。例如盖山林研究员就曾在上万幅的内蒙古草原岩画中寻找到突厥人的踪迹，因此他于 1981 年 2 月 17 日在《内蒙古日报》上，以《突厥人的信息》为题，报道了他研究的可喜收获，并附有他在磴口县西北岩画上拓印的突厥符号图片。

最后说一下石头人像。

唐乾陵（在今陕西乾县梁山）是唐高宗与武则天帝的合葬墓。墓前立有一批具有官衔的石人像，都是对唐朝有功的"蕃臣"（少数民族将领或首领）。武汉大学陈国灿教授对这些"蕃臣"曾作过深入的调查研究，并写成《唐乾陵石人像及其衔名的研究》一文，发表于 1980 年 9

---

① 见《光明日报》1993 年 8 月 21 日报道。
② 见《光明日报》1987 年 11 月 24 日报道。
③ 见新疆《博尔塔拉报》1988 年 3 月 12 日报道。

月出版的《文物集刊》第二集。据他考证，这些"蕃臣"石人像有的是唐朝安北都护府属下回纥等诸部都督，有的是北庭都护府属下西突厥诸部都督，有的是安西都护府属下葱岭以东诸部都督、首领或府属葱岭以西诸国首领，有的是东突厥、吐谷浑和吐蕃的首领或使臣。这些石人像，历经人为破坏，多有失落或毁损，后来经过文物工作者的辛勤寻觅、补缺和扶正，现存石人像能恢复原位的计有六十尊，能考出其官衔者计三十六尊。这对于研究唐朝周边各少数民族的历史文化及他们与唐朝的关系，意义十分重大。

上文所引盖山林《突厥人的信息》一文中，也曾提到在内蒙古达茂联合旗西北部突厥墓地上见到不少伫立在草原上的石人像，据他考证，这些石人像的族属为突厥族。

另据内蒙古文物考古研究所丁学芸研究员亲自调查得知，在内蒙古北部草原上也常见到石头人像，有的在石围栏中还竖立一个石雕人像。石头人像和石雕人像的脸形以及姿态、造型多不相同。还有一种竖立石头人像的石头人墓在内蒙古锡林郭勒盟北部草原东西分布很广，据说呼伦贝尔市和乌兰察布市的北部草原也有所发现。在调查中发现在石围栏中竖立的石雕人像，有头戴尖帷帽、类似阿拉伯人的人头像，也有雕工精细、头戴帷帽、类似布里亚特蒙古妇女的人像。在苏尼特左旗石头人墓上的石雕人像，也有类似蒙古国境内发现的突厥墓上的石雕人像，石人一手捧杯，一手抚剑[①]。丁学芸最后说，目前，我们的工作做得太少，仅仅零星地发掘了少量的石头人墓，没有进行系统的调查分类，这些石头人墓当与不同历史时期活动在内蒙古草原的游牧民族有关，其中应该有突厥人的墓葬。

此外，《新疆日报》1988 年 4 月"周末"专栏第 131 期曾报道：新疆博尔塔拉蒙古自治州温泉县安格里格乡的农民，曾收集到一尊古代石人像

---

① 据悉，在南西伯利亚阿尔泰和图瓦地区以及中亚地区，自二十世纪三十年代以来，苏联考古学者曾经发现和发掘过许多有石围栏和石雕人像的墓葬，据苏联学者研究，认为这是突厥时期祭祀死者的遗迹。

（原文附有图片）。因该石人像"深目高鼻"，类似突厥人，故有人认为是突厥种。但据该自治州文物工作人员考证，以《新疆图志》载明博尔塔拉地区在汉、魏时期为乌孙族人故地；且该石人像的形象略似猴形，而《汉书·西域传》乌孙国条颜师古注："乌孙于西域诸胡，其形最异，今之胡人青眼赤须、状类猕猴者，本其种也。"因此也有人认为这尊石人像似应属乌孙种。这个问题可以存疑，容后再作进一步研究。

六、文献资料、档案和地方志

中国北方民族的文化遗产，除文物、遗址和遗迹外，留下的文献资料也不少。新中国成立后，国内已有很多学者着手从事发掘，把散见于"正史"、别史、文集、汉简、金石等典籍中有关匈奴、柔然、突厥、回纥、吐谷浑等的史料，分别收集、整理、编纂和出版，为研究北方民族的历史文化提供了不少方便。但北方民族的文化资料比较零散，非但不甚集中，而且颇为残缺。其中有的民族没有自己的文字（如匈奴），留下的记载全出于汉人之手；有的民族虽曾有过文字，但已失传（如鲜卑文）；有的民族文字虽流传至今，但尚未为一般人所能通读（如契丹文、女真文）或普遍使用（如蒙古文）；有的用民族文字书写的典籍和资料甚至尚未为人所知。因此北方民族的文献资料尚待发掘和利用的甚多[1]。以下姑以蒙古文资料为例，略加说明。

蒙古族有自己的文字，并用蒙文记载了自己的历史文化，在中华民族色彩斑斓的历史文化画卷中，留下了一幅幅绚丽多姿的图案，至今仍闪烁着耀眼的光芒。

---

[1] 《光明日报》1996年5月9日第二版报道过"全国十多年抢救少数民族古籍12万种"。其中包括蒙古文、维吾尔文、满文及其他北方少数民族的文字典籍。

首先应该提到蒙文档案。从蒙元时期开始，就保存了不少蒙文文献档案，而且不断重视搜集、积累和保管。蒙文文献，包括回鹘体（亦称蒙兀体或畏吾体）蒙文、八思巴蒙文文献等，记载了蒙古族早期的各种活动，此外还有用汉文、藏文、维吾尔文等文字的记载。例如"成吉思汗石印"就是至今仍保存完好、距今已七百多年的一块最早的蒙文石刻。西藏至今也保存有元代的蒙文档案。

明清时期，蒙古文得到了发展。据悉，蒙古国现已发现了十五世纪的蒙文档案，其中还有用藏文书写的资料。及至清代，蒙文通行全国，清朝许多钦定的书籍、实录之类，都是用蒙文、满文、汉文编纂。目前仍保存在中国第一历史档案馆和故宫博物院等处的明清档案中，就有不少蒙文档案，其中有用蒙文书写的清代历朝实录（现已公开出版）；北京皇史宬中还藏有珍贵的蒙文地图。

此外，在地方各省、市、自治区的档案中也有大量蒙文档案。如青海省塔尔寺、内蒙古自治区档案馆、辽宁省档案馆等都有。特别是青海省塔尔寺所藏的蒙、藏文字档案资料，据初步调查，其存储量之多，专家估计要花十年左右的时间，动用大量的人员，才能把它整理出来。

其次说一下蒙文典籍。现时留存下来的蒙文典籍不少，其中比较著名的、作者佚名的可举出七部：

1. 《蒙古秘史》

2. 《阿勒坦汗传》

3. 《黄金史纲》

4. 《蒙古王公表传》（以上四种均有汉译本）

5. 《白史》

6. 《黄史》

7. 《阿萨拉格齐史》

其中作者姓名可考者约可举出八部：

> 1. 明代蒙古人萨囊彻辰著《蒙古源流》
> 2. 清代蒙古人罗密·博清额著《博尔济吉忒氏族谱》（以上二种有汉译本）
> 3. 明代蒙古人罗布桑丹津著《黄金史》

清代蒙古人著的还有：

> 4. 官布扎布的《恒河之流》
> 5. 答里麻的《金轮千辐》
> 6. 喇布朋苏克的《水晶念珠》
> 7. 纳塔的《金鬘》
> 8. 津巴道尔吉的《水晶鉴》

以上所举，仅作为例证，并非蒙文典籍只限于此。上举的蒙古典籍，内容丰富，包括有关蒙古族从早期至元明清各代民族起源、社会发展、民间传说、战争、文化、文学、语言、宗教……多方面的记载。虽各书中有许多论点和说法，因受时代的局限，我们今天不能苟同，但从学术角度衡量，都是很有史学价值和史料价值的重要著作和文化遗产，亟待我们去发掘、利用和研究①。

最后说一下地方志。地方志是我国具有独特功能的文献典籍，是内

---

① 为了便于不懂蒙文的读者了解上述的蒙文典籍，我在1993年主编的《内蒙古历史文化丛书》（全套十册）中，特约内蒙古大学包文汉教授及内蒙古社科院乔吉研究员（二人均为蒙古族）合撰了一本名为《蒙文历史文献概述》，介绍上述十五部蒙文典籍的主要内容、主要论点、史料来源、版本源流、作者生平及国内外学者对每一部书的研究情况。该《丛书》1994年已由内蒙古人民出版社出版。

容丰富而又珍贵的文化遗产，是中华民族文化宝库中的一颗灿烂明珠。它的史料价值很大，举凡各地的山川形势、疆域变迁，建置沿革，田赋户籍，物产矿藏，农田水利，武备边防，灾异事变，民俗风情，名人逸事，名胜古迹等均记载，包罗万象，一向被人称为"一方之总览"。其作用，可以"补史之缺，参史之错，详史之略，继史之无"（清代学者章学诚语）。

我国编纂地方志历史悠久。相传为周公所作的《周礼》"诵训"篇①有云："掌道方志，以昭观事。"可见地方志很早就受到重视。其后唐、宋盛行编纂地方志，至元、明更趋完备。清代所修地方志甚多，现存者计有五千多种。二十世纪七十年代，中国台湾成文出版有限公司曾影印清代木刻版，收辑印行《中国地方志丛书》，其中"塞北地方"有《乌里雅苏台志略》、《科布多事宜》，甘肃《兰州府志》、《甘州府志》、《狄道州志》、《固原州志》、《五凉全志》；台湾文海出版社亦印行《中国边疆丛书》（第一辑），其中有《钦定盛京通志》、《新疆图志》等。内容记载，涉及北方民族和北方地区的历史文化遗产甚多，均有待学者们发掘和研究。

新中国成立后，各级人民政府和各地学术界都很重视编纂地方志。远者不论，单就改革开放以来（即二十余年间），内蒙古自治区就已编纂和出版了旗县地方志很多部。例如《鄂伦春自治旗志》、《扎兰屯市志》（以上属呼伦贝尔市），《科右前旗志》、《突泉县志》（以上属兴安盟），《巴林右旗志》（属赤峰市），《武川县志》（属呼和浩特市），《乌拉特后旗志》（属巴彦淖尔市），《准格尔旗志》、《鄂托克旗志》（以上属鄂尔多斯市），《土默特旗志》（属呼和浩特市）等。特别值得提到的是，由内蒙古自治区人民政府地方志办公室编纂，1997 年由内蒙古人民出版社出版的《内蒙古大事记》（约一百多万字），内容收罗广泛，选材精

---

① 《周礼》原名《周官》，汉末始被改书名，非出自周公手笔，实乃战国时人所作。

确，编排适当，质量较高，已荣获"1997年全国地方志奖"一等奖。其已编纂完毕、正待付印的，尚未计入。此外还有一些专业性的地方志，或在出版社处理中，或在编纂中，或在计划中的，共有多部。以上这些地方志，都是具有鲜明的民族特点和地区特点的珍贵历史文化遗产。

第九章
如何正确阐明和正确处理
北方民族与中原汉族之间的关系

一、应该明确分清各种民族关系的界限

（一）首先要分清外蒙古独立前与独立后的界限

现时的蒙古国（前蒙古人民共和国）的领土，原是属于我国领土的一部分，自清朝初年以来称为外蒙古。1921 年 7 月 11 日外蒙古宣布独立，1924 年 11 月 26 日成立蒙古人民共和国。1949 年新中国成立后，我中华人民共和国政府承认了这个事实，并于同年 10 月 16 日与前蒙古人民共和国建立了外交关系①。

故现时我们处理北方民族与中原汉族之间的关系时，应以 1921 年 7 月外蒙古宣布独立为界限：

1921 年 7 月独立以前，外蒙古地区属于中国领土，凡在这个地区内活动的蒙古族及在蒙古族兴起以前出现过的各北方少数民族，均属国内

---

① 参阅人民出版社 1972 年版的《各国概况》蒙古部分及本丛书《中国古代北方民族史新论》第三章。

民族，他们的历史属于中国历史的一部分，各北方少数民族与中原汉族之间的关系则按国内民族问题处理。

1921 年 7 月独立后，外蒙古地区则属外国领土，居住在前蒙古人民共和国境内的蒙古族人则为外国人，他们的历史则属外国历史，他们与中华民族之间的关系则按外国民族与中国民族问题处理。

（二）要分清国内民族与国外民族的界限

在我国大漠南北，即在今内蒙古自治区和 1921 年 7 月外蒙古独立以前的外蒙古地区活动过的北方少数民族，究竟哪些算国内民族，哪些则不算？

这首先要确定一个国界，凡在界内活动的才能算作国内民族，界外的则否。这个国界应以清朝（1840 年鸦片战争前）的国界为准，凡历史上在此疆界范围内活动过的北方少数民族，包括匈奴、突厥、蒙古……均属国内民族。

其次，历代中央王朝的疆界并不等于中国的国界。因为中国自古以来是一个多民族的国家，历代中央王朝所能管辖的地区，其范围有大有小或时大时小，而建立中央王朝的民族也不一定是汉族。在历史上的各个朝代，除中央王朝外，在中央王朝管辖范围外活动的还有不少少数民族及由他们建立的政权。故中国历代的疆界，不应以汉族政权或中央王朝的疆界为限，而应以中央王朝及国内各少数民族政权的行政权力所能达到的地方为准，也就是应以中华民族全体各族成员所能实际控制的全部地方为准。

第三，中央王朝在少数民族地区设官置郡，是该地区归属中央王朝管辖的标志，因而在该管区内活动的少数民族，自然属于国内民族。

至于少数民族入居塞内，不论出于自愿或被迫，在入塞之后，归中央王朝或中原王朝管辖，或在中原地区活动，自然是属于国内民族。

（三）对国内民族之间的关系的处理

首先谈中原王朝的正统问题。

中国封建时代，各个王朝对于正统观念十分重视，因此互争正统也十分激烈。魏、蜀、吴三国时期，刘备自以为他是汉献帝刘协的叔父辈（故称刘皇叔），他所建立的蜀汉政权才是正统王朝；对于曹操之"挟天子以令诸侯"及其后裔所建立的曹魏政权，他认为完全不合法，也就是并非正统王朝，而是"乱臣贼子"。故后来诸葛亮在《后出师表》中，头一句话就说："先帝（刘备）虑汉（蜀汉）贼（曹魏）不两立，王业不偏安（帝王之业不能僻处成都一隅），故托臣以讨贼也。"而其最终目的则是"复兴汉室，还于旧都（洛阳）"，恢复和继承东汉王朝的正统。

南北朝时期，北魏与南朝对正统的地位更争得厉害，并互相诋毁。南朝人诋北朝人为"索虏"（鲜卑人索头、辫发），北魏亦诋南朝人为"岛夷"（疆域缩小，如居于小岛之蛮夷）①。

以上那些争论，在今天自然不会再发生。但对于历史上各个少数民族在中原地区建立的政权，在史学界还不能说都已经有一致的认识和正确的看法。

我认为，在中华民族的大家庭中，汉族是主体。汉族在中国历史的长期发展中，在中华民族的形成过程中，他的经济文化始终居于领先的地位，走在各兄弟民族的前头，这一点不能否认。但中华各族既然是兄弟民族，故应一律平等。虽然在阶级社会中，在历史上，各个民族在地位上是不平等的，但我们今天研究民族史时，却应该用平等的眼光去看待他。因此在历史上的各个少数民族，只要他生活在中国国境之内，谁都有权建立自己的政权，也谁都有资格入主中原、在政治上当家做主。只要他有能力控制中国的全部或大部分地区，都可以代表中国成为中央

① 《宋书》卷九五有《索虏传》及《魏书》卷九七、九八有《岛夷传》。

政权，都是正统王朝。如蒙古族建立的元朝和满族建立的清朝都应认为是正统，都是各该时代代表中国的中央政权。拓跋鲜卑建立的北魏王朝也是正统，他在当时是代表中国北方的中央政权，而与汉族建立的南朝宋、齐、梁、陈所代表的中国南方的中央政权相对立。因为当时国内有两个中央政权并存，故出现南北朝的局面。

其次谈各民族之间的是非问题。

在阶级社会中，民族斗争实质上是阶级斗争。因此历史上出现过的无数次的北方少数民族与汉族之间的战争，都应该用阶级观点去观察和处理。既然彼此都是国内民族，因此这些战争，就应该按国内战争的原则去处理，但也应分清是非。故对于各族之间的战争，首先要分清战争的性质是正义还是非正义这个大是大非。如何才算正义与非正义？这就须要有一个衡量战争是否正义的标准。

1. 依据马克思主义经典著作的提法，战争是否正义的标准不是依据谁先发动战争，而是要看战争的阶级目的，要看战争是哪一种政策的继续①。

2. 此外，战争的双方，哪一方是推动社会前进（或排除前进的障碍），哪一方是阻碍社会前进的，这也是标准之一。

国内少数民族之间的战争也是如此。例如四世纪末在中原建立北魏王朝并逐渐封建化的拓跋鲜卑反击柔然族奴隶主贵族的入侵，也是正义的。如"五胡十六国"时期建立"前赵"政权的匈奴贵族刘曜，先后多次出动大军，用武力镇压反抗他的残暴统治的氐、羌、羯（音节）、汉各族人民的起义，就是一种非正义的军事行动了②。

---

① 见《列宁全集》中译本（人民出版社 1956 年版）第 28 卷第 268 页。
② 参阅《晋书》卷一〇三《刘曜载记》。

3. 在是非问题中，还有一个维护祖国统一与反对分裂割据的问题。

例如在忽必烈率兵南下的过程中，以文天祥、陆秀夫等人为首的南宋抗战派抗击蒙古兵入侵的行动，是应该肯定的。但在忽必烈建立了元朝，统一了全中国之后，以海都为首的西北诸王及以乃颜为首的东北诸王的叛乱，就是一种分裂国家的行为，应予否定；而忽必烈派兵镇压他们，是维护国家的统一，应该肯定。

又如吴三桂在抗清斗争中既投敌叛卖，后来在清朝统一全国之后又实行分裂割据，破坏祖国统一，故对他应该全面否定。今人评价康熙皇帝，主要就是肯定他平定"三藩之乱"（吴三桂、尚可喜、耿精忠三个藩王的叛乱），平服台湾郑氏政权，完成祖国统一，并在台湾设官驻兵，防止荷兰殖民者的侵略，打退西部蒙古准噶尔部的首领噶尔丹对内蒙古和西藏等地的入侵，粉碎藏族上层分子实行分裂祖国的叛乱，以及抵抗沙俄的侵略等方面，使我国统一的多民族的国家得以巩固和发展。

这里有必要说明一下，吴三桂在先不抗清要加以否定，后来反清也加以否定；清初满族统治者入关，郑成功据守台湾、坚持抵抗要加以肯定，后来康熙皇帝平服台湾郑成功的后裔也加以肯定，是否前后矛盾？这里涉及研究历史不仅要有阶级观点，而且要分清阶段的问题，即不仅要用阶级论，而且要用阶段论。"一切以时间、地点、条件为转移"。否则历史将会成为一团乱丝，无法理出一个头绪，还会滋生许多疑团或看来好像是矛盾的现象。因此研究历史，既要掌握历史唯物主义的科学理论，也要掌握唯物辩证法的科学方法①。

---

① 按："应该明确分清各种民族关系的界限"这一节，因本丛书《中国古代北方民族史新论》第三章已有详细论述，故此处从简，特此说明。

二、北方民族经常南侵的原因不是"游牧文化圈 与农业文化圈"的二元对立

古代北方少数民族侵扰势力的兴起及其对中原汉族不断南侵或对西方各族不断西侵，固不能归咎于各族的人民，就是对于各族的贵族阶级，也要从他的社会根源和历史条件进行深入的探讨，才能究明当时的历史真相。根据史书的记载，在古代北方少数民族如匈奴、突厥、蒙古……当他们兴起的时候，都已经由原始社会迈进到阶级社会，私有财产和奴隶都已产生。奴隶制日益发展，作为阶级压迫的机器——奴隶制的国家亦已建立。这时奴隶主贵族业已出现，军事首领也分化出来。在这些奴隶主贵族和军事首领的指挥下，"战争和进行战争的组织现在已成为人民生活的正常职能了。邻人的财富刺激了各部族的贪欲，获得财富已成为他们最重要的生活目的之一了①。"正如《史记》所说："匈奴明以战攻为事。"又说："行盗侵驱，所以为业也，天性固然②。"这两段话，很能代表古代北方各少数民族对邻族进行掠夺战争的一般情况和动因。

可见古代北方少数民族侵扰势力的兴起及其向外扩张，乃是各族的社会发展到一定历史阶段的产物。有些外国学者把这些侵扰势力的向外扩张，特别是南下扩张的原因，归结为什么"游牧文化圈"与"农业文化圈"的"二元对立"③；国内学者也有人认为北方各少数民族南下侵扰是由于北方各族与中原汉族的经济类型不同。以上这些论点很容易引起误会，以为北方各族对邻族的掠夺战争是由于经济类型

---

① 《马克思恩格斯文选》两卷集，中译本第二卷第 311 页。
② 《史记》卷一一〇《匈奴列传》及卷一一二《主父偃列传》。
③ 日本学者川上正二在《征服王朝论》一文（载日本出版的《丝绸之路》杂志第 6 卷第 2 号）中就有此主张。

不同而引起（游牧文化与农业文化不同，实际上也就是指经济类型不同），因此要消灭这些掠夺战争，消灭民族之间的战争，不是首先要消灭阶级社会、消灭阶级，而只需把不同的经济类型的差别加以消灭，便可达到消灭掠夺战争、消灭民族战争的目的。这显然是不确切。

　　北方民族大多是游牧民族，他们"俗善骑射"，"士力能弯弓，尽为甲骑"（即及龄壮丁都被编为骑兵），日常"人不弛弓，马不解勒"①，骑马射箭是他们的特长。西汉初期的大臣晁错，曾经描写过他们的这种特长："今匈奴地形、技艺与中国（中原）异。上下山阪，出入溪涧，中国之马弗与也（中原之马不如他们）；险道倾仄，且驰且射，中国之骑弗与也（中原的骑兵不如他们）；风雨罢（疲）劳，饥渴不困，中国之人弗与也（中原汉人不如他们）；此匈奴之长技也②。"他们作战时轻装疾进，骁勇异常，战败时撤退神速，难于追逐，而且有一套"诱使敌兵中计"的作战方法。正如《史记·匈奴列传》所说："故其战，人人自为趣利（每人都争先恐后地俘掠人口做奴隶及抢夺败物），善为诱兵以冒敌，故其见敌则如鸟兽之集，其困败则瓦解云散矣。"此外，北方游牧民族在长期作战中，还积累了不少经验。例如《北齐书》卷十七《斛律金传》载：斛律金"善骑射，行兵用匈奴法，望尘识马步多少，嗅地知军度远近。"可见自匈奴以来，北方游牧民族从"行兵"的实践中总结出一套有效的战略战术，并能及时判断出敌方兵马调度和运动的情况，故一直流传到北齐（公元六世纪中期），还被其他的游牧民族所袭用。因此中原王朝的军队往往失利或边郡人口和财物被掳掠一空。

　　但北方民族南下或西侵之所以经常获胜，其主要原因不在于战斗和

───────────────

① 〔汉〕刘安撰《淮南子》卷一《原道训》，1937年商务印书馆发行《四部丛刊》本。
② 《汉书》卷四九《晁错传》。

战术，而是在于双方国力的强弱及对方统治集团是否有抗击入侵的决心和勇气。大量史料表明，历代各北方游牧民族对邻族所进行的战争，其所以往往获胜，通常与对方正处于衰弱时期或怯懦有关。一旦遇到对方国力强盛，统帅指挥得当，将士用命和广大人民拥护支持时，那么那种克敌制胜的可能性便会减少，甚或遭到强有力的反击，以至最后被对方击灭。例如汉武帝对匈奴入侵的反击，结果"匈奴远遁，漠南无王庭"；而东汉政府的反击，更使匈奴政权全部瓦解，主力西迁，从此退出了漠北的历史舞台。十世纪以后，契丹、女真、蒙古先后南下之所以节节获胜，也是由于北宋后期和南宋朝廷的最高统治集团腐朽无能，主张妥协所致。又如匈奴人西迁后，在公元374—400年间侵入欧洲时，哥特人也曾因为惊慌失措而贻误战机，自招败亡。十三世纪蒙古西征时，花剌子模也发生过类似的情况。史载：国王"摩诃末虽有战士四十万，然闻蒙古军近，颇以为忧……仅表示惶恐，一筹莫展。……不敢与其所激怒之蛮酋（成吉思汗）一决胜败①。"因此最后亦遭败亡。故西方史学家以被征服者惧怕蒙古人的心理作为蒙古军战胜敌人的原因之一，也不是全无道理。

三、汉代的边防措施

（一）长城及亭候障塞

由于北方游牧民族经常南侵，而抵御的有效方法，只有增强自己的实力，平时严加戒备和防守，必要时进行有力的军事反击，才能收到实际的效果。故历代中央王朝都对北部边防十分重视，其中以汉、唐和明

---

① 多桑《蒙古史》冯译本，上册第95页。

代所采取的措施尤为后人所注意。

古典文献对西汉时期抗拒匈奴奴隶主入侵的记载颇多，但有关北部边防的记载则不及出土的汉简详细。因此根据汉简并结合文献去进行探索和论述西汉时期北部边防的情况，当会了解得更加明确。

在现时出土的汉简中，以居延汉简和敦煌汉简较为重要。居延汉简为 1930 年西北科学考察团在今内蒙古额济纳河流域的汉代烽燧遗址中发现的木简，约一万余枚；1972—1974 年，甘肃省博物馆的考古工作者又继续发掘出约二万余枚。到二十世纪后半期为止，居延汉简已共出土三万余枚，全都是张掖郡居延都尉和肩水都尉管辖区内的各种文书档案，大部分属西汉晚期和东汉初期。这些汉简，业已由中国社会科学院考古研究所编成《居延汉简甲乙编》（上下册），1980 年由中华书局出版。

早在 1906—1908 年，英国籍的匈牙利人马·阿·斯坦因（A. Stein）曾进入我国西北部探险，在敦煌以西的汉长城遗址中，也发现了三百多枚汉代木简。近人王国维在《观堂集林》卷十七《流沙坠简序》中说：

> 光绪戊申，英人斯坦因博士访古于我新疆、甘肃，得汉、晋木简千余以归，法国沙畹博士为之考释，越五年癸丑岁暮，乃印行于伦敦，未出版。沙氏即以手校之本寄上虞罗叔言参事，参事复与余重行考订，握椠逾月，粗具条理，乃略考简牍出土之地，弁诸篇首，以诒读是书者。
>
> 按古简所出，厥地凡三：一为敦煌迤北之长城；二为罗布淖尔北之古城；其三则和阗东北之尼雅及马咱讬拉拔拉、滑史德三地也。敦煌所出，皆两汉之物。出罗布淖尔北者，其物大抵上自魏末，讫于前凉。其出和阗旁三地者，都不过二十余简，又皆无年代可考，然其最古者犹当为后汉遗物，其近者亦

当在隋、唐之际也。……汉代简牍出于敦煌之北，其地当北纬四十度，自东经九十三度十分至九十五度二十分之间。出土之地，东西绵亘一度有余，斯氏以此为汉之长城，其说是也。

汉朝为了防御匈奴的入侵，除了修缮秦代旧长城以外，还向西增筑了几段新长城。

《史记》卷八八《蒙恬列传》载：

> 秦已并天下，乃使蒙恬将三十万众北逐戎狄，收河南（黄河河套之南），筑长城，用制险塞，起临洮（今甘肃岷县），至辽东（郡治襄平，今辽宁辽阳市），延袤万余里。

卷一一〇《匈奴列传》亦载：

> 于是秦有陇西（郡治狄道，今甘肃临洮县）、北地（郡治义渠，今甘肃庆阳市西南）、上郡（治肤施，今陕西榆林市东南），筑长城以拒胡。而赵武灵王亦……筑长城，自代（郡治代县，今河北蔚县东北）并（音傍）阴山（今内蒙古阴山，俗称大青山）下，至高阙（在今内蒙古巴彦淖尔市临河区西北石兰计山口）为塞。
>
> 后秦灭六国，而始皇帝使蒙恬将十万之众击胡，悉收河南地。因河为塞，筑四十四县城临河，徙谪戍以充之。而通直道，自九原（今内蒙古包头市西南）至云阳（今陕西淳化县西北），因边山险，堑谿谷，可缮者治之，起临洮至辽东万余里。

据此可知，秦长城约可分为三段：
一是西北段，即西北起于临洮，东北至于九原。

二是北段，即西自高阙，东至代郡。

三是东北段，即自代郡以东至辽东（但止于辽东何处？《史记》未详，北魏时成书的《水经注·河水注》则说止于碣石）。

西汉时长城，先后增筑四次（四段），四次都是在武帝时筑：

第一次在元狩二年（公元前121年）原驻牧于今甘肃河西走廊的浑邪王附汉，汉在河西设置武威、张掖、酒泉、敦煌四郡之后，"始筑令居（在今甘肃永登县西北）以西"①，也就是后来《后汉书》所谓"筑令居塞"②，即建筑障塞至令居。这次修筑的一段长城，大体上为东起今永登，西至酒泉（今甘肃酒泉市。按：永登在今兰州市西北，秦长城终点的临洮即今岷县，在兰州市南）。

第二次在元封三年（公元前108年）击走了匈奴在楼兰（在今新疆东部）的势力以后，"于是酒泉列亭障至玉门矣"③。"亭障"和"障塞"都是属于"长城"这个概念范围内的一种防御工程（详后）。这次修筑的一段长城，大体上为东接酒泉，西至玉门（今玉门市以东，非玉门关旧址）。

第三次在太初三年（公元前102年）。由于匈奴儿单于欲进攻汉受降城（在今内蒙古乌拉特中、后旗正东、今五原县东北），未至，病死，其季父右贤王呴犁湖立为单于。于是"汉使光禄（即光禄勋，官号）徐自为出五原塞（在今内蒙古包头市西北）数百里，远者千余里，筑城障列亭，至庐朐（河名，今克鲁伦河上游），而使游击将军韩说（音悦）、长平侯卫伉屯其旁，使强弩都尉路博德筑居延泽（今内蒙古额济纳河北的居延海）上④。"这次修筑的一段长城，是北起居延海，南至酒泉。

① 《史书》卷一二三《大宛列传》。
② 见《后汉书》卷八七《西羌传》。
③ 《史记·大宛列传》。
④ 《史记·匈奴列传》。

第四次在太初四年（公元前 101 年）李广利攻破大宛之后，西域震惧，汉使入西域益得尽其职。于是"（自）敦煌置酒泉都尉，西至盐水（今新疆罗布泊），往往有亭①。"这次修筑的一段长城，东与酒泉的亭障（长城）衔接，西面延伸至今新疆东部。

以上四段障塞，西起今新疆罗布泊，中经甘肃酒泉市，东至永登县；再从酒泉北至居延海，形成一条倒置的"丁"（"⊥"）字形的长城线。

至于盐水（盐泽）以西是否还有长城？文献和汉简均无考。但斯坦因经过实地考察后写成的《西域考古记》说，他曾"沿着库鲁克塔格山麓，发现古代障塞遗迹，绵延到一百余哩（英里）。这些碉楼，其中有很大的，构造的形式同我在甘肃沿着中国古长城所发现的是一样。这种碉楼显然建于公元前一百年左右，其时汉武帝开通西域，因筑长城、建障塞，以保护从敦煌到楼兰的通路"②。

楼兰本名鄯善（今新疆鄯善县），与车师（今新疆吐鲁番市一带）俱为汉时通西域的门户，匈奴常与汉朝争夺此二地，以便取得对西域三十六国的控制权。故从武帝开始，汉朝不断对楼兰、车师用兵，文献记载累累，毋庸一一列举。直至东汉时班超经营西域，也是先在鄯善杀死北匈奴的使者，作为打通三十六国的第一步③。故武帝时增筑的长城，当不止前述的四段。斯坦因既已亲自目睹楼兰（鄯善）一带亦有长城（亭障），那么汉长城应为自敦煌向西，中经盐泽（今罗布泊），一直延伸至今鄯善县和吐鲁番市一带。

盐泽以西这一段长城沿边所设的烽燧，后经王国维根据斯坦因获得的汉简，已大多能考出它们的名称，"由是沙漠中之废址，骤得而呼其

---

① 《史记·大宛列传》。
② 向达译本，中华书局 1941 年再版，第 195 页。
③ 参阅《后汉书》卷四七《班超传》。

名，断简上之空名，亦得而指其地"①。

从盐泽西北向至秦海（今新疆博斯腾湖）一段，在武帝后期，搜粟都尉桑弘羊等曾奏请在轮台（今新疆轮台县）以东派遣田卒，实行屯田，置校尉护卫，并筑亭障，连城以西，以震威于西域各国。但武帝因为当时连年用兵反击匈奴，前后已达三十余载，虽获大捷，但亦海内虚耗，"今（又）请远田轮台，欲起亭燧，是劳扰天下，非所以优民"，故没有采纳。直至昭帝时，"乃用桑弘羊前议，以杆弥太子赖丹为校尉，将军（即领兵）田轮台"②。宣帝时，侍郎郑吉击破与匈奴勾结的车师，汉遂使郑吉为卫司马，使护鄯善的西南道。不久，匈奴西边日逐王先贤掸（名"先贤掸"，掸音蝉）背叛单于，率众附汉，汉以郑吉为西域都护（治乌垒城，在轮台东北），并护车师以西北道，汉威震于西域。至元帝时，复置戊己校尉，屯田车师前王庭③。因此，《中国长城建置考》④ 一书的作者张维华，颇疑轮台一带，在昭、宣之世当筑有亭燧，用以传达军情、保卫交通，但未必建立城垣（第153—154页）。此说不无道理。

（二）烽燧制度

汉代北边的防御工程，除横贯东西的城墙（长城）外，还有一系列的防御设施，组成一个严密的防御体系，其一就是烽燧制度。

烽燧是用来传递警报，各障塞之间互通消息的。《居延汉简甲乙编》甲一一七号简（释文见下册第九页）载：

> 虏守亭障，不能燔积薪。昼举亭上烽，一烟，夜举离合炬火。次亭，燔积薪如品约。

① 王国维《观堂集林》卷十七《流沙坠简后序》。
② 以上两段引句俱见《汉书·西域传》下渠犁国条。
③ 参阅《汉书·西域传》序。
④ 中华书局1979年版。

同上甲二四○九号简（释文见下册第二○七页）又载：

> 匈奴人入塞及金关（在今额济纳河流域的破城子、地弯北）以北。塞外亭隧见匈奴人，举蓬，燔积薪。五百人以上，能举二蓬。

同上乙贰零玖版第一面（释文见下册第一九九页）：

> □□□□举蓬①。燔一积薪，虏即西北去，毋有亡失。

同上乙贰零玖版第二面（释文见同上页）：

> 写移：疑虏有大众，不去，欲并入为寇。檄到，巡行部界中，严教吏卒，惊（警）烽火，明天田，谨迹候望，禁止往来行者。定蓬火，辈送便兵战斗，毋为虏所萃椠。已先闻之，失亡重事，毋忽如律令。

《汉晋西陲木简汇编》二编释文（第三十四页）：

> 望见虏二百人以上，若攻亭障，燔一柱薪，举三烽，夜三炬火。

烽字或作"爟"，燧字亦作"㸐"。

王国维在《观堂集林》卷十七《敦煌汉简跋十二》说：

---

① 《居延汉简甲乙编》凡例说："□符号为表示未能释定的文字。"

宜禾郡蠭第：广汉第一，美稷第二，昆仑第三，鱼泽第四，宜禾第五。（第一简）

"（上缺）望步广燧。"（第二简）

"大威关蓬。"（第三简）

"右三简所记凡七燧，而或作蠭"，或作蓬，皆燧之别字也。……《汉书·贾谊传》"斥侯望烽燧不得卧"。注引文颖曰："边方备胡寇，作高土櫓，櫓上作桔橰，桔橰头悬兜零，以薪草置其中，常低之，有寇则火然，举之相告曰烽；又积薪，寇至即然之以望其烟曰燧。"……颜师古独曰："昼则燔燧，夜乃举烽。"其识卓矣。据木简所记，则举烽燧之地，或曰烽，或曰燧。而燧之名多至数十，烽则仅上三简所记而已。以理度之，则夜中之火，视昼中之烟所及者远。盖古者设烽，必据高地，又烽台之高至五丈余（原注：《太白阴经》、《通典》及木简皆云），烽竿之高亦至三丈（原注：沙畹书第六百九十简），二者合计，得八丈有奇，夜中火光自可及数十里。若昼中之烟，较不易辨，故置燧之数宜密于置烽，此自然之理。简中诸燧，以燧数及里数差之，大率相去十里许；而烽之相距，自右简观之，则昆仑在广至县境，鱼泽在效谷县境，宜禾在效谷西界，与敦煌中部都尉之步广候官相接，则诸烽间相去颇远矣。以后世事证之，则庚阐《杨都赋》注云："烽火以置于高山头，缘河相望，或百里，或五十里，或三十里。"（原注：《太平御览》卷三三五引）。《唐六典·兵部·职方》郎中职云："凡烽候所置，大率相去三十里。"而唐《沙州图经》纪白亭烽与长亭烽相去四十里，长亭烽与階亭烽相去五十里。盖塞外广衍，无林麓之蔽，漠中干燥，无雾雾之虞，则置烽自不必如内地三十里之密。后世如此，汉亦宜然。

宜禾郡者，汉无此郡名，殆指宜禾都尉辖境，以太守、都

尉官秩略同，故其所治亦谓之郡。……此简中五烽，其次自东
而西……绵亘广至、效谷二县北界，其地不下二三百里，而仅
有此五烽，可见烽、燧疏数之比矣。

王国维在《敦煌汉简跋十三》又说：

县承塞亭各谨候北塞燧即举表，皆和尽南端亭，以札署表
到日时（第一简）。

七月乙丑日出二干时，表一通，至其夜食时，苣火一通，
从东方来，杜充见（第二简）。右二简皆记举烽之事。承塞亭
者，亭之最近塞者也。汉敦煌北塞，自西而东，所有亭燧皆沿
塞上置之。此简乃云承塞亭及南端亭者，盖非塞上各亭燧，而
谓自塞上南至郡治之亭燧也。汉制，内地十里一亭，其当孔道
者，即为传烽之所矣。表，即《说文》所谓烽燧候表也。然不
云"举烽"而云"举表"者，意汉时塞上告警，烽燧之外，尚
有不然（不燔烧）之烽。晋灼《汉书音义》云："烽，如覆米
薁，悬著桔槔头，有寇则举之。"但言"举"而不言"然"，盖
浑言之，则烽、表为一物，析言之，则然而举之谓之烽，不然
而举之谓之表；夜则举烽，昼则举表。烽台五丈，上著烽竿，
举之足以代燔燧矣。……"表到"、"表至"者，谓见表之时。
"苣"者，炬之本字。《说文》："苣，束苇烧也。""一通"者，
古者传烽以多少为识……皆以烽之多少示敌之远近者也……
（或）以烽之多少示敌之多寡者也。……（此外又有）以一火
为报平安之烽。

考居延汉简亦常有举烽多少"通"及举"表"的记录，如《居延汉简
甲乙编》乙叁伍版（释文见下册第二七页）成帝元延二年（公元前11年）

七月辛未一简载"出坞上蓬火一通"及甲一四一七号（释文见下册第一九三页）一简载"☐在时表火课常在内，未曾见，故不知钓放候言☐"①。

据近人劳榦考释，汉代烽燧上的标记，统称之则曰"烽火"，若细分之，实即包括：（1）烽；（2）烟；（3）苣火；（4）积薪四种。积薪为指堆积的柴草；苣火就是能用手拿着的火炬（俗称火把）。烟，是在烽火台顶上设一烟灶，上面有一个烟突，如举火则冒烟。烽，为烽表；火，为火炬。烽表是不举火冒烟的。烽用缯（厚帛）或布（麻布）做成，且用红白二色相配，再用绳索系之于三丈长的烽竿上，烽竿顶上装一个滑车，绳索穿在滑车上，这样，"烽"便可以上下了。烽竿如竖立在坞上（较小之障曰坞）则称为"坞上之烽"，如埼立在地面上则称为"地烽"②。

大抵汉代为了严防匈奴的入侵，烽燧之制十分严密。故《汉书·匈奴传》载昭帝时的边防情况，仍说"是时汉边郡烽火候望精明，匈奴为寇者少利"，那么汉武帝以前就更不用说了。且从同上《匈奴传》所载文帝后六年（公元前158年）冬，"匈奴大入上郡（治肤施，今陕西榆林市东南）、云中（治云中，今内蒙古托克托县东北），各三万骑⋯⋯烽火通于甘泉（宫名，故址在今陕西淳化县西北甘泉山）、长安（今陕西西安市西北）"看来，缘边各郡直至都城长安，都有烽燧，站站衔接，传递迅速，故远至上郡、云中有警，顷刻之间，即可通报达于都城。

除烽燧外，汉代沿边还有亭候障塞。

何谓亭？汉承秦制，内地十里一亭，亭有亭长，主缉捕盗贼；而边境之亭则为管理烽燧、传达警报之地。上文引《史记·匈奴列传》提到武帝太初三年曾使光禄勋徐自为出五原塞"筑城障列亭。"同传又称匈奴入寇定襄、云中时，"行破坏光禄（徐自为）所筑城障列亭"。《大宛

---

① 《甲乙编》凡例说："□符号为表示上下有缺字而不能定其字数者。"
② 劳氏：《释汉代之亭障与烽燧》，载《历史语言研究所集刊》第19本（1948）。

列传》也说："自敦煌至盐水，往往有亭"。这些亭就是指边境之亭。因为亭是用来管理烽燧，故史书往往"亭燧"并称，如《汉书·匈奴传》下载元帝时"习边事"（熟悉边防事务）的郎中（官号）侯应（人名）之言曰：武帝夺得阴山之后，把匈奴"攘之于漠北，建塞徼，起亭燧"。由于亭用以管燧，故必建于边境较高的地方，以便窥测敌情、传递烽火，且须驻守吏卒以专主其事。故亭之建置，类皆采用碉堡的形式。这种碉堡，1907年斯坦因在今新疆罗布淖尔西头边沿发现了一座，高达七米。后来他在新疆与甘肃的交界处，也发现了一系列东西方向的碉堡群，这些碉堡群，在将近四十公里的距离内，几乎排列成一条直线，其位置都是在最适合于举烽燔燧的地点。他继续向东，发现了一道城墙的遗址，沿着城墙遗址考察，又发现这道城墙连续不断，而且每隔一段就有一个碉堡。当1914年他第三次到达这里考察时，他沿着这道城墙遗址东行，由古玉门关一直到达额济纳河，又沿河北上，到达居延海，遗址长度竟达三百二十英里，其间每隔一段距离，就有一座碉堡。这道城墙就是汉代的长城，而这些碉堡就是汉代的亭燧①。

亭之设置，原先目的在于管烽燧，但因它处于边地的交通要道，故亦往往收纳行人，传递邮报，与内地设立的亭邮之意略同。故《居延汉简甲乙编》收有甲四五六号（释文见下册第五十四页）"肩水候以邮行"一简。而敦煌汉简亦有此类记载，故王国维于《敦煌汉简跋十一》中说："汉时邮递之制，即寓于亭燧中。"《后汉书·南匈奴传》亦载和帝永元六年（公元94年）新降胡十五部二十余万人反，挟立前单于屯屠何之子奥鞬日逐王逢侯为单于，"遂杀略吏人，燔烧邮亭庐帐"。这被烧的"邮亭"，就是"寓于亭燧中"之类的亭邮。

何谓候（字当作堠）？何谓障？《汉书·武帝纪》太初三年"秋，匈奴入定襄、云中……行坏光禄（徐自为所筑）诸亭障"。颜师古注："汉制，

---

① 参阅斯氏《西域考古记》向达译本第134—136页。

每塞要处别筑为城，置人镇守，谓之候城，此即障也。"是则缘边驻兵镇守之地称作候城，亦称作障。《汉书》卷五九《张汤传》载武帝迫使"狄山乘障（乘，守也），至月余，匈奴斩山头而去"。《汉书·地理志》多有"东部都尉治东部障"、"西部都尉治西部障"、"北部都尉治神泉障"或"匈归都尉治匈归障"等记载，而《后汉书·百官志》五亦载："凡县主蛮夷曰道。边县有障塞尉，掌禁备羌、夷犯塞。"是知障为较县城为小的筑于边境上的小城（候城），内驻军队，由都尉、障尉或候官率领。

较小的障亦称作坞。正如《说文》所说："坞，小障也。"因为坞（障）由都尉镇守，其管辖范围内的各烽燧均归都尉指挥，戍卒轮番值勤举烽燔燧都由坞（障）派遣，故上文所引居延汉简中，有成帝元延二年七月辛未"出坞上蓬火一通"一简。

障有时亦称障塞。如《后汉书》卷二十《祭肜传》载光武帝建武时，匈奴、鲜卑及赤山乌桓联合入侵边境，朝廷乃"遣诸将分屯障塞"。又，《顺帝纪》载永建元年夏五月，诏"严敕障塞，缮设屯备"。

何谓塞？塞的含义，原为指阻塞内外的地方，即由长城、烽燧、亭障等一系列设施所组成的军事防御地带（边境防御线）。故史书中常常提到的令居塞、居延塞、五原塞、云中塞等，均为指各该地方的边境防御线而言，防御线以外的地方就是塞外，迈出了防御线就谓之出塞。

候有时亦指斥候（斥堠），即近代之所谓侦察兵。《史记》卷一○九《李将军列传》载李广行军时，"亦远斥候，未尝遇害"，即其例也。

在汉代边境的防御体系中，还有木栅、天田等设施。木栅亦称虎落或疆落，即用木桩做栅栏，以阻碍敌人的前进。天田即在木栅外的地面上铺上沙子，根据走过的足迹，以观察敌人的活动。故《居延汉简甲乙编》有甲一二七六号（释文见下册第一六八页）"驳来□□临莫隧疆落、天田驳"一简；而上文引过的乙贰零玖版一简第二面亦有"警烽火，明天田"的记载。

总之，长城为由坚厚的墙壁筑成的长垣，沿着长垣，还有烽火台、碉堡（亭燧）和大小候城（障坞），每隔数十里或若干里就有一座，座座衔接，联成一道防线，这道防线，本身就起到长城的作用，因此这些亭燧障塞，实际上也就是长城或成为长城的一个组成部分，不过不是墙垣的形式而已。

（三）北部边防的军事部署

西汉北部边防，除长城和烽燧之外，还设置了许多军事要塞，如（从西到东）：

酒泉塞（在今甘肃酒泉市境）。

令居塞（在今甘肃永登县北）。

居延塞（在今内蒙古额济纳旗境）。

高阙塞（在今内蒙古巴彦淖尔市临河区西北石兰计山口）。

五原塞（在今内蒙古包头市境）。

光禄塞（在今包头市西南）。

鸡鹿塞（在今内蒙古杭锦后旗西）。

云中塞（在今内蒙古托克托县境）。

而且在沿边各郡的地区，还派驻很多守卫障塞的军事长官——都尉。据《汉书》卷二八《地理志》下所载，北边各地的都尉及其治所如下：

陇西郡（治狄道县，今甘肃临洮县南），南部都尉治今临洮县。

天水郡（治平襄县，今甘肃通渭县西北），属国都尉治勇士县（今榆中县西北）的满福；骑都尉治䝔道县（今通渭县西南）的密艾亭。

武威郡（治武威县，今甘肃民勤县东北），其东北有休屠泽；都尉治休屠县（今武威市北）的熊水障。北部都尉治休屠城。

张掖郡（治觻得县，今甘肃张掖市西北），都尉治日勒县（今山丹县东南）的泽索谷（泽音铎）；农都尉治番和县（在日勒县东南，番音盘）；居延都尉治居延泽西南的居延县。

酒泉郡（治禄福县，今甘肃酒泉市），北部都尉治会水县（今金塔县东南）的偃泉障，东部都尉治东部障；西部都尉治乾齐县（今玉门市西南，乾音干）西部障。

敦煌郡（治敦煌县，今甘肃敦煌市西、党河西岸），中部都尉治步广（今敦煌市东北）；效谷县（在步广县西、长城南）本渔泽障之地；宜禾都尉治旧广至县（在效谷西）昆仑障；龙勒县（在今敦煌市西、党河西岸）有阳关和玉门关，皆都尉治地。

安定郡（治高平县，今宁夏固原市），主骑都尉治参䜌县（今固原市东南旧镇原县北，䜌音恋）；属国都尉治三水县（今同心县东）。

北地郡（治马岭县，今甘肃庆阳县西北），北部都尉治富平县（今宁夏灵武市西南黄河东岸）神泉障，浑怀都尉治塞外浑怀障。

上郡（治肤施县，今陕西榆林市东南），匈归都尉治塞外匈归障（在今陕西靖边县西北）；北部都尉治高望县（今内蒙古乌审旗西北）；属国都尉治龟兹县（今陕西榆林市北，龟兹音丘慈）；北部都尉治望松县（约在今陕西延安市境）。

西河郡（治平定县，今内蒙古准格尔旗西南），南部都尉治塞外翁龙、埤是（埤音排）；属国都尉治美稷县（今准格尔旗东北）；北部都尉治增山县（今鄂尔多斯市东胜区西北），有道西出眩雷塞；西部都尉治虎猛县（今伊金霍洛旗西南）。

朔方郡（治朔方县，今内蒙古乌拉特前旗东南黄河西岸），西部都尉治窳浑县（今巴彦淖尔市临河区西、黄河西岸、窳音庚）；有道西北出鸡鹿塞，屠申泽在东；中部都尉治渠搜县（在朔方县东南）；东部都尉治广牧县（在乌拉特前旗西北黄河南岸）。

五原郡（治九原区，今内蒙古包头市西南），属国都尉治蒲泽（今地不详）；中部都尉治宜成县（在渠搜县西北黄河北岸）的原高，西部都尉治田辟；东部都尉治稒阳县（今包头市固阳县），北出石门障可至光禄城，又西北出可至支就城，又西北出可至头曼城，又西北出可至虖河城，又西出可至宿虏城。

云中郡（治云中县，今内蒙古托克托县东北），东部都尉治陶林县（今卓资县西北）；西部都尉治桢陵县（今清水河县西北）西北的椽胡山；中部都尉治北舆县（今呼和浩特市东北）。

定襄郡（治成乐县，今内蒙古和林格尔县西北），西部都尉治武进县（今和林格尔县东北）；中部都尉治武皋县（在北舆县东北）；东部都尉治武要县（在陶林县东）。

雁门郡（治善无县，今山西左云县西），西部都尉治沃阳县（今内蒙古凉城县西南、长城北）；东部都尉治平城（今大同市东北）。

代郡（治代县，今河北蔚县东北），西部都尉治高柳县（今山西阳高县）；东部都尉治马城（今怀安县）；中部都尉治且如（今尚义县西南，且音沮）。

上谷郡（治沮阳县，今河北居庸关西），西部都尉治宁县（今张家口市西北）；东部都尉治女祁县（今赤城南）。

渔阳郡（治渔阳县，今北京市密云县西南），都尉治要阳县（今河北滦平县西北）。

右北平郡（治平刚县，今辽宁凌源县西北），都尉治赟县（今地不详）。

辽西郡（治阳乐县，今辽宁义县西南），西部都尉治柳城（今朝阳市西南）；东部都尉治交黎县（今义县）。

辽东郡（治襄平县，今辽宁辽阳市），西部都尉治无虑县（今黑山县西南）；中部都尉治候城县（今抚顺市西南）；东部都尉治武次县（今凤城市东北）。

（四）汉代北边防御工程的积极作用

西汉王朝在北部边境所建立的以长城为主体的防御工程，在历史上有很大的积极作用。

首先，它防止了北方游牧民族的南下侵扰，保护了中原汉族人民的安存和生产、生活的安定。在游牧民族的主要兵种是骑兵的情况下，高大的城墙可以有效地挡住他们的前进，结合亭候障塞和烽燧制度，使军情传递灵通、迅速，最高指挥部能够及时了解敌情、加强戒备和调动各方兵力互相策应和反击。故修筑长城，对作战之易于克敌制胜十分有利。正如北魏孝文帝时的大臣高闾在表文中说：（北狄）"所长者野战，所短者攻城，若以敌之所短夺其所长，则虽众不能成患，虽来不能内逼。……昔周（宣王）命南仲（人名）城彼朔方（在朔方筑城）；赵灵（赵武灵王）、秦始（皇）长城是筑；汉之孝武，踵其前事（武帝继续修筑长城）。此四代之君，皆帝王之雄杰，所以同此役者（都一致修筑长城）……（盖）乃防敌之要事，其理宜然也。……今宜依故于六镇①之北筑长城，以御北虏（指柔然族），虽有暂劳之勤，乃有永逸之益。如其一成，惠及百世。即于要害往往开门，造小城于其侧，因地却敌，多置弓弩，敌来有城可守，其兵可捍。（敌）既不（能）攻城，野掠（又）无获，草尽则走，终必惩艾（最后敌人只有自受损失）②。"高闾这段话，把长城的作用说得十分中肯、明确。故历代中央王朝都很重视在北部边境修筑长城，绝非偶然。唐代虽没有修筑长城，但唐太宗却很赞赏长城，为此他写下了一首题为《饮马长城窟行》③的诗作，以抒发他"饮马出长城建功立业的雄心壮志"。诗曰："塞外悲风切，交河冰已结；瀚海万重波，阴山千里雪。""扬麾氛雾静，纪石功名立；荒裔一戎衣，云台凯歌入。"

其次，长城的修筑，还能附带起到推动屯田积谷和开发长城沿线附近地区的生产的作用。早在秦始皇修筑长城之时，便在长城沿线设立许多郡县，并大量移民，以充实边郡。《史记·匈奴列传》载始皇

---

① 北魏初期，为了拱卫首都平城（今山西大同市东北），防止北方柔然族的南下侵扰，曾在北部沿边设置了六个军事据点，称作六镇，即（由西而东）沃野镇、怀朔镇、武川镇、抚冥镇、柔玄镇、怀荒镇，地点多在今内蒙古中部一带。
② 《魏书》卷五四《高闾传》。
③ 见清人彭定求等编《全唐诗》卷一，扬州书局刻本。

三十三年（公元前214年），秦因河为塞，筑四十四县城临河，徙谪戍以充实之。《秦始皇本纪》亦载始皇三十五年（公元前212年），又从内地移民三万家至北河（今内蒙古河套的乌加河）及榆中（约在今鄂尔多斯黄河北岸之地）实边。边境郡县的设置和移民，大大开发了边境地区的生产和经济，并有力地保障了长城沿线的军需供应。此后历代王朝都采用军队屯田和移民开发等措施，有组织地发展长城地区的农牧业生产和以军事为主要目的的手工业生产，有力地推动了边远地区经济、文化的进步，使边境地区的生产、生活、文化水平逐渐提高。

西汉文帝时，太子家令晁错上书言"守边备塞、劝农力本、当世急务"事，对移民实边的政策论之甚切。其言曰："陛下幸忧边境，遣将吏发卒以治塞，甚大惠也。然令远方之卒守塞，一岁而更（更换、替代），不知胡人之能。不如选常居者，家室田作，且以备之。……先为室屋，具田器……乃募民之欲往者，皆赐高爵，复其家（免服劳役谓之"复"），予冬夏衣，廪食（官府供给粮食），能自给而止（直到他能养活自己便停止供应）。……以陛下之时，徙民实边，使远方无屯戍之事，塞下之民，父子相保，亡（无）系虏（被俘掠）之患，利施后世①。"文帝接受了他的奏议，"募民徙塞下"。因此汉代募民实边之事甚多，例如仅仅武帝元朔二年（公元前127年）募民徙至朔方者就多达十万口②。其余事例不再一一列举。

第三，长城的第三个作用便是它显示了中国各个历史时期王朝的行政权力和声教。凡是长城，特别是中原王朝在边境（或边远）地区所筑的长城，其城墙或与城墙起同等作用的亭障、烽台等设施所能到达的地方，都是中原王朝行政权力所能到达的标志。但长城不是中原王朝与边

---

① 《汉书》卷四九《晁错传》。
② 《汉书》卷六《武帝纪》。

疆少数民族政权的疆界线，更不是中国的国境线。有些别有用心的外国学者提出"长城以北非中国论"的反动理论，应该予以澄清和驳斥①。

长城的主要作用是用来防止北方游牧民族南下侵扰的，故长城沿线和长城内外，往往成为中原王朝与北方游牧民族奴隶主侵扰势力的战场。但长城并没有隔绝中原汉族与北方游牧民族，特别是与游牧民族人民之间的和平交往。《史记·匈奴列传》载："匈奴自单于以下皆亲汉，往来长城下。"此外，北方各族人民与汉族人民在长城内外杂居错处、和平交易，更是频繁。隋朝时，突厥启民可汗就长期驻在长城。《隋书·突厥传》载启民可汗上隋文帝书谢曰："自将部众归附圣朝以来，或入长城，或住白道（在今内蒙古呼和浩特市西北），人民羊马，遍满山谷。"后来明代蒙古与明朝的贸易，大多也在长城内外及其周围进行。漠南蒙古首领俺答汗所筑的库库河屯城（明朝赐名"归化城"，即今呼和浩特市旧城)②，就是当年大漠南北各游牧民族与中原内地货物交汇和集散中心。故中国古代长城的修筑并不会阻碍（更不会隔绝）长城南北各族人民的和平交往和经济文化交流。

（五）与乌孙结盟，切断匈奴"右臂"

1. 乌孙族的概貌

乌孙族在公元前二至前一世纪兴起于我国的西北部，其事迹最早见于《史记·大宛列传》，及后《汉书·西域传》列有"乌孙国"专条。他原先游牧于敦煌、祁连之间（今甘肃河西走廊一带），是一个以狼为图腾的部落③。《史记·大宛列传》载他的早期事迹说：乌孙王号昆莫，

---

① 参阅林幹著《中国古代北方民族史新论》第三章"长城以北非中国论及其变种的理论是破坏中华各族关系的反动理论"，内蒙古人民出版社 1993 年版。
② 参阅〔明〕瞿九思编《万历武功录》卷八《俺答传》下，中华书局 1962 年影印本。
③ 原始社会的人群，假借一种自然物（动物或植物）为符号，作为一个氏族血缘的标志，尊为神圣而崇拜之，谓之图腾。

昆莫出生时被抛弃于野外，有一只乌鸦衔肉飞在他身上，另外有一只狼则往前给他奶吃。在一个名叫难兜靡的为首领时，因被邻近的月氏族进攻（月氏亦游牧于敦煌、祁连之间），难兜靡被杀，牧地被侵占，部落四散，人民逃往匈奴。难兜靡之子猎骄靡（即昆莫）刚刚诞生，他的义父布就翕侯（布就是人名，翕侯是官号）抱他逃至匈奴，为单于所收养。后来长大，单于把他父亲部领的人民归还给他，并使他将兵，屡有战功。其时月氏已被冒顿单于（公元前 209 至前 174 年在位）攻破，由今甘肃河西走廊一带西徙今伊犁河上游。昆莫欲报父仇，老上单于（冒顿子，公元前 174 至前 161 年在位）遂帮助他西击破月氏，杀月氏王，月氏被迫再次西走，乌孙因在今伊犁河上游流域留居，政治中心在赤谷城（在今新疆乌什县西北纳伦河上游）。此后昆莫势力逐渐强大，值老上单于死，遂不肯附属于匈奴，匈奴派兵攻他，不胜，从此乌孙脱离匈奴而独立[1]。

乌孙的种族，史书没有记载。《汉书·西域传》只说乌孙在徙居今伊犁河上游之后，因该地本为塞种人所居及与月氏接触频繁的关系，故乌孙人后来也混入了塞种和月氏种。至于乌孙在西徙以前原来属于何种，仍不明确。因此国内外学者对于乌孙的种族，说法不一，或以为蒙古种，或以为突厥种。

据《汉书·西域传》颜师古注：乌孙人"青眼、赤须"。颜师古为唐朝人，他所知道的乌孙人的容貌虽非西汉时之旧，但仍可作为参考。《新唐书》卷二一七《回鹘传》下附《黠戛斯传》载黠戛斯人（黠音侠）也是"赤发、绿瞳"，而黠戛斯则与突厥同出于铁勒，都是属于突厥种，这是学者公认的。乌孙人与黠戛斯人既有相同的容貌特征，那么乌孙人也属于突厥种，似乎可信。

---

① 参阅《汉书》卷六一《张骞传》。

日本学者白乌库吉，在他的《乌孙考》①一文中，根据语言学分析，认为乌孙国王之名多带"靡"字，如难兜靡、猎骄靡、军须靡、泥靡、翁归靡、元贵靡、星靡、雌栗靡、伊秩靡、安犁靡等。"靡"即突厥语 bi，犹言君长也，此其一。其次，他认为乌孙始祖昆莫初生时曾有被弃于野的传说，此与突厥始祖曾被弃于草泽而由牝狼抚育之传说正相类似。第三，他认为"乌孙"之名为突厥语 Usan 之对言，其义为长，此亦可为乌孙属于突厥种之一证。白氏之说，亦可参考。

塞种人的种族，学者间的说法也很分歧，其中以倾向于希腊种说的较多。月氏的种族也说法不一，其中以倾向于伊朗种说的较多。姑不论塞种和月氏种究属可种，但乌孙后来既已混入此二种，是则他的种族殊为复杂。

乌孙人以游牧的畜牧业为生，兼营狩猎，不务农耕。养马业特别发达，富人畜马有多至一人达四五千匹的。在日常生活上，住穹庐（毡制帐幕），食肉饮酪，"与匈奴同俗"②。

乌孙在登上历史舞台的时候，私有财产早已出现，阶级分化十分明显，作为阶级统治的机构亦已建立。昆莫（后称昆弥）是最高统治者。高级官吏有岑陬（音周）、翕侯、相、大禄、大将等。人口六十三万，军队十八万八千。乌孙的畜群虽早已私有，但牧场和牧地则在长期间仍是氏族公有，直至公元前 11 年（汉成帝元延二年）前后，牧场和牧地才开始逐渐变为私有③。

由于乌孙的社会正处在原始氏族末期至阶级关系形成的过渡阶段，故婚姻习俗尚有原始群婚的遗风，这在上文已经说过了。

2. 汉朝与乌孙结亲及其重大意义

西汉初期，由于匈奴奴隶主贵族所代表的侵扰势力不断向汉朝地区

---

① 白氏之文载日本《史学杂志》第 43 编第 1 期。
②③ 参阅《汉书·西域传》下乌孙国条。

侵犯，故武帝时连年发大军反击，在经过了几次大战并获得了胜利之后，为了巩固已得的战果及防止匈奴的再度南下，于是在东方，扶植原来役属于匈奴的乌桓族由辽河上游西拉木伦河以北徙居于上谷、渔阳、右北平、辽西、辽东五郡（当今河北北部、原热河平原辽河下游一带）塞外，命令他们侦察匈奴动静，这样便切断了匈奴的"左臂"。此外，还派张骞出使乌孙，打算劝说乌孙东返河西走廊故地，共同夹攻匈奴，以便切断匈奴的"右臂"。后来乌孙虽不欲东返，但因迫于匈奴的威胁，仍愿与汉结亲，于是武帝便以江都王刘建之女细君封为公主，嫁给乌孙王昆莫。

乌孙与汉结亲，有很大的历史意义。首先是沟通了两族之间的文化交流。因为汉朝遣送细君之时，为她配备官属、宦官、侍女数百人，赠送大量的车骑、服饰、用具等物。细君到了乌孙之后，自己建造宫室居住，以币、帛赏赐昆莫左右的达官贵人。随后武帝又每隔一年遣使者持送帷帐、锦绣等物至乌孙，乌孙亦送侍子去汉朝首都长安居住，双方使聘不断往还。这样，汉族的先进封建文化自然会对乌孙发生进步的影响。

但是细君并没有正确认识自己出嫁的政治使命，她因过不惯异族的生活，整日悲愁，愿为黄鹄，飞回故土。史载细君自作歌曰：

> 吾家嫁我兮天一方，远托异国兮乌孙王；
> 穹庐为室兮毡为墙，以肉为食兮酪为浆；
> 居常土思兮心内伤，愿为黄鹄兮归故乡。

后来昆莫觉得自己年老，因命细君改嫁他的孙子岑陬（名军须靡）。细君初不听从，后来武帝诏令"从其国俗，欲与乌孙共击胡"，她才改嫁岑陬，并生一女名少夫。最后总算完成了她的政治使命。

细君死后，汉朝复以楚王戊之孙女解忧为公主妻岑陬。岑陬死，胡妇子泥靡年少，他的叔父大禄之子翁归靡立，号肥王。肥王依照乌孙的习俗，复妻解忧，生三男二女：长男元贵靡，后为大昆弥；次男万年，后为莎车王；幼男大乐，后为右大将；长女弟史，后为龟兹王绛宾妻；小女素光，后为若呼翕侯妻。

解忧之继细君出嫁，进一步加强了汉与乌孙的友好关系，而且把这种友好关系扩大到西域各国。《汉书·西域传》载，解忧公主常命她的侍女冯嫽持汉节代表公主出使西域各国，所至颁行赏赐，宣扬汉朝声教，联络各国国王和上层人物。冯嫽通史书，有外交才能，各国对她很是尊敬和信任，称她为冯夫人。《传》又载，龟兹国王绛宾因娶解忧公主长女弟史为妻之故，自以为与汉外孙结婚，龟兹与汉便成兄弟，乃于宣帝元康元年（公元前65年）与弟史入汉朝贺，留居长安达一年之久，后来又不断入汉。因倾慕汉族文化，回国后，建筑宫室，作徼道周卫（在宫室周围作警卫之道，徼音叫），出入传呼撞钟鼓，如汉朝仪式。绛宾死后，其后裔皆自谓汉外孙，直至成（帝）哀（帝）时仍往来不绝，与汉长期保持亲密的关系。可见通过解忧公主的婚姻，乌孙与汉的友好关系还扩大到龟兹，而汉族先进文化的影响也扩大到西域各国。

结亲的另一个意义是：乌孙在汉朝的帮助下，击退了匈奴的侵扰和进攻。乌孙一向是受着匈奴奴隶主贵族的侵扰的。昭帝末年，匈奴与车师联合，共侵乌孙，夺取了乌孙的一部分牧地，并掠去不少人民，逼索"乌孙公主"（即解忧公主），企图破坏乌孙与汉朝的同盟关系。昆弥及公主上书求救，汉与乌孙联兵二十万合击匈奴。宣帝本始三年（公元前71年）一战，给匈奴的侵扰势力以沉重的打击。随后单于虽亲将数万骑进攻乌孙，实行报复，但在回师途中遇着大雪，人民和牲畜冻死者十之八九。乌孙乘机反攻，一向受到匈奴奴隶主贵族奴役的乌桓和丁零也同时发动夹击。匈奴这一次损失惨重，国力大为削弱，属国纷纷脱离，庞大的匈奴国家一时陷于分崩离析的状态。从此乌孙基本上摆脱了匈奴侵扰势力的威胁，而匈奴奴隶主贵族也无力再对汉朝发动大规模的军事进攻。这无论对于乌孙、乌桓、丁零或汉族的历史发展，都是有积极意义的。

汉与乌孙结亲，对于汉朝也有实益。因为汉朝在抗击匈奴的过程中，虽然先后把匈奴的侵扰势力从南山北麓（河西走廊）及天山缺口南入楼兰一带排除出去，但匈奴仍封锁着天山北麓通往中亚的大道，并经常与龟兹、楼兰等国遮杀汉使。直至本始三年一战，匈奴在天山北麓的势力也被肃清，汉朝因此占领了天山北麓的吐鲁番盆地，并在塔里木盆地屯田积谷。从此汉朝在西域的政治、经济基础也得以巩固和建立起来。这对于汉族的先进经济文化在西域和中亚的传播和交流，提供了一个便利的条件。而这个条件的造成，是和乌孙与汉共同对敌（即共同抗击匈奴奴隶主贵族所代表的侵扰势力）分不开的。

3. 西汉中后期乌孙与汉的友好关系

本始三年之战后，匈奴并没有完全放弃对乌孙的侵扰。地节四年（公元前66年），匈奴遣左右大将各将万余骑在右地（匈奴西部）屯田，打算侵犯乌孙和西域各国。因此，元康二年（公元前64年），昆弥翁归靡（肥王）上书，愿以汉外孙元贵靡（翁归靡与解忧公主所生之长男）为国王继承人，命他复聘汉公主，"结婚重亲"，内属于汉，以便加强与汉朝的联系，摆脱匈奴奴隶主贵族的压迫，并献马、骡各千匹作为聘礼。宣帝乃以解忧侄女相夫为公主嫁给元贵靡。昆弥及太子等遣使者及属员三百余人入汉迎娶公主。汉朝很重视这次婚姻，因此为公主配备了一百多位官属及侍卫人员，并命他们住在上林苑（皇帝的御花园）中学习乌孙语。公主临行时，汉朝在"平乐观"为她举行送亲大会，宣帝亲自出席，并邀请在京都的匈奴使者、外国君长参加，会上表演角抵（摔跤）及其他娱乐活动，场面十分隆重、热烈。汉朝任命长罗侯常惠等四位持节使者为送亲专使，护送公主至乌孙。行至敦煌，未及出塞，翁归靡死，乌孙贵族违反"以元贵靡为国王继承人"的原约，改立岑陬胡妇子泥靡为昆弥（即狂王）。汉朝遂征还相夫，中止婚事。狂王依照乌孙的婚俗，复妻解忧公主，生一男名鸱靡。狂王十分凶暴，大失众心，又与公主不和，公主遂于一次酒会上谋杀狂王，狂王受伤逃走，翁归靡胡妇子乌就屠乘机袭杀狂王，自立为昆弥。汉朝闻讯，发兵进讨，乌就屠恐惧，表示"愿得小号"而罢。汉朝乃立元贵靡为大昆弥，乌就屠为小昆弥。划分乌孙的人民和地界，大昆弥统户六万余，小昆弥统户四万余。

解忧公主在乌孙生活了四十多年，宣帝甘露三年（公元前 51 年），以年老思归，遂偕同她的三个孙儿、孙女回至长安，时已七十岁。汉朝赐给她田宅、奴婢，供养甚厚，朝见皇帝时的礼仪比同正式的公主。过了两年，她便死了。她的三个孙儿、孙女留在长安守坟。公主虽已归汉，但公主所代表的汉族情谊却永远留在乌孙，故此后数十年间，大小昆弥之间虽不断展开斗争，但乌孙与汉的关系始终是友好的。例如元帝年间，其时匈奴最高统治集团内部正分裂为呼韩邪单于与郅支单于两个部分，呼韩邪附汉，而郅支则与汉对立。初元五年（公元前 44 年），郅支怨恨汉朝拥护呼韩邪，乃遣使至乌孙，打算和乌孙联合夹攻呼韩邪。小昆弥乌就屠杀死郅支的使者，持头至汉朝西域都护治所，并发兵迎击郅支，乌孙为此付出了很大的代价。哀帝建平二年（公元前 5 年），乌孙庶子卑援疐翕侯（疐音蒂）管辖下的牧民潜入匈奴西界劫夺牛羊，而且杀死一些匈奴人。单于派兵追击，杀死了乌孙数百人，略去一千多人，并掠走牲畜。卑援疐害怕，遣子入匈奴作人质。后来由于汉朝的力量和支持，单于终于归还乌孙的质子。元寿二年（公元前 1 年），乌孙大昆弥至长安朝见汉帝。直至王莽时（公元 13 年），大小昆弥还俱遣使贡献。这都是与解忧公主长期播下的友好种子密切相关。

乌孙与东汉的关系虽不如西汉那样密切，但还有侍子经常住在东汉首都洛阳。章帝建初五年至八年（公元 80—83 年）汉使班超经营西域时，为了争取乌孙的支援，乃遣李邑护送乌孙使者，并赐大小昆弥以下锦帛①。直到顺帝永建二年（127 年），东汉在西域的政治力量逐渐衰落，乌孙与汉的关系始绝。

四、唐朝的边防措施及其对边疆少数民族的政策

唐朝是继两汉王朝之后最为繁荣昌盛的朝代，但唐代没有修筑长城。原因：一是唐朝国力强大，早在王朝建立不久，即于太宗贞观四年（630 年）把东突厥汗国击灭，随后西突厥汗国亦于高宗显庆二年（657 年）冬被击灭亡。后突厥汗国虽于高宗永淳元年（682 年）复辟重建，但当时掌握中央实权的武则天（高宗皇后，后称帝）却是一位文韬武略的英明君主，后突厥的奴隶主侵扰势力很难得逞。二是唐朝虽不筑长城，但在北部和西部所采取的其他边防措施却组织严密，坚强有力，史书说当时"烽戍逻卒，万里相继"②，故没有长城并不等于放弃边防警备。三是唐朝对边疆少数民族的政策比较开明，颇受一般少数民族人民和正义之士的爱戴和拥护，故不仅汉族的文臣武将都能为朝廷尽忠，就是包括突厥族在内的各边疆少数民族的首领和将领也都愿为朝廷效力。所以唐代诗人崔湜在《大漠行》中咏吟道："但使将军能百战，不须天子筑长城。"

（一）以防御性的战争击灭突厥奴隶主的侵扰势力

唐初，突厥奴隶主的侵扰势力正盛，仅高祖李渊武德年间（618—626 年），突厥各部兵马就曾侵入并州、代州、汾州、幽州、定州、陇

---

① 参阅《后汉书》卷四七《班超传》。
② 《旧唐书》卷一九六《吐蕃传》上。

州、渭州、原州、灵州、秦州、凉州、鄯州、蔺州、彭州、相州……等三十三个州，遍及今山西、北京、河北、陕西、宁夏、青海、甘肃七个省市，甚至深入四川、河南腹地，而且兵锋屡次直逼关中（陕西中南部，因地处函谷关、武关、散关和萧关四关之中，故曰关中），致使唐朝首都长安（今西安市）受到极大的威胁。当时由于唐朝初建，有些地方割据势力尚未敉平，故李渊不得不暂时忍让，希望能用"和亲"的办法阻止突厥的进攻。但李渊并不是怯懦，他曾说："往（时）吾以天下未定，厚于虏（宽待东突厥）以纾吾边（以图缓和边患）。今卒败约（然而突厥背约入侵不止），朕将击灭之，毋须姑息①。"随即恢复了原已罢废的参旗将军、鼓旗将军、羽林将军、天节将军等十二军的建制，并加紧训练步、骑，准备大举反击。

及至太宗李世民即位之后，利用突厥内部发生各种矛盾之机，即"诸匐（伯克，牧主贵族）与民众水火"②的阶级矛盾；东部奚、霫及北部薛延陀、回纥等数十部背离突厥统治的民族矛盾；及颉利可汗与其侄突利可汗（小可汗）冲突的统治集团之间的矛盾之机，于贞观三年（629年）冬发大军十余万，分数路向突厥侵扰势力猛击，翌年（贞观四年，630年）春，突厥大败，颉利可汗被擒，东突厥汗国亡。

西突厥汗国原为583年由突厥族中分裂为东西二部之后建立的，辖境在今阿尔泰山以西至中亚一带。后来（628年）西突厥内部又再分裂为二部。因西突厥汗国与中原相距较远，又因二部之间互相争战，故西突厥与唐朝发生冲突之事不多，其中有些部落还归顺唐朝。后来因为西突厥的最后一个可汗——沙钵罗可汗阿史那贺鲁，原受太宗重用，被封为安西都护府属下瑶池都督府都督，镇抚西域，但他忘恩负义，贞观二十三年（649年）夏，闻太宗死，乃背叛朝廷，举兵入侵唐境，杀略吏

---

① 《新唐书》卷二一五《突厥传》上。
② 突厥文《毗伽可汗碑》，碑文见上文第六章。

民，高宗才于显庆二年（657 年）冬发大军反击，贺鲁被擒，西突厥汗国亦亡。

太宗贞观四年（630 年）东突厥汗国覆亡之后，过了五十余年，由以阿史那骨咄禄为首的东突厥贵族于高宗永淳元年（682 年）复辟重建的后突厥汗国，对唐朝时战时和、时服时叛，正如唐开元九年（721 年）春二月玄宗答毗伽可汗的诏书中所说：

> 曩昔国家与突厥和亲，华、夷安逸，甲兵休息；国家买突厥羊马，突厥受国家缯帛，彼此丰给。自数十年来，不复如旧。正由默啜（可汗）无信，口和心叛，数出盗兵，寇抄边郡，人怨神怒，陨身丧元，吉凶之验，皆可汗所见。今复蹈前迹，掩袭甘、凉（甘州、凉州），随遣使人，更来求好。国家如天之覆，如海之容，但取来情，不追往咎。可汗果有诚心，则保遐福；不然，无烦使者徒尔往来。若其侵边，亦有以待，可汗其审图之[①]！

诏书中的这一段话，除了"默啜陨身丧元乃吉凶之验"之类的迷信话以外，实际上就是对后突厥统治者与唐朝关系的一个总结。后来后突厥由于最高统治集团内部的变乱，毗伽可汗被大臣毒死，随后可汗接连更立，又接连被杀。天宝四年（745 年）回纥首领骨力裴罗乘机发兵攻杀后突厥的最后一个可汗——白眉可汗，后突厥遂亡。

（二） 唐朝对烽燧制度的改进

唐朝虽不修长城，但对烽燧制度极为重视，且在许多方面有所改

---

① 〔宋〕王钦若等撰《册府元龟》卷九八〇，1960 年中华书局影印本及《资治通鉴》卷二一二唐开元九年春二月条。

进和提高。唐朝人杜佑撰《通典》卷一五二《兵》五附《守拒法》详细记载了当时烽燧制度的情况。其言曰："烽台于高山四顾险绝处置之。无山亦于孤回平地置。下筑羊马城，高下任便，当以三五为准。台高五丈，下阔二丈，上阔一丈。形圆，上建圆屋覆之，屋径阔一丈六尺，一面跳出三尺，以板为（之）。上覆、下栈。屋上置突灶三所，台下亦置三所，并以石灰饰其表里。复置柴笼三所，流火绳三条。在台侧近上下，用屈膝梯，上收下乘。屋四壁开觑贼孔及安视火筒。置旗一口、鼓一面、弩两张、抛石、垒木、停水瓮、干粮、麻蕴、火钻、火箭、蒿艾、狼粪、牛粪。每晨及夜，平安举一火；闻警举二火；见烟尘举三火；见贼烧柴笼。如每晨及夜平安火不来，即烽子为贼所捉。一烽六人，五人为烽子，递如更刻，观视动静。一人（为）烽率，知（掌管）文书、符牒、转牒。"其中所发明的悬空阁楼式的烽火台，即在高口的圆形土台上修筑房屋，房屋扩出三尺，形似今天的水塔，上下匀靠绳梯攀登，这是在边防设施——烽燧制度中的一种创造。

（三）建筑三受降城和设置安西四镇

唐朝虽不修长城，但除了在三北地区分别成立权力较大的安东、安北、安西等管理各该地区军政事务的领导机构外，还于北部边境要害之处修筑了东、中、西三座具有重要军事地位的受降城。这三座受降城沿着阴山山脉修建，控制着北部边防咽喉战略要冲，在军事上，无论是进攻或是防守，价值都是很大的。

唐中宗景龙二年（708 年），朔方道大总管张仁愿镇守北方，他于黄河以北、阴山以南，修筑了东、中、西三座受降城。故址：东受降城就在黄河东北岸今内蒙古托克托县南；中受降城在今包头市西北；西受降城在今杭锦后旗乌加河北岸。三城相距各四百里，并置烽堠一千八百所，以将军论弓仁为朔方军前锋游弈使，领游兵以担任巡逻，控制住阴山以南地区①。由于三受降城的修建，边防警卫加强，从此后突厥贵族奴隶主的侵扰势力不敢南渡阴山。

1976 年在内蒙古乌拉特前旗阿拉奔公社境内清理出唐墓一座，并出土"王逆修墓志铭"一块。由铭文得知，墓北约二公里有一座古城遗址即唐朝晚期天德军（军镇）城堡的所在地，由此西至西受降城一百八十里；东南至中受降城二百里。又据调查得知，西受降城作方形，每边长约二百二十五米，门外加筑瓮门，西南两墙已被冲毁，仅剩东、北两墙和北门。

唐初曾在西受降城未筑之前的城址东北设置燕然都护府，后改名为瀚海都护府、安北大都护府。及三受降城筑成后，安北大都护府于中宗景龙二年（708 年）移治西受降城，玄宗开元二年（714 年）又移治中受降城，置兵屯田。开元九年（721 年）又置朔方节度使领三受降城。宪宗元和（806—820 年）时西受降城被河水冲毁②。

初，唐太宗于贞观二十二年（648 年）冬平定了龟兹（音丘慈）之后，为了保卫西陲，乃于西域设置龟兹（今新疆库车县）、焉耆（今库尔勒市东北）③、于阗（今和田市西南，阗音田）、疏勒（今喀什市）四个军事据点，谓之"四镇"。因四镇统归安西都护府（治所在交河城，今吐鲁番市西）管辖，故通称"安西四镇"。显庆三年（658 年）夏五月，高宗迁安西都护府于龟兹，以旧安西都护府治所交河城复为西州都督府，领高昌（今吐鲁番一带）故地。其时西突厥汗国虽已覆亡（亡于657 年），但居地在西南的吐蕃（音勃）势力继之而起，不久（670 年，

---

① 参阅《旧唐书》卷九三《张仁愿传》。
② 参阅《旧唐书》卷三九《地理志》二及《新唐书》卷三四《地理志》七下。
③ 新、旧《唐书·龟兹传》均以龟兹、于阗、疏勒及碎叶备四镇。但太宗时唐朝势力尚未达于碎叶；直至高宗调露元年（679 年）安西都护王方翼筑碎叶城后，碎叶始成为唐朝西陲的重镇之一。故《龟兹传》四镇中之"碎叶"应为焉耆之讹。关于这个问题，二十世纪八十年代以来，国内期刊和学报已发表了多篇论文对它进行探讨。

成亨元年夏四月），吐蕃攻陷西域十八州，又联合于阗攻陷龟兹拨换城。高宗遂罢龟兹、于阗、焉耆、疏勒四镇。至692年（武则天长寿元年）冬十月，唐军大破吐蕃，收复四镇（时四镇有碎叶、无焉耆），又置安西都护府于龟兹，发兵三万以戍之。

在四镇之中，除龟兹因为安西都护府治所所在地，为四镇的统领中心外，当以最西的碎叶镇最为重要。碎叶（故址在今中亚巴尔喀什湖南的托克玛克城附近）之列为安西四镇之一，始于高宗调露元年（679年）。其时西突厥已平，唐朝势力伸展至葱岭以西甚远，僻处龟兹东偏的焉耆，已不能发挥驾驭西域全境及中亚一带的作用，故唐朝于钦平西突厥阿史那都支及其别部李遮匐与吐蕃联兵侵逼安西之乱后，即命安西都护王方翼筑碎叶城，并把它替代焉耆，作为西陲四大重镇之一。据史书记载，方翼所筑的碎叶城，规模宏大，设计奇巧，"立四面十二门，皆屈曲作隐伏出没之状，五旬而毕，西域诸胡竞来观之，因献方物"[1]。

碎叶之作为四镇之一，止于玄宗开元七年（719年）。因为在开元前后，西突厥十姓部落屡有变乱，碎叶经常脱离唐朝的控制，甚或时得时失。故当突骑施首领苏禄（忠顺可汗）请求居于碎叶时，玄宗一方面允其所请，一方面则听从安西节度使汤嘉惠的表奏，放弃碎叶作"镇"的地位，而以焉耆替代之[2]。碎叶作"镇"为时达四十年（679—719年)[3]。

碎叶城的建筑及其列为四镇之一，具有重大的历史意义：

第一，它标志着唐朝在中亚设官置府，显示中央政府的行政权力达于葱岭以西，直至今巴尔喀什湖以东以南地区，证明当时中国的国境逾越葱岭以西甚远。

---

[1] 参阅《旧唐书》卷一八五上《王方翼传》、〔宋〕王溥撰《唐会要》卷七三，1955年中华书局排印本及《册府元龟》卷九六七。

[2] 参阅《新唐书》卷二二一上《焉耆传》。又《传》仅载"十姓可汗请居碎叶"，但以前后事迹考之，所谓"十姓可汗"实即忠顺可汗苏禄。

[3] 碎叶城后来在天宝七年（748年）被北庭节度使王正见讨伐安西时毁坏，故无遗迹可寻（见《新唐书·西域传》下康国附石国条）。

第二，唐朝的安西四镇，它的性质和北魏时的六镇基本上相同。"镇"就是军镇，即既是一个军事行政机构，也是一个驻有兵马的军事据点，它保卫着边陲的安宁，也保卫着边疆各少数民族的正常生产和生活。

第三，碎叶地处中亚与西域交通的要冲，史书上说它是一个"比国商胡杂居"① 的城市，它之备列为四镇，对于沟通和加强中原与西突厥、中国与中亚各国的经济、文化交流，起了促进的作用。

第四，碎叶川（今中亚楚河）是西突厥十姓部落左厢五咄陆和右厢五弩失毕②的分界线。碎叶原先就是五弩失毕的一个中心，碎叶筑城及其作"镇"之后，更进一步成为联系十姓的中心。

第五，碎叶是当时中国西部极西的一个边防重镇，在战略上具有很重要的地位，故它设"镇"之时兴时废，及安西都护府之屡次迁徙，反映了唐朝中央政府力量的消长陵替，及中原汉族与边疆各少数民族，特别是与突厥族之间的变化关系；同时也反映了唐朝对于经略西陲的态度。

（四）实行羁縻政策和优待政策

唐朝的各代皇帝，特别是初、中期的几位皇帝，在思想认识上都比较开明，对于周边各少数民族都意存羁縻，不甚歧视。高祖李渊就主张"怀柔远人，义在羁縻。……就申好睦，静动息民"③。其子太宗李世民更进一步对少数民族实行优待，他曾说："夷狄亦人耳，其情与中夏不

---

① 《新唐书》卷二二一上《龟兹传》。
② 按：西突厥的民族构成（即内部所包含的部落）颇为复杂，其中共有十个部落，一部为一姓，故"十姓部落"即十个部落之义。在十个部落中，以碎叶川为界，又分为两大部，川东的称左厢"五咄陆"（大部），川西的称右厢"五弩失毕"（大部），两大部中又再各分为五个小部落，总共十部（合称十姓）。
③ 《册府元龟》卷一七○《帝王部·来远》。

殊（与汉族没有两样），人主患德泽不加，不必猜忌异类。盖德泽洽，则四夷可使如一家；猜忌多，则骨肉不免为仇敌①。"中原封建统治者历来不大信任周边的少数民族，认为"非我族类，其心必异"②，而太宗竟把他们视为与汉族是一家人，这种思想实属难能可贵。太宗还说过："自古皆贵中华、贱夷狄，朕独爱之如一，故其部落皆依朕如父母③。"这正是太宗能够安定边疆和使边疆少数民族诚心归服的要诀所在。在这种思想认识下，唐朝皇帝对北边突厥的入侵，在把他击灭之后，除对一般被俘或自动归附的人众（骑兵、牧民）给予妥善安置外，就是对于各部的首领和上层人物也十分优待和宽容。例如东突厥汗国被击灭后，颉利可汗被擒，按理应该处死。但太宗在历数其"屡背盟约、恃强好战、蹂我稼穑、掠我子女"各大罪之后，竟赦免其死，仍使他居于馆舍，"厚廪给之"（生活上给予优待)④。又如西突厥汗国最末一个可汗——沙钵罗可汗阿史那贺鲁，原受太宗重用，多次提拔、擢升，才掌握了镇抚西域和中亚地区的军政大权。但他骤闻太宗去世，立即背叛唐朝，进攻唐境，杀略吏民，及至兵败被擒，自属罪恶难赦。连他自己也觉得如此忘恩负义，即使在九泉之下也无面目再见太宗。因此他对擒获他的唐将萧嗣业说："我本亡虏，均先帝（太宗）所存，先帝遇我厚而我负之，今日之败，天所怒也。愿刑我于昭陵（太宗墓）以谢先帝⑤。"高宗闻而怜之，赦免其死。不久贺鲁死去，高宗仍命人把他安葬在颉利可汗之墓侧。对被擒的突厥最高首领尚如此宽容，对其他各部的上层人物更是优待。

　　初，东突厥既亡，余众或走西域，或投薛延陀，有近十万人则归附唐朝。唐朝对于归附的突厥人如何处理，当时在朝议中曾经发生过争

①③　《资治通鉴》卷一九八唐贞观二十一年五月条。
②　《晋书》卷五六《江统传》"徙戎论"。
④　《旧唐书》卷二《太宗纪》上及《通典》卷一九七《突厥》上。
⑤　《新唐书》卷三《高宗纪》、卷二一五《突厥传》下及卷一一一《苏定方传》。

论。有的朝臣主张乘突厥败亡之际，"分其土地，析其部落，使其权弱势分，易为羁制"，即占有他们的牧地，解散他们的部落组织，削弱他们的力量，使他们不能再为边患。也有的主张趁机强迫他们汉化，"徙之河南兖、豫之地（今山东、河南中原地区），分其种落，散居州县，教之耕织，可以化胡虏为农民，永空塞北之地"。但中书令温彦博则主张依照两汉时对待匈奴降者的旧例，"置降者于塞下，全其部落，顺其土俗（即保留他们的部落组织，不改变他们的游牧经济生活），以实空虚之地，使为中国捍蔽"①。太宗本于他"夷狄亦人，与中夏不殊"的思想，采纳了温彦博的奏议，对归附的东突厥人采取了优待的政策，把他们安置在黄河河套以南，自幽州至灵州（今北京市至宁夏灵武市一带），设置顺、祐、化、长四州都督府（顺州，今北京市顺义区）；祐州，在今宁夏境内；化州及长州，都在今甘肃庆阳市一带）以管理之。唐朝并将原颉利可汗的统治地区（漠南地区）分为六州，左方置定襄都督府（侨治宁朔县，今陕西靖边县东北），右方置云中都督府（侨治朔方县，今陕西横山县西北白城子），分别任用突厥贵族为都督，如：

以突利为顺州都督，使帅部落之官；

阿史那思摩为右武侯大将军、化州都督，使统颉利
　　旧众，不久封为怀化郡王；

阿史那苏尼失为北宁州都督，封怀德郡王；

右武卫大将军史大奈为丰州都督；

中郎将史善应为北抚州都督；

右骁卫将军康苏为安北州都督……

使按照他们原来的生活习惯以进行统治。突厥贵族前来唐朝的，多被任

---

① 《旧唐书》卷一九四《突厥传》上及《资治通鉴》卷一九三唐贞观四年夏四月条。

用为将军、中郎将等高官，故突厥高官布列朝廷，五品以上可以"奉朝请"（可参加朝廷各种大典和被皇帝召见）的，就有一百多人，数额竟与朝士相半，待遇完全和汉官相等。由于唐朝对突厥的优待政策，当时迁居长安的突厥人将近有一万家①。其待遇情况，正如凉州都督李大亮所说："近日突厥倾国入朝……每见一人初降，赐物五匹，袍一领，酋帅悉授大官，禄厚位尊，理多靡费。"② 这是指突厥贵族而言。至于一般的突厥牧民，唐朝也颇为关怀和给予照顾。史载：

> 时颉利可汗败亡，北荒诸部相率内属。有大度设、柘设、泥熟特勤及七姓种落等尚散在伊吾（今新疆哈密市），以大亮为西北道安抚大使以绥集之。朝廷愍其部众冻馁，遣（人）于碛口贮粮，特加赈给③。

后来因为河西（甘、凉、瓜、沙、肃等州）萧条，户口甚少，突厥衰弱以来始复农亩；伊吾远在碛外，地多沙卤，如此长期赈济，劳费太大，边民负荷不胜，经大亮上疏谏，乃止④。

唐朝对于归附的突厥人如此优待，可是有些西方学者（如丹麦人V.汤姆森即其一）由于不了解中国历史的真实，往往单凭主观臆断，竟妄言"亡国南迁之突厥人，大半返回故土，其一部分境况甚恶"⑤，殊属荒谬，故应予以澄清。

本于"怀柔远人、义存羁縻"的思想认识，唐朝在周边地区设置了很多羁縻府、州、县。而在北部边疆地区设置羁縻府、州则在太宗时

---

① 参阅《新唐书·突厥传》上；〔唐〕吴兢撰《贞观政要》卷九（1986年中国台湾商务印书馆影印文渊阁《四库全书》本）及《旧唐书》卷三八《地理志》一。
② 《旧唐书》卷六二《李大亮传》。
③④ 《旧唐书》卷六二《李大亮传》。
⑤ 见汤氏著《蒙古之突厥碑文导言》，载岑仲勉撰《突厥集史》下册附录第933页。中华书局1958年版。

期。《新唐书》卷四三《地理志》七下载：

> 自太宗平突厥（贞观四年，630年），西北诸蕃及蛮夷稍
> 稍内属，即其部落列置州县。其大者为都督府，以其首领为都
> 督、刺史，皆得世袭。虽贡赋、版籍（户口）多不上户部，然
> 声教所暨，皆边州都督、都护所领，著于令式。

唐朝的羁縻府州，在先以西南边疆地区为多，太宗以后，因西、北边疆突厥等族相继归附，故西、北边疆地区的羁縻府州也逐渐多起来，据两《唐书·地理志》所载者就不下八百个，其未列入《地理志》者尚不在内。

羁縻府州有三个特点：

1. 它所受的上级管辖机构与中原内地不同。

中原内地的府州是直接隶属于朝廷中央政府管辖，而羁縻府州则归中央政府设在边疆地区的都督府或都护府管辖。都督府大多设在"缘边镇守及襟带之地"，都督府属下的羁縻诸州的城隍、兵马、甲仗、粮食、镇戍等事，均归都督府掌管[1]。都护府多设在边疆少数民族地区，如上文提到的安东、安北、安西等都护府都设在三北少数民族地区。都护府的职权较都督府为大，凡属对该管区有关少数民族的"慰抚、征讨、斥堠、安辑番人及诸赏罚、叙录勋功"等事，都归它掌理[2]。

2. 羁縻府州大多设在少数民族原来生活的地区（"即其部落列置州县"），其疆界也是以各该少数民族的部落作为州县的范围。

府置都督，州置刺史，以主管府、州之事，而皆任命各该少数民族的首领、酋长担任之。例如唐贞观二十年（646年）漠北薛延陀政权瓦

---

[1][2] 参阅《通典》卷三二《职官·都督》。

解，回纥、拔野古、同罗、仆骨、多览葛、思结、阿跌、契苾、跌结、
浑、斛薛等十一部各遣使入唐贡献，并称："薛延陀不事大国，暴虐无
道，不能与奴等为主，自取败死，部落鸟散，不知所之。奴等各有分地
（分音份），不从薛延陀去，归命天子。愿赐哀怜，乞置礼官，养育奴
等①。"太宗接受了他们的请求，设宴招待回纥等使者，赏赐礼物及拜
授官爵，颁赐其各部酋长玺书，遣右领军中郎将安永寿前往报答。翌年
（贞观二十一年）春正月，唐朝在薛延陀原来统治的地区设置六府（都
督府）七州。六府即：瀚海府、金微府、燕然府、幽陵府、龟林府、卢
山府。七州即：皋兰州、高阙州、鸡鹿州、鸡田州、榆溪州、蹛林州
（蹛音带）、寘颜州（寘音颠）②。夏四月，又于故单于台（故址在今内
蒙古杭锦后旗乌加河北岸）置燕然都护府（后改为瀚海都护府，不久再
改为安北大都护府），以总管上述六府七州，管辖范围包括整个大漠南
北。从此唐朝中央政府的政治管辖权直接行使至漠北全部地区。当时突
厥、回纥及其他铁勒各族都尊称唐太宗为"天可汗"，并于大漠南北专
门开辟一条大道，名为"参天可汗道"③，用以表示各族人民承认唐朝
的统一领导并加强与唐朝中央政府联系的愿望。"参天可汗道"沿途设
置驿站（馆舍）六十八处，以便往来使者。

3. 羁縻府州向朝廷应负的政治义务很轻，但从中享受到的经济利
益则较多。

因为羁縻府州只须定时向朝廷中央朝贡，贡品大多是本地的土特
产，这对于归附朝廷的少数民族来说，在经济上并没有多少负担，而仅
仅是通过朝贡，表明对朝廷中央的臣属关系；但在每一次朝贡中，却从
朝廷中央获得不少回赐，回赐物品大多是实用的器具和珍贵的缣帛（丝

① 《旧唐书》卷一九九下《铁勒传》及《资治通鉴》卷一九八唐贞观二十年秋八月条。
② 参阅《旧唐书》卷一九九下《铁勒传》、卷一九五《回纥传》及《新唐书》卷二《太宗
纪》。
③ 参阅《唐会要》卷七三。

织品之类）。这实际上是以"朝贡"的特殊形式，双方进行物物交换，而且是在经济上有利于朝贡者一方——少数民族的物物交换。故周边各族都愿意向朝廷中央多多朝贡，其中以东北边疆各族的朝贡最为频繁。例如契丹族在至德至开成（756—840 年）年间共朝贡二十四次；奚族在贞观（627—649 年）年间朝贡四次；在德宗（780—804 年）和宪宗（806—820 年）年间朝贡六次；室韦族在贞观至大中（647—859 年）年间共朝贡十八次①。此外，上述各羁縻府州对朝廷中央和对都督府或都护府都毋须缴纳赋税，这和有些南部边疆地区的"夷獠之户"不大相同，与中原内地的府州更不一样。

五、明代的边防措施及俺答汗对建立蒙汉和平友好关系的贡献

公元 1368 年元朝被明太祖朱元璋击灭后，蒙古贵族的残余势力退回漠北，仍保持着政权，并具有一定的军事实力。这个政权，史称"北元"。北元政权（包括后来的"鞑靼"）存在了二百六十余年，几乎与明朝相始终。后来，蒙古势力分成三个部分：

一是蒙古本部，即以蒙古大汗（成吉思汗黄金家族的后裔）为中心的各部，居地在大漠南北。这部分蒙古人后来虽然长期处于分裂割据的状态，但始终作为一个稳定的民族共同体而活跃于历史舞台。

二是被称为"鞑靼"（音达达）的部分，居地在今扎布汗河、科布多河流域及额尔齐斯河、叶尼塞河上游一带，因在蒙古高原之西，故又被称为西蒙古。

---

① 参阅《新唐书》卷二一九《北狄传》。

三是兀良哈三卫部分。三卫即泰宁卫、福余卫、朵颜卫，因三卫住地有兀良哈人而得名。兀良哈人游牧于今大兴安岭南麓、洮儿河一带。

在先，蒙古贵族残余势力企图伺机南下，重新占领中原地区，恢复在中原的统治。而明太祖朱元璋及其子明成祖朱棣（永乐皇帝）为了防止他们卷土重来，也经常主动发兵出击、北伐，故在明初的二十余年中，双方战争不断，元气大伤。因此明朝在北部边境建立起严密的防御体系，以防止蒙古势力的南下。

（一）建筑长城和设置九边重镇

明朝是中国历史上建筑长城最多最长的朝代，可以说，有明一代，其王朝存在的二百七十多年中（1368—1644 年），自始至终没有停止过对长城的建筑。其具体过程约可分为三个阶段：

第一个阶段在明朝前期（1368—1447 年），以修缮原有长城为主。筑城工程主要是在北魏长城、北齐长城和隋长城的基础上增筑烟墩、烽堠、戍堡、壕堑，并在局部地区将土墙改为石墙。当时修缮的重点在北京西北至大同的外边长城和山海关至居庸关的沿边关隘①。

第二阶段在明朝中期（1448—1566 年），这是明朝大筑长城的时期。因 1449 年发生"土木堡之变"，蒙古瓦剌部首领也先，率兵南下进攻大同镇（今山西大同市），明英宗御驾亲征，在土木堡（今京包线土木堡车站）被俘，第二年才被释回。这个事变迫使明朝更进一步把修筑长城作为防御蒙古的主要手段，从而掀起了长达百年的修筑长城的高潮。从西向东，计分绥宁镇一段（在今陕北地界），宁夏镇一段（在今宁夏地界），固原镇一段（在今陕西、宁夏地界），甘肃镇一段（在今甘肃地界），大同、宣府镇一段（在今北京、大同地界，西至黄河），山西镇一段（在今山西地界），蓟镇一段（在今山海关至居庸关地界）；此外

---

① 参阅《明史·太祖纪》和《成祖纪》、卷一二五《徐达传》及卷九十《兵志》二。

还有辽东镇边墙等。其中以山西镇一段，因所辖为蒙古诸部经常入侵的地区，且其地逼近京师（今北京市），对京师威胁甚大，故长城的修筑最为密集、坚固，甚至城墙四边向外延伸，土石相拌，加筑敌台、铺屋、关城，使山西、河北交界的内三关长城更加完备①。

第三阶段在明朝后期（1567—1620 年）。这个时期主要是对长城重建和改线。隆庆、万历年间（1567—1619 年），因蒙古俺答汗与明朝议和互市，边境安定，但居地在东北的女真族继之兴起，并成为主要边患。因此明朝于万历年间，先后重修辽东边墙，加建空心敌台，用砖石包墙，拓建宽甸、孤山六堡，及后又再次修城建堡。同时在山海关至嘉峪关之间漫长的防御线上，也进行了大规模的重建工程。主要是在长城上的骑墙加建大量空心敌楼，城墙易以砖石，局部地段改线重建。例如蓟镇长城，在名将戚继光的主持下，建造空心敌台三千座，增筑山海关至老龙头的石墙。此外宣府镇补筑了一段长城，随后又全部包砖；大同镇增筑屯堡二百五十七个，敌台一千零二十八个，都用砖包；山西镇重建雁门关边墙，增筑关城和空心敌楼，都是瓮砖；榆林镇重建大边长城，增修墩堠一百零四个，墩院四百零四个，寨城五十九个，砌石卷水洞暗门、水口、水眼、水道五百余处，解决了城墙跨河易被冲垮的难题。此后又进行清除积沙、砖包台壁等工程；宁夏镇因 1561 年地震，长城倾圮，故复重建和补筑；固原镇新筑裴家川大城并将防守重点北移；甘肃镇重建防线最多，隆庆五年（1571 年）重建了四段，并全部以青砖包砌；万历二十六年（1598 年）三边总督李汶在出兵进攻大小松山（今甘肃景泰县寿鹿山、昌林山）的蒙古鞑靼阿赤兔等部之后，又筑"松山新边"，全长四百余里，将防线自黄河向北推进了三百余里，是明朝后期修筑长城的最大工程②。

① 参阅《明史》卷九一《兵志》三；华夏子《明长城考实》（档案出版社 1988 年版）。
② 参阅《明史·兵志》三、华夏子《明长城考实》及艾冲《明代陕西四镇长城》（陕西师范大学出版社 1990 年版）。

　　总之，明朝自朱元璋建国的第一年（洪武元年，即 1368 年）起，就派大将徐达修筑居庸关等处长城，直至神宗万历二十八年（1600 年）修筑"松山新边"的二百多年间，才基本上完成了"万里长城"的修筑工程，有些地方的个别城堡直至明朝覆亡（1644 年）前夕还没有停工。明朝的这条长城，东起鸭绿江，西至嘉峪关，全长一万四千六百多里，如果把重墙、关城等也计算进去，实际上更远不止此数。明代长城的特点，一般的都是用砖包砌，主要地段和关隘还增筑多重城墙，有的竟达二十多重。选线更为科学，长城沿线内侧、外侧都设立许多烟墩、堡城，另外还创造了空心敌台、石卷水门等许多新设施，使用更为方便，防御更为坚固，是一个完整的纵深的防御体系。其费时之长久，工程之浩大，设计之科学，结构之完善，施工之精细，技术水平之高超，自秦汉以来，没有一个朝代能与之相比。可以说，中国的万里长城，起自春秋战国，中经秦皇、汉武，乃至辽、金，到明代才最后完成。

　　明朝的北部边防，除了大量修筑长城外，还在沿边设置了九个军事重镇，统称"九边镇"。即（自东向西）：

　　　　辽东镇（治广宁，今辽宁北宁市）

　　　　蓟州镇（治三屯营，今河北迁西县西北）

　　　　宣府镇（治宣府，今河北宣化县）

　　　　大同镇（治所在今山西大同市）

　　　　山西镇（治所在今山西宁武县）

　　　　延绥镇（治所在今陕西榆林市）

　　　　宁夏镇（治所在今宁夏银川市）

　　　　固原镇（治所在今宁夏固原市）

　　　　甘肃镇（治所在今甘肃张掖市）

各镇都有重兵驻守，其兵员总数通常都在几十万，甚至百万，可见对北部边防的重视。

（二）设置羁縻卫、所和采用怀柔、优抚政策

除军事重镇外，明朝还在北部沿边设置了很多卫指挥使司和千户所，简称"卫、所"。这些卫、所都是军事建制，其设在少数民族地区的，主要是羁縻性质。明初在蒙古地区设置的卫所，自东而西，计有兀良哈诸卫（在今大兴安岭南麓一带），大宁诸卫（在今内蒙古赤峰市周围），开平诸卫（在今内蒙古多伦县西北），东胜诸卫（在今内蒙古鄂尔多斯市东胜区周围），宁夏诸卫，甘肃诸卫；海剌儿千户所（在今内蒙古呼伦贝尔市海拉尔河流域），坚河卫所（在今呼伦贝尔市根河流域），哈喇哈千户所（在今哈拉哈河流域）。此外，在今呼和浩特、包头、集宁地区，亦曾设立官山、失宝赤、五花城等千户所。对于这些羁縻卫、所，明朝任命当地少数民族部落的首领为卫、所长官，仍令统领其部众，驻居原地，从其本俗，并给以经商贸易的方便①。

明朝在加强北部边防措施的同时，还实行怀柔和优抚的政策，招降大批蒙古人众。对于愿意前来归附的蒙古各部首领、贵族和官员，均分别封以官职，给予优厚的生活待遇，作战有功的更晋爵封王。对于前来归附的一般蒙古牧民，大多被编入军伍。明朝的这项政策，在明初的约一百年间，也曾收到不少效果，延揽了不少著名人物和有用人才。

明朝还把贸易作为一种羁縻手段去笼络蒙古各部的封建主。蒙古各部的封建主在后来内部的斗争中，也经常须要明朝的支持，以便战胜对手。明朝也需要蒙古各部的马匹、猎获物和各种土特产，蒙古各部则需要中原的粮食、布帛、茶叶及其他生活用品。明朝与蒙古各部的贸易主要通过"通贡"和"互市"两种形式进行。通贡就是蒙古各部向明廷进

---

① 参阅《明太宗实录》永乐元年五月条。

贡物品，明廷按进贡物品的种类和数量，以较高的价格折成一定数量的布帛、绸缎、衣服、药品及各类生活用品，交贡使带回，此外还另给赏赐。通贡对蒙古各部十分有利，故蒙古各部不断增加入贡的次数和贡使的人数，最多时（如瓦剌部）竟一次就遣贡使三千人，贡驼马四万匹，所得回赐物品计有各种丝料二万六千余匹、绢九万余匹、衣服三千八百余袭，它如靴、帽等尚未计[1]。

互市是在边境由明廷指定的地点进行，因蒙古人主要出售马匹，所以也叫马市。通常每年开市一二次，由明朝专门委任官吏组织、管理和拟定马价，然后由官方用银、钞或粮食和其它手工业品折价收购马匹，故亦称官市。由于官市不能完全满足双方的贸易需求，所以在官市之后，还允许在同一地点进行民间贸易，称作民市（又称私市）。后来又准许在内蒙古土默特、鄂尔多斯与明朝沿边地带开设月市（也称小市）。于是民间贸易得到进一步的发展。到明代晚期，蒙古与中原内地之间各种形式的贸易市场已遍及长城沿线，这时长城沿线已经由军事防御线变为两族互通有无的经济线，经济交流空前繁荣。史载当时张家口马市开市之日，"贾店鳞比，各有名称[2]"。明、蒙贸易有利于蒙汉两族人民的友好往来，同时促进了北部边境地区的经济发展。

（三）俺答汗对建立蒙汉和平友好关系的贡献

元朝覆亡后，退居漠北的蒙古各部，因长期与明朝争战，失去了原农业地区的支援和调节，商路阻隔，动乱频仍，而单一的原始畜牧业和不发达的手工业使蒙古族人的生活陷于困境。在俺答汗登上政治舞台（1524—1582 年）之前，蒙古各部封建主虽然也曾多次与明朝通贡、互市，但和平贸易常常被战争中断，甚或还遭到明朝的经济封锁，因此有

---

① 参阅《明英宗实录》景泰四年正月条。
② 《古今图书集成》"职方典"第 155 卷。

时迫使蒙古封建主挥戈南下，用掳掠的办法去夺取中原汉地的物资，以解决牧区生产上和生活上的急需和困难。俺答汗曾经采取过若干措施，企图用自己的力量去解决困难，如准许汉人进入漠南牧区屯垦，以增加畜牧业经济中的农业成分。由于汉人的进入，从而使漠南牧区的手工业也逐渐有所发展。但在蒙古与明朝严重对立的情况下，俺答汗的措施收效甚微，而蒙、汉民族间的互相仇杀，中原社会固受摧残，但蒙古地区的经济也陷于停滞和衰落。

还有，明朝中期以后蒙古封建主挥戈南下的主要目的，无非是抢夺财物用以补充牧区物资的不足。但掠夺战争必然会遭到明兵的猛力反击，故蒙古兵虽时有虏获，但也往往蒙受严重的损失。如嘉靖（1522—1566 年）年间山西平型关之战，蒙古骑兵"皆为战尘昧目，堕于沟壑，复为崩土所压，死者甚众"[1]，即其一例。若加上隆庆（1567—1572 年）年间骑兵死亡人数合计，当不下万人以上。因此以大量人员的生命去换取有限的虏获物资，结果得不偿失，何况所掠得的物资也不能从根本上解决牧区长期物资短缺的问题。

明朝对于蒙古封建主的南侵，也采取报复的行动，每年秋季派兵深入草原纵火焚烧草场，谓之"烧荒"，使牧区牲畜因缺草而无法过冬。明兵还常常乘虚偷袭蒙古后方老营，赶走大量牲畜，谓之"捣巢"。同时还把"板升"（房屋）焚毁殆尽[2]。明朝与蒙古如此严重对立，首先遭殃的自然是蒙、汉两族人民。因此两族人民普遍要求平息边事、双方进行和平贸易，并且在实际上已经暗中出现明、蒙双方军士和人民之间的零星物物交换。

具有政治远见的蒙古杰出首领俺答汗，顺应蒙、汉人民的和平愿望，在自力更生谋求解决蒙古地区经济困难的同时，决心采用和平的方

---

① 〔明〕岷峨山人《译语》，纪录汇编本。
② 《明史》卷三二七《鞑靼传》。

式以加强同中原内地的经济联系，以便使牧区的畜牧业与中原农业能够长期互相调节、互相依存、互相补充和互相支援，于是出现了历史上有名的"俺答封贡"事件，即俺答汗主动提出要求与明朝议和，接受明朝封号，实现双方通贡互市。但这样正当的要求，却遭到了昏庸的嘉靖皇帝的拒绝。经过多次请求和遣使谈判俱无结果之后，迫使俺答汗愤怒之余，于庚戌年（嘉靖二十九年，1550 年）毅然率兵攻占大同（今山西大同市），兵锋直逼通州（今北京市通州区），明朝首都（今北京市）几乎沦陷。这个事件，史称"庚戌之变"。嘉靖帝慑于兵威，只得勉强答应开放马市。但这次开放的马市，仅限于大同、宣府两地，且贸易的种类和数量都有严格限制，远远不能满足蒙古方面的需求。俺答汗遣使要求扩大贸易范围，但以嘉靖帝为首的顽固派却认为"蒙古人欲壑难填，将来难免还有许多非分之请"，非但拒绝所请，甚至关闭马市。蒙、明贸易中断，衅端复启，双方战争又持续了二十年，明朝也损失惨重，不仅军费年年增加，库存空虚，而且战士死亡人数逐年加大，国力趋向衰弱。

1566 年 12 月嘉靖帝死后，其子穆宗继位，改元隆庆。隆庆帝比较开明，重用内阁大臣高拱、张居正。高、张二人推行改革，整顿吏治，消除积弊，朝廷气象为之一新。特别是他们认识到拒绝"俺答封贡"的失策，极力主张恢复与蒙古的和平贸易互市。他二人认为明、蒙双方长期战争，徒然两败俱伤，各无所获，只有"一容通贡，各遂保全"[1]，才是上策。于是把私自投往明朝的把汉那吉（俺答汗之孙）依礼送回蒙古，并封把汉那吉为指挥使。此事使俺答汗大为感动[2]。

明朝决定答应俺答汗"封贡"的要求，与蒙古贸易互市，并封俺答汗为顺义王。隆庆五年（1571 年）五月，明朝在边镇得胜堡（约在今

---

① 明末陈子龙等选辑《明经世文编》卷三一七王崇古《确议封贡事宜疏》，1962 年中华书局影印本。

② 高拱《伏戎纪事》，纪录汇编本。

内蒙古丰镇市南）外高筑晾马台，广设帏帐，在庄严隆重的仪式中，俺答汗接受了"顺义王"的封号，其余还有六十五位蒙古贵族被封为都督、指挥使、千户、百户等官职。在受封典礼中，俺答汗向天明誓：明朝人马八十万，蒙古人众四十万都听我传说法度，凡我蒙古，今后新生孩儿长大成人，小驹长成大马，都永远不犯中原。同时宣布了十三条"和平条款"，对于处理蒙、明双方往来的有关事项也做了规定①。

"俺答封贡"经过俺答汗三十多年的努力和遭受无数次的艰难挫折，终于得到实现。从此结束了蒙、明之间长达二百余年的军事对抗，化干戈为玉帛，开始了一个蒙、汉两族人民和平友好的新时期。正如明朝大学士高拱所说："数月之间，三陲晏然，曾无一尘之扰，边民释戈而荷锄，关城熄烽而安枕，此自古稀睹之事，而今有之。"② 这是俺答汗顺应蒙、汉两族人民的愿望并通过他个人的远见卓识和坚强毅力的结果，同时也是北方草原地区的游牧经济与中原地区的农业经济必须互相调节、互相支援的必然趋势。"俺答通贡"可说是俺答汗对建立蒙、汉和平友好关系的一大贡献③。

俺答汗的妻子三娘子也是一位很有作为的政治人物。她辅助俺答汗主持贡市，由于处事果断、赏罚分明，"诸部落皆受其约束"④。每逢开市，她带领随众临市监督，严守和平贸易条款，明朝边臣对她也十分敬重。俺答汗晚年多病，军政事无大小均由她决断。她以自己的才能和威信，致力于蒙、明的友好关系，使和平互市得以顺利进行。俺答汗去世（1582 年）后，她依照蒙古的婚俗，再嫁给俺答汗的长子黄台吉，黄台吉世袭顺义王爵位，因此三娘子也成为第二代顺义王的夫人。黄台吉年

---

① 〔明〕王士琦《三云筹俎考》卷二《封贡考》，国立北平图书馆善本丛书第一集，1937 年版。
② 高拱《优戎纪事》。
③ 参阅《俺答可汗表文及贡马图卷》，载中国台湾新新文化出版社1975 年出版的《中国历史图说》第十集（明代）。
④ 《明史》卷二二二《郑洛传》。

老多病，政治权力完全掌握在三娘子手中。她严格遵守先王成法，凡有违犯蒙、明友好条约者，均受处罚，因此蒙、明边界虽然间或也会发生争端，但始终没有酿成激烈的冲突。鉴于三娘子的功绩，明朝于万历十五年（1587 年）封她为忠顺夫人。

黄台吉于公元 1583 年死去，在明朝的劝说下，三娘子再嫁给黄台吉的长子扯力克。此后她的地位更为重要，权势更为显赫。明人说她"聪慧善谋，兵权在手……令无不行，禁无不止"①。在写给明朝的书信文件上，必须由她和顺义王扯力克的联合署名才能生效。她接受忠顺夫人的封爵之后，继续为维护蒙、明的友好关系而尽心尽力，多次参预解决双方的纠纷。她与扯力克谨守盟约，坚持与明朝和平相处，友好往来，直到她与世长辞（万历四十年，即 1612 年），蒙、明之间始终没有发生过较大的冲突。

总之，俺答汗一生中的抱负和作为，对蒙古地区以及蒙、明关系，都产生了重大影响；而其妻三娘子也能继承他的遗志，做了许多有益于蒙、汉两族人民友好的事，因此他们二人的名字，至今仍然深深地留在人们的记忆中。

六、民族团结关系的建立与民族政策

（一）民族团结的内涵、进程和基础

中国自古以来就是一个多民族的国家，历代中央王朝，不论是汉族建立的或是少数民族建立的，都曾对周边各族实施过一定的民族政策，以便处理与周边各族之间的关系。而这些政策之是否适当，都曾影响到

---

① 《明经世文编》卷四五〇涂宗浚《料理驭夷疏》。

各族之间、特别是统治民族与被统治民族之间的关系。"民族关系"这个概念内容复杂，涉及的范围很广，如各族之间的战争关系，和亲关系、经济文化交流关系等，都属于"民族关系"这个范围。但其中最重要的当推各族之间的民族团结友好关系。因为它是民族关系中的轴心，各个民族兴衰成败，政权之或得或失和社会之稳定或动荡，都与各族自己内部能否团结及各族能否与他族建立民族团结友好关系密切相关。因此研究北方民族与中原汉族之间的关系，必须正确阐明民族团结及与之相联系的民族政策。

民族团结虽与民族关系有不可分割的联系，它虽是民族关系的一个方面，一个组成部分，但却不能把民族团结与民族关系完全等同起来。民族团结所要研究的对象，主要是历史上的和当前的各民族为了共同的利益而团结奋斗的思想和实践；但与此密切相关的，目的在于改善民族关系的思想和实践也应包括在内。

民族之间的团结是一种政治现象，它同其他方面的团结一样，通常是一种功利主义的结合。正如马克思、恩格斯所指出："在古代，每一个民族都是由于物质关系和物质利益而团结在一起的。"① 并举例说，如各个部落的敌视、袭击和防止被袭击而联合起来等等。因此在古代，有时许多部落便组成部落联盟，例如匈奴部落联盟、东胡部落联盟、鲜卑部落军事大联盟、早期蒙古的蒙兀室韦部落联盟等。这些部落之所以要联合，除了政治上的利害关系外，还有经济上的利害关系，才使他们不得不组成一个联合体。故古代民族团结的情况，有的是在总体利益一致之下的团结，有的是在局部利益一致之下的团结，还有的则是在特殊的时间、特殊的地点和特殊的条件之下的团结。因此，民族团结关系是有层次的，有区别的。这种层次和区别，是由错综复杂的历史背景和纷繁纠结的情节决定的。

---

① 《德意志意识形态》，见《马克思恩格斯全集》中译本第三卷第 169 页。

民族团结关系问题属于历史范畴，是受社会生产力的发展，是受经济文化形态，特别是受阶级局限的影响与制约的，因此在不同的历史时期有不同的具体内容和表现形式，而且从总体上来说，是不断前进和不断改善的。例如"民族平等、民族团结、共同繁荣"这个追求和目标，是马克思主义所揭示的民族关系发展的必然趋势，这一点在今天国内各民族区域自治区、自治州和自治县都已成为现实。这是一种新型的民族关系，但这种新型的民族关系不是从天而降，也不是靠人们的良好愿望所能产生的，而是在几千年的历史长河中，经过反复的碰撞、痛苦和曲折，由感性到理性，由思想到实践，由不完善到完善而逐渐形成的。严格说来，真正的民族平等团结关系的建立，是在中华人民共和国诞生之后才开始实现的。这是民族平等团结关系的新里程，而这个新里程是经过了漫长的旧里程才达到的。

民族平等团结的关系是相对的，也是随着时代的前进而不断改善的。我们既不能以今天民族团结关系的性质、标准和内容作为尺度去否定或贬低历史上的民族团结关系，也不能无视时代的局限和阶级的局限，把历史上的民族团结关系与今天的民族团结关系等同起来。

总的说来，民族团结关系的建立，贯穿于社会历史的全过程，是随着社会历史进程而发生、发展、完善而不断前进的。在漫长的封建时代，民族团结关系的建立，大多是在民族隔阂、民族歧视、民族压迫、民族自我保护之下孕育、发生的，是以统治民族中的统治阶级和被统治民族中的统治阶级的局部功利为条件的。这个时期的民族团结关系的建立，大多带有很大的时代局限和阶级局限，例如：

西汉宣帝时，漠北匈奴最高首领呼韩邪单于（邪音耶）于甘露三年（公元前51年）亲自入汉都长安觐见汉帝，归附汉朝，接受汉朝中央的册封和领导，愿为藩属，促成漠北地区与中原地区的统一，结束了匈奴与汉族一百五十年（公元前201—前51年）来的战争状态，使之转为和平友好的关系，开创了汉匈两族团结合作的新局面，为其后南匈奴与汉族长期友好合作奠定了基础，也为其后唐代漠北地区纳入中国版图开辟了先河。这是呼韩邪单于特别值得被后人称道之处，也是他之所以成为历史上一位杰出人物的主要功绩所在。但是，他之所以愿意归附汉朝，主要原因在于他当时被郅支单于（呼韩邪之兄）击破，单于庭被郅支占领，他率领部众仓猝南逃，处境艰难，且将会受到北面郅支和南面汉朝南北夹攻的危险。正如他的重臣左伊秩訾王所说："今事汉则安存，不事汉则危亡①。"所以他不得不投到汉朝一边，在汉朝的保护下，在今内蒙古呼、包二市一带驻牧了八年。及至郅支统治乖方，在漠北无法立足，西迁至中亚之后，他才回到漠北单于庭去。公元前36年，郅支在中亚被汉将陈汤发兵击杀，呼韩邪又感到他原先在郅支与汉朝之间的举足轻重的地位已经失去，为了进一步巩固他的政权和统治地位，并进一步取得汉朝对他的信任和支持，他才于汉元帝建昭五年（公元前33年）再一次入汉觐见汉帝，并提出要当"汉家女婿"的。而汉朝也是为了保持漠北地区的稳定和北部边境的安宁，宣帝和元帝才先后答应他的附汉请求和把王昭君嫁给他为妻。故后来呼韩邪把王昭君封为"宁胡阏氏"（即匈奴得了昭君为妻，从此部族可以获得安宁；阏氏音烟支，匈奴语妻、妾之义）。汉元帝亦把昭君出塞之年改元为"竟宁"（汉代"竟"即"境"字，故"竟宁"即边境从此安宁之义）。这就可以表明当时双方民族团结关系建立的实质和政治内容②。其实，呼韩邪并不缺少女人，他已经有四个阏氏，王昭君则是第五个了。故昭君出塞是匈奴与汉朝之间的一件大好事，是民族团结的象征，但实质上仍包含着政治上的功利主义。

又如在北方游牧民族中，回纥是与中原汉族最为团结友好的民族，在回纥汗国存在的一百多年（744—848年）中，基本上没有与唐朝发

---

① 《汉书》卷九四《匈奴传》下。
② 参阅《汉书》卷八《宣帝纪》、卷九《元帝纪》及《匈奴传》下。

生军事冲突。然而当 755 年唐朝发生"安史之乱"时，回纥可汗之所以主动提出愿派兵助唐平乱，其客观效果固然是维护了国家的统一，是对唐朝的一大贡献，对中原人民也是有益；但是他的主观动机却是借此掠夺人口和财物。故他出兵的条件是在收复两京（长安、洛阳）时，"克城之日，土地、士庶归唐；金帛、子女归回鹘"①。后来两京果然先后从叛军手中被收复，回纥官兵乃入城大掠三日，掠去不少人口和公私财物。随后又以"和市"为名，用赢马换取唐朝的缣绢（丝织品），一匹马易缣四十四至五十匹，每次交易，动辄售马数万匹，而马皆病弱不能用。唐朝皇帝为酬劳他们曾经助己保住江山之功，也只得委曲迁就，不惜以广大人民的人身和血汗作牺牲。这在实际上就是一种政治交易。这种基于功利主义的民族团结友好关系的建立，其利弊得失，《旧唐书·回纥传》的史臣论之甚切，其言曰：

> 肃宗诱回纥以复京畿，代宗诱回纥以平河朔，戡难中兴之功大则大矣，然生灵之膏血已干，不能供其求取；朝廷之法令并弛，无以抑其凭凌（恃势凌人）。忍耻和亲，姑息不暇。……比昔诸戎，于国之功最大，为民之害亦深。

以上事例证明，在封建时代，在阶级社会中，民族间团结友好关系的建立，关键在于统治民族，特别是统治民族中的统治阶级。故如汉宣帝没有政治远见，不接纳呼韩邪单于的归附，那么当时汉匈两族团结友好的关系就不能建立，双方敌对状态就不能扭转，漠北地区就不能与中原地区统一。又如上文提到的蒙古俺答汗要求与明朝通贡互市，原是一件有利于蒙、汉两族团结友好的盛事，但因明朝最高统治者嘉靖皇帝的昏庸顽固，毫无政治头脑，拒绝"封贡"，以致引起"庚戌之变"，反使

─────────────

① 《新唐书》卷二一七《回鹘传》上。

双方敌对状态扩大，及至隆庆皇帝即位，重臣高拱、张居正改辕更辙，才使蒙、明"封贡互市"得以实现，蒙、汉两族团结友好关系得以建立。

以上讲的是封建时代民族团结友好关系建立的情况。进入近代以后，在资本—帝国主义侵略的历史条件下，中国已由封建社会逐渐转变为半殖民地半封建社会，因此各民族之间的关系也随着社会历史条件的转变而转变。随着西方民主思想的传入，特别是后来马克思主义的传入，中国共产党及其先驱者领导的民主革命的开展，民族团结关系也开始有了新的内容、新的指导思想，民族团结出现了新的局面，成为新型民族团结关系的形成和发展的重要历史时期。

中华人民共和国成立之后，剥削阶级被推翻，社会主义制度确立，这就为民族团结关系的建立和发展提供了一个良好的政治环境和社会环境，党的民族政策日趋完善，民族团结之花遍地开放。因此，民族团结友好关系的建立既是新民主主义革命胜利的果实，也是我们沿着社会主义康庄大道前进的重要保证。

在阶级社会中，各民族之间的地位是不平等的。故历代中央王朝或割据一方的政权，不论是汉族建立的或是少数民族建立的，其推行的民族政策和边疆政策，如怀柔政策、羁縻政策、和亲政策、战争政策、民族歧视政策、以夷制夷政策……都曾对各族之间的团结产生过积极的或消极的影响。因此我们研究民族关系问题时，应该运用历史唯物主义的阶级观点，并应用平等的眼光去看待和处理历史上各民族不平等的地位和现象，实事求是地、恰如其分地肯定其积极的方面，否定其消极的方面。因而民族平等应该是建立民族团结关系的政治基础和前提。

北方草原的游牧经济与中原地区的农业经济，在中国社会经济的长期发展中，是互相调节、互相依存、互相补充和互相促进的。这种互相调节、依存、补充和促进的作用，正是历代北方各族与中原汉族日趋团结和草原地区与中原地区长期保持统一的经济基础。

　　中国悠久、光辉的传统文化，包括汉族文化和各少数民族文化，特别是入主中原的少数民族与汉族文化相结合而产生的优秀文化，是内蒙古各族及整个北方民族与中原汉族之间能够长期团结的主要凝聚力。这是建立民族团结关系的文化基础。

　　在中国历史的长河中，内蒙古各族及整个北方民族与中原汉族之间虽不时发生过矛盾、冲突和战争，但随着社会历史的前进，通过战争以外的种种方式，如和亲、迁徙、杂居、通婚、政治交往、经济文化交流等等，都推动着各族之间，特别是推动北方民族与中原汉族之间的关系不断改进，其主流和总趋势是融合和团结的因素愈来愈增多，隔阂和分离的因素愈来愈减少。其间各族人民群众的和平相处、频繁接触和经济文化交流，尤其成为贯穿整个中国漫长历史中的一根轴线，成为各族之间紧密团结的社会基础。

　　爱国主义促进民族团结关系的建立，大汉族主义（或大民族主义）与地方民族主义有碍民族团结关系的建立。近代反帝反封建的斗争，进一步推动了内蒙古各族及中华各族之间的团结。故研究建立民族团结关系的问题时，应重视研究内蒙古各族人民团结一致、共同反抗外来侵略的斗争事迹，同时还应注意揭露和驳斥帝国主义者破坏内蒙古各族及中华各族团结的分裂阴谋。特别还应强调的是要着重阐明中国共产党的民族政策和民族区域自治制度是保证内蒙古各族及整个中华民族永久团结的基石。

（二）民族政策与民族关系

　　在阶级社会中，由于各民族之间的地位不平等，因此居于统治地位的统治民族，其民族观（即对本民族及对其他民族的观点和看法），一般都是大民族主义的，其具体表现为对本民族有优越感，对其他民族实行歧视和压迫。故我国历代的封建王朝，不论是汉族建立的或是少数民族建立的，他们所推行的民族政策都是民族不平等的政策。

中国自秦汉以来，居住在我国境内的各个民族都有不同程度的发展，但发展是不平衡的。汉族的发展较快，常常走在各少数民族之前，因而在中国境内居于统治地位的时间较多、较长，故很早就形成了一种强烈的民族优越感，纵令处于被统治地位的历史时期，"夷夏之别"的观念仍是十分明显；至于处在统治地位的时候，"夷夏之别"的观念就更为强烈。最典型和最具代表性的说法就是"非我族类，其心必异"①这句话，因此提出要严格"限制四夷出入之防"，而且处处都表现出"先华夏而后夷狄"的思想和行动②。

同样，当我国一些少数民族居于统治地位的时候，他们的民族观念也往往具有大民族主义和民族优越感。例如汉族封建帝王都说他是"受命于天"、"奉天承运"，而匈奴最高首领也自称为"天所立匈奴大单于"，"胡者，天之骄子也"。鲜卑统治者把鲜卑人称为"国人"，把汉人叫做"汉儿"（即奴隶之意）。元朝把各族人划为四等：蒙古人列为第一等；色目人（指西域和中亚各族人）列为第二等；汉人和南人列为第三、第四等。清朝的八旗也区分为满洲八旗、蒙古八旗、汉军八旗，其中以满洲八旗居上，而且严格规定"旗、民有别"，不许旗人与汉民互相混杂，以便保持满洲人在民族上的优越地位和政治上的特殊权益。

以上是封建王朝的一般情况，但在个别情况下，也有一些比较开明的皇帝，从维护封建统治的功利主义出发，有时也会对边疆少数民族较为宽容。例如上文提到的唐太宗李世民便是其中之一。此外，清朝雍正皇帝也有些远见，他曾说："自我朝入主中土，君临天下，并蒙古极边，诸部落……乃中国之臣民，何得留有华夏中外之分。"③ 在这种民族观念下，他们对周边少数民族和被统治各族所采取的民族政策自然会宽松一些。正因为如此，所以我国历代王朝的民族政策和与之相适应的管理

---

① 《晋书》卷五六《江统传》"徙戎论"。
② 参阅《晋书》卷九七《北狄匈奴传》。
③ 雍正《大义觉迷录》。

民族的方式，便呈现出多种多样的内容。例如西汉对归附的匈奴人采用
"属国"制度。所谓"属国"，据史书记载："乃分徙降者〔于缘〕边五
郡故塞外，而皆在河南（黄河河套之南），因其故俗，为属国①。"这就
是说，附汉的匈奴人，可以保存他们原来的官号和部落组织，在汉朝中
央政府指定的地区，仍然从事游牧生产，生活方式不必改变，风俗习惯
受到尊重，但在行政上则归汉朝中央设置的属国都尉管理。属国都尉多
由汉人担任，但也有吸收匈奴上层人物充当的。这说明汉朝对于归附的
匈奴人，并不强求他们在经济生活和生活方式等方面都要和汉人一样。
这是汉朝中央政府对待归附的边疆少数民族的一项民族政策。此外，在
中央政府还设"使匈奴中郎将"，对乌桓、鲜卑设"护乌桓校尉"和
"鲜卑中郎将"等官职。在西域则设"都护"管理西域三十六"国"。唐
朝在周边设置安东、安北、安西等都护府，并实行羁縻府、州、县制度
和优待边疆少数民族的政策②。元、明、清对西南少数民族采用土司制
度，等等。

（三）孙中山的民族主义与中国共产党的民族政策

孙中山先生是我国伟大的民主革命的先行者，他创立的三民主义，
把民族主义放在首位（其次即民权主义和民生主义）。他在长期的革命
实践中，对民族主义不断进行修正和完善。特别是二十世纪二十年代与
中国共产党合作后，对民族主义作了新的阐述，从而使民族主义发出新
的光芒。其基本内容有两个：一是建立独立的统一的多民族的国家；二
是承认民族平等，维护民族团结，开发民族地区。

1912 年 1 月 1 日，孙中山在正式就任中华民国第一任临时大总统时
发表的《临时大总统就职宣言》中，提出了五个统一，即民族统一、领

---

① 《史记》卷一一一《骠骑列传》。
② 参阅本章上文"唐朝对边疆少数民族的羁縻政策和优待政策"。

土统一、军政统一、内治统一、财政统一。在提到民族统一时，他说："国家之本，在于人民。合汉、满、蒙、回、藏诸地为一国，如合汉、满、蒙、回、藏诸族为一人，是曰民族的统一。"在他主持制定的《中华民国临时约法》中，第五条规定：中华民国人民一律平等，无种族、阶级、宗教之区别。1924年1月，他在《中国国民党第一次全国代表大会宣言》中强调："国民党之民族主义有两方面之意义，一则中国民族自求解放；二则中国国内各民族一律平等。"他还指出："在反对帝国主义及革命获得胜利后，当组织自由统一的、各民族自由联合的中华民国。"

孙中山为了实现民族自求解放和国内各民族一律平等，他特别重视开发民族地区，以摆脱中国原来的贫困落后状态，要求发展本民族的经济文化，要与欧美并驾齐驱，故提倡"拓展富力，增进民智"，以建设一个"为民所有、为民所治、为民所享"的国家。故他在《建国方略》中，对于开发民族地区的经济文化的计划占了很大的比重。

可惜孙中山先生的民族主义和中华民国的边疆民族政策，在当时的历史条件下，无法付诸实施。

孙中山逝世后，国民党右派以蒋介石为首，背叛了革命，背叛了孙中山的三民主义，建立了反动的国民党政府，实行专制主义的民族压迫政策和边疆政策。蒋介石甚至从根本上否认中国有多民族的存在。1943年他发表了《中国之命运》一书，书中宣扬中国只有一个"国族"，那就是汉族，汉族以外的其他少数民族都是同一"宗族"的大小分支。对于回族同胞，只说他们是宗教团体，不承认他们是一个民族。此外他还采用历代封建王朝用过的"分而治之"及"以夷制夷"的政策。例如派遣十万军队进驻新疆，在维吾尔、哈萨克等少数民族地区建立"自卫团"，强令推行汉族地区的保甲制度。又如在内蒙古地区，将热河、察哈尔、绥远三个特别区改为行省，并把阿拉善、额济纳二旗另行划出。这样，内蒙古原有的六盟、二部、四特别旗，全部分别划入黑龙江、吉林、辽宁以及新建的热河、察哈尔、绥远、宁夏各省，使内蒙古民族长期聚居的共同区域陷于四分五裂的状态，以有利于国民党反动政府实行"分而治之"的政策及其他民族压迫政策。

中国共产党是中国各族人民利益的忠实捍卫者，故从诞生之日起，就十分重视民族问题。但因建党初期，某些方面有简单仿效苏联模式的一面，也有自我积极探索的一面。1927年大革命失败后，针对国民党蒋介石政府的民族压迫政策，中国共产党曾提出"统一中国，承认各民族自决权"的主张。在1931年颁布的《中华苏维埃共和国宪法大纲》中，明确提出应"特别注意民族地区生产力的发展与文化的提高，必须为国内少数民族设立完全应用本民族语言文字的学校；允许在一切政府机关使用本民族的语言文字，尽量引进当地民族的工农干部担任国家的管理工作，并坚持反对大汉族主义倾向"。其中还特别提到要建立少数民族实行区域自治的主张，这就为以后的民族区域自治制度的实施打下了基础。

1931年"九一八"事变及1932年伪满洲国成立之后，紧跟着1933年蒙古族王公德王在内蒙古搞"自治运动"。当时内蒙古面临反动王公勾结日本帝国主义出卖民族利益的巨大危险。这种政治形势的变化，使党中央深感只有加快帮助和促进少数民族的真正自治，才能揭露日本帝国主义和反动王公的阴谋。1935年，党中央针对内蒙古的形势，发表了《对内蒙古人民宣言》（以下简称《宣言》），《宣言》揭露了反动王公制造民族分裂及日本帝国主义企图吞并内蒙古的阴谋，也揭露了国民党政府欺压内蒙古民族的罪行。《宣言》特别指出：内蒙古人民的解放与中国共产党的革命有不可分割的关系，内蒙古人民的解放运动只有与中国共产党的革命运动结合起来，才能获得发展。《宣言》向内蒙古人民表示：中国共产党决心帮助内蒙古人民解决民族问题，并鼓励内蒙古人民与苏维埃政府和红军共同奋斗，实现民族解放。这个《宣言》向内蒙古人民指明了民族解放运动的方向，并给予了内蒙古民族很大的鼓舞和支持。

1937 年抗日战争爆发，根据党中央制定的抗日民族统一战线的方针，提出了解决民族问题的基本政策。总的方针是"团结中华各民族为统一力量，共同抗日图存"。基本政策有四点：

1. 允准蒙、回、藏、苗、瑶等各族与汉族有平等的权利。

2. 各少数民族与汉族杂居的地方，当地政府应设置由当地少数民族人员组成的委员会，管理他们自己的事务，政府中应有他们的位置。

3. 尊重各少数民族的文化、宗教、习惯，不能强迫他们学习汉文汉语，要帮助他们发展用自己的语言文字的文化教育。

4. 纠正大汉族主义倾向，提倡汉人用平等态度与各少数民族接触和交往，禁止使用带侮辱性和歧视性的语言和行动。

这些规定，大大密切了国内各民族之间的团结，加强了共同抵抗日本侵略的力量。

1941 年 1 月颁布《陕甘宁边区政府施政纲要》规定，为实行蒙、回民族与汉族在政治经济文化上的平等，建立蒙、回民族自治区域。随即在正宁县（今属甘肃省）成立了回族自治乡，在城川（今属内蒙古鄂托克前旗）成立了蒙民自治区。这是党的民族区域自治制度的开端。抗战胜利后，1947 年 5 月，我国第一个省级的民族自治区——内蒙古自治区正式成立。这是一个伟大的实践，为革命胜利后在全国推行民族区域自治开创了先例，积累了经验，奠定了基础。

新中国成立后，民族区域自治制度全面落实，党的民族政策完全实施，各少数民族与汉族在一起，共同当家作主，为新中国的建设共同努力，并且已经作出了巨大的贡献。

第十章
匈奴、突厥、东胡三大族系
各族与西方的关系

一、从文献和考古反映匈奴与西方的接触和文化交流

《史记·匈奴列传》载，冒顿单于在致汉文帝的书中，说他派右贤王领兵西去，平定了乌孙（驻牧地在今甘肃河西走廊）、楼兰（在今新疆若羌县）、呼揭（在今新疆西部阿勒泰市周围）及其旁二十六国。这是文献中首次提到匈奴人与西域及中亚一带各族各国发生接触的记载。虽所谓"其旁二十六国"究指何地不得而知，但最多也不会逾越今新疆西部及靠近中亚不远之处。

但匈奴人与中亚各族各国的交往，《汉书·西域传》上确有明白的记载。《传》载，自乌孙（其时乌孙已由河西走廊迁往今伊犁河上游）以西至安息（即西史所称的帕提亚王国，在今里海东南），地近匈奴，匈奴使者持单于的书信到各地，各地都传送食物招待，不敢留难。可见匈奴在其盛时，经常派遣使者前往中亚各国，虽遣使的目的不详，但不外乎政治交往、经济交易或文化交流，甚或可能恃强威迫、勒索财货。

从漠北诺颜山（在今蒙古国首都乌兰巴托市北 70 英里处）匈奴墓葬出土的文物中，还可以进一步推断匈奴人与西方各族或各国有过文化交流。例如诺颜山第 12 号墓葬出土的用丝线绣成的两幅随葬品便是物证。

第一幅我把它定名为"山云刺绣"。这是一幅绣着小山和白云的刺绣画，长 1.92 米，宽 0.38 米，原来是用红、黄、棕等色丝线绣在棕色的缎子上的，出土时因褪了色，缎子已变成深灰色了。画面上两旁是两座小山，当中还有一座矮山。当中的矮山上有一株枝叶茂密的大树，两旁的小山上各有一只羽毛丰满的飞鸟，都是头向外，尾对树。三座小山旁边各有三朵白云。这种云、山刺绣的画面可能是一幅挨着一幅的，但因那幅刺绣画两边都已残缺，无法看到。据发掘该墓的苏联考古学家勃劳乌卡认为，这幅刺绣画是希腊式的。

第二幅我把它定名为"腾龙刺绣"。这幅画绣的是一条龙，也是用丝线绣在缎子上。那条龙扬着尾巴，一边伸着头向后看，一边向前飞腾。这条龙虽然也是四只爪，但龙身却与画成蛇形的中原地区习见的龙不一样，而且也不类其他一般动物，画面颇为奇特。龙的双肩上还画着一对短翅，因为小得和龙身不相称，故也不是飞龙。龙的周围是角形图案。刺绣画的四周还绣有三角形、圆形和角形图案。蒙古人民共和国考古学家策·道尔吉苏荣说，这种画面和结构，令人想起现时在哈萨克人中使用的毡毯上的图案画[①]。

此外，诺颜山第 6 号匈奴墓葬还出土了两幅大小相同的刺绣品，也能反映匈奴人与西方的文化交流关系。

一幅绣着一株类似椰子的树木，树旁有一只带翅膀的虎形动物，正伸着脖子、翘着尾巴向前奔驰。另一幅绣着一簇花木，花木上端有一只

---

① 以上两幅刺绣画，见策·道尔吉苏荣《北匈奴》一书（乌兰巴托科学委员会 1961 年出版）第一章"匈奴人的坟墓"的介绍（新蒙文）。

鸟在飞翔，鸟的左爪持盾，右爪持叉，口中还衔着一条蛇。以上两幅刺绣，都是用白色丝线为主的各色丝线，绣在深棕色的毛织品上的。

在上述两幅刺绣品的旁边，还有一幅用红、黄、白、绿、棕等色丝线绣在棕色毛织品上的刺绣品。可惜左、右、上方都已残缺，画面形象不太完整。画中绣着一个骑白马的人，马竖着耳朵、伸着脖子向左看，骑马的人则向前看。那个人，头戴护耳帽，身穿用皮子镶边的绣花长外衣，脚穿一双鞋面上有横线的软底皮鞋。马缰和马衔都很清楚，只是马衔上的铁环已看不出来。马的前胸有带花纹的圆钉，都是马身上的装饰品。在这个骑白马的人的左边有一个人（头部已残缺），再在左边还有一个人眼睛向前看。右边则是一匹扬着头的和一匹低着头的黑色马。此外还有一匹马正用白眼珠警惕地盯着那匹白马注视的方向。这幅刺绣说明那时的工艺已经很精巧了。

勃劳乌卡认为，上述三幅刺绣品中的人物和黑海北岸出土的斯基泰人的金银器皿中及陶器上的人物完全一样，这说明斯基泰人和属于斯基泰的萨尔马特人，已经把希腊式的和巴克达利亚式的工艺品，经由中央亚细亚，传到匈奴去了[1]。

二、匈奴西迁的历程及其在欧洲建立的匈奴王国

（一）匈奴人西迁的路线及沿途情景

关于匈奴西迁的问题，是国内外学者多年来所没有解决的问题。主要原因在于从公元 91 年北单于战败率众西逃，至 290 年前后在顿河以东出现，这二百年间，中外史书对他的活动几乎完全没有记载，甚至在

---

① 　以上三幅刺绣品，见策·道尔吉苏荣《北匈奴》一书第一章。

一定程度上可以说是空白的。因此研究起来十分困难，因而这方面的论文也绝无仅有。二十世纪七十年代，我国学者齐思和先生在《历史研究》1977年第3期发表了《匈奴西迁及其在欧洲的活动》一文，试图对这个问题进行探讨，但没有解决或者说没有完全解决。随后，肖之兴研究员在《历史研究》1978年第7期发表的《关于匈奴西迁过程的探讨》一文已指出齐氏之文之误，但肖氏之文本身因不是专门探讨匈奴西迁的经过，而仅是一篇偏重辨正地学之作，故上述二文虽各有价值，但对于北匈奴西迁的路线及沿途的情景，仍有再作进一步探索的必要。因此我在《内蒙古社会科学》1984年第1期发表了《北匈奴西迁考略》一文，参与了这个问题的讨论（见图十）。

目前我大体上已经探明，匈奴自公元48年分裂为南北二部之后，南部入塞，北部则因经常入侵而被东汉王朝反击。公元91年，北匈奴在遭到反击时大败，北单于率领主力（人众不知多少）从金微山（今新疆阿尔泰山）向西遁逃，漠北匈奴政权全部瓦解。

从公元91年（东汉和帝永元三年）北单于在金微山战败，率领部众遁逃，即开始了匈奴西迁的历程。

其第一站迁往乌孙的游牧地区　《汉书》卷九六《西域传》下载："乌孙国，大昆弥（即国王）治赤谷城（在今中亚伊塞克湖南纳伦河源头）。……（其人）随畜逐水草，与匈奴同俗。……（其地）东与匈奴，西北与康居，西与大宛，南与城郭诸国相接。"按其地理位置，即今伊犁河上游一带。由于当时北匈奴屡战败北，漠北处于混乱状态，故北单于所领的部分人众究竟逃至何方，汉朝一时也弄不清楚，故《后汉书》的记载，前后颇不一致。卷八九《南匈奴传》和卷二三《窦宪传》俱云："北单于逃亡，不知所在。"卷四五《袁安传》则云："北单于为耿夔所破，遁走乌孙，塞北地空，余众不知所属。"《南匈奴传》"论"也说："单于震慑屏气，蒙毡逃走于乌孙之地。"综合各方面情况判断，当以迁往乌孙为实。

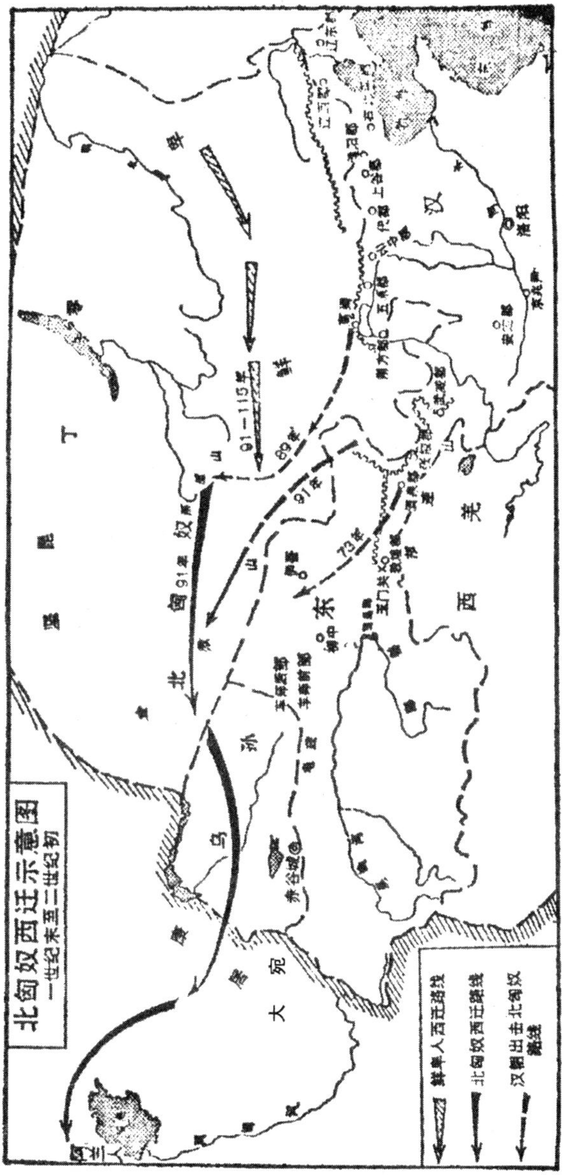

图十　北匈奴西迁示意图

北单于部众在乌孙地区停留了一个时期之后，精壮部分继续向西北方向徙至康居，其羸弱人员则仍留居乌孙之地，其继续西徙的时间和原因不明。但其西徙的结果，则在 554 年（北齐天保五年）成书的《魏书》中略有记载。该书卷一○二《西域传》载：

> 悦般国在乌孙西北，去代一万九百三十里。其先，匈奴北
> 单于之部落也。为汉车骑将军窦宪所逐，北单于度金微山，西
> 走康居，其羸弱不能去者住龟兹北，地方数千里，众可二十余
> 万，凉州人犹谓之"单于王"。

于此须要辨明者，即南北朝时之悦般国，其所辖地区实相当于汉时乌孙之故地，并非在乌孙西北。考乌孙在南北朝时因屡受柔然族侵扰，已放弃原来的驻地，西徙葱岭山中，随后则由匈奴人在其故地建立了悦般国。《魏书·西域传》载：

> 乌孙国，居赤谷城，在龟兹西北，去代一万八百里。其国
> 数为蠕蠕（即柔然）所侵，西徙葱岭山中。

龟兹即今新疆库车县，其西北即今伊犁河上游一带，故上文引所谓"北单于部众西走康居，其羸弱不能去者住龟兹北"的羸弱部分，实即仍停留于乌孙之旧地。征之以《魏书·西域传》悦般国条所载"其国南界有火山，出石流黄，能治病"，与龟兹国条所载"其国西北大山中有如膏者流出成川……病人服之皆愈"之"火山"和"大山"，其实皆为指今新疆的天山，故南北朝时龟兹西北的悦般国，实即汉时乌孙之故地①。

北单于部众西迁的第二站为康居 康居在今中亚哈萨克斯坦东南

---

① 肖之兴一文对此有详细的考订，可参考。

部。《史记》卷一二三《大宛列传》说"康居在大宛西北可二千里"。大
宛在苏联费尔干盆地，位于今中亚锡尔河上游东面，康居既在大宛西
北，即其地当在锡尔河下游及其以北一带。《汉书》卷九四《匈奴传》
及卷七十《陈汤传》记载康居的东界在郅支城（今中亚江布尔市）及都
赖水（今塔拉斯河）一带。按之今时地望，塔拉斯河正在锡尔河东，与
《史记》所载吻合，康居的地理位置，直至南北朝时仍是明确的。《魏
书·西域传》载："者舌国，故康居国，在破落那（今中亚费尔干盆地）
西北。"

第三站为阿兰聊（奄蔡）　从公元 91 年北单于率部退出漠北，至
290 年前后，这二百年间，中外史书对于他的西迁，所记都十分简略，
直到 290 年前后，西方史书才出现匈奴活动的记载。

公元四世纪中叶，由于匈奴人击灭了位于今顿河以东的阿兰聊国，
震动了西方，因此引起了西方史学家的注意，从此匈奴人在西方的活
动，遂史不绝书。

阿兰聊亦称阿兰，原名奄蔡，后乃改名。其名最早见于《史记·大
宛列传》，传曰：

> 奄蔡在康居西北可二千里，行国，与康居大同俗。控弦者
> （骑射部队）十余万。临大泽，无崖，盖乃北海云。

《后汉书》卷八八《西域传》载：

> 奄蔡国改名阿兰聊国，居地城，属康居。土地温和，多桢
> 松、白草。民俗衣服与康居同。

《三国志·魏志》卷三十《乌丸鲜卑东夷传》裴注引《魏略》亦载：

　　转西北则乌孙、康居……又有奄蔡国一名阿兰，皆与康居
同俗。西与大秦（即罗马帝国），东南与康居接。其国多名貂，
畜牧逐水草，临大泽，故时羁属康居，今不属也。

　　据此可知阿兰（阿兰聊）的地理位置在今南俄草原顿河以东一带，
所谓"临大泽"者，即濒于顿河注入的亚速海。大抵从顿河以东至伏尔
加河之间及南至高加索山脉之地，都是阿兰人的领土。

　　罗马帝国后期的历史学家阿密阿那斯·玛西里那斯（Ammianus
Marcellinus，330—390年），在他的名著《历史》一书（也就是欧洲历
史学家最早记载匈奴人活动之书）中，对此有更详细的记载：

　　坦乃伊河（今顿河）将亚细亚和欧罗巴分开。阿兰人就居
住在希斯特河（今多瑙河）东边广大无垠的西徐亚①荒原之
上。其地有阿兰山，阿兰人遂因此而得名。他们战胜了许多不
同的种族……将被征服的种族吞并以后，也称他们为阿兰
人……阿兰山脉连绵而东，伸入到人烟稠密、土地广阔的国
家，一直到亚细亚。……阿兰人（其中又分为许多种族……）
分布为欧罗巴与亚细亚两部分，他们虽相距甚远，而且在广大
地区迁徙游牧，但是后来统一在一个名称之下，都称为阿
兰人②。

　　匈奴击灭阿兰的战争，《魏书·西域传》有简略（但却十分重要）
的记载，只是误把奄蔡（阿兰）与粟特混而为一。传曰：

---

① 原注："西徐亚即中国史书中所说的奄蔡，其人分布于西亚与东欧南部。其在欧洲部分
居住于喀尔巴阡山与顿河间一带之地。……阿兰人系西徐亚人的一支。"
② 汉译文见齐思和等《世界史资料丛刊初集·中世纪初期的西欧》，三联书店1958年版，
第31—32页。

粟特国，在葱岭之西，古之奄蔡，一名温那沙。居于大
泽，在康居西北，去代一万六千里。先是匈奴杀其王而有其
国，至王忽倪，已三世矣。其国商人先多诣凉土贩货，及克姑
臧（439 年），悉见虏。高宗（文成帝拓跋浚，452—465 年在
位）初，粟特王遣使请赎之，诏听焉。

粟特并非奄蔡（阿兰），《后汉书·西域传》明确将粟弋（即粟特）与奄
蔡分别列为二国，而《魏书》则把二国加以混同（《北史》亦混同）。且
粟特即今索格狄亚那，在中亚泽拉夫善河流域一带，与奄蔡（阿兰）相
距甚远，并非一地①。有些学者未加细察，竟以为匈奴人西迁曾经到达
过粟特国，这是误会②。

匈奴击灭阿兰的战争，其确实年代及其具体经过均不明，西方学者
亦仅能估计战争约在 350 年开始，最后完成于 374 年。这时匈奴人初次
出现于顿河河滨，并开始向欧洲入侵。阿密阿那斯对此亦仅有简略的
记载：

匈奴人蹂躏了……阿兰人的领土。匈奴人大肆屠杀以后，
就和残余的阿兰人缔结同盟条约，迫使他们参加自己的队伍。
匈奴人和阿兰人联合之后，他们的声势更加壮大了③。

---

① 肖之兴一文对此亦有辨正。
② 学者姚从吾在《欧洲学者对于匈奴的研究》一文（载 1930 年北京大学《国学季刊》第
二卷第三号）及齐思和在《匈奴西迁及其在欧洲的活动》一文（已见上文）中，均误
信《魏书》和《北史》的记载，把粟特和奄蔡（阿兰）混而为一，因而俱以为匈奴西
迁时曾经过粟特国境。
③ 齐思和等译《世界史资料丛刊初集》第 34 页。

（二）匈奴人分三期入侵欧洲及以多瑙河中游为中心建立匈奴王国

西迁的匈奴人在 374 年击灭位于顿河以东的阿兰（阿兰聊）国之后，便开始扮演着推动欧洲民族大迁徙的主要角色，同时也揭开了入侵欧洲的序幕。

匈奴人入侵欧洲共分三期。

1. 入侵的第一期（374—400 年）及其造成的民族大迁徙

阿兰聊国被击灭之后，虽有许多阿兰聊人臣服于匈奴人并追随匈奴人西征，也有一部分人向南逃入南高加索山中，另有一部分人则向西冲破了东哥特人（Goth）的边防线，进入东哥特国境。东哥特人的国境在顿河以西至德聂斯德河之间。不久匈奴人继续西进，渡过了顿河，于 374 年攻入东哥特人的领土。据说，当时匈奴人的最高首领名巴兰勃（Balember）。

哥特人因感到匈奴人的威胁，只得进入和留居罗马帝国境内，帝国无力驱逐他们。最后双方终于在公元 382 年左右达成妥协。根据协议的条款，东哥特人以及与东哥特人一同侵入巴尔干的阿兰人和匈奴人，均可在巴诺尼亚（Pannonia，今匈牙利之河西一带）及上慕西亚（Upper Moesia，在巴诺尼亚东南、多瑙河南）两地居住并获得土地；西哥特人则定居于下慕西亚（Lower Moesia，在上慕西亚东部）之内。此后东哥特人的情况所知甚少，但西哥特人则常起骚乱。395 年罗马帝国正式分裂为东西两个部分。398 年，东罗马帝国觉得西哥特人的骚乱终难扑灭，于是改变方针，采用笼络他们首领阿勒立克（Alaric）的办法，使他们臣服于帝国。

公元 375—400 年之间，匈奴人虽迫使阿兰人和哥特人向西迁移，但匈奴人自己的主体部分这时仍留居于南俄草原（即阿兰人和东哥特人的故地）。其中有一小部分曾南越高加索山脉，侵入亚美尼亚、美索不达米亚和叙利亚的多处地方，但均被击退。396 年，又有一小部分匈奴人企图侵入底格里斯河畔的忒息丰城（Ctesiphon，波斯萨珊王朝的首都），但也遭到反击，没有成功。故截至 400 年为止，匈奴人的主体部分仍然留居在喀尔巴阡山脉以东。可是从 400 年秋季开始，匈奴人第一次和罗马人发生了直接的接触，即当时有一个名叫盖尼亚（Gania）的东罗马帝国的将领，因谋叛失败，潜渡多瑙河下游，意欲逃往今之罗马尼亚地区；但此时该地已被乌尔丁（Uldin）为首的匈奴人所据，乌尔丁为了表示对罗马帝国的友好，捕斩了盖尼亚，并将首级送往君士坦丁堡的东罗马皇帝①。大约即在此时，匈奴人开始作第二期的西进。

2. 入侵的第二期（400—415 年）及其在巴诺尼亚建立统治权力

就在此时，有一群原居于昔斯河（Theiss R.）以东今匈牙利东部的新的哥特人被乌尔丁所部的匈奴人追击，在首领雷大盖斯（Radagais）的率领下，向西逃往多瑙河中游，不久渡过多瑙河而进入罗马帝国的巴诺尼亚省。由于匈奴人的尾追，他们被迫于公元 404 年越过阿尔卑斯山东端而进入意大利。

雷大盖斯率领的哥特人之进入巴诺尼亚及匈奴人的尾追，造成了居住该区已久的凡达尔人（Vandals）、过去来自匈牙利东北部的瑞维人（Sucvi）及以前因被匈奴人驱逐而来自俄罗斯东南部的阿兰那人（Alani，即阿兰人）均大受威胁，不得不从 401 年开始西移。

正当凡达尔人、瑞维人和阿兰那人在高卢（在今法国）境内从事劫掠并准备进入西班牙之时，西罗马帝国的腹地意大利亦遭到由阿勒立克统率的原居于下慕西亚的西哥特人的进犯。其原因也是由于继续西进的

---

① 参阅美国学者 W. M. 麦高文《中亚古国史》章巽译本第七章 "侵入欧洲的匈奴人" 及奥国学者 O. J. 敏岑海尔芬《匈奴人的世界》第二章第四节 "乌尔丁"，英国伦敦加利福尼亚出版有限公司 1973 年出版，原文为英文。

匈奴人在后面所造成的压力。阿勒立克曾先后三次围攻西罗马帝国的首都罗马城。第一次在 408 年，第二次在 409 年，每次均勒索了大量的赔款。第三次（410 年）竟攻入城中并大肆劫掠，使神圣的罗马从此失去了尊严。随后阿勒立克继续南下，于是意大利南部之地亦遍遭蹂躏。不久阿勒立克死去，阿萨尔夫（Athaulf）继位。412 年，他率领所部占领了高卢南部一大片土地，西罗马帝国无力把他排除，只得与之妥协，皇帝荷诺洛斯（Honorius）以妹妹嫁他为妻。以后阿萨尔夫和他的继位者在所占领的地区中握有实际上独立的统治权，但在名义上则作为罗马帝国的总督，臣服于帝国。不久，这些西哥特人又越过了比利牛斯山，打败了凡达尔人，从凡达尔王国手中夺取了西班牙半岛的大部分地方，使他们自己建立的西哥特王国的领土，在往后的数世纪中，兼有今法兰西西南部及西班牙半岛东北部之地。

当西哥特人从罗马帝国取得高卢南部一大片土地之时，勃根底人和法兰克人也慢慢地开始移动，越过了莱茵河而进占了高卢北部各地。从 413—443 年，勃根底人最终占领了至今仍称为勃根底（Burgundy）的这一地区。在移动之前，他们曾和匈奴人发生过几次恶战，故他们的移动，显然是受到匈奴人压力的影响。至于法兰克人的移动，据西方学者推断，情况也可能与此相同。

3. 入侵的第三期（约 422—468 年）——阿提拉"匈奴王国"的建立与覆亡

乌尔丁死后的若干年间匈奴人的事迹，西方学者无所知悉。因为当时欧洲正处于一个几乎完全没有文献可征的时期。直至另一个匈奴首领阿提拉（Attila）所建立的，通常被称为"阿提拉王朝"或"阿提拉王国"的兴起，才又揭开了匈奴入侵欧洲的历史新的一页。

这个新的匈奴王朝的最初两个君主，是奥克塔（Oktar）和他的兄弟路加（Ruga）。奥克塔的事迹留存很少，路加即位后的初期也默默无闻。及至公元 422 年及 426 年，史载匈奴人曾入侵东罗马帝国，并使色雷斯及马其顿两地大遭蹂躏。不久东罗马皇帝西阿多修斯二世（Theod-osius Ⅱ）虽能把匈奴人逐回多瑙河以北，但仍不得不以付给路加每年三百五十磅黄金作为代价，才换取得他答应不再扰掠帝国的边境。

　　在公元 432 年以前，在多瑙河以北紧接着东罗马帝国边境的地方，居住着许多小部落，他们原先都是单独地与东罗马帝国进行谈判并分别与帝国签订各种协定的。可是到了 432 年，当路加向东罗马帝国提出要求引渡逃入帝国境内的匈奴逃亡者时，同时宣布所有居住在多瑙河以北的各小部落都是匈奴王朝的臣属，帝国应废止原先与这些小部落所签订的各项协定，此后这种协定，帝国只能与匈奴朝廷谈判和签订。据此可见，路加的匈奴王朝，这时已经在多瑙河以北的广大地区建立起统一的绝对权威了①。

　　西阿多修斯并不敢用战争手段去拒绝路加的要求，而是派遣使臣前往匈奴朝廷进行和平交涉。当罗马使臣抵达匈奴国境时，路加业已逝世，继位者为他的两个侄儿——白里达（Bleda）和阿提拉（Attila）。这两位匈奴国王与罗马使臣会见的地点并不在匈奴王国的首都，而是在现时南斯拉夫境内的马格斯城（Margus）。据说两位匈奴国王及其侍从都骑在马上与罗马使臣谈判（罗马使臣也只得照样骑在马上）。谈判结果，罗马使臣不仅在引渡匈奴逃亡者及罗马帝国与边境各小部落签订协定的问题上作了让步，而且基于阿提拉的要求，因这时匈奴既有两个国王，故罗马付给匈奴的年金也必须是双份的，即由每年的三百五十磅黄金增至七百磅。匈奴国王并以诉之战争相威胁，罗马使臣深知皇帝不愿战争，遂把上述各项条款全部接受下来。此后数年，罗马史书中很少关于匈奴人活动的记载。可能因为匈奴人这时正忙于征略北欧和东欧的各蛮族（见图十一）。

---

① 参阅麦氏《中亚古国史》章译本第七章"侵入欧洲的匈奴人"及敏氏《匈奴人的世界》第二章第六节"奥克塔与路加"。

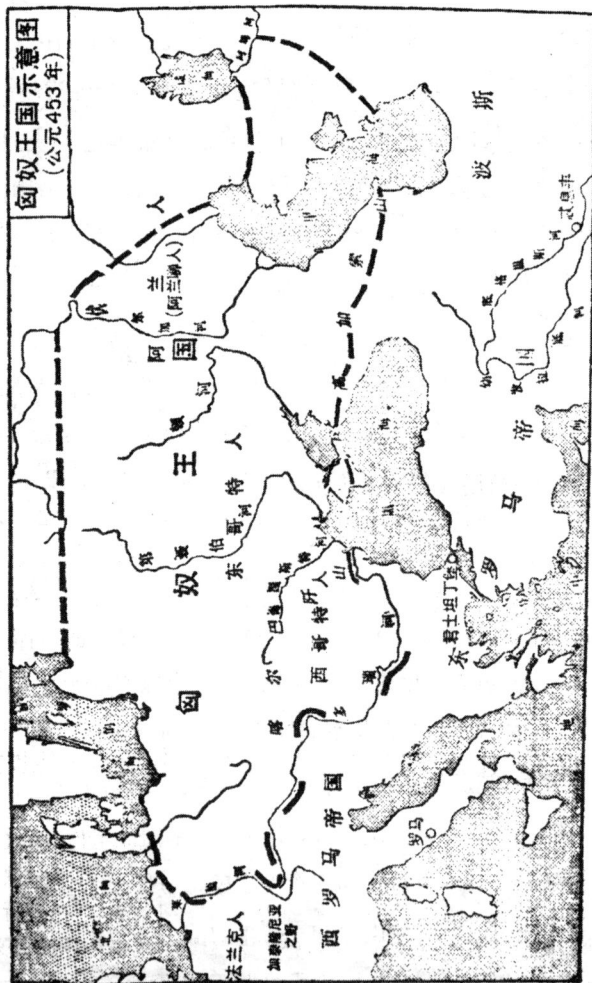

图十一 匈奴王国示意图（公元453年）

　　白里达和阿提拉共同统治的匈奴王国，其版图究有多大，其统治权力伸张的范围如何，因史料缺乏，西方学者也不甚明了。但当时匈奴王国的势力中心位于多瑙河中游，相当于十九世纪的奥匈帝国之地，却是可以确定的。在此势力和中心的范围内，匈奴人虽是统治民族，但人口却仅占少数，还有大量的居于多瑙河西巴诺尼亚境内的东哥特人和居于多瑙河东的吉匹特人俱臣服于匈奴王国。此外，匈奴王国对居于现时德意志境内的许多部落也握有相当的控制权，甚或在一定程度上可以把统治权力伸张到北海和波罗的海，因而有的西方学者认为盎格鲁人和撒克逊人之脱离欧洲大陆而渡海入居不列颠群岛，都是与匈奴人的统治和压力有直接关系。随后，住在俄罗斯南部大草原地带的匈奴人（其人数远较匈牙利境内的匈奴人为多），在435—477年前后，也都先后被迫接受阿提拉的统治，也许甚至连居于俄罗斯大草原以北森林地带中的斯拉夫人和芬人，这时也告屈服。斯拉夫人可能就是在此时随从匈奴人第一次进入欧洲西部的。

　　公元445年白里达死后，阿提拉便成为匈奴王国的唯一统治者。王廷设于多瑙河东的大平原上（在今匈牙利境）。其统治范围，西起莱茵河以东，东至中央亚细亚。东、西罗马帝国俱受其威胁。447年，阿提拉兵临东罗马帝国首都君士坦丁堡，东罗马皇帝西阿多修斯二世被迫乞和，翌年与之签订屈辱的城下之盟，规定帝国必须每年支付二千一百磅黄金给阿提拉作为"俸禄"，另外付给六千磅黄金作为清偿旧欠。议和后，帝国派遣以马克西明（Maximin）为首的外交使团前往阿提拉驻跸之地——盘耨年（Pannonien）纳贡聘问。使团人员中有普利斯库斯（Priscus）为历史学家，他在出使后写下《纪行》一书①，叙述当时阿

①　普利斯库斯的《纪行》为记述从448—449年间之事，原文为希腊文。这是匈奴人在欧洲活动的最可靠的第一手史料。原文现已残缺不全，故通常被称为"残稿"。欧洲著名学者斐力塔（G.Freitag）在其所著的《德意志往代心影录》卷一《民族大迁徙时代》中把"残稿"译成德文。近代英国历史学家吉朋（Gibbon）在其名著《罗马帝国衰落的历史》一书中所述欧洲匈奴人的事迹亦全以"残稿"为依据。"残稿"的史料价值相当于记述中国匈奴的司马迁的《史记》。

提拉王廷的生活情况，具有最珍贵的史料价值。兹转录其"残稿"的片断如下：

  阿提拉之都城不啻一大营舍与村庄而非城镇。石建筑只有一所，是为仿罗马式之浴所。人民居于茅屋或篷帐中。阿提拉及其主要人物则与其群妻及从者住于一木宫之中，在一大堡围内。掠夺所得极夥。但阿提拉仍守游牧者简朴之风，用木碗及木盆。从未尝试面包。工作甚力。宫门前庭场常开，且时出骑驰。遵守雅利安及蒙古人在厅中设大宴之原始旧习，饮酒极多。普利斯库斯叙述诗人之如何吟咏于阿提拉之前：此辈诗人"背诵其所作之诗歌以祝颂阿提拉之英武与胜利。厅中肃穆异常，来宾全神皆为此和谐之声音所吸引，提起其昔日伟绩之念而保存于心中；武士之纠纠锐气则时露于眉目间而不能复耐矣；老者则有潸然泣下者，因不能再执干戈争荣于沙场，表示其失望之态也。斯可谓训练军事道德之演讲。继此者则有喜剧，一扫人性严肃之态焉。喜剧之主角为摩尔人及塞种人之丑角，以其光怪陆离之衣服及姿势，杂凑之语言、拉丁语、哥德语与匈奴语之特殊滥用，均足以得粗陋座客之欢心。全厅笑声大作，耳为之震。当此纵乐之际，阿提拉独面不更色，固持其沉静不屈之态度"①。

  西阿多修斯二世于 450 年逝世，东罗马帝国的帝位由元老马西安（Marcian）继承。马西安积极改进自己的军队，加强国防，以便俟机给予匈奴人以反击。

---

① 录自英人韦尔斯（H. G. Wells）著《世界史纲》，梁思成等译本，上海商务印书馆 1927 年版，上册第 418 页。按：此段文字，韦尔斯亦为引自吉朋的《罗马帝国衰落的历史》。

阿提拉自公元 434 年即位之后，直至 450 年，与西罗马帝国的关系极为友好，他虽和东罗马帝国作战，但并未在西部帝国引起多大反响。公元 448—449 年，阿提拉与西罗马帝国的关系因一件悬案的争执发生了破裂，同时阿提拉又提出了他与皇帝弗伦铁年三世（Valentinian Ⅲ）的姐妹荷诺丽亚（Honoria）的"订婚"问题，要求皇帝将荷诺丽亚送给他，并以西罗马帝国领土之一半作为妆奁。他的要求当然全被拒绝，于是阿提拉决定诉诸战争。这次战争历时甚久，双方均伤亡惨重，据说一日之间战死者即逾十五万人。这一场恶战双方虽未分胜负，但阿提拉却无意继续作战，因此班师退回匈牙利境。

公元 452 年，阿提拉再度向西罗马帝国发动战争。阿提拉想把兵锋向南直指帝国的首都罗马。但适因军中发生饥馑和瘟疫，而此时东罗马帝国的援军亦已赶到，对阿提拉展开多次的反击，阿提拉遂把他的军队撤回多瑙河以东匈奴王国的首都。第二年（453 年），他因酒色过度，在与新纳的一个美女"新婚后，恣情纵欲，当醉卧时，忽然血崩"而死①。

匈奴王国的崩溃，主要原因在于最高统治集团的内讧。阿提拉诸子都想各自建立一个独立的王国。因而那些平时受王国统治的日耳曼人，以吉匹特人和东哥特人为先导，遂乘机起来反抗，以图摆脱匈奴的控制。454 年双方激战于匈牙利境内的聂德尔河（Nedal R.）滨，结果匈奴人死亡数千，阿提拉长子爱拉克（Ellak）亦被杀。匈奴人的主体部分被迫退回喀尔巴阡山以东，避居于过去七十余年始终留居于南俄大草原的匈奴同族人之中。而匈奴王国原来的中心地区匈牙利，则落入了那些起而反抗匈奴统治的胜利者日耳曼族人之手，吉匹特人占领了多瑙河以东的大部分地方，东哥特人则暂时占据了河西的巴诺尼亚。数年后，

---

① 参阅麦氏《中亚古国史》章译本第七章"侵入欧洲的匈奴人"及敏氏《匈奴人的世界》第二章第七节"阿提拉"、第八节"阿提拉王国"。

阿提拉的后人也曾再度西进，企图恢复失地，但因遭到吉匹特人的坚强抵抗，结果只能在吉匹特人领土以南（即多瑙河以南）占据若干地点。

阿提拉的幼子尔内克（Ernak），此时也统率着少数的匈奴人占据了多瑙河口以南即今之杜白鲁加（Dobruga）地方。此外还有两个匈奴王子占领了东罗马帝国偏西之地。其他尚有若干小群的匈奴人仍然留居东罗马帝国境内各地。

公元461年，阿提拉的另一个儿子邓直昔克（Dengesik）又向西方作更大胆的尝试，企图重建匈奴的霸权。他沿着多瑙河前进，避开吉匹特人，直接进攻占据着巴诺尼亚的东哥特人，并留居其附近之地达数年之久。公元468年（中国北魏献文帝拓跋弘皇兴二年），他转而南下，渡过多瑙河，进犯东罗马帝国。帝国给予有力的还击，匈奴人大败，邓直昔克并且丧生。这是西方史书上对于匈奴人在欧洲活动的最后一次记载[①]。从此匈奴人退出了欧洲的历史舞台。

三、月氏及其在中西文化交流中的作用

（一）月氏的概貌及其西迁中亚

月氏（音支）之名，最早见于战国时成书的《山海经·海内东经》，有的学者认为即《逸周书·王会篇》中的"禺氏"和《穆天子传》中的"禺知"。

《史记·大宛列传》说月氏居于敦煌、祁连之间，即今甘肃兰州市以西至敦煌市的河西走廊一带。这是指秦汉时月氏的居地而言。其在战

---

① 参阅麦氏《中亚古国史》章译本第七章"侵入欧洲的匈奴人"及敏氏《匈奴人的世界》
　第十至十三"崩溃与结果"各节。

国以前的居地，据《魏书·西域传》载，月氏原先出自塞北，在金山
（今阿尔泰山）西南。如此说不误，那么月氏最早的活动地区当在今新
疆东部，后来逐渐东移，才到达河西走廊一带的。

月氏何时迁至敦煌、祁连之间，史书没有记载。但春秋时成书的
《左传》却于鲁昭公九年（公元前 533 年）载，瓜州（今敦煌市）乃允
姓之戎所居。是则在公元前六世纪中期前后，月氏尚未到达敦煌。月氏
之迁往敦煌，大约是在战国（公元前 476—前 221 年）期间，故唐代学
者杜佑在《通典》卷一七一《州郡四·瓜州》中说，瓜州本西域地，战
国时为月氏所居。由于乌孙在西汉时亦居于敦煌、祁连之间，与月氏比
邻，故月氏的居地究竟在乌孙之东，抑在乌孙之西，因史书失载，因而
两族的居地很难划分清楚。中外学者对于这个问题虽多有考订，但因缺
乏证据，难于确指。

月氏在秦代已很强大。《史记·匈奴列传》说："时东胡强而月氏
盛。"大抵自春秋战国以来，大漠南北各个氏族和部落，经过长期的互
相斗争、吞并和融合之后，到了秦代，已相对集中起来，强凌弱，众暴
寡，最后在北方的都被匈奴统一，在东方的被东胡统一，在西方的被月
氏统一，分别形成为三个较大的较强的部落或部落联盟。

月氏是个强大的部落，兴起时已有控弦之士（骑射部队）一二十
万，故轻视匈奴。冒顿即位为单于之前，就曾被他父亲头曼单于把他作
为人质送往月氏，后来逃回。冒顿即位（公元前 209 年）之后，曾亲自
领兵击败月氏。其后又于公元前 176 年（汉文帝四年）派右贤王领兵再
次进攻月氏，攻破他的部落，杀戮不少人口。月氏被迫，不得不撤离河
西走廊，向西逃到今伊犁河上游一带。月氏逃离河西走廊之后，该地即
被匈奴浑邪王部和休屠王部占领。汉武帝元狩二年（公元前 121 年）浑
邪王杀死休屠王，率众归附于汉，河西走廊转入汉朝之手。武帝遂在该
地设置河西四郡（酒泉、武威、敦煌、张掖）以巩固对河西走廊的防
守，并保证由河西通往西域的道路。

今伊犁河上游一带原先是塞种人居住的地方,现被月氏攻占,塞种人只得南逃远徙,月氏遂留居该地。但月氏在该地留居不久,又被乌孙攻破,只得再次西走。初,月氏与乌孙同居于河西走廊之时,月氏以乌孙弱小,曾杀死其首领兜难靡。及后兜难靡之子昆莫长大①,获得匈奴老上单于的帮助,大约在公元前 161 年(文帝后三年)前后,出兵至伊犁河上游进击月氏,以报当年杀父之仇。结果月氏被击溃,老上单于杀月氏王。月氏被迫西逃,离开伊犁河上游,乌孙遂占领伊犁河上游,并留居于该地。

月氏逃离今伊犁河上游之后,最先到达妫水(今中亚阿姆河)流域一带,在妫水北建立王庭(统治中心)。过了二十余年,攻占了大夏(西方称它为"巴克特利亚",在今阿富汗北部)。汉武帝时曾派张骞至其国,故与西汉王朝往来逐渐密切。国内原分为休密、双靡、贵霜、肸顿(肸音迄)、都密五部翕侯(翕音合),一世纪中叶,贵霜翕侯丘就却攻灭其他四部,自立为王,建立了贵霜王朝,都蓝氏城(在今阿姆河南),《后汉书·西域传》说中国仍依其旧号,称他为大月氏。魏明帝太和四年(230 年)曾封其王为"亲魏大月氏王"。贵霜王朝至五世纪后半叶被哌哒族所灭(哌哒,一般学者认为是大月氏与匈奴人的混种,东罗马史家称他为"白匈奴"),但其影响却延及后世。六世纪分布于中亚地区的"昭武九姓",据说其统治者的祖先就是来自河西的昭武地方(今甘肃临泽县昭武),自认是月氏人的后代。

公元前 176 年月氏离开今河西走廊西逃的时候,有一部分月氏人没有西走,而是南入祁连山区,与当地的羌族人杂居,称小月氏(西走的月氏人遂被称为大月氏),后来在汉武帝元狩二年(公元前 121 年),霍去病打败匈奴,取河西地,开通湟中(今青海省湟水两岸),小月氏归附汉朝,接受汉朝的领导,在张掖(今甘肃张掖市)一带与汉人杂居,

---

① 昆莫为乌孙王号,兜难靡之子名猎骄靡。

号"义从胡"。这部分义从胡（小月氏人）在那里生活了很长的时间，直至东汉灵帝中平元年（184 年）还出现于史册。

大月氏的种族，国内外学者的说法计有多种，但以倾向于突厥种说和伊兰种、特别是伊兰种中的塞种的居多（塞种即希腊种）。有的学者根据贵霜王朝废墟出土的货币所铸国王肖像进行观察，其人高额隆鼻，鼻梁勾曲，唇厚多须，认定这是突厥人的容貌特征。此外，下文将要提到的月氏人支谦，《高僧传》[①] 说他的容貌为细长黑瘦，眼多白而睛黄。这是否就是塞种人的特征？还有，西迁前的月氏人与西迁后建立贵霜王朝的五翎侯是否也是同一种族？月氏西迁后在种族方面有无变化及其变化的情况如何？这些问题，目前国内外学者尚不能作出详细而确切的解答。有的外国学者认为，灭亡大夏的主要是吐火罗人。而西方史书自四世纪开始，也称贵霜王朝统治下的大夏地区为吐火罗。与此同时，在中国，自东晋（317—420 年）开始，文献中也把该地区称为兜劫罗或覩货逻（实即吐火罗之异译）。

（二）　月氏在中西文化交流中的作用

月氏在西迁之前，《史记·大宛列传》说他是个"行国"（游牧民族），随畜迁徙，与匈奴同俗。在西迁之后，社会经济生活有了很大的变化，《汉书·西域传》说张骞到达月氏国的首都蓝氏城时（约在公元前 128 年左右），见其土地、风光、气候、物产、民俗、钱币，均与安息国同。而安息国的情况则是"土著"（定居），居民从事田耕、种植稻、麦，酿葡萄酒；有大小城邑数百座，地方数千里，濒临妫水；产布，有交易市场，商人足迹远至国外数千里，贩运货物使用车、船；用银铸造货币，银币正面铸印国王肖像，背面铸印国王夫人肖像，王死则另铸新币；用皮革书写文字，文字皆横写。以此比较而

---

① 〔南朝梁〕慧皎撰，1935 年上海影印宋碛藏经本。

观，可知西迁后，月氏的社会经济很有发展，商品和货币大量流通，文化也甚发达。

在贵霜王朝建立之前，葱岭以西存在着四大文化，即尼罗河流域的埃及文化，两河流域的米索不达米亚文化，锡尔河和阿姆河流域的伊兰文化，恒河、印度河的印度文化。这四大文化互相交辉、激荡，而其最终则借助于马其顿国王亚历山大（公元前356—前323年在位）的武功，把这四大文化统一于一个亚历山大大帝国的政治势力范围之内，而使之互相融合并荟萃其菁华于大夏地区。亚历山大是历史上一位很有名的人物，他在位期间，从公元前334年开始，先后进军小亚细亚和叙利亚，攻占腓尼基城，转入埃及，并在尼罗河三角洲建筑了一座亚历山大城。随后又进兵两河流域，攻灭波斯帝国。再后南入印度，因气候不适，士兵厌战，折回。但他最终在东起印度河，西至尼罗河与巴尔干半岛的领域内，建立起一个横跨欧、亚、非三洲的庞大的亚历山大帝国。后来由于大夏地区被月氏征服，因此月氏便继承了这四大文化的菁华。降及公元前二世纪以后，埃及文化和米索不达米亚文化先后衰落，而中国、印度和希腊三大文化却鼎足而立，阿姆河流域则是这三大文化的交汇点。月氏处于这个文化交汇点的中心，"得天独厚"，因此便成为这三大文化的集合者和传播者。此外，月氏人在中亚所处的地理位置，也为他的传播东西方文化提供了有利的条件。月氏处于古代丝绸之路的中段，当中西交通要冲，从中原至中亚，必须经由西域，西域有南北二道，行人不论是走南道或走北道，越过葱岭即进入大月氏国境。因此大月氏遂成为联系欧亚经济、沟通欧亚文化的咽喉和中转站，对东西方的经济文化交流起过重要的中介作用。印度佛法之传入中国，正是通过月氏人的中介而西来的。

史载月氏人曾将佛教传入中国。《三国志》卷三十裴注引《魏略》说，西汉哀帝元寿元年（公元前2年），大月氏王曾派遣使臣伊存（人名）聘问中国，到了汉都长安（今陕西西安市），汉朝博士弟子景卢（《魏书》作秦景宪）从伊存学习佛法，伊存对景卢口授《浮屠经》。这是中国史书第一次记载佛经传入中国及中国人学习佛法之最早者。

此外，南北朝时僧人慧皎撰的《高僧传》，内载有几位月氏高僧曾至中原传播佛法：

1. 支娄迦谶，简称支谶，月氏人。东汉灵帝光和、中平年间（178—188年），游历于汉都洛阳（今河南洛阳市）。他讽诵群经，志存宣法，传译梵文《般若道行》、《般舟》、《首楞严》三部佛经为汉文。后经佛学大师道安校订，认为译文符合原经本旨，没有粉饰，故誉之为"善宣法要，弘道之士"。

2. 支曜，月氏人。东汉末年（灵帝、献帝之间）游历于洛阳，传译《成具定意经》及《小本草》等佛经，有"慧学"之誉。

3. 支谦，月氏人。桓（帝）灵（帝）之世，来至洛阳。支谦曾受学于支亮，而支亮则为支谶的弟子。支谦博览群经，多晓技艺，遍学各种异国文字，通六国语言。汉末中原动乱，支谦避乱迁往吴国，吴主孙权闻其才慧，拜为博士，使辅导东宫（太子）。支谦以佛法虽已东渐，但佛经多属梵文，中原人士通之者少，乃收集众本，译为汉语。所译有《维摩》、《大般泥洹》、《法句》、《瑞应本起》等四十九部，深得各经原义，译辞文雅。又注《了本生死经》等，后皆流传于世。

4. 竺昙摩罗刹，又名法护。其祖先为月氏人，本姓支氏。世居汉敦煌郡境，乃大月氏西迁后留居祁连山区与羌族杂居的小月氏人。八岁出家，笃志好佛，万里寻师，拜外国高僧门下，日览万言，过目能诵，故通三十六国语言文字，举凡训诂、音义、字体，无不备识。晋武帝之世（265—290年），携

带梵文经卷，返回中原，传译《贤劫》、《正法》、《华光赞》等
一百六十五部佛经为汉文。终身唯以弘通佛法、翻译经典为
务，孜孜不倦。故佛法之广为流传于中原者，法护出力至多。
后来他在长安青门外建立了一座佛寺，广招僧徒，众至数千，
声名远播。及后西晋王朝覆亡，关中动乱，百姓流移，法护与
门徒避乱东下，死于今之河南省渑池县，享寿七十有八。

最后还应提到北魏时大月氏商人传入铸造五色琉璃的技艺一事。
《魏书·西域传》载，世祖太武帝拓跋焘（424—451 年在位）时，有
大月氏商人贩运货物至京师平城（今山西大同市东北），自言能铸石
为五色琉璃（一种有色半透明体的材料）。于是采矿山中，进行铸炼，
既成，光泽胜于西方传入的其他透明体物品。太武帝乃命他用这种琉
璃建造一座"行殿"，大小可容百余人。因为琉璃是半透明体，故
"行殿"光色映澈，观者惊叹。这是大月氏文化给予中原文化的一种
影响。

（三）附论：张骞从西域、中亚传入的新事物

汉武帝时曾派遣张骞（音千）出使西域和中亚。张骞虽然是汉人，
不是少数民族，但他出使西域，不仅打通了中原与西域、中亚的交通，
开拓了中原人的眼界，而且还传入了西域和中亚的植物、果品、音乐及
其他新鲜事物。

根据明代人李时珍《本草纲目》及其他典籍的记载，张骞传入的植
物、果品中，计有下列十二种：

1. 红蓝花，亦名红花。是一种菊科植物，产于西域，可
以用来制造胭脂粉，又可用来染丝绸，还可作中药，用以治经
血。《史记·匈奴列传》"索隐"引习凿齿致燕王书云：山下有

"红蓝"，足下知道否？北方的匈奴人采取其花（花红黄色）之鲜艳者染粉以制造胭脂，妇女用它来涂在脸上，作为面饰以美颜容；匈奴人称妻为"阏氏"，读音如胭脂。按：习凿齿这段话，意谓匈奴人是以美丽如胭脂（阏氏）去形容他们的妻子、妇人，故称其妻为"阏氏"。

2. 番红花，又名泊夫蓝（泊音记）。产于天方国（今阿拉伯），张骞得其种子于西域，遂带回中原。此花与红蓝花类似，仅因产地的土壤、气候条件不同，因而二者微有差异，故有人认为番红花即红蓝花。番红花在中原流传至元代，有人把它当作蔬菜之一种，作为菜肴而被搬上了餐桌。

3. 胡麻，即今之芝麻，产于大宛。过去中原只有大麻，自从张骞从大宛带回芝麻，为了与大麻相区别，且因来自胡地（大宛），故称胡麻。胡麻，其粗肥大，其色紫黑，能榨出的油量亦多。

4. 蚕豆，今四川人称它为胡豆。张骞从西域带回，因其豆荚形状如老蚕，故名蚕豆。

5. 大蒜，亦名胡荽（音虽）。因产于胡地（西域），故名胡荽。过去中原只有小蒜，自张骞带回，始有大蒜。

6. 葡萄，汉时称蒲陶或蒲桃。张骞从西域带回。其形状圆如龙珠，长大者名马乳葡萄，白色者名水晶葡萄，黑色者名紫葡萄。张骞通西域以前，在秦汉时人所撰的《神农本草经》中已载有葡萄，只是陇西所产，尚未传入中原内地。大宛国盛产葡萄，其国人嗜酒，喜用葡萄酿酒，富人藏酒竟有多达万余石。这种酒虽储藏数十年，亦不会腐坏，但饮多了也会醉人。汉武帝很喜爱葡萄，把它和苜蓿一起，栽种在各处离宫别馆之旁。

7. 苜蓿。形状一枝三叶，一科数十茎，绿色鲜艳，夏秋季节，开细黄花，结小荚，圆扁旋转，有刺，数荚累累，老则变黑色。内有米如穄（音祭，一种没有黏性的小米），可做饭，可喂马，亦可酿酒。产于大宛，由张骞带回。

8. 黄瓜，原名胡瓜。因张骞从西域带回，故名胡瓜。据说"五胡十六国"时期，"后赵"政权境内因避后赵主、羯族首领石勒之讳（羯族为西域胡人，石勒信"胡天"），故改名黄瓜。

9. 石榴，亦名安石榴。以产于中亚的安国（今布哈拉）和石国（今塔什干），故名。张骞出使西域时带回。

10. 核桃，亦名胡桃。为波斯（今伊朗）特产。后东传至西域，张骞得其种子带回中原。

11. 酒杯藤。藤大如臂，叶如葛花，实如梧桐实。实大如手指，美香如豆蔻，可以酌酒。当地人提酒来至藤下，摘花酌酒，千杯不嫌其多，故谓之酒杯藤。当地人很宝贵这种藤，不轻易外传。张骞出大宛得之，带回中原。

12. 胡萝卜。有黄、红二种，味甘甜可食，可生食，亦可熟食。昔人为此题诗云："不是张骞通异域，安能佳种自西来！"这两句诗，不仅是胡萝卜如此，即其他植物、果品，亦非有张骞通异域，不能自西来。不过上述各种植物、果品，亦非全由张骞带回，因为自张骞之后，出使西域者络绎不绝，其他使者也能带回，只是由于张骞出使西域，既有"凿空"之功，而且最负盛名，故后人多以此盛誉归之于他而已。

除植物、果品外，张骞还从西域传入乐器和乐曲，例如"横吹"即其一。据后人考订，横吹为一种胡人的乐器，由张骞传入西京长安。在初传入时一并传入了《麾诃》、《兜勒》二支曲子，后经汉朝的皇家乐师李延年，利用原来的曲子加以改造和扩充，成为"新声二十八解"（即新曲二十八支），被武帝采用作为武乐（军乐），东汉时又作为边防军乐演奏，但很高贵，和帝（公元89—105年在位）时规定只有统率一万人以上的将军才能享用。魏晋以后，"二十八解"多有失传，能保留下来的仅有《黄鹤》、《陇头》、《出关》、《入关》、《出塞》、《入塞》、《折杨柳》、《黄华子》、《赤之阳》、《望行人》等十曲而已。

在汉时，从西域传入的乐器中，除张骞传入横吹外，还有他人传入的胡笳篌。据说，东汉灵帝就很喜欢弹奏胡笳篌。

此外，从西域传入的，除乐器外，还有其他物品，如胡服、胡床、胡饭等等。西晋司马彪撰的《续汉书》曾记载灵帝好穿胡服、睡胡床、吃胡饭。

最后，有的学者（如王桐龄、郑鹤声）还认为，张骞从西域传入的文化中，应该还有美术一项。因为汉初以前的绘画雕刻，比较简单朴素，其构思和体裁虽庄重古雅，但缺少变化和进取精神。及武帝以后，中原美术界的风气忽然大变，很多作品都由纯朴趋向新颖、别致，由呆滞趋向自然。这些变化虽然没有见之于文献记载，但却有实物遗迹可寻。而迄今尚可追踪的遗迹，当以汉代的青铜镜及山东济宁道嘉祥县（今山东济宁市嘉祥县）南的武宅山汉武氏祠之石刻画像，最能反映出昔日的欧洲风格。这都是受到希腊文化输入的影响所造成的结果。

从以上这些记载得知，通过张骞及其他出使西域的汉朝使者，传入中原的西域各族人民的植物、果品、音乐及其他新鲜事物不少，这自然大大丰富了中原汉族人民的物质生活和文化生活，大大有助于推动中原文化的向前发展。

四、突厥与回纥在西方的活动及其与
西方的经济文化交流

（一）西突厥势力向西域和中亚扩张

突厥自公元 552 年（西魏废帝元年）建国，至公元 583 年（隋文帝开皇三年）分裂为东、西二部，二部以今阿尔泰山为界，其东属东突厥汗国，其西属西突厥汗国。西突厥汗国的疆域包括今新疆和中亚一带，其盛时最西的境界为中亚的铁门（在今阿姆河北）。突厥文《阙特勤碑》和《毗伽可汗碑》俱说他们的祖先土门可汗和室点密可汗均曾"克服（征服）世界四方一切民族……向东方……远至 Qadinqan 山林，向西方，远至铁门"。唐初高僧玄奘西行求佛时曾路过铁门，故慧立撰的《大唐大慈恩寺三藏法师传》① 卷二载："铁门……即突厥之关塞也。"铁门以西即波斯的辖境，"突厥不能至其国"②。

由于西突厥汗国的境界远至中亚，故与西方各族各国的军事冲突、政治交往和经济文化交流都很频繁。早在突厥分裂为二部之前，567 年（北周武帝天和二年），突厥就曾与波斯发生战争，击灭和瓜分了哒国的领土③。

《旧唐书》卷一九四《突厥传》下载：

---

① 1932 年日本影印高丽国大藏都监刻本。
② 《隋书》卷八三《西域传》波斯国条。
③ 哒，中国史书称之为滑国，《梁书》卷五四有《滑国传》，《北史》卷九七有《哒传》。公元五世纪以后，哒建国于今中亚阿姆河之南，都城在巴底延城（今阿富汗北部的巴里黑城）。居民从事畜牧，兼营农业。

初，室点密（土门可汗之弟）从单于（指土门可汗）① 统
领十大部落，有兵十万众，往平西域诸胡国，自称可汗，号十
姓部落。

所谓"西域诸胡国"，不局限于狭义的西域（今新疆地区），应指广义的
西域（即包括中亚一带）。因为室点密西征之初虽仅率领十姓部落（即
十个部落，这十个部落的名称和驻地已详上文），但后来西征的结果，
却发展为二十一个部落。这新增的十一个部落，有的是被室点密征服
的，有的则是由西突厥的别支发展而成的。这新增的十一个部落的名称
和驻地，据我考订是：

1. 突骑施索葛莫贺部（在今伊犁河中下游北岸）

2. 葛罗禄谋落部（在今宰桑湖东额尔齐斯河南岸）

3. 葛罗禄炽俟部（在谋落部东南）

4. 葛罗禄踏实部（在谋落部西南，南与处木昆律部接)②

5. 咽蔑部

6. 莫贺达干部

7. 都摩支部

8. 处密部（在今新疆乌鲁木齐市西北）

9. 处月部（在今乌鲁木齐市东北）

10. 沙陀部（在今新疆巴里坤湖东）

11. 曷萨部（在今中亚里海一带）

---

① 按：单于乃匈奴最高首领的称号，突厥最高首领不得称单于（应称可汗），故此处"单
于"二字应为指土门可汗。

② 按：处木昆律部属十部落中左厢五咄陆部落的五部之一，驻地在今新疆塔尔巴哈台
一带。

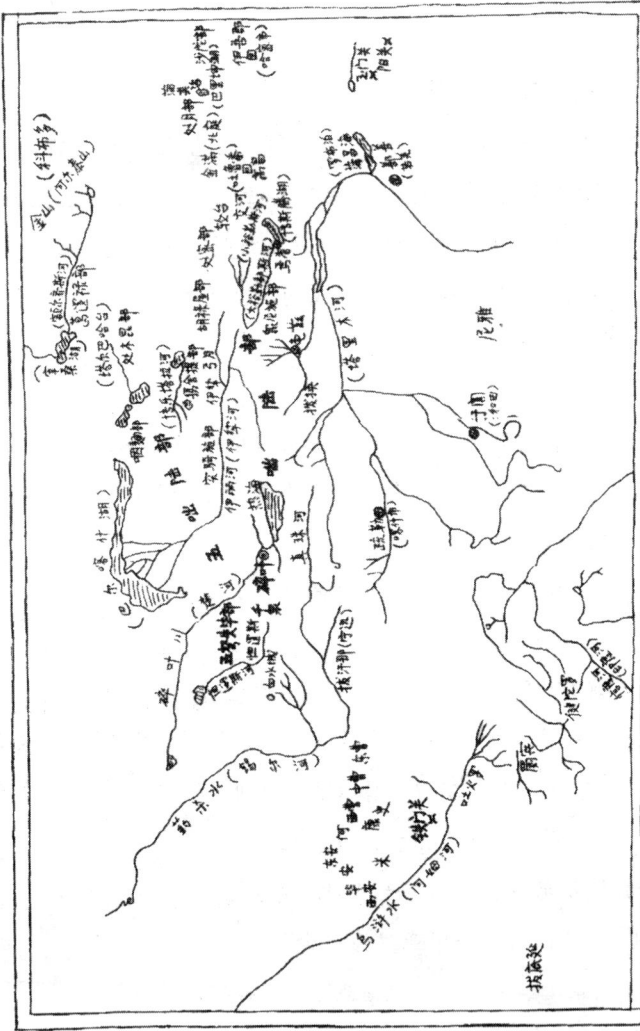

图十三 西突厥地区示意图

上述十一个部落，其中有五个（如莫贺部、谋落部、炽俟部、踏实部、曷萨部）都在中亚地区。这里仅论述一下曷萨部，用以略略窥知西突厥在西方活动的概况（见图十二）。

曷萨又名可萨，其名凡三见于《新唐书》卷二二一《西域传》，此外又见于《波斯传》及《拂林传》，为西突厥的别支。《新唐书·西域传》下康国附火寻国条载："火寻（即《元史》中的花剌子谟）……居乌浒河（今中亚阿姆河）之阳（南面）……西南与波斯接，西北抵突厥曷萨。"因为曷萨为突厥族之一部，故《新唐书》冠以突厥之名而称他为"突厥曷萨"。在唐朝天宝年间（约当 750 年左右）曷萨人曾在今之俄国南部建立一大国，其版图西起多瑙河口，东至里海东北，包括黑海北岸之地，与东罗马及大食（阿拉伯）皆时通聘问。后来曷萨人受到周围国家的影响，逐渐改变原来的游牧生活而从事农商，并且建设了不少城市，国都曰依儿的，在今伏尔加河下游。据法国人圣马丁（St. Martin）考订，唐时亚美尼亚人称里海北之突厥曷萨部人为中国人，是故唐玄宗、肃宗曾征调他的士兵前往中原平服"安史之乱"[1]。

此外，西突厥还臣服了中亚的康国（在今撒马尔罕）和石国（在今锡尔河流域）。史载康国国王屈木支娶西突厥女为妻，遂臣服于突厥[2]。又载石国居于药杀水（今锡尔河），不归顺突厥，西突厥射匮可汗派兵击杀其王，遣特勤匐职前往统摄其国事[3]。西突厥还通过对石国的征服，命石国分兵镇守碎叶川（今中亚楚河）一带，因而西突厥的军事、政治势力可以远达西海（今里海）[4]。还有，石国北面的千泉（在今锡尔河北，北距铁门甚远）也成为统叶护可汗（619—628 年在位）的建牙（建立汗庭）之地。至于铁门东南的吐火罗国（在今锡尔河上游南岸）也归西突厥统

---

① 见张星烺编在《中西交通史料汇编》（中华书局 1978 年版）第四册第 293 页的介绍。
② 参阅《新唐书》卷二二一《西域传》下康国条。
③ 参阅《隋书》卷八三《西域传》石国条。
④ 参阅《新唐书·西域传》下康国条。

治。唐僧玄奘撰的《大唐西域记》① 卷一载，其地北据铁门，西接波斯，其时（玄奘西行取经路过时）其国分裂为二十七国，"虽画野区分，总役属［于］突厥"。除吐火罗外，铁门以南还有许多小国，这些小国原先都是归吐火罗统治的，后来吐火罗归属于西突厥，因此这些小国也转而归西突厥统治了。故《大唐西域记》卷十二又载，活国乃睹货逻（吐火罗）故地，役属于突厥，其王为突厥人，管领铁门以南诸小国。

（二）西突厥与西方的贸易

由于西突厥的军事、政治势力的扩张，因此与西方国家的贸易也颇为兴旺，并先后形成了几个重要的政治和贸易的中心。

第一个重要中心当推可汗的汗庭。西突厥的第一位可汗是室点密（Istami），他的汗庭设在何处，史载不明。但公元568年东罗马帝国皇帝派遣以蔡马库斯（Zemarchus）为首的外交使团前往报聘室点密时，室点密是在Ektag山中的汗庭接见罗马使团的。Ektag是什么山？山在何处？一般学者大多推断为今之阿尔泰山。但法国学者沙畹（Ed. Chavannes）则认为应在今新疆库车县北山外之特克斯（Tékés）流域②。

除Ektag山的汗庭外，其见于汉文史料的西突厥汗庭所在地则是千泉。千泉曾先后为统叶护（619—628年在位）、沙钵罗咥利失（即同娥设，634—639年在位）及沙钵罗（阿史那贺鲁，651—656年在位）三可汗的建牙之处③。其地在碎叶川（今中亚楚河）南的碎叶城与怛逻斯

---

① 此书为玄奘所述，辩机所编，唐贞观二十年（公元646年）成书；清末学者丁谦有考证本名《大唐西域记考证》。

② 见沙氏《西突厥史料汇编》冯承钧译本，中华书局1958年版，第212页及新、旧《唐书·突厥传》下。

③ 参阅新、旧《唐书·突厥传》下。又，西突厥的汗庭所在地，各个可汗时有不同，如《隋书·西突厥传》说"处罗可汗居无恒处，然多在乌孙故地"；而《唐书·突厥传》则说射匮可汗建庭于龟兹（今新疆库车县）北的三弥山。

城之间。据唐僧玄奘《大唐西域记》卷一载：从碎叶城往西行四百余里即到达千泉。"千泉者，地方二百余里，南面雪山，三陲平陆，水土沃润，林树扶疏，暮春之月，杂花若绮，泉池千所，故以名焉"。这是西突厥汗国全境的政治中心，同时也是对外贸易的中心。

千泉东面的碎叶城是西突厥在中亚地区的重要商业中心。玄奘《大唐西域记》卷一说它："城周六七里，诸国商胡杂居也。土宜穈麦葡萄，林树稀疏，气序风寒，人衣裘褐。"从"诸国商胡杂居"一语观之，可见这是一座西突厥与西方各国进行商业、贸易的繁荣城市。这座城市也曾是唐朝"安西四镇"最西的一个重镇，故西突厥从唐朝获得的货物转贩出去，也少不了要在此集散。

千泉西面的怛罗斯城，《大唐西域记》卷一说它："城周八九里，诸国商胡杂居也。土宜气序，大同素叶（与素叶城大同小异，素叶即碎叶）。"据九世纪阿拉伯地理学家依宾·库达特拨（Ibn Khurdadbih）及十世纪的霍克尔（Ihn Haukal）的考订，也认为怛逻斯城为当时西突厥人与回教徒通商之要地①。

西突厥在中亚还有一个重要的政治、贸易中心便是吐火罗。吐火罗地处铁门东南，在今锡尔河上游一带，其南还有许多小国归它管领；东北通怛逻斯、千泉和碎叶，东南通印度，是个四通八达的地方。自被西突厥征服之后，便成为西突厥西陲的政治、贸易中心。唐朝也认为这个地方很重要，故高宗击灭西突厥汗国之后，即派陇州南由令王名远为吐火罗置州县使，自于阗（今新疆和田市西南，阗音田）以西，波斯（今伊朗）以东，凡十六国，遍置州县共一百有余，并立碑于吐火罗以为标记②，用以宣扬中朝的声教于整个中亚地区。

西突厥与西方各国进行的贸易究为何种货物，汉文史料很少记载。

① 见张星烺编注《中西交通史料汇编》（中华书局 1978 年版）第四册第 94 页的介绍。
② 参阅《旧唐书》卷四十《地理志》三、《新唐书》卷四三《地理志》七下及《资治通鉴》卷二〇〇唐高宗龙朔元年条。

但从外国史料得知，贩运丝绸当是其中主要的商品之一。而这种丝绸则来自中国中原地区。

据汉文史书记载，早在北齐与北周两个政权对立之时，为了争取突厥方面的支援，双方都曾厚赂突厥统治者，故突厥统治者从中获得了不少丝绸及其他贵重之物。《周书》卷五十《突厥传》载，北周主与佗钵可汗（573—581 年在位）和亲，"岁给缯絮锦綵十万段，突厥（人）在京师者又待以优礼，衣锦食肉者常以千数。齐人惧其寇惊，亦倾库藏以给之"。《隋书》卷八四《突厥传》也载，北齐、北周都"竭生民之力，供其往来，倾府库之财，弃于沙漠（指以府库财物贿赂突厥）"。这其中的财货当然也包括有丝绸在内。唐初，因高祖李渊起兵反隋之时，曾向突厥借过兵马，故唐朝建立之后，对始毕可汗（610—619 年在位）亦前后馈赠各种物品（当然也包括丝绸）不可胜纪。此外，突厥统治者后来经常入侵唐境，在入侵中不断掠夺人口和财物，在被掠夺的财物中，也是少不了"缯絮锦綵"。因此突厥统治者手中拥有大量的丝绸可以作为商品与西方各国进行贸易。

法国学者沙畹在《西突厥史料汇编》（第 208 页以下）中说：中国的丝绸贸易，往昔为亚洲之一大商业。其商道有二：一从陆路出康居（在今中亚哈萨克斯坦东南部，居音渠）；一从海路出印度诸港口。当时的顾客主要为罗马人和波斯人，而居间贩卖者则为中亚的游牧人和印度的舟航者。贩卖丝绸可获厚利，故罗马人欲避免利益外流，在 Justinien（查士丁尼）皇帝在位期间，曾大力培养蚕种，用以自织丝绸。及至查士丁尼二世时，并曾以养蚕术出示西突厥使者，使西突厥使者为之惊骇不已。但君士坦丁堡（东罗马帝国首都）的养蚕业和丝织业并不发达。东罗马皇帝因急于求得丝绸，曾计划与印度诸港口通商，不通过波斯，遂于公元 531 年派遣使臣赴阿拉伯西南的也门（Yémen）与 Himyarites 人订约，命其前往印度购买丝绸转卖给东罗马，盖因也门方面常有舟航至印度也。但波斯人为了垄断丝绸贸易之利，乃一方面阻止 Himyarites 与东罗马居间贩卖丝绢，另一方面则阻挠陆地贩运丝绢的贸易。当时在西亚贩运丝绢者主要以康居人居多。康居在隶属于西突厥之后，康居人欲借重西突厥的声威，要求室点密可汗支持他要求波斯准许在波斯管领下的诸国中经营丝绢贸易。经室点密可汗许可后，康居遂派遣使臣携带丝绢前往波斯。但波斯王拒绝接受来自突厥的丝绢，甚至当众把康居使臣带来的丝绢焚毁。西突厥复遣使前往波斯交涉，而波斯却把突厥使者毒死，由是西突厥与波斯交恶。西突厥遂将销售丝绢的市场转向东罗马，并派使臣 Maniach 于公元 567 年抵达东罗马首都，呈递用粟特文书写的国书，并呈献大量丝绢。东罗马皇帝查士丁尼接受了国书和丝绢，并派遣以蔡马库斯（Zemarchus）为首的外交使团至西突厥室点密可汗汗庭回聘，并因贩运丝绢之利而最终导致了东罗马与波斯互相战争长达二十年之久（571—590 年）。最后西突厥亦曾与东罗马发生战争①。

汉文史书对东罗马帝国欲直接与中国通市以购得丝绸也有记载。《后汉书》卷八八《西域传》大秦国条载：大秦国（即东罗马帝国），"其王（大秦国王）常欲通使于汉，而安息（即西史所称的帕提亚王国，在今里海东南）欲以汉缯绵与之交市，故遮阂不得自达。"可见当时西突厥与西方的丝绸贸易十分兴旺，数量大宗，获利丰盈，否则不会引起许多国家互相竞争和企图垄断，甚至导致彼此以兵戎相见。

除丝绸贸易外，西突厥还从西方国家购得或掠得不少其他珍贵物品，其中包括统治者需要的奢侈品。例如东罗马使臣蔡马库斯在 Ektag 山中谒见室点密可汗时，就曾看见汗庭内外陈设了许多贵重珍奇之物。沙畹在《西突厥史料汇编》（第 212 页以下）中，根据外国史学家留下的史料，描绘了可汗庭帐的情景：可汗接见蔡马库斯时，于帐中坐在一

---

① 关于西突厥与西方进行丝绸贸易的情况，张星烺编注的《中西交通史料编》第四册第283 页以下亦有记载。

辆两轮的金椅上，金椅行动时用一马挽之。帐幕用杂色丝绢装饰，用马奶酒招待蔡氏。第二次接见时在另一帐幕，帐内有供可汗睡卧的金床，还有金瓶、金率领瓮、金木柱等物。金床用四只金孔雀作垫。帐外有车，车内满载银盆及其他银制物品。

张星烺编注的《中西交通史料汇编》（第四册第 286 页以下）据外国史料所述更有条理：室点密可汗在帐幕内，坐金椅上接见蔡马库斯。金椅有两轮，可使一马挽之行动。蔡氏谒见可汗，依礼呈献礼物，可汗有专官收管外国贡献之物。蔡及可汗均先后致词，可汗与蔡宴饮。帐之四周垂挂各色丝物，次日接见时在另一帐中，此帐亦为用各种华丽丝绣品装饰。可汗坐金椅上，帐中央有坛、瓶等饮器，全用黄金制成。第三次接见又在另一帐中，帐幕用木柱支撑，帐幕顶盖全用黄金装饰，帐内有金宝座，宝座四足俱立于四只金孔雀之背上。帐幕之前布列无数车辆，车内有银制鸟兽形盘、碟，堆积无数。各种器物的雕镂技术均甚精湛，其工艺水平不亚于东罗马。

从室点密汗庭的陈设和情景，可见西突厥统治者在对外战争中所得战利品之丰富，同时也不排除役使奴隶工匠自制或通过与西方国家的贸易而得。

（三）塞尔柱和奥斯曼突厥人在西亚、北非和东南欧的建国

七世纪前半期，东、西突厥汗国先后覆亡后，突厥人四处分散，大部分归附唐朝，被安置在黄河河套以南地区，归唐朝统辖。公元 745 年后突厥汗国覆亡后，有的突厥人投到回纥中去，有的西迁中亚，有的归附唐朝。此后中国的突厥族作为一个民族共同体已不存在。

公元十世纪时，在中东和北非的大部分地区，政治上发生了很大的变化，柏柏尔人向北扩张至摩洛哥，阿拉伯人沿着北非沿岸西进，而突厥人亦从中亚向西挺进和迅速南下。其中一部分以"塞尔柱"部落见称的塞尔柱突厥人西迁至西亚的巴格达，在那里建立了国家，并接受了伊

斯兰教。他们的最高统治者及其后裔自称为"苏丹"，并以"阿拔斯哈里发"的名义进行统治。

到了十三世纪末，突厥人的另一部分——奥斯曼部落在小亚细亚崛起，夺取了塞尔柱的政权，以今之土耳其为中心，建立起奥斯曼王朝，攻占了东罗马帝国（即拜占庭帝国）的一些领土。发展到十五世纪时，则把全部小亚细亚和巴尔干半岛的地区占领，形成为一个强大的帝国——奥斯曼帝国。奥斯曼帝国在 1453 年苏丹穆罕默德二世时攻克了东罗马帝国的首都君士坦丁堡（后改名为伊斯坦布尔），及后在 1517 年塞利姆一世时又攻克了北非的开罗，灭亡了马术留克苏丹国。从此国力臻于极盛，疆域包括东南欧、北非、西亚，成为地跨欧、亚、非三洲的大帝国。奥斯曼帝国虽一直存在到第一次世界大战（1914—1918 年）结束之后，但由于他实行强迫同化政策，引起帝国内部，特别是在经济文化方面比奥斯曼突厥更为发达的东南欧各国人民的不断反抗，促使他从十七世纪开始走向衰落。十八世纪时，他受到当时欧洲一些资本主义强国的攻击，经过长达一个多世纪的一系列战争，欧洲巴尔干半岛的一些民族国家（如希腊、保加利亚、阿尔巴尼亚、罗马尼亚、南斯拉夫等）相继独立。

由此可见，六至八世纪活跃在我国北方的突厥，经历了兴起、发展和衰亡之后，他族内原先包含的许多部落，都已分别融合到其他各族（如回纥族和汉族）之中。西迁西亚的塞尔柱和奥斯曼两部分，后来亦没有发展为近代民族。至于原先受奥斯曼帝国统治的各个不同族系的部落，后来也都分别形成为单独的民族和独立的民族国家。今天只有土耳其人仍自称为 Turk（突厥）或 Turkey（土耳其）。而在学术界，通常都是把使用阿尔泰语系突厥语族语言的各个民族，概括地称之为"操突厥语民族"。这些民族在我国国内的有维吾尔、哈萨克、柯尔克孜、乌兹别克、塔塔尔、撒拉、裕固（西部）等；国外的有阿塞拜疆、巴什基尔、雅库特、土耳其等。据此可知，不论古今中外，说突厥语的民族很多，而且随着历史的向前发展，民族在不断变化，语言也在不断变化，故不能把凡操突厥语言的民族都认为彼此有民族渊源关系，更不能把凡操突厥语言的民族视为同一个民族。

(四) 回纥在葱岭西建立的喀喇汗王朝

回纥（回鹘）自首领骨力裴罗于744年（唐玄宗天宝三年）攻灭后突厥汗国，建立回纥汗国，汗庭设在乌德鞬山（即于都斤山，今鄂尔浑河上游杭爱山之北山），后十数传至厤馺可汗（840年，唐文宗开成五年，厤馺音合及）时开始衰落。驻牧于回纥西北部的黠戛斯人（黠音侠）乘机发兵十万骑进攻回纥汗庭，大败可汗之众，回纥在漠北的政权瓦解，部众四散，其中有二支（人数较少）南下，有三支（人数较多）分别逃往今河西走廊、安西和葱岭以西各地。

逃往河西走廊的一支，后来以甘州（今甘肃张掖市）为中心，形成为甘州回鹘或称河西回鹘，并建立了甘州回鹘政权或称河西回鹘政权（九世纪中期至1036年）。河西回鹘，特别是处于中心区的甘州回鹘，因地处中西交通要冲，故不仅与中原、西域交换频繁，甚至与西方的波斯、天竺（音笃、古印度）、大秦（罗马）都曾有过直接与间接的商业交往①。

"安西"为唐朝安西都护府的简称。故所谓回鹘西迁至安西，乃指迁至安西都护府辖区之意。当时回鹘的主要居住中心在西州，而西州的治所则在高昌（今新疆吐鲁番市），故这一部分回鹘人通常被称为西州回鹘或高昌回鹘，其所建立的政权则称西州回鹘政权或高昌回鹘政权（九世纪中期至1211年）。西州地区早在西汉以来就已经有很发达的农

---

① 参阅《宋史》卷六至卷八《真宗记》及〔宋〕王钦若等撰《册府元龟》卷九七二（1960年中华书局影印本）、〔清〕徐松据《永乐大典》辑《宋会要辑稿·方域》二十一，1936年影印本。

业经济，故回鹘人迁入之后，因接受汉族的经济文化，至北宋初期大概已是一个封建制的社会，经济很发达，并已由游牧转向农业和定居。畜牧业也很繁盛，产马特多。手工业和商业都较前有很大的发展。西州回鹘商人的足迹，东到今陕西、河南、山东，特别是当时的汴京（今河南开封市）、燕京（今北京市）和辽上京（今内蒙古巴林左旗南波罗城）更是他们常到之地。在国外，他们的足迹远至波斯和印度等国①。

　　迁往葱岭西的一支回鹘人，因在漠北的回纥汗国覆亡前后，七河地区（即东自今天山以北，西至楚河，南自伊塞克湖，北至巴尔喀什湖一带）原为葛逻禄人（西突厥族的一支）所统治，故逃散至葱岭以西的那一部分回鹘人进入西州之后，自然要与葛逻禄人发生严重的冲突。但这支回鹘人西迁的具体过程及其与葛逻禄人冲突的情况，史乏详载。我们仅知他们后来于十世纪中叶在葱岭以西建立了一个强大的喀喇汗王朝。据俄国学者白莱胥乃德说，这个王朝的始祖名沙兔克喀喇汗②，信仰伊斯兰教。及至波拉汗在位期间（？—993 年），国力臻于极盛，其辖境包括中亚的怛逻斯、讹打剌及我国新疆的喀什、莎车、于田、和田等广大地区，首都在八拉沙衮城（在今中亚巴尔喀什湖南楚河河源西南），第二都城为喀什噶尔。喀什噶尔在当时不仅是一个大都会，而且是一个文化、学术中心③。世界著名的两部巨著——百科全书式的《突厥语词典》和一万三千多行的古典长诗《福乐智慧》，就是产生于当时的喀什噶尔和八拉沙衮④。由于喀喇汗王朝统治的中心地区原先就是葛逻禄人

---

① 参阅《宋史》卷四九〇《高昌传》，载王延德《使高昌记》及冯家升等编《维吾尔族史料简编》（民族出版社 1981 年版）上册第四章第二节。

② 参阅白莱胥乃德著《中亚中古史研究》（1910 年伦敦印行）卷一《回鹘》。

③ 参阅同上白莱胥乃德《中亚中古史研究》卷一《回鹘》。

④ 《突厥语词典》，十一世纪语言学家喀什噶尔人马合木德·喀什噶里编，参阅胡振华、耿世民合著《突厥语词典及其作者》（载《新疆文学》1961 年 5 月号）；《福乐智慧》，1069 年八拉沙衮人尤素甫·哈斯哈吉普著，参阅耿世民、魏萃一对该书的汉译本（新疆人民出版社 1979 年版）。

的居住地，故这个王朝统治下的人民大多数是葛逻禄人①。回鹘人如何建立这个王朝，我们无法知晓，只知这个王朝境内实行封建采邑制，即把领土的所有权作为报酬或报酬的一部分分配给军队②。此外还知道，在政治上，这个王朝实行"双王制"，即把国境划分为两个部分，分别由汗族的"长支"和"幼支"统治。长支即大可汗，驻地在八拉沙衮，称号为"狮子喀喇可汗"，亦即全国的最高统治者。幼支即副可汗，驻地在怛逻斯，后来迁往喀什噶尔，其称号为"公驼喀喇可汗"。可汗之下的重要官职有王和特勤，故有狮子王、公驼王、狮子特勤、公驼特勤等称号。王与汗（可汗）是两个不同的等级，汗是全国的最高统治者，握有无上大的权力；而王则仅为次于汗之下的高官；特勤更次（在王之下）。大臣有叶护、统帅、秘书、财务等③。

十一世纪时，喀喇汗王朝分裂为若干个封国。这些封国对于大汗并不完全臣服，他们为了争夺统治权，特别是为了争夺汗位，竟至发生互相残杀的内战。但是，巴托尔德说："有关争夺七河地区的统治权的情况，材料极少，有些材料甚至是互相抵触的。……从此以后（1102 年以后），直到喀喇契丹（西辽）人的入侵（1141 年左右），我们对七河地区再也得不到什么消息。"④

可是七河地区的消息还是多少有一点。据近数十年来西方学者的研究认为，从十一世纪初，喀喇汗王朝开始形成西支（阿里派）和东支（哈三派）两部分的势力，至 1041 年正式分裂为东西两个独立的王朝。东部王朝的领地为七河地区、喀什、于阗及费尔干的大部分土地。东部

---

① 参阅俄国学者巴托尔德著《七河史》（苏联吉尔吉斯共和国伏龙芝1943年重版）第四章"喀喇汗王朝"。
② 参阅《巴托尔德文集》第一卷《蒙古入侵时代的突厥斯坦》，莫斯科1962年版第369页。
③ 参阅耿世民著《哈拉汗朝历史简述》（载《新疆社会科学》1982年第1期）转述德国学者奥·普里察克著《论哈拉汗朝》（1953）等论文。
④ 巴托尔德《七河史》第四章"喀喇汗王朝"。

大可汗的首都仍在八拉沙衮，副可汗的驻地通常在喀什，有时也在怛逻斯。西部王朝的领地为"河中"（今中亚阿姆河一带），包括西部费尔干。西部大可汗的首都先在费尔干的奥孜坎，后在撒马尔干，副可汗的驻地在布哈拉。东西两王朝的分界线在今锡尔河。东部王朝于1211年被乃蛮王（驻地在今阿尔泰山附近）击灭。西部王朝亦于1411年沦为西辽政权的傀儡，至此名存实亡。

喀喇汗王朝覆亡后，回鹘人留居中亚者仍然很多。元人李志常撰《长春真人西游记》卷上[①]有关十三世纪初中亚一带回鹘人情况的记录，兹节录片断如下：

> 仲冬十有八日，过大河，至邪米思汗（今撒马尔干）大城之北，太师移剌国公及蒙古、回纥帅首载酒郊迎，大设帷幄，因驻车焉。……少焉由东北门入，其城因沟岸为之。秋夏常无雨，国人疏二河入城，分绕巷陌，比屋得用。方算端氏之未败也（"算端"即"苏丹"之异译，为伊斯兰国家君主的称号），城中常十万余户，国破以来，存者仅四之一，其中大率多回纥人，田园不能自主，须附汉人及契丹河西等。其官长亦以诸色人为之，汉人工匠杂处城中。有岗高十余丈，算端氏之新官据焉。太师先居之，以回纥艰食，盗贼多有，恐其［生］变，出居于水北。师（长春真人邱处机）乃住宫。……师因暇，日出诗一篇："二月经行十月终，西临回纥大城墉；塔高不见十三级（原注：以砖刻镂玲珑，外无层级，内可通行），山厚已过千万重……"

喀喇汗王朝是中国北方少数民族建立的一个王朝，由于他的汗族是由中国漠北地区迁去的，故这个王朝常用"桃花石"（即中国）的称号，以

---

① 1937年上海商务印书馆《丛书集成初编》本。

示不忘其本。例如 1031 年左右把喀喇汗王朝的领域扩大到河中地区的阿里特勤宣布自己为河中的可汗时，在发行的钱币上即以"桃花石·博格拉汗"自称。其后统治河中的伊不拉音·本·纳赛尔也自称为"桃花石·博格拉汗"，并在发行的钱币上直称"东方与中国之王"，他的儿子纳赛尔也称为"东方与中国之苏丹"①。此外，由八拉沙衮人尤素甫·哈斯哈吉普在 1069 年写成的《福乐智慧》古典长诗《散文体序言》中，也提到当时统治喀什噶尔的哈三·本·苏来曼的称号为"桃花石·布格拉汗"②。

喀喇汗王朝虽在远离中原的地区建立，但他与中原中央王朝仍保持密切而频繁的交往。贡使往返络绎不绝，这在《宋史》卷四九〇《于阗传》及《宋会要辑稿》第一九七册《蕃夷》四于阗国条中都有记载。

（五）回纥与西方的丝绸贸易及摩尼教师对回纥文化的贡献

上文已论述突厥人与西方的丝绸贸易。按理，回纥人与西方的丝绸贸易较之突厥应该更为兴旺发达，因为在回纥汗国存在期间，回纥统治者通过下列三种渠道获得了中原地区的无数丝绸。

一是回纥因助平"安史之乱"而获得唐朝对他们的酬报，唐朝每年赠送丝绢二万匹。此外，唐以重臣仆固怀恩之女崇徽公主嫁给牟羽可汗时，又赠缯䌽二万匹。唐朝曾先后以宁国公主（肃宗幼女）、小宁国公主（肃宗族妹）、咸安公主（德宗第八女）、太和公主（穆宗妹）嫁给回纥可汗。重臣之女出嫁尚且赠送缯䌽二万匹，那么皇帝的女儿和妹妹出嫁，其赠送缯䌽之数当不会少于崇徽公主出嫁时赠送之数。

二是回纥为唐朝从安史叛军手中收复两京（长安、洛阳）时，均入城大掠三日，官府库藏及民间财物尽被抢掠一空，库藏丝绸被抢走的竟多至无法计算。在回纥统治者企图第二次进入东京（洛阳）抢掠时，城

---

① 参阅《巴托尔德文集》第一卷第 367 页。
② 见《福乐智慧》耿世民、魏萃一汉译本第 2 页，新疆人民出版社 1979 年版。

中父老又以罗锦万匹贿赠回纥将领，作为不再入城抢掠的代价。代宗永泰元年（765 年）冬，可汗之弟企图叛唐，准备进攻唐境，唐将郭子仪乃贿赠他綵（绸子）五千匹，劝阻了他的背叛行为。随后可汗属下的都督等二百余人入朝，代宗前后赠给他们缯帛十万匹。

三是马绢交易，回纥统治者以售马为名，每年用羸马换取（实即讹诈）唐朝的丝绸动辄数万匹以至数十万匹（一匹马换丝绸四十至五十匹，每次交易动至马数万匹）。故如代宗大历八年（773 年）回纥统治者运回唐朝赐给他们的"赠遗"和"马价"（售马所得的丝绸），用车竟多达一千余辆。又如大历十四年（779 年），可汗叔父突董把从中原掠得的各种财物运回回纥地区，路过振武军（唐方镇名，治所在今内蒙古和林格尔县西）时，被振武留后（官号）张光晟扣留、没收，其中仅缯锦一项就有十万匹。

以上所举，仅属史书中记载的一部分，其余唐朝拖欠回纥的巨额"马价"（买马应付的丝绸）尚未计入。可见在回纥统治者手中还拥有不少丝绸[1]。

如此大量的丝绸，绝非回纥少数统治者所能全部消费得了，自然是转贩至西方获利。只因中外文史料对于回纥与西方的丝绸贸易很少记载，故无法详述。

回纥人信仰摩尼教。摩尼教又称明教，为波斯人摩尼（Mani，约216—276 年）所创。其教义既承认波斯国教的拜火教，同时又汲取佛教和基督教的教义，成为一种混合多种教义的宗教。摩尼教立论于"明"、"暗"二元论。合于明、暗者即为善、恶两性，善、恶两性时相斗争。摩尼教师的修炼，其最高境界为由明质以脱离暗质。

摩尼教何时传入回纥？过去一般学者有认为在回纥人建立汗国之前，

---

[1]　以上各事，参阅新、旧《唐书·回纥传》及《资治通鉴》卷二二〇以下有关各条纪事。

因南北朝时摩尼教已盛行于中亚，回纥人与中亚毗邻，中亚粟特人前往回纥地区经商，遂把摩尼教传入。但此说后来被考古资料所取代。根据汉文《九姓回鹘可汗碑》（第4—6行）①的记载，摩尼教最先传入中原，及后牟羽可汗（760—780年在位）率兵助唐征讨"安史之乱"，收复东京洛阳之时，初次接触摩尼教师，在摩尼教义的感化下，信奉了摩尼教，并带回四名摩尼教师，从此摩尼教遂传播于回纥地区，故碑文中有"（可汗）今悔前非，愿事正教"（即摒弃萨满教，改信摩尼教）之语。而吐鲁番出土的摩尼教文书——《新发现的牟羽可汗入教记残本》亦记载睿息等四位摩尼教师从中原至回纥地区传播摩尼教时颇费周折的情况。

摩尼教师对回纥最大的贡献是用粟特文拼写回纥语，开始了回纥文字的创制时期。故回纥的《铁尔痕碑》、《牟羽可汗碑》、《九姓回鹘可汗碑》都是用突厥文、粟特文和汉文三种文字刻写的；而回纥《苏吉牌》也是用粟特文和突厥文两种文字刻写的②。回纥碑文中的粟特文大多出自粟特摩尼教师之手，为回纥人留下了宝贵的历史文化遗产。

中唐之际，中原地区曾一度禁止摩尼教。后因回纥信奉摩尼教，摩尼教师利用回纥与唐朝的友好关系，以回纥的名义再度传播摩尼教于中原地区，并建立摩尼教寺，直至扩展到江淮大地。及后回纥汗国覆亡，唐朝乃禁绝摩尼教在中原的传播，封闭摩尼寺，摩尼教在中原传播的局面才告结束③。

摩尼教在中原传播的局面虽然结束，但摩尼教在回纥西迁后的所在地区仍然盛行，只是由于回纥西迁后，佛教已开始从西域传入西迁后的回纥地区，因而使回纥的宗教进入了一个摩尼教与佛教并存的历史时期。

---

① 《九姓回鹘可汗碑》见上文第六章第三节。
② 见上文第六章第三节及第七章第三节。
③ 参阅〔清〕董浩等编《全唐文》卷六九九《赐回纥可汗书意》（1983年中华书局影印本）、《册府元龟》卷九九九《外臣部·请求》（版本已见前）、《旧唐书》卷十八上《武宗纪》、《新唐书·回鹘传》下。

五、契丹和蒙古在西方的活动
及其与西方的经济文化交流

（一）耶律大石在中亚建立的黑契丹（西辽）

契丹族建立的辽王朝（907—1125 年），在灭亡前夕（天祚帝保大四年，1124 年），辽宗室耶律大石率领契丹一部分人众西迁，在我国今新疆及中亚一带继续建立起一个辽政权，都城设在虎思斡耳朵（即裴罗将军城，在今中亚楚河南托克马克城东南），史称西辽。西辽，中外学者也有把他称作黑契丹或喀喇契丹。称谓虽然不一，但他是契丹族在我国北方和东北方地区建立的辽王朝的继续，是我国十二至十三世纪期间的边疆政权之一。

耶律大石为辽太祖耶律阿保机的第八代孙，善骑射，精通契丹文和汉文，进士出身，曾任翰林应奉（官号）。契丹语称翰林为林牙，故耶律大石亦称大石林牙。大石很有政治抱负和军事才能，但天祚帝对他并不信任。因此，他于天祚帝保大四年七月，率领"铁骑"二百离开夹山（在今内蒙古呼和浩特市土默特左旗西北），开始他西迁的行程，经黑水（今百灵庙北的艾不改河）、镇州（约在今漠北鄂尔浑河上游），沿途发展自己的势力，最后在中亚的起儿漫（今撒马尔罕与布哈拉之间）称帝，号"葛儿汗"（亦称"菊儿汗"），群臣复上汉尊号曰天祐皇帝，定都虎思斡耳朵。至此西辽国家政权正式成立，时在南宋高宗绍兴元年（1131 年）二月①。

大石把政权巩固之后，于翌年（西辽延庆九年，1132 年）三月发大军东征，目的在于"期复大业，以光中兴"②。不久先后征服了喀什

① 参阅《辽史》卷三十《天祚帝纪》四附《耶律大石传》。
② 参阅《辽史·耶律大石传》。

噶尔（今新疆喀什市）、斡端（今新疆和田市）及西州回鹘政权的首府高昌（今新疆吐鲁番市），并派遣一个"少监"常川驻在高昌专门监管回鹘的事务①。西辽军本来还想继续东进，但因行万余里（？）无所得，牛马多死，[只得]勒兵而还②。

东进既然受阻，于是转向西征。西辽康国九年（1142年），西辽军大举进攻喀喇汗王朝西支（阿里派）的辖境，大获全胜，西支大可汗逃往呼罗珊（在今伊朗东北部）。西辽军占领了河中地区（今中亚撒马尔罕一带，随后西辽遂在此设置河中府）。西支大可汗虽被允许传位于他的兄弟，但继位的大可汗仅仅是西辽的一个傀儡。喀喇汗王朝的西支至此名存实亡③。西辽军乘胜继续西进，最后又征服了花剌子模（在今阿姆河下游一带），使他成了西辽的属国，西辽军遂胜利凯旋④。

耶律大石于康国十年（1143年）卒，依汉制立庙号曰德宗，在位凡二十年（1124—1143年）。数传至末主直鲁古时，改元天禧（1178年），在位十四年，被驻牧于今阿尔泰山附近的乃蛮王擒杀而夺其位，西辽名存实亡，时在1211年。八年后（1219年）乃蛮部亦为蒙古军攻破，至此西辽正式灭亡⑤。

西辽国势在耶律大石称帝后续有发展，至十二世纪六十年代臻于极盛。其最盛时的疆域，大约东自今新疆伊吾县，东南至且末县，南达喀喇昆仑山，西南沿阿姆河而上，西抵咸海之南，北自巴尔喀什湖东北至

① 参阅波斯人志费尼著《世界征服者史》何高济中译本，内蒙古人民出版社1980年版，上册第418页。
② 参阅《辽史·耶律大石传》。
③ 参阅耿世民著《哈拉汗朝历史简述》（载《新疆社会科学》1982年第1期）转述德国学者普里察克著《论哈拉汗朝》（1953）等论文。
④ 参阅苏联巴托尔德著《中亚突厥十二讲》罗致平中译本，中国社会科学出版社1984年版，第127页。
⑤ 参阅《辽史》卷三十《天祚帝纪》四附《耶律大石传》。

额尔齐斯河上中游，然后达到阿尔泰山南麓①。

都城虎思斡耳朵，在今中亚楚河下游南岸，东傍伊塞克湖，地势居西辽全国中心，土地肥沃，气候适宜，诚为形胜之地。《长春真人西游记》卷上说：

> 十有六日，西南过板桥渡河（渡过楚河），晚至南山下，即大石林牙国，其王，辽后也。自金师破辽，大石林牙领众数千走西北，移徙十余年方至此地。其风土气候与金山（今阿尔泰山）以北不同。平地颇多以农桑为务，酿葡萄为酒，果实与中国（中原）同。惟经夏秋无雨，皆疏河灌溉，百谷用成。东北西南，左山右川，延袤万里。

为了拱卫京都，虎思斡耳朵周围还修筑了"附庸城"数十座。京都及其周围农业兴盛，水利事业发达②，但也有畜牧业。如元人周致中在《异域志》卷下"黑契丹"条说："其国有城池，耕种、牧养为活，出产羊马。"此外还有酿酒等手工业。

西辽的人口，史载不详。仅《辽史·天祚帝记》四附《耶律大石传》提到仁宗耶律夷列即位（1151年）后，曾"籍民"（登记户口）十八岁以上，得八万四千五百户。但西辽的户口制度与原先辽王朝一样，都是以"丁"为"户"③，故所谓八万四千五百户，实即八万四千五百口丁男。

西辽国家的政治制度完全继承十世纪的辽王朝。大石及其嗣君不仅沿袭中原王朝的帝号、庙号、谥号和建元之法，官制也如辽王朝分为

---

① 关于西辽疆域，学者间意见颇不一致，此处据历史地理专家谭其骧先生主编《中国历史地图集》第六册第73—74幅"西辽疆域图"，地图出版社1982年版。

② 参阅梁园东译注《西辽史》（中华书局1956年版）第57—58页转引《西域图考》引《西游录》佚文。

③ 参阅〔元〕苏天爵编《元文类》卷五七宋子贞撰《耶律（楚材）神道碑》，1937年商务印书馆发行《四部丛刊》本。

南、北两面。西辽境内通行契丹语和汉语，而"汉语在商业往来上是官方语言，他们带来了中国（中原）的行政原则"①。

耶律大石实行中央集权制，把西辽疆域划分为直辖地区和附属国两个部分。赋税是按户征收，因以"丁"为"户"，故实即按丁征收，但税率不高②。这是仿照历代中原王朝采取的"轻徭薄赋、与民休息"的政策，以便恢复元气，巩固国家政权。对于附属国的统治也颇为宽容，西辽政府派往附属国、常川驻在附属国的官员，其主要职责仅为代表西辽定期收税，附属国的国王仍保有较大的自治权力③。这无非也是从稳定政局出发。所以，十二世纪末的阿拉伯史学家易木爱耳阿提耳说：

> 葛儿汗（耶律大石）……在全部土耳其斯坦建立起他的统治权来！不过这个葛儿汗也不大干涉他所征服的那些国家的行政，他对于人民征收赋税极低，每家只要有一个地的儿（第纳尔，约合现时英币十先令）就够了。对属国国王，极有恩惠，凡附属于他的，只要用一个银牌系于衣带上，表明是他的臣属就够了④。

后来耶律楚材总结耶律大石在中亚立国的情况时，曾作出如下的公正评价说：

> 大石林牙，辽之宗臣，絜众而亡，不满二十年，克西城数十国，幅员数万里，传数主，凡百余年，颇尚文教，西域至今思之⑤。

---

①②③ 参阅《中亚突厥十二讲》中译本第128—129页。
④ 梁园东译注《西辽史》第67页转引。
⑤ 耶律楚材《湛然居士集》卷十二《怀诗一百韵寄张敏之》自注，1937年商务印书馆发行《四部丛刊》本。

可见耶律大石的统治政策收到了实际的效果。

西辽从立国至灭亡（1131－1211 年），将近一个世纪，始终保持强大的势力，对于东方文化的向西传播，起了重大的作用。

（二）八剌黑在起儿漫建立的喀喇契丹（后西辽）

西辽政权灭亡（1219 年）之后不久，在耶律大石称帝的地方——起儿漫再次出现了第二个政权，因为这个政权的建立者为喀喇契丹人，故外国史书仍称这个政权为喀喇契丹，中国史家通称他为"后西辽"。

后西辽的建立者名八剌黑和他兄弟哈迷的不儿，二人都是喀喇契丹人，原先在西辽政府担任官职。1210 年西辽与花剌子模在塔拉斯（在中亚）大战中失败，八剌黑兄弟二人均被俘。二人归降了花剌子模，受到花剌子模沙（国王）摩诃末（人名）的信任，八剌黑被封为"哈只不"（伊斯兰尊号），哈迷的不儿则成为一名"异密"（王公）。摩诃末死后，哈迷的不儿也死了。八剌黑则投奔驻守伊剌克地区的该牙思丁（摩诃末之子），成为该牙思丁的大异密（大王公），被封为"忽都鲁汗"，出任亦思法杭地方的长官①。

在成吉思汗西征、花剌子模沙摩诃末败亡时，八剌黑因与丞相不和，经请准该牙思丁之后，领兵到亦思法杭，准备往投逃往印度的札兰丁（摩诃末的另一个儿子）。当行抵起儿漫辖境的克瓦昔儿（Kévaschir）时，当地长官企图夺取八剌黑的随从、妇女和辎重，八剌黑将他擒杀，并进围克瓦昔儿。其时正值札兰丁领兵从印度返回，到达克瓦昔儿，八剌黑向札兰丁进贡重币，并以其女献给札兰丁。而克瓦昔儿的守将亦开城迎降。札兰丁留此城月余即行离去。行前，八剌黑请求札兰丁准他占领起儿漫，札兰丁允其所请，八剌黑遂据有克瓦昔儿及起儿漫所辖全境，并以起儿漫为中心，建立起一个政权，史称喀喇契丹政

---

① 参阅志费尼《世界征服者史》中译本下册第二十五章"八剌黑和起儿漫的征服"第 570 页。

权（通称"后西辽"政权，1224—1303 年）①。

八剌黑建立政权之后，杀死了前来投靠他的该牙思丁，然后派遣使者前去谒见哈里发（伊斯兰教大教主），表示他愿意信仰伊斯兰教，请求赐予算端的称号（算端即苏丹之异译，伊斯兰国家君主的称号）。哈里发答应了他的请求，赐给他"忽都鲁算端"的尊号。由于他的政治地位和宗教地位的提高，他的政治势力和宗教影响也随着增大，他的军队和部属人众急剧增多。

窝阔台汗时期（1229—1241 年），蒙古军将领塔亦儿·把阿秃儿在进攻昔思田的首镇扎朗杰（Zaranj）时，遣使者要求八剌黑援助。八剌黑觉得蒙古军的势力强大，不敢抗违，遂接见使者，表示愿归顺蒙古，为蒙古汗庭效力，攻下昔思田，并派他的儿子鲁克那丁去蒙古汗庭喀喇和林（在今蒙古国首都乌兰巴托市附近）晋见窝阔台汗。鲁克那丁在前往喀喇和林途中，得知他父亲（八剌黑）的死讯和他的堂兄忽都不丁企图僭夺王位的消息，但他没有中止旅程，而是继续前进，直抵汗庭。窝阔台赞赏他是头一个入朝的主君，对蒙古汗国忠诚，遂下诏把起儿漫的国土赐给他治理，并命他继承他父亲"忽都鲁算端"的尊号，任命重臣镇海做他的师傅，又下诏传召忽都不丁入朝，随后把忽都不丁打发到中原地区，在丞相牙老瓦赤手下担任职务②。

在定宗贵由登位（1246 年）的大典上，忽都不丁随从丞相牙老瓦赤至汗庭参加庆典。忽都不丁意图恢复他在起儿漫的算端地位，但鲁克那丁的师傅镇海反对，故起儿漫的算端仍由鲁克那丁继续留任，他保有起儿漫的领土，每年只向蒙古汗庭进献一定数额的巴里失（货币名）和骆驼作为贡赋。及至贵由死后，蒙古汗位由窝阔台系转到拖雷系的宪宗蒙哥手中（1251—1259 年），忽都不丁才获得了起儿漫算端的位置。忽

① 参阅瑞典人多桑《蒙古史》冯承钧中译本，中华书局 1962 年版，下册第 3 页。
② 参阅志费尼《世界征服者史》中译本，第 572—573 页。

都不丁随同丞相牙老瓦赤入朝，蒙哥汗很赏识忽都不丁，下诏把起儿漫算端的位置赐给了他，并派一名大臣作为他的监护人与他一同回起儿漫即位。鲁克那丁觉得世道已变，政权丧失，遂于 1253 年 1 月把全部财产运离起儿漫，个人前往蒙古汗庭。《世界征服者史》的作者志费尼在途中遇见了他。志费尼说当时"他面带惊恐、畏惧之色，已无福运的光彩"。鲁克那丁到达汗庭后，忽都不丁派遣使者向蒙哥汗揭发鲁克那丁对蒙古有异心，并亲自入朝与鲁克那丁对质。蒙哥汗把二人都交付法庭审讯，结果鲁克那丁输了，被判把他交给忽鲁不丁处置，因此鲁克那丁便成了忽鲁不丁的刀下之鬼。随后忽鲁不丁返回起儿漫，把国家及其周围的土地都一一加以征服，巩固了起儿漫的政权和扩大了国家的疆土。此后他经常前往喀喇和林，出入旭烈兀（拖雷之子，成吉思汗之孙）的宫廷，备受恩渥。但这时死神突然降临，他于 1258 年死去。志费尼在书中写下了一首诗。诗曰：

> 倘若你一辈子舒适生活，
> 又一辈子受到人生的乐趣，
> 那到头来你仍有一死，
> 你不过做了一辈子的梦。①

忽都不丁在位期间，曾娶八剌黑之妾忽特鲁格·土尔汗为妻。他死后因其子哈加吉年幼，由土尔汗摄政。过了十五年，哈加吉长大，因与其继母不和，逃往印度。马可·波罗（Marco Polo）由意大利来中国时路过起儿漫，其时正值女王土尔汗在位。马可·波罗说：

起儿漫是波斯境里（的）一国，古代有世袭王朝。鞑靼

---

① 参阅志费尼《世界征服者史》中译本第 572—574 页。

（蒙古）人征服这地以后，世袭王朝就消灭了。鞑靼王（蒙古可汗）选派官吏治理此地①。

马可·波罗还说，其地产玉特多，铁矿也很丰富。手工业有马勒、马鞍、马刺、刀剑、弓弩、箭筒及其他各种兵器。妇女工于刺绣，并能织出精美的工艺品，工艺品上有飞禽走兽及其他花样图案。还有专供贵族享用的华丽的帐帘、被褥、垫子、枕头等。该地还特产一种飞得很快的猛鹰，胜过"海东青"，用以捕猎飞禽，无不获者②。

此外，还传说土尔汗女王在位期间，兴修水利，开渠灌田，发展农业，故起儿漫及其周围盛产水果及其他农产品。

土尔汗死后，由其子苏丹·札兰丁·苏尔哈特密什继位，执政九年，被其妹帕的沙·哈敦绞死而夺其位。1294年帕的沙·哈敦亦被杀，波斯的合赞汗另立一个起儿漫的算端对该国进行统治，新算端在位九年，又另立一个算端，在位二年，至1303年遂绝。后西辽政权到此结束。

（三）蒙古在西方建立的四大汗国及东西方文化在地中海东岸的接触

公元1206年，成吉思汗统一了蒙古草原各部，建立了封建的蒙古汗国。汗国控地辽阔，东及兴安岭，南邻金王朝，西括阿尔泰山，北至贝加尔湖的广大草原地区。由于这个汗国是用军事力量创建的，因此在创建过程中，形成了一股强大的军事封建势力，而军事封建势力的形成，则助长了蒙古族新兴封建主阶级贪欲的膨胀，推动着他们实行向外

---

① 张星烺据英文译本转译《马可·波罗游记》，商务印书馆1937年发行，第50页。
② 参阅同上张星烺译《马可·波罗游记》第50—51页。

军事扩张，以便"各分土地，共享富贵"①。他们军事扩张的过程。同时就是扩大封地和建立"兀鲁思"（封建领地）的过程。在几乎整个十三世纪中，蒙古骑兵先后三次西征及多次南下，他们的铁蹄踏遍了东至黄海、西至多瑙河的广大亚欧地区，给中国各族人民及中亚、东欧各族人民带来了灾难。

成吉思汗时期，蒙古大军西征（这是第一次西征），降畏吾儿（在今新疆天山南北）、哈剌鲁（在今新疆西北巴尔喀什湖一带），并西辽（在今新疆伊犁河流域及中亚楚河一带），灭花剌子模（在今里海东、咸海西、锡尔河南），平亚速（在今里海西、黑海北）、康里（在今里海东北），伐钦察（在今里海西、黑海北）及斡罗思（在今俄罗斯伏尔加河以西莫斯科、基辅一带）各部，占领了今中央亚细亚直到欧洲东部和今伊朗北部，建立起横跨亚欧的蒙古大汗国，并把这些占领地区作为兀鲁思分封给他的三个儿子：

今咸海以西、黑海以北之地封给长子术赤。

东起阿尔泰山，西至阿姆河，包括新疆天山南北西辽旧境之地封给次子察合台。

今鄂毕河上游以西至巴尔喀什湖以东一带的乃蛮旧地封给第三子窝阔台。

窝阔台和蒙哥汗时期，成吉思汗的孙子拔都（术赤之子）于1236—1242年继续率军西征（这是第二次西征），平定钦察，北败斡罗思，西陷勃列儿（今波兰），南破马札儿（今匈牙利）。成吉思汗的另一个孙子旭烈兀（拖雷之子）于1253—1259年进行第三次西征，攻灭木剌夷（今伊朗）和报达（今巴格达），败降天方（今阿拉伯）。随着向西征服地区的不断扩大，在前述三个兀鲁思的基础上建立了四大汗国。那四大汗国是：

①　元朝官修《元典章》卷九《投下·改正投下达鲁花赤》，中国书店1990年影印本。

一是钦察汗国，原为成吉思汗长子术赤的封地，初有咸海及里海北钦察旧地。1236年术赤子拔都西征后，扩地益广，疆域西到今多瑙河下游，东到额尔齐斯河，南达高加索，北抵今保加尔地区。1243年建都于今伏尔加河畔的萨莱城，称金帐汗国。另将咸海东北地方分给其兄斡鲁朵，称白帐汗；将咸海以北地方分给其弟昔班，称蓝帐汗。白、蓝二汗均归拔都管辖。居民主要是钦察人、不里阿耳人、俄罗斯人、蒙古人，从事农业和畜牧业。城市富饶，十三至十四世纪时，中国同欧洲的贸易，主要都是通过金帐汗国来进行。其后由于封建统治阶级内部的分裂和人民的反抗，于1480年（明宪宗成化十六年）灭亡。

二是窝阔台汗国，为成吉思汗第三子窝阔台的封地，领有今额尔齐斯河上游和巴尔喀什湖以东地区，建都于也迷里城（今新疆额敏县），居民以游牧为生。后来窝阔台之孙海都与元世祖忽必烈争夺帝位，失败后于1310年左右（元武宗至大三年）并入察合台汗国。

三是察合台汗国，原为成吉思汗次子察合台的封地，在初仅领有西辽旧地，十四世纪初合并了窝阔台汗国之后，疆域遂兼有天山南北及阿姆河以东的地带，建都于阿力麻里（今新疆霍城县永定镇西北）。居民以农业为主，部分地区兼营畜牧。十四世纪分裂为东、西二部；西部于1370年（明太祖洪武三年）被帖木儿汗国所灭；东部后亦分裂为若干小国，先后灭亡。

四是伊儿汗国，原为成吉思汗之孙旭烈兀的封地，1253年他率军进行第三次西征，1258年攻占巴格达，遂建立汗国，都城设在低廉（今里海南的大不里士，原为古波斯布叶王朝的所在地）。疆域以波斯和小亚细亚为中心，东自阿姆河，西濒地中海，北自高加索，南至印度洋。居民从事农牧业，商业也很发达。汗国位于欧洲和中亚之间，对沟通两地的经济文化有一定作用。1295—1304年合赞汗在位时，制定度量衡和货币制度，奖励学术，是汗国的最盛期。从十四世纪中叶起，国势开始逐渐衰落，1388 年（明太祖洪武二十一年）被帖木儿汗国吞并①。

中国古代北方民族，除了南下之外，为何总是向西发展？事实证明，当他们势穷力竭，在漠北无法立足时，便向西迁徙，远走西域、中亚；当他们势力强大，有足够的力量向外扩张时，便扬鞭而西，近则控制西域，远则征服中亚和东欧。其原因何在？

我个人分析，其原因有三：

一是北方游牧民族都是以"追逐水草"为生，流动性很大，没有水草便不能生存。故当漠北草原无法立足时，必须寻找有水草之处才能安身。漠北以西，天山以北，直至中亚，都有大片草原，故他们西迁或西征时，在地理条件上对他们比较适应。何况迁徙是他们的习惯，行动并不困难。

二是因为西域和中亚的一些国家，在匈奴、突厥、契丹、蒙古的各个时期，国家的规模和国力都比较弱小，很难有足够的力量抵御来自东方的游牧民族。纵令匈奴（包括郅支单于和北单于）和契丹（如耶律大石）处于战败逃亡之际，西域和中亚各小国也难于抵挡。如果像蒙古强盛时的三次西征那样，那么更不能不屈服了。上文所述北匈奴之进攻顿河以东的阿兰聊人和顿河以西的东、西哥特人，及蒙古西征之来势凶猛，都使受侵者不得不节节后退、惊慌失措。故匈奴、突厥、契丹、蒙古各族之所以选择西域、中亚和东欧各地作为西迁或西征的目标，可说是"乘虚而入"。如果对方具有一定的实力而坚决抵抗时，那么西迁或

---

① 帖木儿为蒙古察合台汗国的后裔，西部察合台汗国巴鲁剌思（Barlas）部族人。乘西部察合台汗国王室衰微和元朝灭亡之机，遂于 1336 年自称成吉思汗后裔，起兵推翻西察合台汗国，经过东征西讨，以中亚撒马尔罕为中心，建立起一个庞大的帖木儿汗国，势力强盛。明初曾遣使至明朝报聘，永乐三年（1405 年）发兵 20 万，拟入侵中国，中途病死，诸子纷争，汗国分裂，1500 年灭亡。

西征就会受阻。例如耶律大石西行时，至今之额尔齐斯河，因遭到吉利吉思部族的抵抗，不得不绕道而行；随后又在今中亚楚河一带遭到喀喇汗王朝东支军队的截击，也无法继续西进。只有像西突厥室点密可汗和蒙古成吉思汗及其后裔西征时那样的军力强大，才能攻无不克。故历史上，无论中外古今的那一个民族，如不能自强不息，不能上下层通力合作、共同御侮，那么他们的命运，就只有像中国春秋时代的小诸侯国那样，"处于大国之间，存亡则由天命矣"。

第三，南方中原地区更是北方游牧民族惯于入侵之地。如果北方游牧民族势力极大时，那么就会西征与南下同时进行（如突厥、蒙古）。如果势力单薄或处境艰难时，就西不敢越过阿尔泰（山），南不敢横跨阴山，有时甚至不得不向中原王朝求助（如呼韩邪单于）。故对于历史上北方游牧民族的南下或西迁，要从时代背景、力量对比、政治情况、地理环境和社会经济等多方面的原因去进行分析。有的学者简单地归结为南下中原是因为北方气候寒冷；西迁则因为中原王朝强大而不能南下时只得向西另图发展，似有未妥。

蒙古军的三次西征，虽不能给予肯定的评价，但它在客观上起到了打通中西方交通，有利于其后中西经济文化交流的作用。这是蒙古统治者在先所意料不及的。

在蒙古军三次西征之前及西征前后，西方也有一股逆流向东方冲击，那就是从1096年开始，至1291年结束，先后进军八次，向东方入侵的"十字军东侵"（因东侵的参加者均以红十字为标记，故名）。十字军东侵为西欧封建主、大商人和天主教会发动的侵略性远征，其进攻的主要目标是东方的伊斯兰国家。1095年，罗马教皇乌尔班二世号召东征，要从"异教徒"手中夺回圣地耶路撒冷。实则天主教会、封建主和大商人企图乘机扩张势力，增殖财富；而当时也有不少农民幻想以此作为手段，摆脱封建剥削和压迫，前往东方发财致富。在第一次远征中（1096—1099年），十字军攻占了耶路撒冷，建立了耶路撒冷王国和安条克、的黎波里、爱德沙等公国。后因被土耳其人夺回爱德沙，遂又进行第二次东征（1147—1149 年），但这次东征却遭到失败而还。1187 年土耳其人又夺回耶路撒冷，因此又引起第三次东征（1189—1192 年），这次德、法、英等国君主均躬自出马、御驾亲征，但仍未能获胜。在第四次东征（1202—1204 年）时，由于威尼斯人的操纵，十字军队转而进攻信奉基督教的拜占庭，1204 年占领了君士坦丁堡，远征军在城内残杀居民，大肆焚掠，并推举皇帝，建立拉丁帝国（1204—1261 年）。拜占庭文物惨遭浩劫，其国际贸易上的地位从此亦被威尼斯所夺去。第五次以后的四次东征，参加者较少，作用也不大。及至 1291 年阿克城（Acre）转入伊斯兰教手中之后，十字军在东方所占领的土地已丧失殆尽。东侵的结果只是给地中海东岸的人民带来了深重的灾难，因此对十字军东侵历史事件的评价也是应该否定的。可是东侵所出现的客观效果却促进了东西方的经济文化交流，例如我国的育蚕、造纸、制火药等技术就是在这个时期传入欧洲的。

我国自战国秦汉以来（战国从公元前五世纪开始），至十四世纪元朝灭亡，约二千年间，东西方的各族各国，都各自在自己的经济基础和社会条件下创造出自己的文化和文明，虽汉武帝时张骞曾两次出使西域（广义的西域包括中亚），把西域的文化介绍到中原，但中原的文化却很少为西方人所知。经过十字军东侵，西方的文化已经传播到小亚细亚和地中海东岸。而蒙古军的第三次西征并建立伊儿汗国，遂使东西方的各族各国在地理上成为毗邻。因此，东西方文化的互相接触已成为历史发展的必然。但历史的辩证法是必然性需要通过偶然性才能显现。而当时意大利威尼斯商人马可·波罗便在这个偶然性中扮演了传送中国辉煌历史灿烂文化、元代中国和东方文化实况的主要角色。

马可·波罗于 1275 年从家乡来到元太祖忽必烈的首都——元上都（在今内蒙古锡林郭勒盟正蓝旗东），颇得忽必烈信任。他在中国留居十七年，并曾在扬州担任官职多年，遍游中原各地，至 1292 年离开中国，

1295 年返抵家乡威尼斯。随后他在战争中被热那亚人俘虏，在狱中向同陷囹圄的比隆作家鲁斯帝谦（Rusticiano）口授，由鲁氏用法文笔录，于 1298 年写成一部《东方见闻录》（即今通称的《马可·波罗游记》）。此书用法文写成，后来被译成多种外国文字，其中中文译本就有七种之多①。在中译的七种版本中，互有短长，各具特色，其中以魏易据马丁（Marsden）1818 年英译本转译，1913 年由正蒙印书馆出版发行的版本为最早。《马可·波罗游记》全书共分四个部分：一是记他东来时所经国家和地区的情况；二是记忽必烈汗及其宫殿、都城、朝廷、节庆、游猎等事和北京、西安、开封、南京、镇江、扬州、苏州、杭州、福州、泉州等城市的情况；三是记与中国邻近的国家和地区，以及非洲东岸埃塞俄比亚、桑给巴尔、马达加斯加等地的情况；四是记成吉思汗后裔蒙古诸王之间的战争和俄罗斯的情况。书中盛赞东方经济、社会的繁荣富庶，衣冠、文物之鼎盛昌明。所述有关中国的情况大体上符合实际，但因他是一个商人，文化知识和观察能力都受到局限，个别地方难免出现错误；且因他以一个外国人的眼光去审视中国，论点也不能苛求。所有这些都不会贬低此书在世界史、亚洲史、中西交通史、中西文化交流史等方面的巨大价值。难怪西方很多学者都高度评价马可·波罗的历史功绩，认为他的这本书大大开拓了西方人的视野，为欧洲人提供了前所未见的新知识，直接或间接地推动了十五世纪哥伦布对新大陆的发现。据外国史书记载，1492 年哥伦布在西班牙的帖洛斯港起航去寻找东方的新世纪时，身上就带着一封西班牙国王致中国明朝皇帝的国书和一部《马可·波罗游记》。虽然后来哥伦布发现的新大陆不是中国而是美洲，但由此可见《马可·波罗游记》一书对推动世界历史进程和促进东西方文化交流方面所具有的重大意义。

---

① 张星烺先生对《马可·波罗游记》译过两次，有人把它分计为两种版本，那就是八种译本了。

附录一
突厥与回纥文物图片目录·历史地图

一、文物图

（一）　突厥文阙特勤碑（上半部）拓片

（二）　突厥文阙特勤碑（汉文部分）拓片

（三）　突厥文苾伽可汗碑拓片

（四）　突厥文暾欲谷碑（上半部）拓片

（五）　突厥文翁金碑拓片

（六）　回纥文乌兰浩木牌（碑）拓片

（七）　耿杖子石棺背面所刻契丹大字拓片

（八）　宣懿皇后哀册（册盖拓片，契丹小字）

（九）　玉盏刻文（拓片，契丹小字）

二、历史地图

附录二
林幹主要著作目录

（一）《匈奴史》，内蒙古人民出版社，1977 年第一版，1979 年再版。

（二）《匈奴通史》，人民出版社 1986 年版；新疆人民出版社（维吾尔文版）2004 年版。

（三）《匈奴史论文选集》（内有他人论文），中华书局 1983 年版。

（四）《匈奴历史年表》，中华书局 1981 年版。

（五）《匈奴史料汇编》，中华书局 1988 年版。

（六）《突厥史》，内蒙古人民出版社 1988 年版；内蒙古人民出版社（蒙古文版）1998 年版；新疆人民出版社（维吾尔文版）2002 年版。

（七）《回纥史》，与高自厚合著，内蒙古人民出版社 1994 年版；新疆人民出版社（维吾尔文版）2000 年版。

（八）《突厥与回纥历史论文选集》（内有他人论文），中华书局 1987 年版。

（九）《东胡史》，内蒙古人民出版社，1989 年；内蒙古人民出版社（蒙古文版）1997 年版。

（十）《中国古代北方民族史新论》，内蒙古人民出版社 1993 年版。

（十一）《中国古代北方民族通论》，内蒙古人民出版社 1998 年版。

（十二）《内蒙古民族团结史》，与王雄、白拉都格其合著，远方出版社 1995 年版。

（十三）《民族友好使者——王昭君》，与马冀合著，内蒙古人民出版社 1994 年版。

（十四）《中国历代各族纪年表》，与陆峻岭合编，内蒙古人民出版社 1980 年第一版，1987 年再版。

（十五）《东胡乌桓鲜卑研究与附论》，内蒙古大学出版社 1995 年版。

（十六）《内蒙古历史与文化》，与崔瑞堂、丁学芸等人合著，内蒙古人民出版社 2000 年版。

（十七）《名师讲义丛书·中国古代北方民族通史》，鹭江出版社 2003 年版。

（十八）《昭君文化丛书》（全套五册），主编，内蒙古人民出版社 2004 年版。

（十九）《中华地域文化大系·塞北文化》（全套十九册，总主编冯天瑜、林幹），主编，安徽、北京、河北、内蒙古、山西教育出版社联合出版，2006 年版。